Mit den Augen des Computers

Mit den Augen des Computers

Phantastische Welten aus dem Geist der Maschine

Clifford A. Pickover

Markt&Technik Verlag AG

Die Deutsche Bibliothek – CIP-Einheitsaufnahme

Pickover, Clifford A.:
Mit den Augen des Computers : phantastische Welten aus dem Geist der Maschine / Clifford A. Pickover. –
Haar bei München : Markt-und-Technik-Verl., 1992
ISBN 3-87791-323-7
Übersetzung: Dirk Meenenga, Isabelle Jahraus

Titel der amerikanischen Originalausgabe:
Computers and the Imagination, St. Martin's Press Inc.
© Clifford A. Pickover 1991

15   14   13   12   11   10   9   8   7   6   5   4   3   2   1

95   94   93   92

ISBN 3-87791-323-7

© 1992 by Markt&Technik Verlag Aktiengesellschaft,
Hans-Pinsel-Straße 2, D-8013 Haar bei München/Germany
Alle Rechte vorbehalten
Einbandgestaltung: KleinWeiß GmbH, Hamburg
Lektorat: Birgit Ellissen
Herstellung: Claudia Bäurle
Dieses Produkt wurde mit Desktop-Publishing-Programmen
erstellt und auf der Linotronic 300 belichtet
Druck: Pustet, Regensburg
Printed in Germany

Vorwort

Buddha, das göttliche Prinzip, ist in den Stromkreisen eines Computers und dem Getriebe eines Fahrrads genauso gegenwärtig wie auf dem Gipfel eines Berges oder in den Blättern einer Blume; jede andere Vorstellung wäre eine Erniedrigung Buddhas – und damit seiner selbst.   *Robert Pirsig, 1975*

Dieses Buch soll Ihre Phantasie anregen – gleichsam als stimulierendes Elixier für wissenschaftliche Kreativität. Es beschäftigt sich mit einem kleinen Ausschnitt dessen, wofür Wissenschaftler Computer einsetzen: zum Simulieren, Visualisieren (Darstellen), Spekulieren, Erfinden und Erforschen. Wenn wir uns das Arbeitsgebiet eines Wissenschaftlers als Stamm eines Baumes vorstellen, dann sind viele der Themen dieses Buchs die Äste, Zweige und Blätter. Einige sind auf den ersten Blick etwas skurril und scheinen keine praktische Anwendung zu haben. Alle Experimente sind jedoch nützlich und lehrreich, wie mir viele Studenten, Lehrer und Wissenschaftler in den letzten Jahren schriftlich bestätigten. Bedenken Sie auch, daß die Menschheitsgeschichte geprägt ist von der Kraft des Verstandes, der aus Experimenten, Ideen und Erkenntnissen immer wieder faszinierende und unerwartete praktische Anwendungen entwickelt hat.

Mit den Augen des Computers soll das Interesse von neugierigen Laien mit künstlerischen Ambitionen, von Studenten, Künstlern und Wissenschaftlern wecken. Die hier gezeigten Muster und Ornamente werden sicherlich für Grafikkünstler und Illustratoren auf der Suche nach reizvollen und ansprechenden Mustern von Interesse sein, aber auch für all jene, die sich für optisch herausfordernde Kunst begeistern. Dieses Buch ist nicht für Mathematiker gedacht, die eine formale Abhandlung erwarten. Was ich mit diesem Buch erreichen möchte, habe ich in meinem vorhergenden Buch *Computers, Pattern, Chaos, and Beauty (St. Martin's Press, 1990)* schon beschrieben. Ich möchte

1. neue grafische Darstellungsmöglichkeiten für komplexere Daten vorstellen,

2. die Rolle der Ästhetik in der Mathematik beschreiben und aufzeigen, wie Computergrafiken die Komplexität und Schönheit scheinbar einfacher Prozesse eindringlich darstellen können,

3. die Schönheit, das Abenteuer und die potentielle Bedeutung kreativen Denkens unter Einsatz von Computern aufzeigen,

4. zum Einsatz des Computers als Instrument von Simulation und Entdeckung ermutigen.

»Laterales Denken« war der Grundgedanke bei der Entwicklung vieler Themen dieses Buches. Dieser Begriff wurde von dem Autor und Philosophen Robert Pirsig (Autor von *Zen and the Art of Motorcycle Maintenance*) beschrieben. Laterales Denken ist logisches Denken auf Wegen, die wissenschaftlich nicht vorgegeben sind, also in Richtungen, die scheinbar nicht auf das angestrebte Ziel weisen. (Siehe auch de Bono, 1975). In diesem Buch wird der Begriff »laterales Denken« in seinem weitesten Sinne verwendet; er umfaßt hier nicht nur von unerwarteten Ergebnissen motiviertes Handeln, sondern auch beabsichtigtes Denken in neue Richtungen, um neue Erfahrungen zu sammeln.

Phantasie steht im Mittelpunkt der meisten in diesem Buch beschriebenen Arbeiten. Um verstehen zu können, was um uns herum vorgeht, müssen wir unsere Augen benutzen. Mit Grafikcomputern lassen sich Ansichten von Objekten aus unzähligen Blickwinkeln berechnen. Im Geiste von Martin Gardners Buch *Mathematical Circus* und Theoni Pappas' Buch *The Joy of Mathematics* werden in diesem Buch alte und neue Ideen kombiniert – mit der Betonung auf der Freude, die der wissenschaftliche Entdecker bei seinen Experimenten erfährt.

Dieses Buch ist eine Zusammenstellung meiner seit dem Erscheinen des Buchs *Computer, Pattern, Chaos, and Beauty* veröffentlichten Arbeiten. Mit nur wenigen Ausnahmen stammen alle hier beschriebenen Studien und Computergrafiken von mir selbst. In der *Einleitung* und einigen *Zwischenspielen* sind aber auch ungewöhnliche Arbeiten von Wissenschaftlern aus verwandten Disziplinen beschrieben. In den *Zwischenspielen* und *Anhängen* finden sich weiterführende Informationen, Abbildungen und futuristische Objekte[1].

Mit den Augen des Computers beinhaltet Themen wie wissenschaftliche Darstellungen, Simulation, Zahlentheorie und Computerkunst. Sie werden ermutigt, auf eigene Faust tiefer in die beschriebenen Themenbereiche einzudringen. Einige der hier beschriebenen Themen beruhen jedoch auf komplexen Konzepten (z.B. »Unregelmäßig oszillierende fossile Muscheln«); andere Kapitel (z.B. »Das Krebsspiel«) erfordern keine tiefergehenden mathematischen Kenntnisse zum Verständnis des dargestellten Themas. Wählen Sie Ihre Lieblingsthemen aus dem reichhaltigen Angebot. Viele Artikel sind kurz und deuten eine Anwendung oder ein Verfahren nur an. Oft sind zusätzliche Informationen in der weiterführenden Literatur zu finden. Die Rechentips und Programmlistings in den Pseudocodes sind als Hilfe für Sie gedacht. Die abgebildeten Pseudocodes verdeutlichen schwer zu beschreibende Rechenvorgänge.

---

1 *Anmerkung:* Alle in diesem Buch genannten Produkte werden nur zu Referenzzwecken aufgeführt. Der Autor empfiehlt dabei weder spezielle Computerprogramme noch ein spezielles Produkt, noch ist er verantwortlich für die Wahl eines Produktes durch den Leser. Die in diesem Buch aufgeführten Ansichten sind allein die des Autors und weder die bestimmter Organisationen noch bestimmter Unternehmen.

Das Buch ist in neun Hauptabschnitte untergliedert:

1. **Simulation.** Zum Verständnis von Naturphänomenen werden eine Reihe von einfachen Computersimulationen vorgestellt. Diese Experimente sind leicht verständlich und einfach durchzuführen. Beispiele: Schmetterlingskurven und Simulationen zum Wachstum von Krebs.

2. **Untersuchung.** In diesem Abschnitt wird die interessante Textur »mathematischen Geflechts« erkundet. Themen sind beispielsweise die Laute des Pythagoras, Wurmalgebra, Zahlentheorie, supergroße Zahlen und schwer faßbare tortenmorphe ganze Zahlen.

3. **Bildliche Darstellung.** Computergrafiken sind heute aus zahllosen Bereichen des menschlichen Lebens nicht mehr wegzudenken. Hier werden Grafiken in den Bereichen Biologie, Mathematik und Kunst vorgestellt. Themen sind unter anderem: schmerzerzeugende Muster, Muscheln und Feld-Skulpturen.

4. **Spekulation.** Dieser Abschnitt beinhaltet mehrere spekulative Artikel. Themen sind beispielsweise: »Die zehn bedeutendsten Forscher der Menschheitsgeschichte« und »Die Auswirkung eines Supercomputers in Getränkedosengröße auf Gesellschaft und Politik«.

5. **Erfindung.** Dieser Abschnitt beschäftigt sich mit einer Reihe von Erfindungen, wie zum Beispiel Schriftarten zur Legasthenie-Therapie und Sprachsynthese-Granaten.

6. **Vorstellungskraft.** Computererzeugte Gedichte und Geschichten.

7. **Fiktion.** In diesem Kapitel finden sich einige Kurzgeschichten über Computer und wissenschaftliche Experimente.

8. **Übungen für Geist und Auge.** Hier werden phantasievolle Rätsel und Kuriositäten, aber auch ernsthafte Experimente, wie zum Beispiel die Grashüpfer-Folgen und das Amazonenschädel-Spiel vorgestellt.

9. **Computer in Kunst und Wissenschaft.** Dieser abschließende Abschnitt beinhaltet eine Liste ungewöhnlicher Quellen über den Einsatz von Computern in Kunst und Wissenschaft. Sie enthalten Angaben zu Personen und Unternehmen, die Computerkunst, -musik und -filme vertreiben und auch Verweise auf ungewöhnliche Literatur.

Bei der Zusammenstellung des Materials für die einzelnen Abschnitte von *Mit den Augen des Computers* zog ich eine Reihe von Gliederungsmöglichkeiten in Betracht: computererzeugte und nicht computererzeugte Formen, Wissenschaft und Kunst, Natur und Mathematik. Die Grenzen zwischen diesen Kategorien sind aber künstlich und unklar, so daß ich mich daher für eine ungeordnete Zusammenstellung der Themen innerhalb der einzelnen Abschnitte entschieden habe, damit der spielerische Charakter und das Überraschungsmoment erhalten bleiben. Am Ende jedes Kapitels finden Sie Übungen für weiterführende Experimente und Denkaufgaben sowie Literaturangaben. Einige Informationen werden wiederholt, damit jedes Kapitel ausreichend Hintergrundinformationen enthält; Sie können die entsprechenden Passagen daher auch überspringen. Kleingedruckter Text und die Doppelklammern [[und]] weisen auf Textmaterial hin, das beim ersten Lesen ausgelassen werden kann. In einem Glossar sind die in diesem Buch verwandten Fachausdrücke näher erklärt.

Zahlreiche Kapitel von *Mit den Augen des Computers* beginnen mit einer großen computer-erzeugten »Skulptur« aus winzigen schwarzen Punkten. Diese Abbildungen wurden aus einfachen mathematischen Formeln erzeugt und bestehen jeweils aus genau einer Million Punkten. Hintergrundinformationen und Berechnungsformeln für diese Skulpturen sind auf Seite 319 unter »Eine-Million-Punkte-Skulpturen« zu finden. Andere Kapitel beginnen mit grotesken *Digitalen Monstern*, die auf Seite 431 unter »Beschreibung der Farbtafeln und ganzseitigen Abbildungen« näher erläutert werden.

Diesem Buch liegt die Philosophie zugrunde, daß kreatives Denken und Rechnen nur durch Experimentieren erlernt werden können. Ich möchte dieses Vorwort mit einem Zitat von Morris Klein (*Scientific American*, März 1955) beschließen, das den Grundgedanken dieses Buchs ausgezeichnet wiedergibt:

> *Kreativität basiert nicht auf Logik oder Vernunft. Häufig bestätigen Mathematiker bei ihrer Erläuterung der Umstände, unter denen die wirklich großen Gedanken entstanden, daß die großen Ideen oft rein gar nichts mit ihrer augenblicklichen Arbeit zu tun hatten. Manchmal tauchten sie auf einer Reise auf, während des Rasierens oder während sie über andere Dinge nachdachten. Der kreative Prozeß kann weder erzwungen noch durch Opfergaben heraufbeschworen werden. Große Ideen kommen, wenn der Geist sich entspannt und der Phantasie freier Raum gelassen wird.*

Weiterführende Literatur

1. De Bono, E. (1970) Lateral Thinking: Creativity Step by Step. Harper and Row: New York.

2. Gardner, M. (1979) Mathematical Circus. Penguin: Großbritannien. (Eine Sammlung interessanter Rätsel, Paradoxa und Spiele.)

3. Gardner, M. (1978) Aha! Insight. Freeman: New York. (Eine Rätsel-Sammlung, die zu kreativen Gedankensprüngen auffordert und zu Lösungen scheinbar unlösbarer Probleme führt.)

4. Pappas, T. (1989) The Joy of Mathematics. Wide World Publishing: Kalifornien. (Eine Sammlung mathematischer Rätsel und Begriffe für den Laien.)

5. Pickover, C. (1990) Computers, Pattern, Chaos, and Beauty. St. Martin's Press: New York.

6. Pirsig, R. (1975) Zen and the Art of Motorcycle Maintenance. Bantam: New York. (Eine philosophische Abhandlung über Mensch und Technik.)

»Denken ist interessanter als Wissen,
aber längst nicht so interessant wie Schauen.«

J. Wolfgang von Goethe

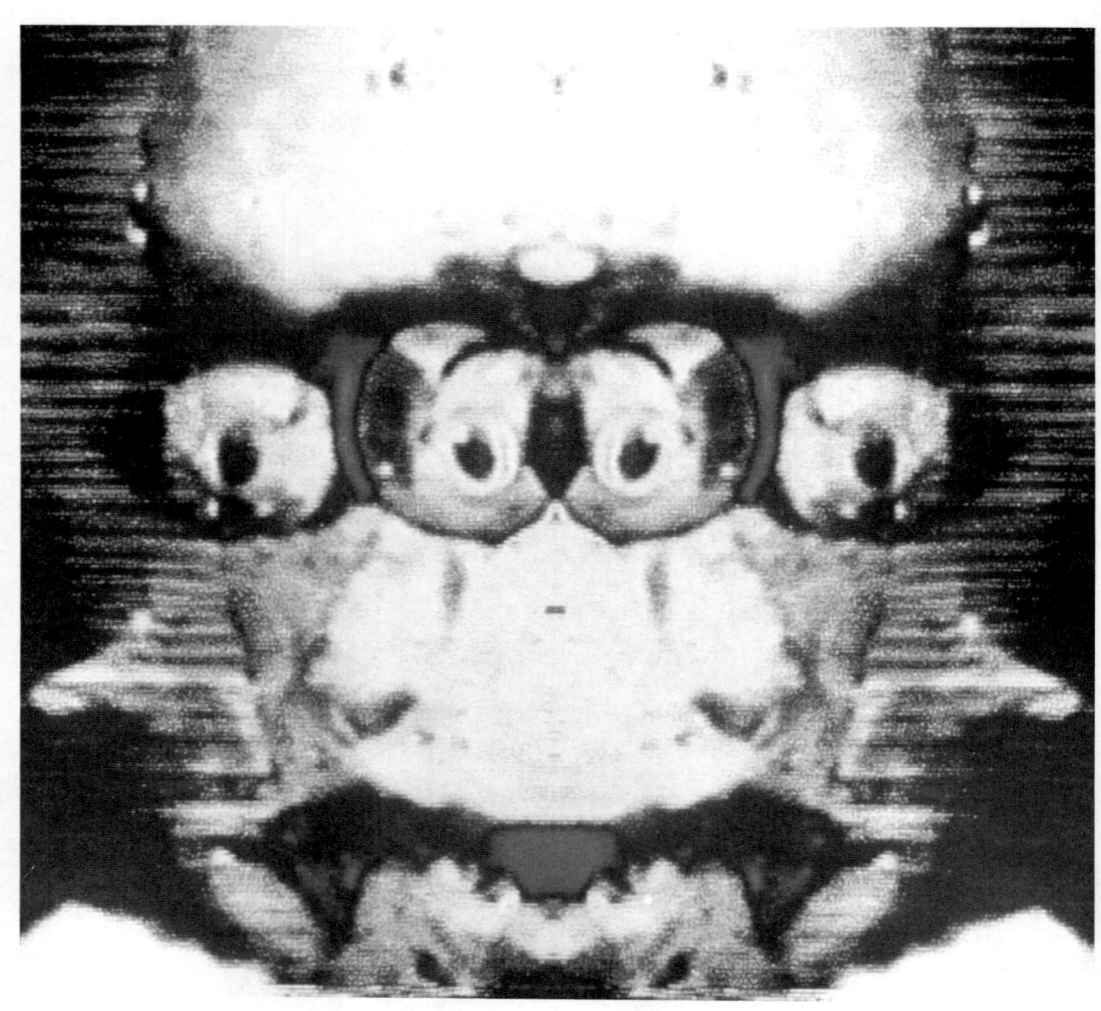

Inhaltsverzeichnis

TEIL III SPEKULATION

TEIL IV BILDLICHE DARSTELLUNG

TEIL V EXPLORATION

TEIL VI ERFINDUNGEN

TEIL VII VORSTELLUNGSKRAFT

TEIL VIII FIKTION

TEIL IX SCHLUSSBEMERKUNG

TEIL X ANHANG

Teil I

EINLEITUNG

Kapitel 1

Computer und das Unerwartete

$$\frac{\tau^2}{\eta^{35}} \, \mathcal{R}^9$$

»Mit der Beschreibung der Realität in mathematischen Bildern gewinnen wir eine gera-
dezu atemberaubende Freiheit. Wir entdecken Dinge über uns selbst, die uns als Dichter
der englischen Sprache wohl für immer verborgen geblieben wären.«

Paul Rapp, Get Smart: Controlling Chaos, 1989

Computer, Mathematik, Freiheit – diese drei Begriffe wurden wahrscheinlich bislang noch nie
in einem Atemzug genannt. Heute bieten Computer dem Menschen nahezu unbegrenzte
Möglichkeiten zum Erkunden neuer Wissenschaftsgebiete und nie dagewesene Hilfestellun-
gen für die Phantasie. Die Abbildung oben entstand im 19. Jahrhundert und trägt den Titel
»Das Geheimnis der Himmelsmechanik«. Wie der alte Zauberer, der aus Blasen neue Welten
entstehen läßt, können die heutigen Forscher und Wissenschaftler mit Hilfe von Computern
künstliche Welten durch Simulation und Computergrafik erzeugen und analysieren.

Seit der durch schnelles Wachstum geprägten Nachkriegszeit haben Computer die wissenschaftliche Forschung, Handel, Kunst und Freizeitgestaltung einschneidend verändert. Dieses
Buch widmet sich der Fähigkeit von Computern, wirkliche oder imaginäre Welten nachbilden
zu können. Es ist eine Collage unterschiedlicher Themen. Einige davon sind eine Forschungs-
und Entdeckungsreise mit dem Computer, andere beschäftigen sich mit der Auswirkung von

Abbildung 1.1. *Darstellung eines mehrfach gewunden Torus.* Diese Arbeit des russischen Mathematikers und Künstlers A. T. Fomenko ist Bestandteil einer umfangreichen Sammlung mathematisch inspirierter Kunstwerke. Er betitelte dieses Werk »Two-adic Solenoid«, ein mathematischer Ausdruck zur Beschreibung unendlich ineinander verschachtelter Tori. Jeder Torus wird beim zweimaligen Wickeln um die Achse des jeweils vorigen Torus immer dünner. Nur neun Tori werden gezeichnet; jeder Torus ist angeschnitten, so daß die nachfolgenden durch ein Loch betrachtet werden können. Fomenko bezeichnet dies als »versteckte Symmetrie«. Näheres siehe unter »Darstellung von Cantor-Käse-Konstruktionen« auf Seite 171. (Die Abbildung wurde mit freundlicher Genehmigung aus *»Computers and Mathematics with Applications«*, Band 17, 1989, Seite 304, Pergamon: New York, abgedruckt. Siehe auch Hargittai, I. (1989) »Symmetry 2: Unifying Human Understanding.« Oxford: NY.)

Computern auf die menschliche Gesellschaft. Diese Einführung ist eine Sammlung ungewöhnlicher und vielleicht auch unerwarteter Informationen über Computer und Computerkunst. Ich möchte mit der Beschreibung dessen beginnen, was dieses Buch *nicht* beinhaltet: Es beschäftigt sich nicht mit den Standardproblemen der Mathematik aus wissenschaftlichen Abhandlungen, die ja häufig weder zu Kreativität anregen noch einen künstlerischen Wert haben. Auch sind die hier angesprochenen Probleme und Themen nicht »linearer« Art, wo Variablen in eine Gleichung eingesetzt und präzise, schnelle Ergebnisse erzielt werden. Vielmehr sind ein großer Teil der Übungen Denkaufgaben, die auch ohne Computer gelöst werden können.

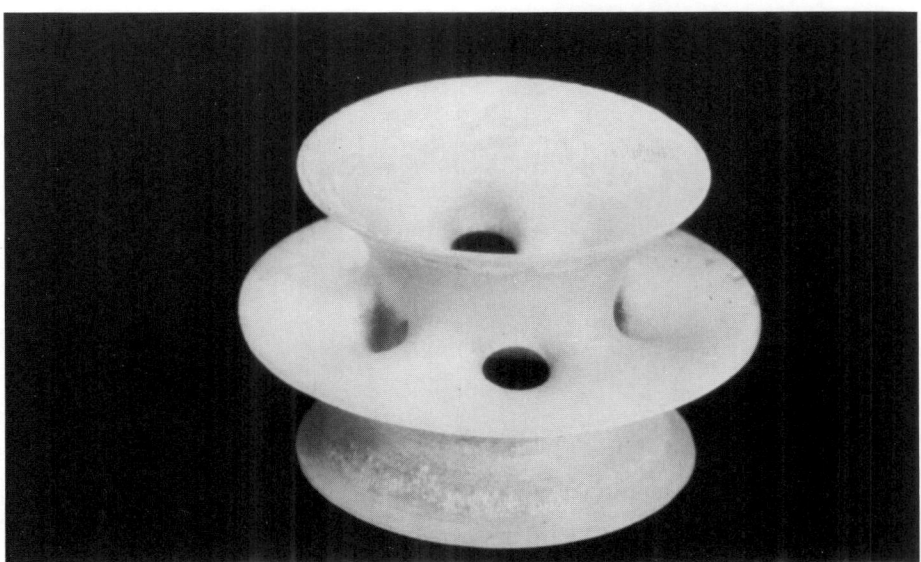

Abbildung 1.2. *Stewart Dicksons dreidimensionales mathematisches Objekt aus Polymer-Kunstharz.* Mit der neu entwickelten Stereolithographie modellieren Künstler und Techniker aus Computerdaten dreidimensionale Formen in Kunststoff. Bildhauer entwickeln mit der Computergrafik neue ästhetische Gestaltungsmöglichkeiten in der mathematischen Vielfalt von wellenartigen Flächen und gewundenen Formen. (Abbildung von Stewart Dickson, 1989, mit freundlicher Genehmigung der Post Group.)

Die meisten der in diesem Buch gezeigten optisch ansprechenden Bilder gehören in die Kategorie »Wissenschaftliche Darstellung«. Diese Bezeichnung umschreibt den Einsatz einfacher und moderner Computergrafiken zum besseren Verständnis komplexer Informationen. Der Gedanke der grafischen Darstellung von Daten und Gedanken reicht viele Jahrhunderte zurück. In der Eiszeit – 60.000 bis 10.000 v. Chr. – bemalten Höhlenbewohner in Frankreich, Spanien, Afrika und Skandinavien ihre Wände mit Tiergestalten. In späteren Zeiten bezeugen komplizierte Kunstwerke, wie die Steinbearbeitung der Assyrer im 9. Jahrhundert vor Christus, die »Tankas« der Tibetaner im 18. Jahrhundert und die Himmelskarten aus Deutschland im 16. Jahrhundert die Faszination, die die bildhafte Darstellung von Daten und abstrakten Ideen auf den Menschen ausübte und immer noch ausübt. Die optischen Medien von heute, dazu gehören Fernsehen und Computer, sind weniger exotisch. Nicht Film, Computergrafik oder Fernsehen erreichen jedoch täglich ein Drittel der Menschheit, sondern der Comic Strip (Näheres über wissenschaftliche Darstellung in Teil IV).

Für die heutige Wissenschaft und Computerkunst haben sich Zufallszahlengeneratoren bei der Simulation von Naturphänomenen und bei der Erfassung von Daten als Hilfsmittel von unschätzbarem Wert erwiesen. Mehrere Kapitel beschäftigen sich mit dem Einsatz von Zufallszahlen für unterschiedliche Zwecke. Ihre Generierung hat eine lange Geschichte. Schon im Altertum suchten und nutzten die Menschen den Zufall in den unterschiedlichsten Bereichen ihres Lebens. Auch unsere prähistorischen Vorfahren spielten Würfelspiele und betrogen zuweilen ihre Mitspieler mit manipulierten Würfeln! Schon lange vor seiner Entdeckung als Spielzeug wurden Zahlenwürfel als magisches Hilfsmittel beim Weissagen der Zukunft

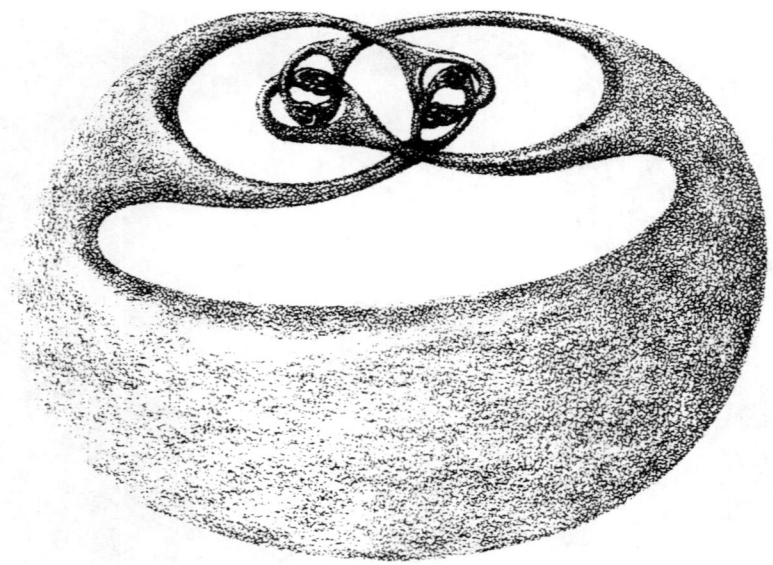

Abbildung 1.3. *Hornsphäre*. Die Mathematiker erfinden manchmal bizarre Objekte zur Darstellung ihrer Ideen. Alexanders Hornsphäre ist ein Beispiel für eine komplexe, in sich verschlungene Fläche, bei der die Unterscheidung zwischen Innen- und Außenseite sehr schwierig ist. (Abbildung von Peterson (1990b).)

verwendet[3]. Der Urmensch verwendete bei dem Würfelspiel vermutlich wahrscheinlich kubische Hand- oder Fußgelenkknochen von Schafen (Manchester, 1980).

Die Generierung von Zufallszahlen, die Entwicklung bildlicher Darstellungen, aber auch der Computer allgemein hat sich in den letzten Jahren drastisch verändert. Ein Beispiel einer Rechenmaschine früherer Zeiten ist das von Blaise Pascal entwickelte Gerät. 1644 konstruierte der damals 20jährige französische Philosoph und Mathematiker eine Rechenmaschine zur Erleichterung der Geschäftsabrechnungen seines Vaters. Die »Pascaline« genannte Maschine bestand aus einer Reihe von mit Zahlen versehenen, sich drehenden Rädchen, mit denen sich große Summen addieren ließen. Leider ließen Verläßlichkeit und Leistung der Pascaline noch zu wünschen übrig, weshalb sie nie vermarktet werden konnte. Die Indianer Nord- und Südamerikas benutzten ebenfalls eine einfache »Rechenmaschine«. 1590 schrieb der Jesuit Joseph de Acosta folgendes über die Inka-Kultur:

Um sehr schwierige Rechenoperationen durchzuführen, für die ein fähiger Kalkulator Papier und Tinte brauchen würde ... benutzen diese Indianer Getreidekörner. Sie legen eines dahin, drei an eine andere Stelle und acht sonstwohin. Sie verschieben ein Korn da und drei

---

3   Die für Prophezeiungen verwendeten Würfel werden »Astragalus« genannt.

Abbildung 1.4. *Metallskulpturen von John Robinson.* Die umfangreiche Kunstsammlung John Robinsons umfaßt mathematische Skulpturen und Tapisserien, die von Formeln, Knoten, DNA-Strukturen und Bündeln inspiriert wurden sowie wunderschöne eiförmige Skulpturen. Nähere Informationen sind erhältlich bei »Mathematics and Knots«, University of Wales, Dean Street, Bangor, LL57 1UT, Großbritannien. Siehe auch »Produkte, Lehrhilfen, Kunst, Spiele, Vertrieb« auf Seite 420.

dort und können ihre Berechnungen ohne den kleinsten Fehler durchführen. Tatsächlich können sie besser als wir mit Papier und Tinte die Schuld einer jeden Person berechnen.

Als letztes Beispiel einer Rechenmaschine aus früheren Zeiten sei hier der Abakus genannt, der aus auf Schnüren verschiebbaren Kugeln besteht. Der Abakus ist allerdings mehr als ein Spielzeug. 1947 besiegte Kiyoshi Matsuzake mit einem Soroban (die japanische Version des Abakus) den Gefreiten Tom Wood der amerikanischen Besatzungsarmee, der die modernste elektromechanische Rechenmaschine jener Zeit benutzte. Der Wettkampf bestand aus einer Reihe von Additionen, Subtraktionen und Multiplikationen[4].

Unsere heutigen Rechenmaschinen können viele Milliarden von Rechenoperationen in einer einzigen Sekunde ausführen. Natürlich besitzen diese modernen Maschinen weit weniger bewegliche Teile als ihre Vorgänger. Somit kann der Finger des Benutzers nicht mehr in einem Getriebe, Hebel oder Rad steckenbleiben. Die Computer von heute sind meist ziemlich sicher, allerdings mit Ausnahmen. 1981 wurde Kenji Urada, ein Mechaniker bei Kawasaki Heavy Industries in Japan, von einem Roboter getötet. Er starb an einem Fließband zur Produktion von Fahrzeuggetrieben. Der Roboter näherte sich von hinten und klemmte ihn zwischen sich und das Band ein.

---

4   Der Abakus wurde in seiner heutigen Form ca. 1200 v.Chr. in China eingeführt. Er ist in vielen Abarten und unter vielen Namen bekannt. In der Türkei heißt er Coulba, in Armenien Choreb, und in Rußland, wo er noch heute verwendet wird, Stschoty.

Abbildung 1.5. *Metallskulptur von John Robinson.* Näheres siehe vorherige Abbildung.

Heute, in den 90er Jahren, sind wir von Computern sehr abhängig geworden. Nach kürzlich durchgeführten Befragungen von Wissenschaftlern würde ein unerwarteter 24stündiger Ausfall aller Mikroprozessoren auf der ganzen Welt den Tod von mehreren Millionen Menschen und einen Schaden von 100 Milliarden Dollar nach sich ziehen[5]. Die am stärksten betroffenen Bereiche wären Finanz-, Bank- und Kommunikationswesen, der Verkehr, Fabriken, Flugzeuge, Notfalldienste, Unterseeboote, Fahrzeuge und Telefon[6]. Es überrascht nicht, daß die USA und Japan zu den Ländern gehörten, die von den Befragten für am stärksten betroffen gehalten wurden[7].

---

5   Bei der von mir durchgeführten informellen Umfrage wurde die Zahl der Toten durchschnittlich auf 1.400.000 geschätzt. (Die Angaben lagen zwischen 1.000 und fünf Millionen Toten.) Der durchschnittliche vorausgesagte materielle Schaden lag bei 520 Milliarden Dollar. (Die Angaben reichten hier von neun Milliarden bis zu zwei Billionen Dollar.)

6   Außerdem wären vom 24stündigen Mikroprozessor-Ausfall betroffen: Uhren, Haushaltsgeräte, Fernseh- und Radiostationen, mit Computern ausgestattete Unternehmen, Eisenbahnen, die Luftfahrtüberwachung, Börsen, Satelliten und die Raumfahrt, Fahrstühle, das Militär, die Wettervorhersagen sowie Umweltüberwachungssysteme.

7   Als die befragten Wissenschaftler gebeten wurden, die denkbaren Gründe für einen 24stündigen Ausfall zu nennen, gaben sie sowohl ernste als auch recht phantasievolle Antworten. Hier eine Zusammenfassung: Sonnen-/Sternenaktivität, ein biologischer Anti-Computer-Virus, ein riesiges elektromagnetisches Feld aufgrund eines außer Kontrolle geratenen Kernreaktors, der Auftakt für die Invasion von Außerirdischen, ein mechanischer Anti-Computer-Virus, das zufällige Abfeuern einer neuen militärischen Waffe, Computer-Sabotage, göttliche Intervention, die Explosion einer Wasserstoffbombe oder ein ionisierter Meteor.

Ich möchte abschließend die Themenauswahl in diesem Buch erläutern. In vielen Kapiteln möchte ich die besondere Schönheit vermitteln, der Mathematiker begegnen, wenn sie komplizierte Formen verständlich darstellen. Für mich sind Computergrafiken ein Medium der Kunst. Einige Künstler und Wissenschaftler versuchten, diese Schönheit ohne Zuhilfenahme eines Computers aus trockenen Formeln zu erzeugen. Einer der ersten war der niederländische Grafikkünstler M. C. Escher, der viele komplexe und sich wiederholende geometrische Formen von Hand erstellte. Eschers Beschäftigung mit der Symmetrie ist weitbekannt; seine periodischen, ebenfüllenden Muster wurden von vielen Mathematikern analysiert. Sein russisches Gegenstück im 20. Jahrhundert ist der Mathematiker A. T. Fomenko, dessen algebraische Flächen und kristalline Strukturen in mystischen und surrealen Umgebungen von Hand gezeichnet sind (Abbildung 1.1). Weitere herausragende Beispiele für zeitgenössische Künstler der Mathematik sind der Brite John Robinson (Abbildungen 1.4 und 1.5) und Helaman Ferguson, Professor an der Brigham-Young-Universität in Salt Lake City, USA. Ferguson erschafft mathematisch-inspirierte Steinskulpturen, um die Schönheit von Theoremen aufzuzeigen. Seine reinweißen Marmorskulpturen haben exotisch anmutende Titel wie »Kleeblattknoten« und »Hornsphären«. Einige ähneln den gewundenen, in der Mitte dieses Buches auf den Farbtafeln dargestellten Computergrafiken. Der an weiteren Beispielen für physikalische, von geometrischen Formeln inspirierte Skulpturen interessierte Leser wird auf die Abschnitte »Die Scherksche Fläche« auf Seite 399, »Verschiedene Verkaufsartikel, Lehrmaterial, Kunst, Spiele, Händler« auf Seite 420 und »Anmerkungen für den neugierigen Leser« auf Seite 407 verwiesen. Stewart Dickson ist ein Künstler, der mathematische Formen in Kunststoff umsetzt. Bei diesem Verfahren, Stereolithographie genannt, wird ein lichtempfindliches Flüssigharz mit Laserlicht bestrahlt, das an der bestrahlten Stelle aushärtet. Auf diese Weise lassen sich computergesteuerte räumliche Skulpturen erzeugen (Abbildung 1.2).

Auf zur Reise in die Welt der Computer und der Phantasie. Nehmen Sie einen Stift, ein Blatt Papier und einen Taschenrechner oder einen Personalcomputer und blättern Sie eine Seite weiter. Wenn Sie kein Interesse an Berechnungen haben, gibt es viele Denkaufgaben und künstlerische Grafiken als Stimulantien für Ihre eigene Phantasie. Die gemeinsamen Ansichten John Steinbecks und des Meeresbiologen Edward Ricketts zu diesem Thema spiegeln sich in dem folgenden Zitat von John Steinbeck wider, das den Aufbau dieses Buchs äußerst treffend beschreibt.

»Das Design eines Buches ist der Spiegel der Realität, gesteuert und geformt vom Geiste des Autors. Dies gilt sicher für Dichtung oder Fiktion, findet jedoch selten Anwendung bei Fachbüchern.«   *John Steinbeck*

1.1 Weiterführende Literatur

1. Peterson, I. (1990a) Equations in Stone. *Science News*, September 138(10): 152-154. (Beschreibt mathematisch inspirierte Skulpturen in Bronze, Onyx und Marmor.)

2. Peterson, I. (1990b) *Islands of Truth*. Freeman: New York. (Beschreibt neue Forschung in der Mathematik und der Computergrafik.)

3. Manchester, R. (1980) *Mammoth Book of Fascinating Information*. Hart: New York. (Beschreibt außergewöhnliche Tatsachen über allgemeine Dinge, wie Autos und Brillen.)

4. Newman, J. (1956) *The World of Mathematics*. Simon and Schuster: New York. Seiten 463-464. (Informationen über den Jesuitenpater Joseph de Acosta.)

5. Williams, M. (1990) Early Calculators. In: *Computing Before Computers*. Aspray, W., Hrsg., Iowa State University Press: Ames, Iowa. (Ein Überblick über die Rechentechnik vor der Entwicklung der Computer.)

6. MacGillavry, C. (1986) The symmetry of M. C. Escher's »impossible« images. *Computers and Mathematics with Applications*. 12B/1/2): 123-138. (Ein Überblick über das Werk des holländischen Künstlers in bezug auf die geometrische Symmetrie.)

7. Fomenko, A. (1989) Visual and hidden symmetry in geometry. *Computers and Mathematics with Applications*. 17(1-3): 301-320. (Zeigt seine schönen und surrealen Darstellungen mathematischer Objekte.)

8. Dickson, S. (1990) Manufacturing the impossible soap bubble. IRIS Universe: *The Magazine of Visual Processing*, 12: 24-29.

9. Kurzweil, R. (1990) *The Age of Intelligent Machines*. MIT Press: Cambridge, Massachusetts. (Enthält Infomationen über Mustererkennung, die Wissenschaft der Kunst, computererzeugte Gedichte und künstliche Intelligenz.)

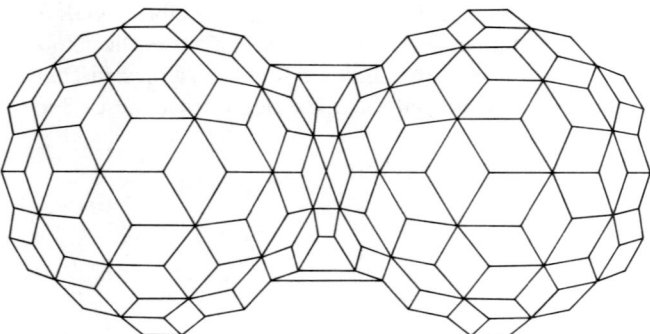

Teil II

SIMULATION

Tromba Marina

Kapitel 2

Simulation: Eine Einführung

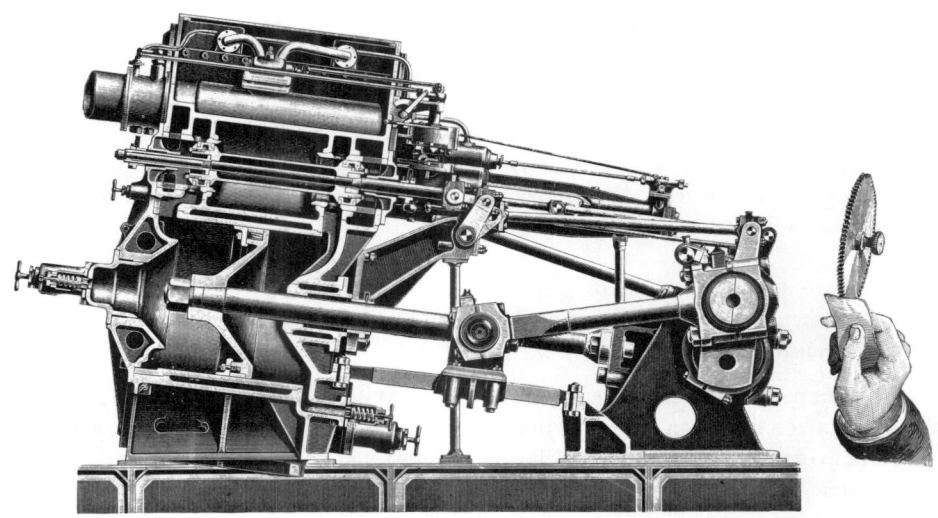

»Vom Standpunkt der taoistischen Philosophie aus gesehen werden natürliche Formen nicht erzeugt, sondern sie wachsen aus sich heraus. Es gibt daher einen großen Unterschied zwischen allem Organischen und dem Mechanischen. Dinge, die gemacht werden wie Häuser und Möbel, sind eine Anhäufung von zusammengesetzten Teilen, oder sie werden, wie Skulpturen, von außen nach innen geformt. Aber Dinge, die wachsen, formen sich selbst von innen nach außen. Sie sind keine Anhäufung ursprünglich unterschiedlicher Teile; sie teilen sich und arbeiten ihre eigene Struktur als Gesamtheit miteinander verwobener Teile heraus, vom Einfachen zum Komplexen.« Alan Watts, 1958

In ihrem Bestreben, die Welt um uns herum zu verstehen, wenden sich Wissenschaftler immer mehr der Computersimulation zu[8]. Sowohl für natürliche als auch für künstliche Systeme sind inzwischen Computermodelle zur Simulation entwickelt worden. Computer simulieren die verschwindend geringen Molekülbindungskräfte, den Betrieb komplexer Instrumente, Stützstrukturen riesiger Hochhäuser, die Stabilität von Flugzeugen, das Verhalten mathematischer

---

8   Wenn Sie kein Interesse am Programmieren eines Computers haben, können Sie den Abschnitt *Simulation* überspringen und mit dem Abschnitt *Spekulation* fortfahren.

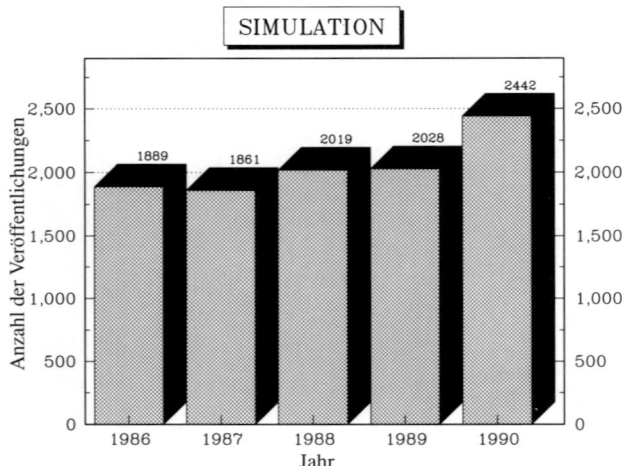

Abbildung 2.1. *Anzahl der wissenschaftlichen Artikel über Computersimulationen.* Ein Überblick über die Fachzeitschriften der Welt zeigt, daß die Zahl der Artikel über Simulation in den Jahren 1986 bis 1990 jeweils bei ca. 2.000 lag.

Funktionen sowie der Volkswirtschaft. Statt teure Modelle aus Holz oder Plastik zu bauen, können viele Systeme mit mathematischen Modellen beschrieben und mit einem Computer berechnet und beurteilt werden[9].

Viele Lehrbücher der Computersimulation in Physik und Mathematik sind so formell gehalten, so durchdrungen von obskuren Begriffen und Symbolen, daß der Anfänger oftmals gar nicht weiß, wie und wo er beginnen soll. Ich möchte daher Studenten und Fachleute dazu ermutigen, mit den einfachen Beispielen in diesem Buch zu beginnen, die problemlos auf einem PC durchgeführt werden können. *Teil II: Simulation* beschreibt einige sehr einfache Computerexperimente. Simulationen wie z.B. *Das Züchten einer eigenen Schriftart, Schmetterlingskurven* und *Ein schiefer Buchturm* sind von Interesse für diejenigen unter Ihnen, die schnell mit einigen Modellen in den Bereichen Physik, Biologie, Psychologie und Kunst experimentieren möchten. Die kompliziertesten Simulationen in diesem Teil betreffen die Entwicklung von Molekülen (letztes Kapitel dieses Teils). Dieses Kapitel kann beim ersten Lesen des Buchs ruhig übersprungen werden.

Jedes Kapitel ist in sich abgeschlossen, so daß dieser Teil des Buchs als Lehrbuch für motivierte Studenten verwendet werden kann. Die Übungen am Ende der Kapitel können als Hausaufgaben in Gymnasien und Universitätsseminaren benutzt werden. Auch fortgeschrittene Studenten und Experten werden hier neues Material finden. Im ganzen Buch finden sich viele Vorschläge für zukünftige Forschungsaufgaben.

---

9   Erwähnenswert ist vielleicht, daß im Jahre 1989 in allen Fachzeitschriften insgesamt 2.028 Artikel mit den Ausdrücken »Simulation« oder »Simulationen« im Titel veröffentlicht wurden. Abb. 2.1 zeigt eine Reihe von Veröffentlichungen mit Titeln, die in den Jahren 1986-1990 einen dieser beiden Begriffe enthielten; der Wert für 1990 basiert auf einer Schätzung der Daten aus Januar-Juni 1990. (Die Angaben für dieses oder vergleichbare Diagramme in diesem Buch stammen aus Computersuchen in Datenbanken wie dem *Science Citation Index*.)

Kapitel 3

Schmetterlingskurven

»Die großen Denker und Religionsphilosophen des letzten Jahrhunderts sahen Gott in der sie umgebenden Symmetrie und Harmonie – in den schönen Gleichungen der klassischen Physik, die solche Phänomene wie Elektrizität und Magnetismus beschreiben. Ich glaube nicht, daß die einfachen Muster der Komplexität der Natur ein Beweis für Gott sind. Ich glaube, daß sie selbst Gott sind. Das Betrachten mathematischer Kurven, die sich zur eigenen Musik drehen, ist ein wundersames, spirituelles Ereignis.«   *Paul Rapp, 1990*

Ich möchte den Abschnitt **Simulation** mit der Einführung in eine anmutige und doch leicht programmierbare geometrische Kurve beginnen, die einem Schmetterling oder einer Motte ähnelt. Einer der schönsten Aspekte der Geometrie ist die Formenvielfalt der ebenen algebraischen und transzendentalen Kurven. Viele dieser Kurven besitzen Schönheit in ihrer Symmetrie, in den von ihnen beschriebenen Blattformen und Schnörkeln und in ihrem asymptotischen Verhalten. Die Schmetterlingskurven, die von Temple Fay an der Universität von Southern Mississippi entwickelt wurden, weisen die schönsten und komplexesten Formen auf. Sie eignen sich vorzüglich zum Experimentieren, auch auf einem PC.

Abbildung 3.1. *Schmetterlingskurven*. Diese Kurven wurden auf einem IBM 3090-Computer mit der Gleichung (3.1) auf dieser Seite erstellt. Diese Kurven können auch auf einem PC berechnet und dargestellt werden.

Die Gleichung für die Schmetterlingskurve sieht in Polarkoordinaten so aus[10]:

$$\rho = e^{\cos(\theta)} - 2\cos(4\theta) + \sin^5(\theta/12) \tag{3.1}$$

Diese Gleichung beschreibt die Bahn eines Punktes, die den Körper des Schmetterlings nachzeichnet; ρ ist der radiale Abstand des Bahnpunktes zum Ursprung. Pseudocode 3.1 zeigt das Programm, mit dem die Kurve berechnet und gezeichnet wird. Abbildung 3.1 zeigt mehrere mit unterschiedlichen θ-Werten berechnete Kurven. Schmetterlingskurven mit einer größeren Wiederholungsperiode können mit

$$\rho = e^{\cos(\theta)} - 2,1\cos(6\theta) + \sin^7(\theta/30) \tag{3.2}$$

berechnet werden.

---

10 Polare Kurven werden in einem Koordinatensystem dargestellt, das einer polaren Ansicht der Erde ähnelt, wobei sich der Nordpol in der Mitte des Diagramms befindet.

```
Algorithmus: Wie man eine Schmetterlingskurve berechnet
Ausgabe:     Zeichnet Punkte an den durch die Variablen xx und yy
             gegebenen Punkten
Anmerkung: Bildschirmkoordinaten in x- und y-Richtung jeweils
             von 0 bis 100
 1  pi = 3,1415;
 2  DO theta = 0 to 100*pi by .010;
 3     r = exp(cos(theta)) - 2*cos(4*theta) + (sin(theta/12))**5;
 4     x = r * cos(theta);   /*aus Polarkoordinaten konvertieren*/
 5     y = r * sin(theta);
 6     xx = (x * 6) + 50;    /*Maßstabsfaktor zum Vergrößern und*/
 7     yy = (y * 6) + 50;    /*Zentrieren der Kurve*/
 8     IF theta = 0 THEN MovePenTo(xx,yy);
 9                     ELSE DrawTo(xx,yy);
10  END;
```

Pseudocode 3.1. *Wie man eine Schmetterlingskurve berechnet.*

Andere Schmetterlingskurven lassen sich durch Addition von Termen oder durch Veränderung der Konstanten erzeugen.

3.1 Übungen

1. Zeichnen Sie die Kurve $\rho = e^{\cos(2\theta)} - 1,5 \cos(4\theta)$. Vergleichen Sie das Ergebnis mit der Standard-Schmetterlingskurve.

2. Der Wert 100 π für die Iterationsschleife in Pseudocode 3.1 ist viel größer als für die Berechnung einer kompletten Schmetterlingskurve erforderlich. Das heißt, die Kurve springt auf sich selbst zurück, wenn solch große θ-Werte eingesetzt werden. Wie hängt die Wiederholungsperiode des Schmetterlings von den Perioden der in Zeile 3 des Pseudocodes addierten einzelnen trigonometrischen Kurven ab?

3.2 Weiterführende Literatur

1. Fay, T. (1989) The Butterfly Curve. *American Math. Monthly*. 96(5): 442-443.

2. Lawrence, J. (1972) *A Catalog of Special Plance Curves*. Dover: New York.

3. Whitney, C. (1990) *Random Processes in Physical Systems*: An Introduction to Probability-Based Computer Simulations. Wiley: New York

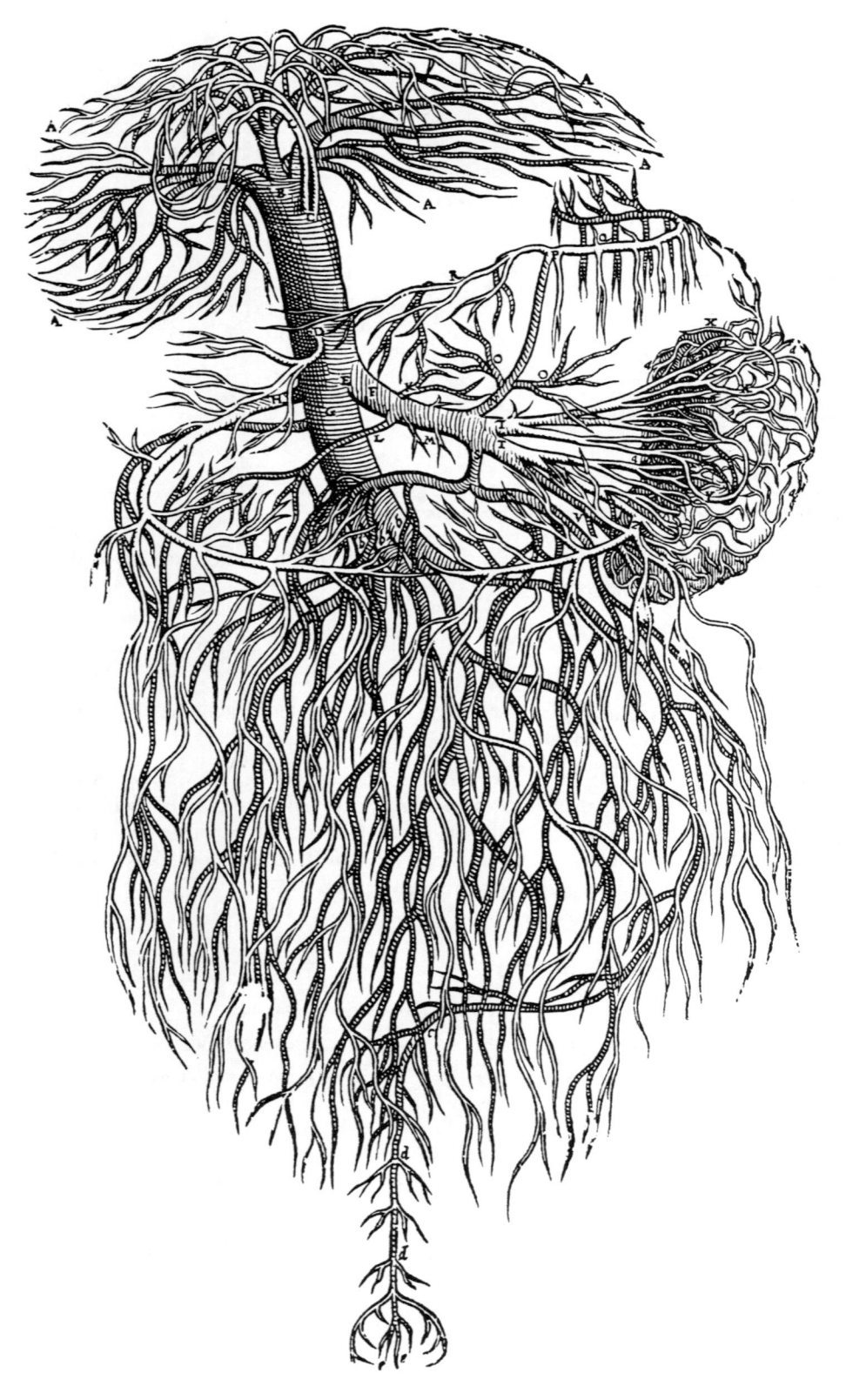

Kapitel 4

Das Krebs-Rätsel

»Jeder von uns ist ein wandelndes Museum. Die Flüssigkeit in unserem Körper ist eine perfekte Kopie eines uralten Meeres, in dem wir nach unserer Befreiung aus dem Urlehm heranreiften.«
Lyall Watson

Die DNS (Desoxyribonukleinsäure) enthält die grundlegenden genetischen Informationen aller lebenden Zellen. Die Sequenzen der DNS-Basen (Adenin, Cytosin, Guanin und Thymin – A, C, G und T) sind die Information zur Proteinsynthese und enthalten eine Reihe von Steuersignalen. Die DNS-Moleküle bilden einen gewundenen, helixförmigen Zucker-Phosphat-Strang, bestehend aus vielen Millionen dieser Basen. Obwohl die DNS-Stränge einer einzigen Zelle abgewickelt fast zwei Meter lang sind, passen sie zusammengeknäult in ein Volumen mit einem Durchmesser von nur einem Tausendstel Millimeter. Spezielle Enzyme kopieren die genetische Information. Andere Enzyme prüfen, ob der Kopiervorgang richtig abgelaufen ist; sie sind einem ehrgeizigen Streifenpolizisten vergleichbar, der sicherstellt, daß die genetische Datenverarbeitung bei einer Milliarde Kopierschritten im Durchschnitt nur einen einzigen Fehler macht.

Vielleicht möchten Sie ein »Spiel«, ein künstliches genetisches Modell, untersuchen. Ich nenne dieses Spiel das »Krebs-Rätsel«, da die einfachen genetischen Regeln stabiles Verhalten und unkontrolliertes Wachstum der DNS-Segmente zur Folge haben können. Ich verwende die Buchstaben G, C, A und T für die chemischen Basen, die das Erbmaterial lebender Zellen ausmachen. In diesem Beispiel möchte ich jedoch nur zwei Basen verwenden; begonnen wird mit der Base G. Ein »C« wird der nächsten Generation hinzugefügt. Wie aus dem folgenden Diagramm ersichtlich ist, wiederholt jede nachfolgende Generation die beiden vorangegangenen in derselben Reihenfolge. Erscheinen zwei Cs nacheinander, wird die Sequenz gespalten; danach wird der Generationenprozeß in jedem Teilstück unverändert fortgesetzt. Dieser Vorgang entspricht der tatsächlichen enzymatischen Spaltung an einem bestimmten Erkennungsmuster. In der folgenden Tabelle werden die Bruchstellen durch einen Bindestrich angezeigt.

```
Generation ,          Sequenz
    1                    G
    2                    C
    3                    GC
    4                   CGC
    5                 GC-CGC
    6             CGCGC CGC-CGC
    7        GC-CGCGC CGC-CGC CGC-CGC
```

In Generation 5 spaltet sich die Sequenz aufgrund des Auftretens von »CC«. In Generation 6 spaltet sich die rechte Sequenz aufgrund des Auftretens von »CC«.

[[Ohne Spaltung würde die Zahl der Basen im obigen System in jeder Generation eine Fibonacci-Reihe erzeugen. In der vorliegenden Reihe kann man leicht vorhersagen, daß die n-te Base G oder C sein wird. Wenn wir G die Zahl 1 und C die Zahl 2 zuweisen, definiert die folgende Gleichung die n-te Base der Sequenz:

$$a_n [kn] - [k(n-1)] \qquad (4.1)$$

wobei $k = (\sqrt{5} + 1)/2$ ist und die Klammern zeigen, daß die Werte auf einen ganzzahligen Wert gekürzt werden; zum Beispiel ist $[x]$ die größte ganze Zahl, die nicht größer als x ist.]]

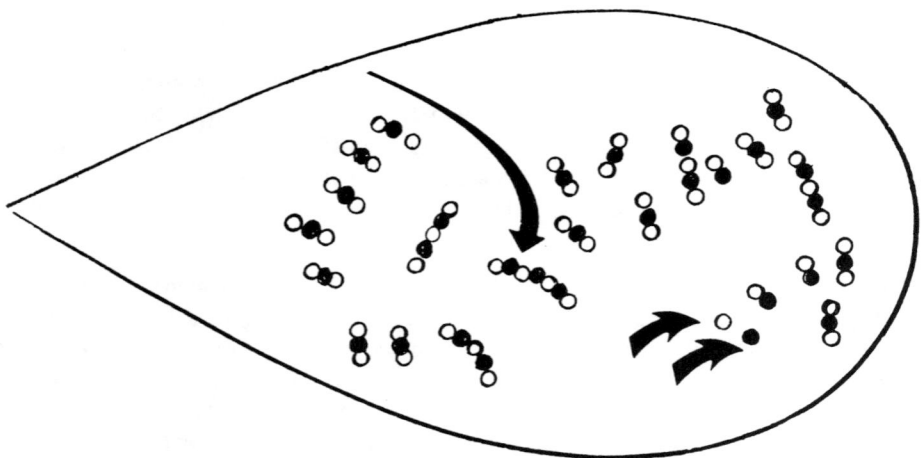

Abbildung 4.1. *Unkontrolliertes Wachstum (Schnappschuß nach acht Generationen).* Die hier dargestellte genetische »Suppe« repräsentiert Wachstum und Fragmentation einfacher genetischer Stränge, die sich entsprechend den beschriebenen Regeln reproduzieren. Gefüllte und leere Kreise entsprechen G und C. Die beiden Originalbasen sind mit zwei kleinen Pfeilen angezeigt. Die großen Pfeile weisen auf den größten Strang (CGCGCGC) nach acht Generationen. Die Tochterstränge liegen neben den Eltern und sorgen so für die willkürliche Verbreitung der Partikel von den Originalbasen.

4.1 Übungen

Beim »Krebs-Rätsel«, das mit den beiden Basen G und C beginnt, ergeben sich viele Fragen. Welches ist zum Beispiel der längste Strang ohne Spaltungen? Gerät das System außer Kontrolle und erzeugt es schnell riesige Stränge (Krebs) oder bleibt es auf kurze Stücke beschränkt? Wie oft kommen welche genetischen Spezies in der Ursuppe nach n Generationen vor? (Ein Kollege, Bill McCormick, bestimmte mit einem Computerprogramm, daß nach der 18. Generation 8.192 CGC-Stücke in der genetischen »Suppe« schwimmen.) Können die Stränge über mehrere Generationen hinweg immer länger werden und sich dann in kurze Stränge aus nur einer oder zwei Basen »auflösen«?

Der genetische Code des Menschen ist einem großen Computerprogramm vergleichbar. Zur Beschreibung eines Menschen sind sechs Milliarden Bits erforderlich. Ein sehr kompliziertes Computerprogramm besteht dagegen nur aus mehreren hundert Millionen Bits. Unter Verwendung der hier beschriebenen Regeln stellt sich die Frage, wie lange ein Computerprogramm benötigen würde, um die genetische Sequenz eines Menschen zu erzeugen. Sie können natürlich auch Systeme mit unterschiedlichen Startfolgen oder mit Mutationen untersuchen.

Sie können das Krebs-Rätsel auch so abändern, daß es zu einem »Evolutions-Spiel« wird, bei dem unterschiedliche Segmente des genetischen Materials auf interessante Weise kombiniert werden können. Mit Hilfe einer Grafikschnittstelle kann darüber hinaus die Ursuppe zum Verfolgen des Evolutionsprozesses auf dem Bildschirm dargestellt werden, wobei die einzelnen genetischen Sequenzen grafisch unterschiedlich dargestellt werden (Abb. 4.1).

Die ganzseitige Darstellung am Anfang dieses Kapitels zeigt einen Schnitt durch das Pfortadersystem der menschlichen Leber mit allen Adern, die vom Darm und anderen Organen dorthin führen. Diejenigen unter Ihnen, die schon über ausreichend Programmiererfahrung verfügen, können das Krebs-Spiel so erweitern, daß ein Modell der Ausbreitung der genetischen Segmente über ein komplexes Gefäßnetz entsteht.

4.2 Weiterführende Literatur

Hier möchte ich einige Bücher über einfache Simulationen und Modelle in der Biologie vorstellen.

1. Langton, C. (1989) *Artificial Life*. Addison-Wesley: New York.

2. Eigen, M., Winkler, R. (1983) *Laws of the Game: How the Principles of Nature Govern Chance*. Harper Colophon: New York. (Ein faszinierendes Buch über alle möglichen wissenschaftlichen Simulationen.)

3. Dawkins, R. (1986) *The Blind Watchmaker*. Norton: New York.

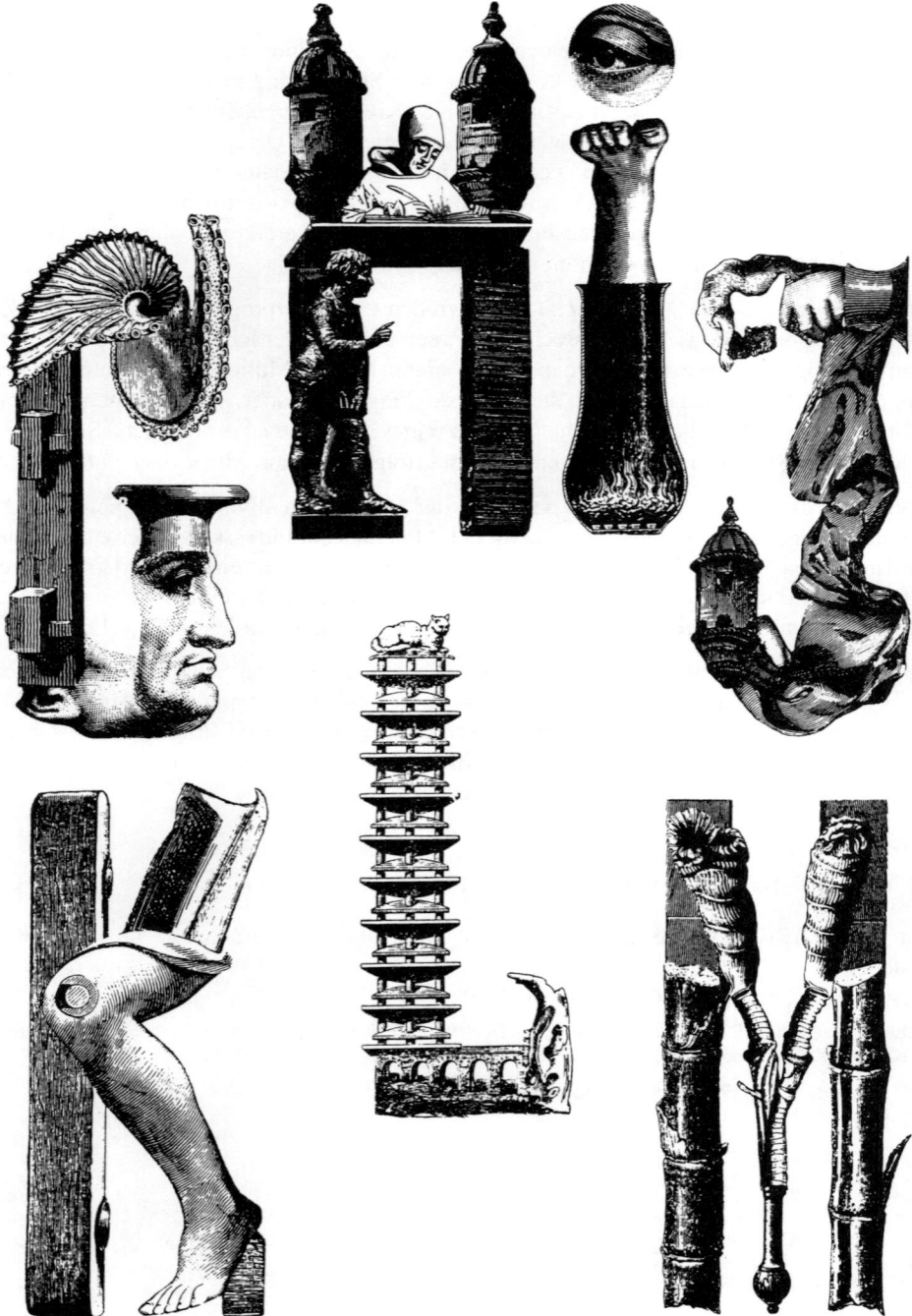

Kapitel 5

Wie Sie Ihre eigenen Schriftzeichen züchten können

»Das Schachbrett ist die Welt, die Figuren sind die Phänomene des Universums, die Spielregeln sind die Naturgesetze.«   Thomas Henry Huxley, A Liberal Education

Zierschriften wurden schon vor der Erfindung der Druckkunst als Blickfang und zum Ausschmücken der Seiten verwendet. Mit dem Computer können heute viele Zier- und andere Schriftarten gespeichert und gänzlich neue erzeugt werden. Ich bevorzuge Schriften, die an Ort und Stelle »wachsen«. Aus einem einfachen, von Hand vorgegebenen Skelett erzeugen geeignete Wachstumsverfahren Schriften mit einem rustikalen, unkrautüberwucherten, buschigen oder, mit einem Wort, einem organischen Aussehen.

Abbildung 5.1 und die ganzseitige Abbildung am Anfang dieses Kapitels beweisen, daß in der Vergangenheit der Erfindungsgabe bei den Zierschriften keine Grenzen gesetzt waren. Carol Grafton beschrieb in ihrem schönen Buch *Bizarre and Ornamental Alphabets* alle möglichen Arten von wunderlichen Buchstaben. Einige von diesen wachsen sogar. Warum lassen wir den Computer nicht einfach seine eigenen Schriftzeichen erzeugen?

5.1 Vom Buchstabenskelett zur Schriftart

Ich möchte jetzt die dafür benötigten Mittel beschreiben. Für den am wissenschaftlichen Hintergrund dieses Verfahrens interessierten Leser: Das Verfahren basiert auf dem kinetischen Wachstum in einem zweidimensionalen Raum. Vergleichbare Verfahren entsprechen Polymerisations- und Aggregationsprozessen weitab vom Gleichgewicht. Dies bedeutet, daß der Benutzer den Wachstumsprozeß mit der Definition des »Skelett«-Schriftzeichens, das aus winzigen, nebeneinanderliegenden Punkten besteht, beginnt. Das Wachstum geht dann von diesen Punkten aus. Hilfreich ist die Vorstellung, daß das Schriftzeichen auf einer schachbrettartigen Grundlage wächst, wobei bestimmte Regeln physikalische Wachstumsprozesse imitieren. Der Begriff »Wachstum« bedeutet einfach, daß immer mehr Punkte zum Skelett hinzugefügt werden. Abbildung 5.2 zeigt zwei Skelette für die Buchstaben E und F.

Abbildung 5.1. *Zierschrift aus der Sammlung von C. Grafton.*

Das Skelett für eine eigene Schriftart wird auf ein zweidimensionales Raster gelegt. Die Linien des Skeletts entsprechen dann Streifen nebeneinanderliegender Rasterzellen. Im Computer wird das Raster als Zahlenfeld dargestellt, in dem die von Buchstaben abgedeckten Zellen eine Eins (für Schwarz), alle anderen Zellen eine Null (für Weiß) erhalten. Der Wachstumsprozeß wird gestartet, indem ein Zufallszahlengenerator eine schwarze Rasterzelle auswählt. Dann prüft das Programm eine benachbarte Zelle und schwärzt diese (falls sie noch nicht schwarz sein sollte). Danach wird eine beliebige schwarze Zelle ausgewählt und das Verfahren wiederholt[11].

Je mehr Iterationen das Schriftarten-Züchtprogramm durchläuft, desto dicker wird der Buchstabe (siehe Abbildung 5.3). Der Benutzer kann die Dichte und Struktur des Wachstums durch die Anwendung komplizierterer Regeln steuern. Eine solche Regel kann zum Beispiel lauten, daß ein bestimmter Punkt nicht schwarz eingefärbt wird, wenn er von einer bestimmten Anzahl schwarzer Punkte umgeben ist. Abbildung 5.4 zeigt einen interessanten, allerdings nicht besonders gut lesbaren Buchstaben, bei dem Wachstum nur an einigen Stellen der Spitzen und Ecken des Buchstaben gestattet war. Abbildung 5.5 zeigt einen buschigen Buchstaben, bei dem Wachstum nach unten und nach links erfolgte.

[[Bis zu diesem Punkt erfolgte das beschriebene Wachstum an benachbarten Punkten, indem relativ zum Wachstumspunkt nach dem Zufallsprinzip um +1 und −1 nach rechts, links, oben und unten geprüft wurde. Zwei Zufallszahlen können für die Steuerung des Wachstums sowohl in die x– als auch in die y-Richtung verwendet werden. Hat der Wachstumspunkt beispielsweise die Koordinaten (i, j), könnte die erste Zufallszahl (+1 oder −1) die x-Richtung des Wachstums festlegen, also ob der neue Punkt bei $(i + 1, j)$ oder $(i − 1, j)$ liegt, während die zweite Zufallszahl die y-Richtung festlegt, also ob der neue Punkt bei $(i, j +1)$ oder $(i, j − 1)$

---

11 Dieses Verfahren (den Physikern als Eden-Wachstum« oder »reaktionseingeschränktes Monomercluster-Wachs-
tum» bekannt) wird mehrmals wiederholt.

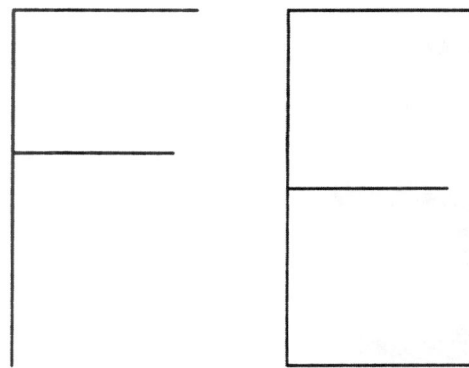

Abbildung 5.2. *Skelette für die Buchstaben F und E.*

liegt. Statt voneinander unabhängige Zufallszahlen −1 und +1 zur Festlegung der Richtungen zu verwenden, kann die Wahl der Zufallszahl auch von deren Vorgängern abhängig gemacht werden. (Dieses Verfahren ist als *Markow-Verfahren* bekannt. In Pseudocode 5.1 werden solche Zahlen erzeugt.) Solche Un-Zufälligkeiten können bei den behaarten Buchstaben bestimmte Wachstumsrichtungen bevorzugen.

Der Algorithmus, von mir FONTGRO genannt, verwendet zwei Felder, *skelx* und *skely*, die die *x*- und die *y*-Werte enthalten. Der Feldindex *i* reicht von 1 bis *num*, wobei *num* die aktuelle Anzahl der schwarzen Zellen ist, an denen Wachstum aufgetreten ist. Wenn *skelx(i)* = 6 und *skely(i)* = 5, dann entsteht bei (6, 5) ein schwarzer Punkt. Pseudocode 5.2 stellt FONTGRO dar.

Der Algorithmus nimmt an, daß die Felder *skelx* und *skely* schon die Punkte des Skeletts enthalten, aus dem der Buchstabe wachsen soll. Folgerichtig beginnt FONTGRO mit einem Wert für *num*, der der Anzahl der Punkte entspricht, die der Programmierer beim Erstellen des Skeletts benutzt hat. Zeile 2 spezifiziert 100 Generationen. Das heißt, daß während der Entstehung eines organisch aussehenden Buchstabens dem Rahmen 100 neue Punkte hinzugefügt werden. Sollte Ihnen diese Zahl zu klein erscheinen, können Sie sie natürlich nach Belieben verändern.

In den folgenden beiden Zeilen wird eine Zufallszahl zwischen 0 und 1 gewählt, mit *num* multipliziert, abgerundet und um 1 erhöht. Dieses Verfahren ergibt eine Zufallszahl zwischen 1 und *num*, und somit wird ein Punkt im vorliegenden Buchstaben angesteuert, von dem aus dann das Wachstum erfolgt.

In den folgenden Zeilen wird *num* erhöht und zwei neue Zufallszahlen, *g* und *h* als Grundlage für die Richtung des neuen Wachstums gewählt. Je nachdem, ob diese Zahlen kleiner oder größer als 0,5 sind, werden die Wachstumsrichtungen *xinc* = +1 und *yinc* = −1. In den letzten Zeilen werden die Inkremente zum Punkt mit den Koordinaten *skelx(r)* und *xkely(r)* addiert. Dadurch entsteht ein neuer Punkt bei *skelx(num)* und *skely(num)*. Hierbei ist anzumerken, daß ich aus Gründen der Einfachheit FONTGRO nicht prüfen lasse, ob ein neuer Punkt im

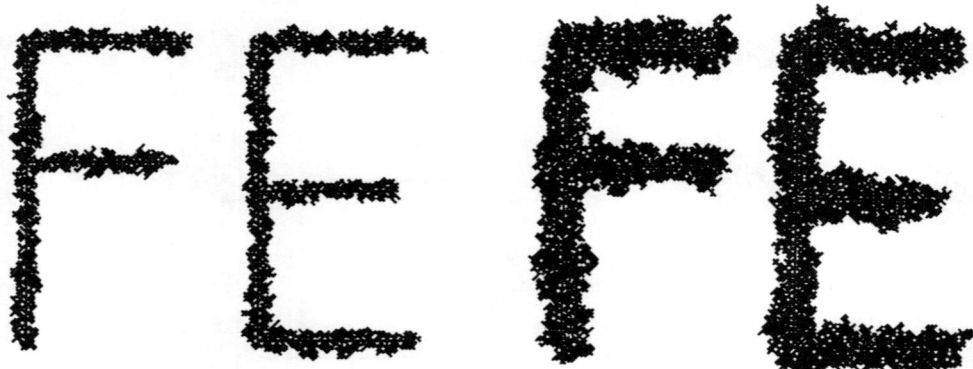

Abbildung 5.3. *Das Entstehen eines Buchstabens.*

wachsenden Buchstaben eventuell auf einen schon bestehenden Punkt fällt, was in diesem Fall
das Ergebnis jedoch kaum beeinflußt.]]

Diese Buchstaben können viel Freude bereiten. So kann zum Beispiel eine kleine Spukge-
schichte geschrieben und Kinder zum Lesen der vom Computer erzählten Schauergeschichte
animiert werden. Der Titel kann zum Beispiel lauten: DAS MYSTERIÖSE ETWAS AUF
DEM SPEICHER. Beim Lesen scheinen die Buchstaben fetter und haariger zu werden. Mit
etwas Glück braucht die Geschichte nicht beendet zu werden, weil die Kinder verschwunden
sind, ehe der Computer die Schauergeschichte beendet hat.

5.2 Weiterführende Literatur

1.   Grafton, C. (1981) *Bizarre and ornamental alphabets.* Dover: New York.

2.   Pickover, C. (1989) *Markov aggregation on a sticky circle. Computers in Physic*s, Juli/August 3(4): 79-80.

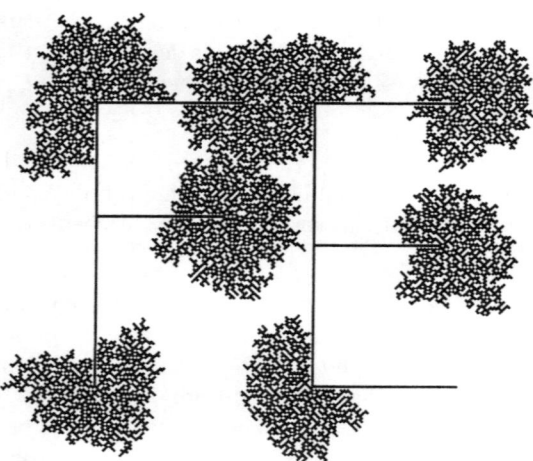

Abbildung 5.4. *Experiment mit stark einschränkenden Wachstumsregeln.*

Abbildung 5.5. *Buchstaben mit gerichtetem Wachstum.*

Die Buchstaben am Ende dieses Kapitels sind eine Architekturschrift von Grafton (1981). In ihrem Buch sind dreidimensionale Zeichnungen einiger der nach diesen Grundrissen gebauten Häuser zu finden.

Erzeugung von Markow-Zahlen.
Anmerkung: Wenn p(-1), hier genannt pm1, und p(+1), hier genannt pp1, gleich 0,5 sind, werden die üblichen Zufallszahlen erzeugt. xinc ist die Schrittweite der x-Koordinate. Wiederholen Sie dasselbe, um die Schrittweite der y-Koordinate festzulegen.

```
result = random /*das Ergebnis ist eine Zufallszahl in (0,1)*/
  if oldxinc = -1 then if result < pm1 then xinc = -1
                                  else xinc = 1
  if oldxinc = 1 then if result < pp1 then xinc = 1
                                  else xinc = -1
  oldxinc = xinc
```

Pseudocode 5.1. *Erzeugung von Markow-Zahlen.*

```
FONTGRO - ein Algorithmus für das Erzeugen von Zierschriften.
1 num = Anzahl der Punkte im Buchstabenskelett
2 FOR 100 generations do
3      r = random
4      r = int (r * num) + 1
5      num = num + 1
6      g = random; h = random
7      if g < 0.5
8          then xinc(num) = xinc(num)+1
9          else xinc(num) = xinc(num)-1
10     if h < 0.5
11         then yinc(num) = yinc(num)+1
12         else yinc(num) = yinc(num)-1
13     skelx(num) = skelx(r) + xinc
14     skely(num) = skely(r) + yinc
15 END
```

Pseudocode 5.2. *FONTGRO – ein Algorithmus für das Erzeugen von Zierschriften.*

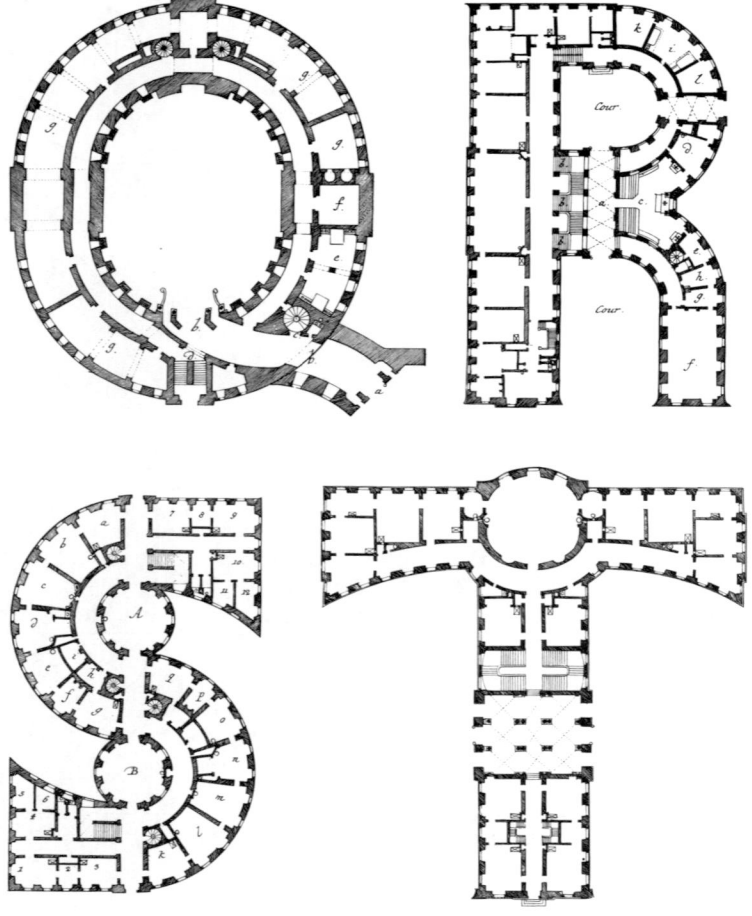

Kapitel 6

Experimente mit einem schiefen Bücherturm

*»Die Grenze zwischen Kunst und Wissenschaft ist künstlich. Beide Bereiche sind der
Entdeckung gewidmet, und beide Bereiche benutzen die unterschiedlichsten Werkzeuge
und Techniken.«*   *Computer Graphics World, 1989*

Bei einem Gang durch die Bibliothek fällt ein Bücherstapel ins Auge, der über die Tischkante hinausragt. Es scheint, als ob er jeden Augenblick hinunterfallen könnte. Sofort stellt sich die Frage: Wäre es wohl möglich, so viele Bücher aufeinanderzustapeln, daß das oberste Buch weit, also fünf bis zehn Meter über die Tischkante hinausragt? Oder würde ein solcher Stapel unter seinem eigenen Gewicht zusammenbrechen? Wenn Sie Ihre Freunde befragen, werden Sie sicher die unterschiedlichsten Antworten erhalten.

So einfach diese Frage klingen mag, sie war schon Gegenstand zahlreicher wissenschaftlicher Abhandlungen. In diesem Abschnitt möchte ich einige der wichtigsten Ergebnisse vorstellen und den Leser auffordern, eigene Berechnungen mit dem vorgeschlagenen Pseudocode durchzuführen. Glücklicherweise läßt sich die Simulation eines Bücherstapels relativ leicht auf einem PC durchführen.

Jearl Walker schreibt in seinem Buch *Der fliegende Zirkus der Physik* der Bücherstapel stürze nicht zusammen, wenn die folgenden Regeln eingehalten werden: Der Schwerpunkt aller

```
Algorithmus: Berechnung der Stabilität eines schrägen Büchersta-
pels.

 /*--------------------Dateneingabe-------------------*/
 Print ('Wieviele Bücher möchten Sie stapeln?');
 Get(NumBook);
 Do i = 1 to NumBook;
  Display ('Linke und rechte Koordinaten für Buch Nr.',i);
  Get (left(i),right(i));
 end;

 /*--------------Stürzt der Stapel zusammen?------------*/
 Do i = 1 to NumBook - 1
  /*Schwerpunkt für alle Bücher oberhalb des Testbuches bestimmen*/
  CmAbove = 0
  Do j = i+1 to NumBook
   CmAbove = CmAbove + (right(j) + left(j))/2
  End /* j */
 /* Berechne den Gesamtschwerpunkt */
  CmAbove = CmAbove/(NumBook-i)
  If CmAbove > right(i) then do
    Display ('Achtung! Stapel bricht zusammen!')
    Print (i, CmAbove, right(i))
  end  /* if */
 end  /* i */
```

Pseudocode 6.1. *Algorithmus: Berechnung der Stabilität eines schrägen Bücherstapels.*

Bücher oberhalb eines bestimmten Buchs muß senkrecht über diesem liegen. Dies muß für jedes Buch im Stapel gelten. Ob ein Bücherstapel in sich zusammenfällt, läßt sich mit einem Computerprogramm ermitteln, das die Schwerpunkte aller Bücher berechnet. Dies ist nicht sehr schwierig: Unter der Voraussetzung, daß der Stapel nur in einer einzigen Richtung schräg ist, ist der Schwerpunkt eines einzigen Buchs $(r+l)/2$, wobei r und l die rechten und linken Koordinaten der Buchkanten sind. (Der Einfachheit halber wird angenommen, daß alle Bücher gleich dick sind.) Der Schwerpunkt des kompletten Bücherstapels ist dann der Mittelwert aller einzelnen Schwerpunkte. In Pseudocode 6.1 ist die entsprechende Berechnung beschrieben. Der Benutzer gibt nur die rechten und linken Koordinaten jedes zu stapelnden Buchs ein.

Das Problem wird noch interessanter, wenn man die Bücher geringfügigen seitlichen Vibrationen aussetzt, um herauszufinden, wie stabil der Stapel ist und ob er einstürzt. Dazu ist einfach dem Schwerpunkt jedes einzelnen Buchs eine kleine Zufallszahl hinzuzuaddieren. Um herauszufinden, ob der Stapel fällt, muß Pseudocode 6.1 mehrere hundert Mal ausgeführt werden. Etwas komplizierter wäre die Simulation einer sinusförmigen Buchverschiebung mittels Feder. Bei Anwendung einer geringen Zufallskraft F auf jedes Buch und bei einer Kraftkonstanten k ergibt sich die Verschiebung des Schwerpunktes eines Buchs aus $k = -F/x$, wobei k nicht für jedes Buch gleich sein muß.

Ein bißchen Wissenschaft

Wie weit kann der Buchstapel über die Tischkante hinausragen, ohne zusammenzufallen? Einen Meter? Einen Kilometer? Gibt es eine Grenze? In mehreren Beiträgen im *American*

```
Algorithmus: Berechnet die harmonische Reihe in Gleichung (6.1).
Berechnet den mit n Büchern erreichbaren Überhang

sum = 0
 Do i = 1 to n  /* n = Anzahl der Bücher */
  sum = sum + 1/float(i)
 end
 sum = sum * 0.5; Print(sum)
```

Pseudocode 6.2. *Berechnung des Buchüberhengs.*

Journal of Physics und anderen Zeitschriften heißt es, daß es eine solche Grenze nicht gibt. So kann zum Beispiel das oberste Buch bereits über die Tischkante hinausragen, wenn der Stapel aus nur fünf Büchern besteht (identische Buchgrößen vorausgesetzt). Für einen Überhang von drei Buchlängen sind allerdings schon 227 Bücher erforderlich! Für zehn Buchlängen benötigt man 272.400.600 und für 50 Buchlängen sogar über $1,5 \times 10^{44}$ Bücher! Zwar gibt es also keine theoretische Obergrenze für den Überhang, wohl aber eine praktische – man benötigt einfach zu viele Bücher. (Nicht in Betracht gezogen sind hier Schwierigkeiten, wie z.B. die nicht konstante Schwerkraft der Erde, die Anziehungskraft des Mondes usw.). Die Formel für den mit *n* Büchern erreichbaren Überhang in Buchlängen lautet:

$$1/2(1 + 1/2 + 1/3 + \ldots + n^{-1})$$ (6.1)

Diese harmonische Reihe divergiert äußerst langsam, und schon eine nur geringfügige Vergrößerung des Überhangs erfordert viele zusätzliche Bücher. Diese Gleichung kann in Pseudocode 6.2 eingesetzt werden.

6.1 Übungen

Pseudocode 6.1 eignet sich hervorragend als Grundlage für viele faszinierende und lehrreiche Computerspiele für Studenten. So können zum Beispiel mit einer einfachen Grafikschnittstelle zwei Spieler mehrere Bücher zum Stapeln erhalten. Das Ziel des Spieles ist es, den Stapel (der auf dem Bildschirm dargestellt ist) so weit wie möglich über die Tischkante hinausragen zu lassen, ohne daß er einstürzt. Die beiden Spieler haben zur Anordnung der Bücher eine Minute Zeit! Für den wissenschaftlich interessierten Leser kann das Programm dann über die grafische Anzeige auf dem Bildschirm das »schuldige« Buch sowie die Schwerpunkte angeben, bei denen der Stapel zusammengebrochen ist. Das Spiel kann durch die Verwendung anderer Buchformen, wie z.B. Dreiecke und Kreise, ein wenig komplizierter gestaltet werden. In einem anderen Experiment kann der Computer Bücher an willkürlichen Stellen fallen lassen: Nur diejenigen Stapel, die den Berechnungen von Pseudocode 6.1 zufolge nicht zusammenfallen, werden angezeigt. Lassen Sie mehrere tausend Bücher fallen: Sie werden vom Ergebnis überrascht sein.

6.2 Weiterführende Literatur

1. Walker, J. (1977) *The Flying Circus of Physics*. Wiley: New York.

2. Boas, R. (1973) Cantilevered books. *American Journal of Physics*, 41: 715.

3. Pickover, C. (1990) Some experiments with a leaning tower of books. *Computer Language*, Mai 7(5): 159-160.

4. Johnson, P. (1955) Leaning tower of Lire. *American Journal of Physics*, 23: 240.

5. Sutton, R. (1955) A problem of balancing, *American Journal of Physics*, 23: 547.

Auf der gegenüberliegenden Seite ist ein Stich der St.-Patrick's-Kathedrale abgebildet. Die 100 Meter hohen Türme wurden 1888 fertiggestellt. Wie groß könnte der seitliche Überhang bei einem Buchturm dieser Höhe sein?

A.L. Clement

Kapitel 7

Spinnen Sie Ihr eigenes künstliches Spinnennetz

»Gäbe es keine Menschen mehr auf der Erde, wäre das ökologische Gleichgewicht von vor 10.000 Jahren wieder hergestellt. Gäbe es keine Insekten mehr, würde die Umwelt im Chaos versinken.«   *Edward O. Wilson, 1990*

Vor einigen Jahren entdeckte ich bei einem Spaziergang durch einen Wald in Connecticut unwahrscheinlich viele unterschiedliche Spinnennetzformen. Meine Neugier war geweckt. Einige Netze schwebten senkrecht, andere waagerecht in der Luft; einige waren groß, andere ziemlich klein. Um herauszufinden, mit welchen Netzen die meisten Insekten gefangen werden können, erzeugten Dr. Gary Login und ich eine Vielzahl von ungewöhnlichen künstlichen Spinnennetzen. Im Abschnitt »Übungen« wird beschrieben, wie mit dem Computer eigene Netze »gesponnen« werden können.

Spinnen gehören mit ihrer Artenvielfalt zu den variantenreichsten Gattungen der Erde. Wir kennen heute über 22.000 Arten, wobei die tatsächliche Artenvielfalt aber auf ca. 50.000 geschätzt wird. Aufgrund ihres räuberischen Wesens und ihrer großen Zahl spielen Spinnen in der Nahrungskette vieler Ökosysteme eine große und entscheidende Rolle[12]. Spinnennetze gibt es in allen Größen, Formen und in allen Winkeln zur Senkrechten. Die größten Netze sind die Luftnetze der tropischen Radnetzspinne der Gattung *Nephila* – sie können einen Durchmesser von bis zu 5,50 m erreichen! Einige Spinnenarten, wie beispielsweise die Falltürspinnen, spinnen überhaupt kein normales Netz zum Fangen ihrer Beute (Abb. 7.1).

Die Untersuchung der potentiellen Beutetiere verschiedener Spinnenarten gibt einen Einblick in die Effizienz der Netze in Abhängigkeit von ihrer Struktur, Höhe und Größe. Um mehr über

---

12 Im Jahre 1989 wurden in den Fachzeitschriften insgesamt 148 Artikel mit den Ausdrücken »Spinne« oder »Spinnen« im Titel veröffentlicht. Abbildung 7.2 zeigt, wie viele Beiträge mit einem dieser Ausdrücke im Titel in den Jahren 1986 bis 1990 veröffentlicht wurden; der Wert für 1990 wurde auf der Grundlage der Daten von Januar bis Juni 1990 geschätzt.

Abbildung 7.1. *Falltürspinne.*

die Vielfalt und Aktivität der Beutetiere der Spinnen und die Effektivität der unterschiedlichen Netze zu erfahren, konstruierten wir künstliche Netze aus Plexiglas, die auf beiden Seiten mit einem klebrigen Harz bestrichen wurden. Die Nachbildungen der natürlichen Netze wurden in unterschiedlichen Größen, Positionen und an verschiedenen Standorten eingesetzt. Neun Netze (fünf waagerechte und vier senkrechte) wurden in unterschiedlichen Umgebungen angebracht, um so die natürlichen Standorte von auf der Erde und auf Bäumen lebenden Spinnen zu simulieren. Die waagrechten Netze wurden mit Stangen über dem Boden aufgespannt. Die senkrechten Netze wurden mit Schnüren befestigt und konnten sich so leicht im Wind wiegen. Innerhalb von zwei Wochen fingen wir etwa 1.400 Arthropoden (Gliederfüßer, meist Insekten). Wir fanden, daß bei waagrechten Netzen 0,7 bis 1,8 Gliederfüßer pro Quadratzentimeter und bei senkrechten Netzen 0,3 bis 1,1 Gliederfüßer pro Quadratzentimeter gefangen wurden. Bei den waagrechten Netzen wurden an der bodenabgewandten Seite doppelt so viele Insekten gefangen wie an der bodenzugewandten. Allerdings gingen auf beiden Seiten die gleichen Insektenarten ins Netz.

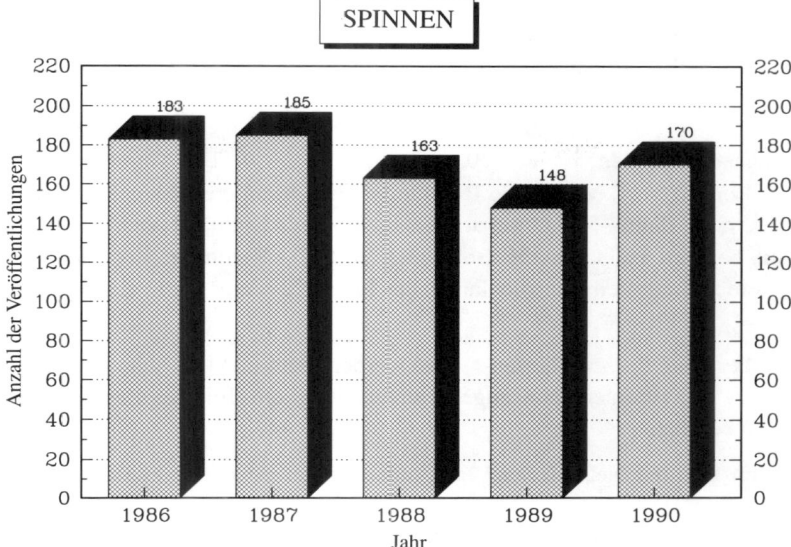

Abbildung 7.2. *Anzahl der Veröffentlichungen über Spinnen.* Ein Überblick über die wissenschaftliche Literatur zeigt, daß von 1986 bis 1990 jährlich etwa 170 Artikel über Spinnen veröffentlicht wurden.

Denjenigen unter Ihnen, die sich für die Ursache dieser Unterschiede interessieren, möchte ich das Studium unserer Untersuchung empfehlen[13].

7.1 Übungen

Zum besseren Verständnis dafür, wie die Form und Position eines Netzes seine Effizienz beim Insektenfang beeinflußt, können künstliche, im Computer erzeugte Spinnennetze wichtige Hinweise geben. So kann man zum Beispiel ein waagrechtes Raster oder Drahtgitter entwer-

fen, auf das man dann vom Boden aus künstliche Insekten mit parabolischen Flugbahnen schießt. Die »Insekten« können kleine Vierecke, Kreise, Würfel oder Kugeln unterschiedlicher Größe sein. Anfänger beginnen vielleicht mit einer zweidimensionalen Kiste, in der das Netz eine einfache waagrechte Linie ist. »Insekten«-Abschüsse können mit dem in Physikbüchern angegebenen Formeln für die Flugbahnen eines Körpers beim Wurf simuliert werden. [[Hier ist ein einfaches Beispiel für ein Insekt, das von einem Felsen in die Tiefe springt. Angenommen, es springt unter

---

13 Information für den entomologisch interessierten Leser: Die Mehrzahl der gefangenen Insekten gehört zu den Gattungen Diptera und Homoptera. Die Aufteilung war wie folgt: 1.170 Diptera, 142 Homoptera, 52 Coleoptera, 19 Hymenoptera, 4 Orthoptera, 3 Lepidoptera, 3 Araneae, 2 Opilone. Unsere am Ende dieses Abschnitts vorgestellte Studie enthält weitere Informationen, einschließlich der Insektenaktivität in Abhängigkeit von der lokalen Flora.

einem Winkel von 37 Grad zur Waagrechten und mit einer Geschwindigkeit von 10 Metern pro Sekunde nach oben von einem Felsen. Die Höhe des Felsens beträgt 20 Meter. Wo landet dieses Insekt? Zur Lösung dieser Frage ist die ursprüngliche Geschwindigkeit nach x und y aufzulösen. Die folgenden Gleichungen der Wurfbewegung können zur Bestimmung der Flugzeit eingesetzt werden: $y = v_{0y}t + 0{,}5a_yt^2$ *und* $v_y = v_{0y} + at$. Die Variable y entspricht der Höhe des Felsens, d.h. 20 Meter. Die Beschleunigung durch die Erdanziehungskraft beträgt $a_y = 9{,}8$ *m/s^2*. v_{0y} ist dann -6 *m/s.* (negativ, da die positive Richtung nach unten zeigt). Wenn die Flugzeit bekannt ist, kann die Bewegung in die x-Richtung (horizontal) mit $x = v_xt$ berechnet werden. In diesem Beispiel landet das Insekt 22 Meter vom Felsen entfernt auf dem Boden!]]

1. Auf welcher Seite des simulierten Netzes werden mehr elektronische Insekten gefangen? Ein »Fang« wird immer dann angenommen, wenn ein Teil des Insektenkörpers einen Netzfaden berührt.

2. Wie ändert sich die Netzeffizienz bei Änderung der Abstände zwischen den einzelnen Fäden?

3. Wie ändert sich die Netzeffizienz in Abhängigkeit von Größe und Ausrichtung des simulierten Netzes? Entsprechen die Spinnennetze in der Natur der Computersimulation?

4. Versuchen Sie, einen Geschwindigkeitsfaktor einzusetzen, bei dem »Turbo«-Insekten das Netz durchreißen und nicht gefangen werden. In unserem klebrigen Plexiglas-Netz verfingen sich keine großen Käfer oder sonstige großen Insekten, da nur eine dünne Schicht Harz aufgebracht worden war. Dies entspricht den natürlichen Netzen, in denen keine großen oder stromlinienförmigen Insekten wie z.B. *Scarabaeidae* oder *Buprestidae* gefangen werden.

5. Verwenden Sie andere Kurven, z.B. Sinuswellen, Fraktale etc., zur Darstellung der Netzfäden.

6. Schreiben Sie ein Programm, das der Bauformel für ein typisches Netz der Radnetzspinne entspricht. Die Einzelheiten der Netzkonstruktion, die Brücken, Rahmen und Spiralen finden sich in Savory's Artikel in der Zeitschrift *Scientific American*. Diese Netze sind ein wunderschönes Beispiel für Computerkunst.

7. Mit Schlafmitteln betäubte Spinnen spinnen anomale Netze. Die Anomalität besteht im Auslassen der längsten Fäden. Unter Einfluß von Marihuana lassen Spinnen große Abstände zwischen den Rahmenfäden und den peripheren Windungen der inneren Spiralen. Unter dem Einfluß von Benzedrin (ein Amphetamin) produziert die Spinne eine ungleichmäßige Spirale; bei Hyoszin ist die Spirale regelmäßig, jedoch in die falsche Richtung (Witt, 1954). Schreiben Sie ein Programm zur Simulation dieser Effekte. (Weitere Informationen über Spinnen finden sich unter »Anmerkungen für den neugierigen Leser« auf Seite 407.)

7.2 Weiterführende Literatur

1. Login, G., Pickover, C. (1977) Sticky traps and spider prey. *Carolina Tips*, Juni 15(7): 25-28.
2. Bristowe. W. (1958) *The World of Spiders*. Collins: London.

3. Staples, R., Allington, W. (1959) The efficiency of sticky traps in sampling epidemic populations of the eriophyd mite (Aceria Tulipae K.), vector of wheat streak mosaic virus. *Annals of the Entomological Society of America,* 52: 159-164.

4. Turnbull, A. (1973) Ecology of the true spiders (Araneomorphae). *Annual Review of Entomology,* 305-348.

5. Savory, T. (1960) Spider webs. *Scientific American,* April 202: 115.

6. Witt, P. (1954) Spider webs and drugs. *Scientific American.* Dezember 191: 80.

Kapitel 8

Ein Verdrahtungsproblem

»Fast nie löse ich ein Problem durch ein rationales Verfahren. Ich bevorzuge die freie Assoziation von Gedanken, ein Chaos von drei oder vier Gedanken in meinem Kopf. Je dringender die Lösung des Problems ist, desto schneller ordnet sich das Chaos, und eine Idee oder Strategie zeigt sich als die beste.«   Heinz Pagels, Dreams of Reason

Die Verdrahtung elektronischer Bauteile in Schaltungen ist ein wichtiges Problem in der Elektronikindustrie; zur Lösung werden verstärkt Computer eingesetzt. Ich habe die im folgenden beschriebenen Verdrahtungsprobleme untersucht und dabei nicht etwa einen Computer eingesetzt, sondern 450 Wissenschaftler befragt, um ihre Fähigkeit zur Lösung eines scheinbar einfachen geometrischen Problems zu testen. Das Problem war folgendes: Es wurde die Frage gestellt, ob jeweils die beiden Quadrate A, B und C so miteinander verbunden werden können, daß sich ihre Verbindungslinien weder kreuzen noch außerhalb des Rahmens verlaufen. In meiner Untersuchung bat ich die Wissenschaftler, die Zeit zu stoppen, die sie zur Lösung benötigten. Zwanzig Prozent der befragten Wissenschaftler erklärten dieses Problem für unlösbar. Abbildung 8.2 zeigt die Zeit, die die restlichen 80%, je nach Alter, zur Lösung des Problems benötigten. Es gibt eine Lösung, die ich jedoch an dieser Stelle nicht verraten will. Wenn Sie sie selbst nicht finden, machen Sie einen Tag Pause uund versuchen Sie es dann noch einmal. Viele der von mir getesteten Personen konnten das Problem beim zweiten Versuch am folgenden Tag leichter lösen. Ein Computer wäre vermutlich schneller als ein Mensch, obwohl dieser den Vorteil hat, untaugliche Versuche schnell verwerfen zu können. (Weitere Informationen über das Verdrahtungsproblem finden Sie auf Seite 407 unter den »Anmerkungen für den neugierigen Leser«.)

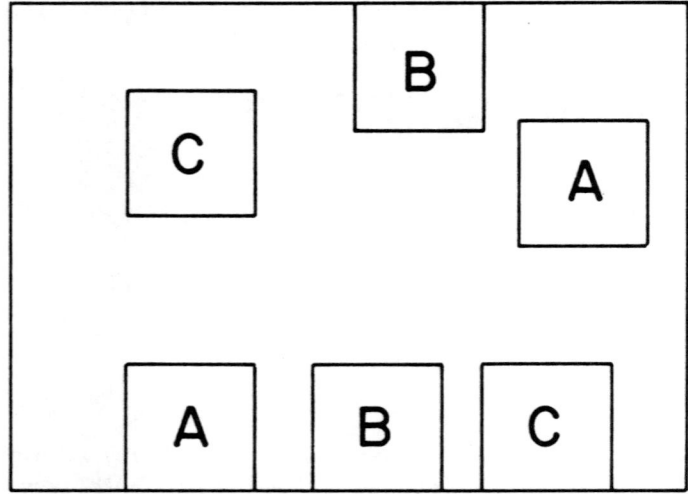

Abbildung 8.1. *Verdrahtungen.* Ist es möglich, die Quadrate zu verbinden, ohne daß sich die Verbindungslinien überschneiden? Viele der befragten Wissenschaftler konnten dieses Problem nicht lösen.

8.1 Übungen

1. Schreiben Sie ein Computerprogramm zur willkürlichen Anordnung der Quadrate von Abbildung 8.1, um neue Verdrahtungsprobleme zu erzeugen.

2. Psychologen waren schon immer an der Beziehung zwischen bildlicher Darstellung und den Mechanismen der menschlichen Logik interessiert. Welche Bedeutung ist der Tatsache beizumessen, daß es manchen Menschen leichterfällt, Denkaufgaben zu lösen, wenn sie sie beiseite legen und es einen Tag später noch einmal versuchen? Besteht eine Beziehung zwischen der Fähigkeit des Menschen zur Lösung der Denkaufgabe und seinem Geschlecht, seinem Beruf, seinen künstlerischen Fähigkeiten usw.?

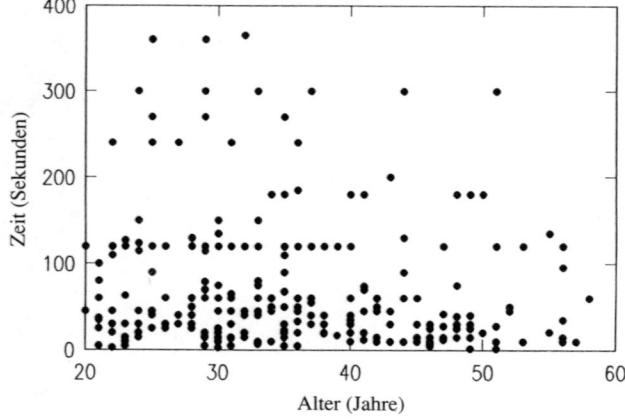

Abbildung 8.2. *Testergebnisse der Denkaufgabe.* Jeder Punkt steht für eine einzelne Person. Auf der x-Achse ist das Alter der Testpersonen, auf der y-Achse die benötigte Zeit angegeben.

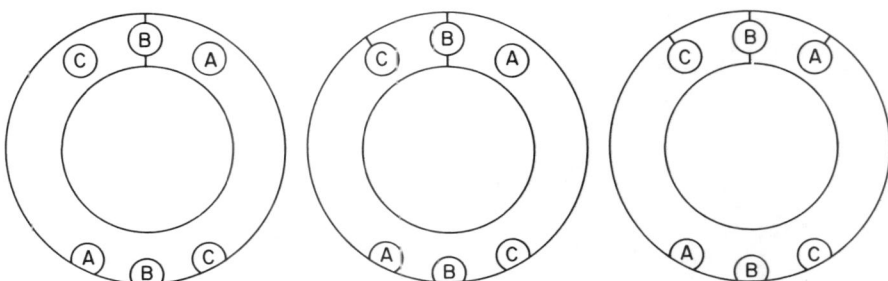

Abbildung 8.3. *Verdrahtung auf einer Unterlegscheibe.* Welche der oben dargestellten Kombinationen können verdrahtet werden? Versuchen Sie, A mit A, B mit B und C mit C zu verbinden, ohne daß sich dabei die Linien schneiden.

3. Als weitere Übung sollte der Leser darüber nachdenken, welche der in Abbildung 8.3 dargestellten Denkaufgaben mit Verbindungslinien lösbar ist.

Die ganzseitige Abbildung am Anfang dieses Kapitels und die Abbildung unten sind Beispiele keltischer Kunst – uralte »Verflechtungsprobleme«, wobei die ineinander verflochtenen Linien oft eine einzige durchgehende Linie sind.

Kapitel 9

Die Evolution im Computer

»Vor 4 Milliarden Jahren war die Erde eine RNS-Welt, in der die RNS-Moleküle ohne die
Hilfe sonstiger Proteine oder der DNS alle Prozesse des Lebens steuerten.«

M. Waldrop, 1989

»'Dies sind die Hauptsimulationscomputer', sagte Copernick. 'Jeder dieser Computer
kann den vollständigen Lebenszyklus eines Organismus simulieren. Mit einer Geschwindigkeit von fünfzig Gigahertz kann sich ein Mensch aus einem befruchteten Ei in elf Stunden
zu einem Achtzigjährigen entwickeln. Der Computer ist das wichtigste Werkzeug in der
Biotechnik.'«

Leo A. Frankowski, Copernick's Rebellion

Das unten beschriebene Simulationsmodell ist das kom-
plizierteste in diesem Abschnitt beschriebene Modell.
Sollten Sie sich weniger für die Komplexität genetischer
Strukturen und Sequenzen interessieren, können Sie dieses Kapitel überspringen. Sein Zweck ist die Entwicklung
eines formalen Hintergrundes für verschiedene Computerexperimente zur Simulation der Evolution einfacher
biologischer Strukturen. Die Experimente beginnen mit
künstlichen RNS (Ribonukleinsäure)-Ketten mit zufälligen Sequenzen. Die RNS wird weiter unten genauer
beschrieben. Ein Computerprogramm kann Schritt für
Schritt Mutationen einführen und dem Benutzer die sich
daraus ergebenden gefalteten RNS-Sequenzen und -Ver-
bindungen darstellen. Die hier beschriebenen Simulationen sind natürlich nur sehr einfache Modelle der komplexen Prozesse, die sich während der biochemischen Evolution tatsächlich abgespielt haben. Dennoch gewähren
die Ergebnisse interessante Einsichten in die Materie und
bilden den Ausgangspunkt für weitere Experimente.

Die Suche nach dem Verständnis von Ursprung und Evolution des Lebens auf der molekularen
Ebene ist eines der wichtigsten Ziele der modernen Wissenschaft. Vielleicht hilft sie uns, eines
Tages die ungeheure Vielfalt der Lebensformen auf der Erde zu verstehen. Noch vor nicht allzu

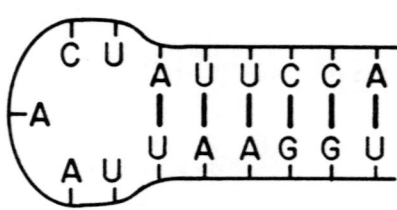 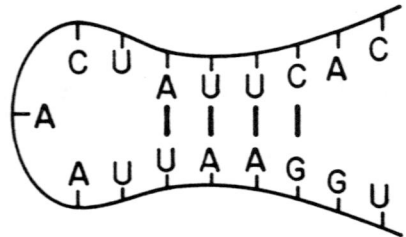

Abbildung 9.1. *RNS-Stabilität.* Die Stabilität der RNS hängt davon ab, wie fest die Stränge aneinander binden. Die Bindungsstärke wird durch die Zahl der auf beiden Seiten vorhandenen komplementären Basensequenzen bestimmt. Die Bindungen, die benachbarte Stränge wie Sprossen auf einer Leiter verbinden, werden Wasserstoffbindungen genannt. In dieser Abbildung ist das linke Molekül stabiler als das rechte, weil es über mehr komplementäre Basenpaare verfügt.

langer Zeit wurden Studien im Bereich der Molekulargenese von Lebewesen als reine Spekulation angesehen. Dank der Fortschritte in der Wissenschaft in den letzten 20 Jahren ist es jedoch gelungen, zumindest einige Schritte der Entstehung von Biomolekülen im Labor nachzuvollziehen. In diesem Abschnitt werden Computer und Computergrafik zur Simulation und zum besseren Verständnis dieser Prozesse eingesetzt.

Hintergrund

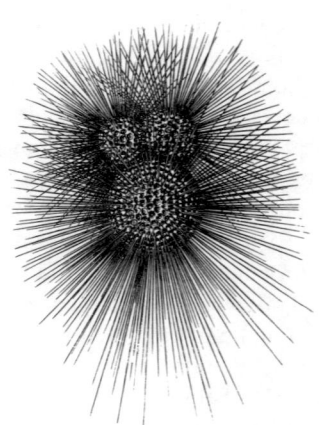

Nukleinsäuren, wie z.B. die DNS (Desoxyribonukleinsäure) und die RNS (Ribonukleinsäure) tragen die grundlegende genetische Information aller Lebensformen (für weitere Hintergrundinformationen siehe das Kapitel »Krebs-Rätsel« auf Seite 45). Diese Informationen sind als Sequenzen von vier unterschiedlichen chemischen Basen ausgedrückt. Gegenstand der Untersuchung in diesem Kapitel sind einsträngige RNS-Strukturen. Die vier Basen der RNS sind G, C, A und U für Guanin, Cytosin, Adenin und Uracil. Diese Moleküle werden von einigen Wissenschaftlern als die primitivsten, zuerst entstandenen Lebensformen angesehen: Sie falten sich spontan zu komplexen, sekundären Strukturen und reproduzieren sich unter günstigen Bedingungen. Heute wissen wir, daß das Faltungsmuster der RNS Auswirkungen auf ihre Funktion und ihr Überleben unter ungünstigen enzymatischen oder biochemischen Bedingungen hat.

Die biochemische Evolution

Das Zeitalter der chemischen Evolution auf der Erde begann wahrscheinlich vor etwa vier Milliarden Jahren, als sich in den Urmeeren organisches Material ansammelte. Cyanwasserstoff (HCN) spielt bei den meisten Reaktionen zur nicht biotischen Bildung einfacher stick-

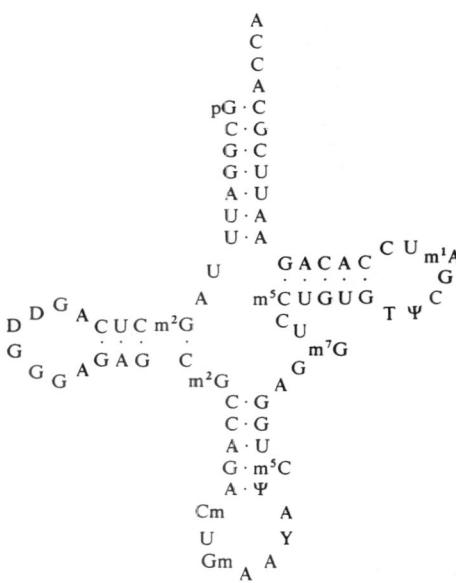

Abbildung 9.2. *Ein gefaltetes Molekül einer 80basigen Sequenz eines Bakteriums.* Die Symbole psi und m^{7}G stehen für leichte Variationen der üblichen Basen G, C, A und U.

stoffhaltiger organischer Verbindungen eine große Rolle. HCN kann z.B. durch folgende Reaktionen entstehen:

$$2CH_4 + N_2 \rightarrow 2HCN + 3H_2 \tag{9.1}$$

$$CO + NH_3 \rightarrow HCN + H_2O \tag{9.2}$$

HCN ist der Vorläufer organischer Moleküle wie Purin und Pyrimidin, aus denen die Moleküle DNS und RNS bestehen.

Einige Wissenschaftler vertreten die Ansicht, daß die RNS das ursprüngliche Protogen, das erste informationshaltige Makromolekül und die erste Struktur an der Schwelle zum Leben gewesen sei. Die zahlreichen Argumente, die für diese Hypothese sprechen, können in diesem Abschnitt nicht erläutert werden. Interessant ist aber in diesem Zusammenhang, daß Wissenschaftler heute versuchen, RNS-Stränge in einer geeigneten Umgebung dazu zu bringen, sich selbst zu reproduzieren und sich durch Evolution anzupassen. Außerdem ist die genetische Information vieler Viren in einem einsträngigen RNS-Molekül kodiert.

RNS-Faltung

Die Faltung der linearen RNS-Polymere in sekundäre Strukturen ist eine Folge der Wasserstoffbindung zwischen den Komplementärbasenpaaren (starke Bindung zwischen G und C mit drei Wasserstoffbindungen; Bindung zwischen A und U mit zwei Wasserstoffbindungen). Die Stabilität der gefalteten RNS-Struktur ist abhängig von der Stärke der Bindung zwischen den Basen der verschiedenen Abschnitte (Abb. 9.1). Die Faltung wiederum beeinflußt die Funktion der RNS und ihre Interaktion mit Proteinen und schützt die RNS vor Spaltung durch bestimmte

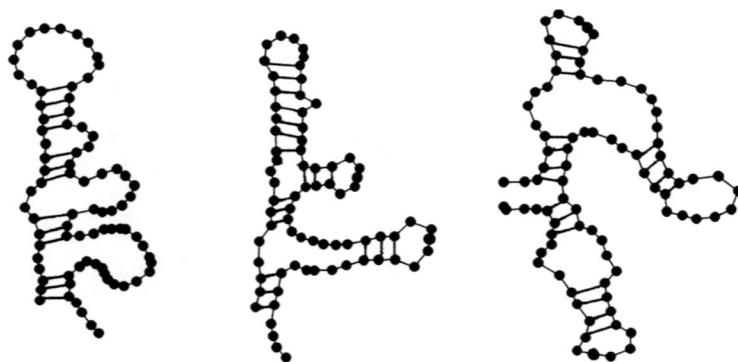

Abbildung 9.3. *Typische künstliche Moleküle mit einer Länge von etwa 80 Einheiten.* Sie entstanden nach rund 5.000 Generationen einer simulierten Evolution. Die Punkte sind die Basen, die Linien zwischen den Punkten die Bindungen.

Enzyme. Abbildung 9.2 zeigt eine typische Faltungsstruktur eines bakteriellen RNS-Stranges mit 80 Basen. Das Molekül wird Transfer-RNS genannt, da es während der Proteinsynthese Aminosäuren überträgt. Die Abbildung am Ende dieses Kapitels zeigt einen gefalteten RNS-Strang mit einer viel längeren Sequenz (siehe auch »Übungen« auf Seite 79).

In diesem Kapitel möchte ich ein einfaches Programm vorstellen, mit dem die molekulare Evolution bis hin zur Erzeugung künstlicher RNS-Sequenzen und Mutationen simuliert werden kann. Sie können so die Entwicklung der gefalteten RNS-Sequenzen und Bindungen verfolgen. Das Programm ermöglicht Wissenschaftlern und Studenten die qualitative und quantitative Simulation der Evolution eines eigenen künstlichen RNS-Moleküls.

Eine RNS-Sequenz aus den Basen G, C, A und U wird in ein Faltungsprogramm eingegeben. Wie viele mögliche RNS-Faltungsmuster gibt es? Die Gesamtzahl der theoretischen Basenpaare und ihre wahrscheinliche topologische Kombination ist fast unendlich. Die genaue Zahl ist:

$$\frac{N!}{2^{N/2}\left(\dfrac{N}{2}\right)!} \tag{9.3}$$

wobei N die Anzahl der Basen ist. Ein Strang mit den vier Basen 1, 2, 3 und 4 kann sich beispielsweise in drei unterschiedliche Strukturen mit vollständigen Bindungen falten (1 bindet 4 und 2 bindet 3, 1 bindet 2 und 3 bindet 4, 1 bindet 3 und 2 bindet 4). Jedoch sind nicht alle Bindungen biochemisch möglich. Daher müssen einige Regeln eingeführt werden, die es dem Computer gestatten, die riesige Zahl möglicher Bindungen auf einen realistischen Wert gefalteter Moleküle zu reduzieren.

Regel 1: Sterische Beschränkungen – Da die Bildung von Basenpaaren zwischen unterschiedlichen Abschnitten des RNS-Stranges immer nur durch Faltung der Kette in der Ebene erfolgen kann, entstehen zwangsläufig Schleifen (siehe auch Abb. 9.2 und 9.3). Wir führen jedoch die Regel ein, daß nur Basenpaare gebunden werden können, die über fünf Basen auseinander liegen, da sonst zu stark gefaltete Moleküle entstehen würden. Wenn sich also Schleifen bilden, müssen sie aus mindestens fünf Basen bestehen.

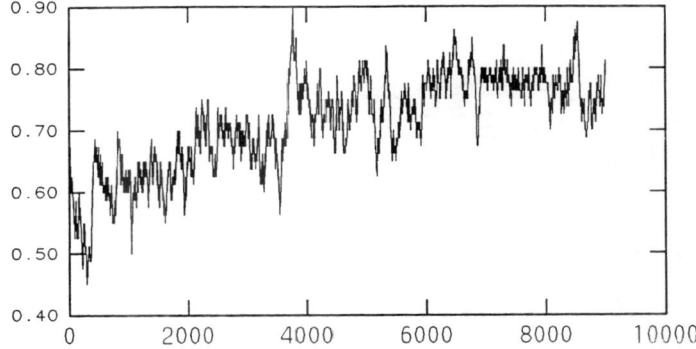

Abbildung 9.4. *GC-Fluktuationen.* Fluktuationen des Prozentsatzes an GC-Basenpaaren in typischen 80basigen Molekülen (y-Achse) in Abhängigkeit von der Zeit (x-Achse).

Regel 2: Planheit – Das Molekül soll eben sein. Wir sind nur an Sekundärstrukturen interessiert. Wissenschaftler nehmen oft an, daß die Interaktionen der Sekundärstrukturen der Nukleinsäuren so groß sind, daß sie die Möglichkeiten für Tertiärstrukturen stark einschränken.

Regel 3: Komplementarität – Es werden nur GC-Paare und AU-Paare zugelassen. Andere Bindungen werden biochemisch selten gebildet und »haften« nicht aneinander. (Diese Regel kann allerdings, wie weiter unten beschrieben, gebrochen werden.)

Regel 4: Kooperativität – Eine Bindung erfolgt nur dann, wenn mehrere benachbarte Bindungen möglich sind. Eine relativ realistische Methode für das Realisieren dieser Beschränkung ist die Zuweisung von Punktwerten zu den verschiedenen Mustern. Soll also ein Basenabschnitt mit einem anderen eine Bindung eingehen, muß eine 6-Punktbindung erreicht werden, wobei die stärkeren GC-Bindungen 2 Punkte und schwächere AU-Bindungen nur einen Punkt erhalten. So ergibt sich bei der Bindung der Basenpaare CGA mit den Basenpaaren GCU nur ein Wert von 5 Punkten, was bedeutet, daß keine Verbindung zustandekommt.

Bewertung der Gesamtgüte einer Struktur

Wie kann nach dem Erzeugen einer Faltungsstruktur bestimmt werden, ob diese stabiler ist als eine andere? Beim Erzeugen und Prüfen der Strukturen, die sich mit der Zeit ergeben, ist die relative Stabilität der Struktur zu bewerten. Im allgemeinen gilt: je mehr Bindungen, desto dauerhafter die Struktur. So sind z.B. zwei nebeneinanderliegende GC-Paare wesentlich stabiler als zwei GC-Basenpaare, die durch ein AU-Basenpaar getrennt sind. Cantor und Schimmel (1980) erarbeiteten eine komplette Liste der Stabilitätswerte. Diese relativen thermodynamischen Werte sind hier für eine komplette RNS-Struktur angegeben und als Funktion von Zeit und Mutation gezeichnet[14].

---

14 Die relative Stabilität einer Struktur kann beurteilt werden, indem einem »Güte«-Wert g ein für jedes gebundene Paar unterschiedlicher Betrag hinzuaddiert wird. Sind zwei benachbarte A-Basen in einem Abschnitt des Stranges mit zwei U-Basen in einem anderen Abschnitt verbunden, erhöht sich g um den Wert 1,2 ($g = g + 1,2$), da diese Bindungen energetisch günstig sind. Noch günstiger sind Bindungen zwischen AU- und UA-Paaren ($g = g + 1,5$). Weitere Werte sind $g = g + 4,3$ für GC-CG-Bindungen und $g = g + 4,8$ für GG-CC-Bindungen. Für alle sonstigen zulässigen Paare wie CA-GU wird g um 2,1 erhöht.

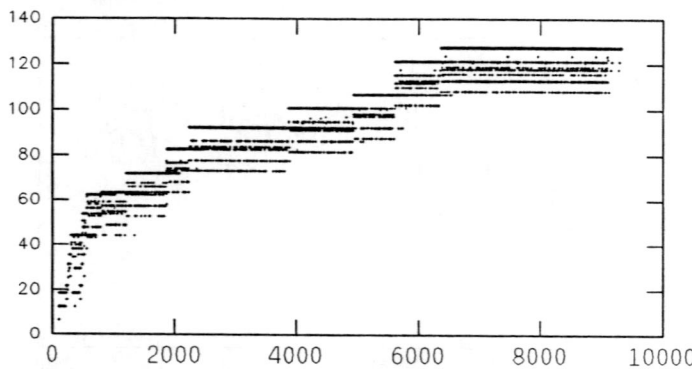

Abbildung 9.5. *Stabilität einer typischen 80basigen Struktur im Zeitverlauf.* Je höher der Wert auf der y-Achse, desto stabiler die Struktur.

Programmierung: So geht's los

Das Programm akzeptiert alle wirklich existierenden oder künstlich erzeugten (zufälligen) RNS-Sequenzen. Der Benutzer gibt einen Schwellenwert für die Annahme einer kooperativen Interaktion ein (siehe Regel 4). Ich verwende gewöhnlich einen Punktwert von 6, da dieser viele Strukturen niedriger Energie ausschließt und viele der in der Fachliteratur veröffentlichten Sekundärstrukturen vorhersagt. GU-Paare, die zuweilen auch in der Natur vorkommen können, können je nach Wunsch des Benutzers zugelassen werden (Regel 3 kann also gebrochen werden). Bei willkürlichen Sequenzen kann der Benutzer die Zufallsverteilung beeinflussen, um in einer künstlichen Eingabesequenz eine Base gegenüber einer anderen zu bevorzugen.

In das Programm können auch Mutationen aufgenommen werden, um diese an Zufallspositionen in den Strang einzuführen. So kann an einer beliebigen Stelle im Strang ein A in ein G umgewandelt werden. Eine Mutation entsteht, wenn die mutierte RNS thermodynamisch stabiler ist als die nicht mutierte Form. (Man kann auch Mutationen zulassen, die sich neutral verhalten.) Das Programm durchläuft eine vom Benutzer definierte Zahl von Mutationsversuchen. In unserem Programm wird dieser Parameter »Jahre« genannt, um dem Benutzer zu vermitteln, daß diese Mutationen im Laufe der Zeit stattfinden. Der Benutzer kann die Mutationspositionen und die thermodynamische Stabilität und den GC-Prozentsatz als Funktion der Zeit steuern.

In einem Computerprogramm wird die Eingabesequenz über eine doppelte Do-Schleife abgetastet, um die Basen b_i und b_j im Molekül zu untersuchen und zu prüfen, ob die Regeln 1 bis 4 eingehalten werden. Auf diese Weise können sowohl nahe als auch entfernte Paarungen erfaßt werden. Um herauszufinden, ob sich die Sekundärstruktur mit diesem einfachen Ansatz zuverlässig beurteilen läßt, testete ich das Programm mit mehreren in der Literatur veröffentlichten Sequenzen und kam dabei im allgemeinen zu identischen Faltstrukturen.

Beobachtungen

Wie zu erwarten war, ergab sich aus einer gegebenen Eingabesequenz durch die schrittweise Einführung von Mutationen spontan eine Vielzahl von komplexen und auffälligen Faltmustern aus haarnadelförmigen Strukturen, vergleichbar den wahren biologischen Molekülen. Während die künstliche RNS mit der natürlichen eher theoretisch als wirklich vergleichbar ist,

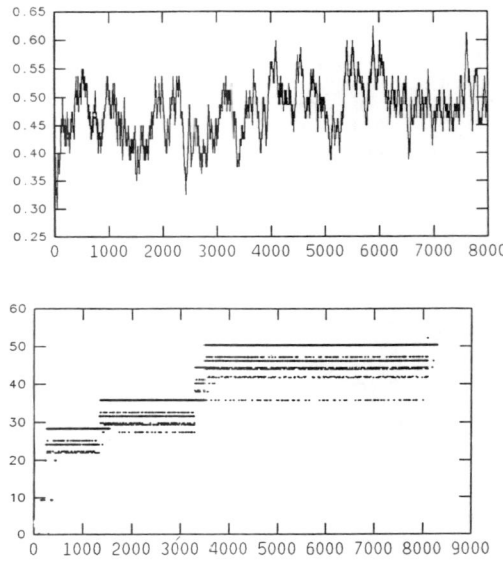

Abbildung 9.6. *GC-Fluktuation und Stabilität für 80 Basen.* A) (oben) – Ein weiteres typisches Beispiel für die Fluktuationen des GC-Prozentsatzes (*y*-Achse) eines 80basigen Moleküls als Funktion der Zeit (siehe Abb. 9.4). B) (unten) – Stabilitätsverlauf für A).

bestehen doch bemerkenswerte Ähnlichkeiten. So ergeben sich bei $N = 80$ (N ist die Anzahl der Basen) mit Mutationen oft Drei- oder Vierschleifenmuster. Diese Formen erinnern häufig an tatsächlich existierende RNS-Strukturen, den Transfer-RNS (Abb. 9.2). Eine weitere Ähnlichkeit besteht darin, daß bei der künstlichen RNS (z.B. die in Abb. 9.3 dargestellte) und der Transfer-RNS von Bakterien ungefähr 25 Prozent der Basen Wasserstoffbindungen aufweisen. Auch haben viele dieser künstlich erzeugten RNS ein kurzes Endstück aus den letzten 3 oder 4 Basen. Dies erinnert an den 3- oder 4basigen Fortsatz der Akzeptorsequenz natürlicher Transfer-RNS. Andererseits entstehen bei Faltung der ursprünglichen Zufalls-RNS *ohne Mutationen* diese Muster nicht. Mutationen sind also für die Erzeugung dieser realitätsnahen Strukturen erforderlich. Besonders faszinierend bei diesem Spiel ist die Frage, wie genau ein bestimmter Aspekt der Realität simuliert werden kann. In der Simulation »gewinnen« erstaunlicherweise dieselben Zufallssubstitutionen und -strukturen, die bereits in der Evolution »gewonnen« haben. Unter präbiotischen Bedingungen waren diese Faltungsmuster offensichtlich besonders resistent gegen Spaltung und daher im Vorteil.

Ich möchte noch weitere Beobachtungen hinzufügen. Beginnt der Benutzer mit einer RNS-Sequenz, die im Vergleich zu einer Zufallssequenz geringfügig mehr G und C für N = 80 enthält, ergeben sich bessere Paarungsmöglichkeiten und der GC-Gehalt steigt im Laufe der Zeit (und durch die Einführung der Mutationen) leicht an. Bei einer reinen Zufallssequenz scheint der GC-Gehalt für N = 80 im Laufe der Zeit weniger schnell anzusteigen. Heute wird die Ansicht vertreten, daß GC-reiche Stränge unter vorbiotischen Bedingungen als erste spontan entstanden. Weiter ist zu beobachten, daß die meisten Mutationen nicht günstig sind und verworfen werden. Auch ist anzumerken, daß eine größere Zahl von Veränderungen in

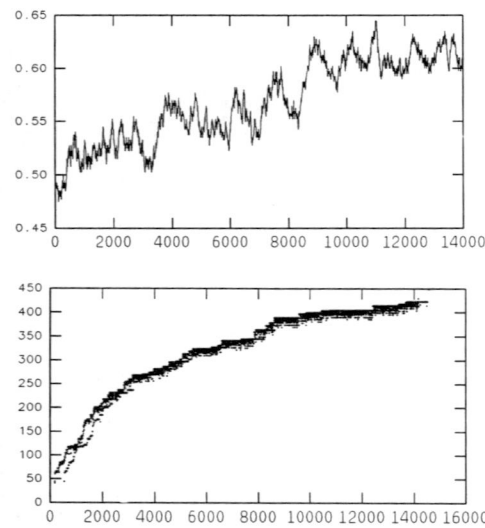

Abbildung 9.7. *GC-Fluktuation und Stabilität für 400 Basen.* A) (oben) – Fluktuationen des GC-Pro-zentsatzes (*y*-Achse) eines 400basigen Moleküls als Funktion der Zeit (siehe Abb. 9.4). B) (unten) – Stabilitätsverlauf für A).

den Basen beobachtet wird, wenn neutrale Mutationen zugelassen sind. Für N = 1.000 ergibt sich bei einer reinen Zufallssequenz für GC eine deutlich erkennbare GC-Zunahme mit der Zeit.

In diesem Zusammenhang ergeben sich einige interessante Fragen: Entwickeln sich die RNS-Strukturen zu einer endgültigen energetischen »Idealform«, bei der weitere Mutationen die Stabilität der Moleküle nicht mehr weiter verbessern? Wenn ja, wie lange würde es dauern, diesen »Omega«-Punkt zu erreichen? Oder werden die Moleküle mit der Zeit immer stabiler? Die Antwort lautet, daß für *N* = 80 und bei einem zu Beginn leicht erhöhten GC-Gehalt der Omega-Punkt nach ca. 5.000 bis 7.000 Generationen erreicht ist. Die sich ergebenden Strukturen enthalten oftmals drei (und manchmal auch vier) Haarnadelschleifen. Wird mit einer rein zufälligen Sequenz begonnen, wird der Omega-Punkt auch nach ungefähr 5.000 Generationen erreicht, hier sind jedoch nur zwei Haarnadelschleifen vorhanden.

Abbildung 9.3 zeigt mehrere typische 80basige Moleküle, die sich nach ca. 5.000 Generatio-nen entwickelt haben. Abbildung 9.4 zeigt für ein 80basiges Molekül die Änderungen im GC-Prozentsatz im Verlauf der Zeit. Der Wert »0,5« auf der *y*-Achse bedeutet, daß G oder C ebenso häufig vorkommen wie A oder T. Bei der gezeigten Simulation war der GC-Gehalt zu Beginn leicht erhöht. Warum ist die Kurve gezackt? Das Evolutionsprogramm mag hier ein G oder C eingefügt haben (wobei eine momentane Spitze nach oben im Diagramm entsteht), hat aber dann die Verbindung verworfen, falls das Molekül thermodynamisch nicht besser als sein Vorläufer im Simulationsmodell war. Die Zeichnung spiegelt daher die »Versuche« des Programms wider, ein Molekül zu entwickeln, auch wenn einige Versuche verworfen werden. Es ist anzumerken, daß Abb. 9.4 einen allmählichen Anstieg des G/C-Gehalts mit einem endgültigen Höchstwert um 75% beschreibt.

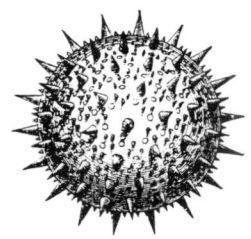

Abb. 9.5 zeigt, wie stabil die Strukturen mit der Zeit werden. Verfügt der Leser über Hintergrundinformationen im Bereich Biochemie, dann kann er aus Abbildung 9.5 die thermodynamische Qualität der Moleküle ersehen, wobei ein relatives Maß freier Energie (in Einheiten negativer kcal) gegeben ist. Je höher die Maßzahl der y-Achse, desto stabiler ist die Struktur. Ein steiler Anstieg zu Beginn der Kurve zeigt, daß die Moleküle schnell stabile Verbindungen eingehen. Ab und zu führt das Programm eine Mutation bei einer schon gebundenen Base ein, verwirft diese Konfiguration dann aber wieder. Dies führt zu einem momentanen Stabilitätsverlust, der sich im Diagramm als vorübergehende Absenkung des Graphen zeigt. Die unterschiedlichen Plateaus in Abbildung 9.5 zeigen örtlich stabile Konfigurationen in der Entwicklung des Moleküls. Ausgehend von einer ersten Zufallssequenz (GC-Gehalt zu Beginn nicht erhöht) zeigen die Abbildungen 9.6 und 9.7 die Diagramme für $N = 80$ und $N = 400$.

Dieses Kapitel ist nur eine Einführung in die Simulation evolutionärer Prozesse. Ich hoffe jedoch, daß die beschriebenen Verfahren nützliche Hilfsmittel für weitere komplexere Studien zur Erzeugung realitätsnaher Molekularstrukturen mit relativ einfachen Regeln sind. Vielleicht helfen solche Computersimulationen den Wissenschaftlern, die Grundregeln der scheinbar komplexen biochemischen Strukturen zu verstehen, da mit ihrer Hilfe einige dieser Formen in präzisen wissenschaftlichen Begriffen dargestellt, vorhergesagt und definiert werden können.

9.1 Übungen

[[Besonders interessant wären Untersuchungen mit Ausgangsstrukturen, bei denen die statistische Verteilung der Basen z.B. nach Gauß oder Brown verändert ist. Darüber hinaus kann die ursprüngliche künstliche Sequenz auch als Markow-Prozeß modelliert werden. So läßt sich zum Beispiel eine Sequenz erstellen, bei der eine 1 für GC-Paare und eine 0 für AT-Paare steht. Ein Markow-Modell läßt sich mit einem Computerprogramm problemlos unter Verwendung von Binärzahlen $\{B_i, i = 1, 2, 3, ..., N\}$ beschreiben, wobei die 0/1-Sequenz nicht »vollkommen zufällig« ist, sondern als stationärer Markow-Prozeß mit der Transitionsmatrix P beschrieben werden kann:

$$P = \begin{bmatrix} P_0 & 1 - P_0 \\ 1 - P_1 & P_1 \end{bmatrix} \qquad (9.4)$$

P_0 und $1 - P_0$ sind die Wahrscheinlichkeiten, daß B_i gleich Null oder Eins ist, falls B_{i-1} gleich Null ist. P_1 und $1 - P_1$ sind die Wahrscheinlichkeiten, daß B_i gleich Eins oder Null ist, falls B_{i-1} gleich Eins ist. Wenn $(P_0, P_1 \neq 0,5)$, sind die Daten korreliert, da die Werte von B_i von den Werten bei B_{i-1} abhängen. Die Modellierung einer genetischen Sequenz mit Markow-Prozessen wurde schon früher beschrieben (Pickover, 1987). Die Umwandlung genetischer Sequenzen in eine binäre Wellenform und nachfolgende Signalverarbeitungsanalyse wurde ebenfalls bereits in der Literatur besprochen (Pickover, 1984).]]

Hier soll noch angemerkt werden, daß der beschriebene Evolutionsprozeß weder mit dem Begriff einer Population von wechselwirkenden RNS-Molekülen arbeitet noch die Populationsgröße mit der Zeit ansteigt. Für den Leser wäre es eine interessante Aufgabe, diese Gedanken mit in die Simulationsmodelle einzubeziehen. (Für weitere Informationen über Genetik siehe auch »Anmerkungen für den neugierigen Leser« auf Seite 407.)

Die Abbildung am Ende dieses Kapitels zeigt eine gefaltete RNS-Sequenz für einen langen RNS-Strang des Bakteriums E. coli. 1.542 Basen sind hier dargestellt. Für dieses Diagramm danken wir R. Gutell. Weitere Informationen: Woese, C., Winker, S., Gutell, R. (1990) Architecture of ribosomal RNS. *Proceedings of the National Academy of Sciences.* November 87:8467-8471.

9.2 Weiterführende Literatur

1. Cantor, C., Schimmel, P. (1980) *Biophysical Chemistry,* Part III. W. H. Freeman: San Fransisco.

2. Eigen, M., Winkler, R. (1983) *Laws of the Game: How the Principles of Nature Govern Chance.* Harper Colophon: New York. (Ein faszinierendes Buch über alle möglichen wissenschaftlichen Simulationen.)

3. Pickover, C. (1991) DNA and protein tetragrams: biological sequences as tetrahedal movements. (IBM RC 16522). Nachdrucke erhältlich bei: ITIRC, Irene Sacco, 500 Columbus Avenue, Thornwood, NY 10594. Siehe auch: Pickover, C. (1987) DNA Vectograms: representation of cancer gene sequences as movements along a 2-D cellular lattice. *IBM J. of Research and Development,* 31: 111-119. Pickover, C. (1984) Frequency representation of DNA sequences: Application to a bladder cancer gene. *J. Molecular Graphics,* 2: 50. Pickover, C. (1990) On genes and graphics. *Speculations in Science and Tech.,* 12(1): 5-15. Pickover, C. (1984) Computer-drawn faces characterizing nucleic acid sequences. *J. Molecular Graphics,* 2: 107-110.

4. Tinoco, I. Borer, P., Dengler, B., Levine, M., Uhlenbeck, O., Crothers, D., Gralla, J. (1973) Improved estimation of secondary structure in ribonucleic acid. *Nature New Biol.,* November 246: 40-41.

5. Waldrop, M. (1989) Catalytic RNA wins chemistry Nobel prize. *Science,* Okt. 246: 325.

6. Pickover, C. (1990) Some experiments in molecular evolution. *Speculations in Science and Technology,* 13(3): 181-191.

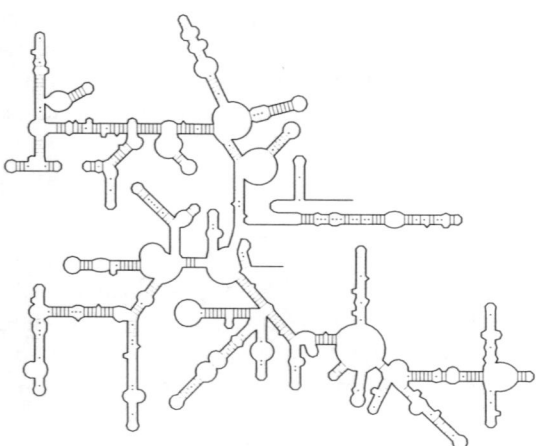

Kapitel 10

Zwischenspiel: Forschung und Entwicklung

[Mit Ausnahme einiger weniger Industriebereiche, wie zum Beispiel der Computerindustrie] ist die Beziehung zwischen der Intensität von Forschung und Entwicklung der Industrie und dem Gewinnzuwachs im allgemeinen nicht sehr ausgeprägt.

Graham Morbey, Wirtschaftsberater

Als Ergebnis der technischen Entwicklungen wie Transistoren, integrierten Schaltungen und Mikroprozessoren standen die USA in der Elektronikbranche seit den 40er Jahren an erster Stelle. Heute zeigen die üblichen Bewertungsmaßstäbe für erfolgreiche Forschung und Entwicklung – Erwähnung in Studien, Gesamtausgaben für Forschung und Entwicklung und Zahl der Patente -, daß Japan fast gleichgezogen hat. Alle hier ausgewiesenen Unternehmen sind amerikanische Firmen, mit Ausnahme von CAE (Kanada), Rhode & Schwarz (Deutschland), Northern Telecom (Kanada) und Mitel (Kanada). Vergleichen Sie dieses Diagramm mit dem Diagramm im Kapitel »Zwischenspiel: Forschung und Entwicklung« auf Seite 131, in dem die größten Unternehmen in bezug auf ihre Ausgaben in US-Dollar (und nicht nach Umsatz in Prozent) ausgewiesen sind. Die Daten für dieses Diagramm sind dem folgenden Artikel entnommen: Kaplan, G., Rosenblatt, A. (1990) The expanding world of R&D. *IEEE Spectrum.* Oktober 27(10):33.

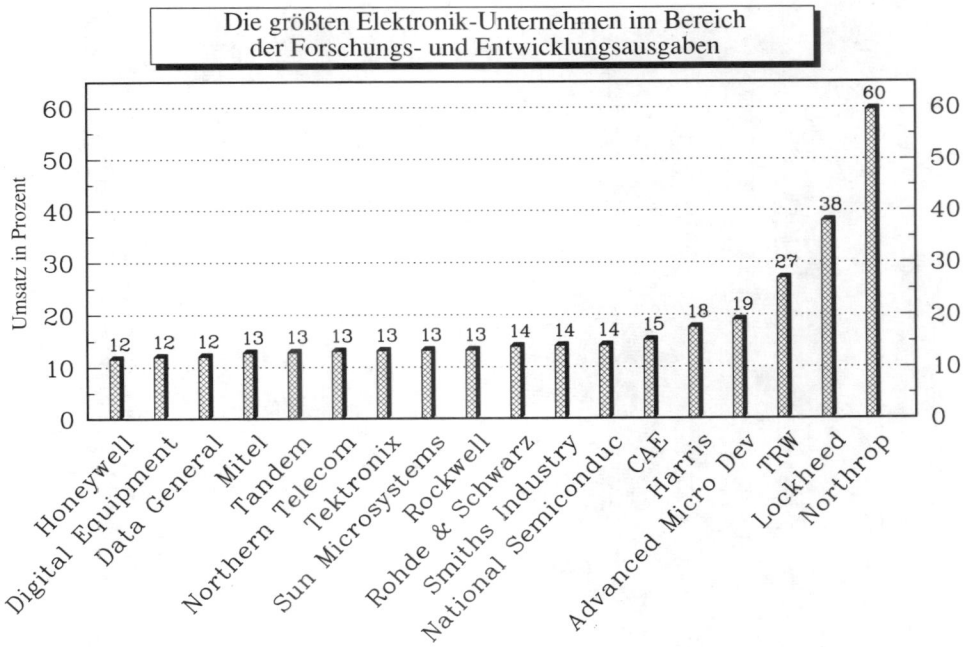

Die größten Elektronik-Unternehmen im Bereich der Forschungs- und Entwicklungsausgaben

Teil III

SPEKULATION

Organo Portatile

Kapitel 11

Spekulation: Eine Einführung

Jeder Mensch muß sein Wissensgebiet immer mehr eingrenzen, um als Fachmann mit anderen konkurrieren zu können. Der Fachmann aber weiß immer mehr über immer weniger und letzten Endes weiß er alles über nichts.«   *Konrad Lorenz*

»Vom Affen abstammen? Laß uns hoffen, mein Lieber, daß das nicht wahr ist! Wenn es aber die Wahrheit ist, dann laß uns hoffen, daß es nicht alle erfahren!«
     Die Ehefrau des Bischofs von Worcester, als sie Charles Darwins Evolutionstheorie hörte, die auf dem Prinzip der natürlichen Auslese gründet.

Dieser Teil des Buchs beschäftigt sich mit *Spekulationen* über unterschiedliche Themen auf der Grundlage einer von mir durchgeführten informellen Umfrage unter sechzig Wissenschaftlern, Rechtsanwälten, Ingenieuren, Technikern und Programmierern, mit denen ich in persönlichem Kontakt stand oder über elektronische Post kommunizierte.

In diesem Teil des Buches möchte ich Sie unterhalten, Ihnen aber auch Wissen vermitteln und Sie zu eigenen Spekulationen anregen. Er gehört zu einer Reihe von spekulativen Übersichtsbeiträgen und Büchern aus den Bereichen Naturwissenschaften und Informatik (siehe Literaturangaben). Einige der Teilnehmer aus aller Welt arbeiten in Forschungs- und Entwicklungseinrichtungen und haben Doktortitel in Chemie, Mathematik, Computerwissenschaften, Physik oder Geisteswissenschaften. Der Leser wird darauf aufmerksam gemacht, daß dieser Überblick nicht die Meinung der Gesamtheit aller Wissenschaftler wiedergibt, da die Zahl der Befragten sehr gering war und diese meist in einer Forschungseinrichtung tätig waren. Ich möchte Sie dazu auffordern, selbst zu experimentieren und eigene Listen zu erstellen, die zweifelsohne von den hier vorgestellten abweichen werden. Ich möchte auch darauf hinweisen, daß die in diesem Teil des Buches vorgestellten Meinungen allein die Ansichten einzelner befragter Wissenschaftler und nicht die von Organisationen oder Unternehmen sind.

11.1 Weiterführende Literatur

1. *Speculations in Science and Technology.* Eine Fachzeitschrift mit interessanten spekulativen Artikeln in den Bereichen Physik, Mathematik, Biologie, Medizin und Technik. Science and Technology Letters, P.O. Box 81, Northwood, Middlesex HA6 3DN, Großbritannien.

2. *21st Century Science and Technology.* Eine Zeitschrift mit Informationen zu den neuesten Technologien und Politiken in der Wissenschaft. 21st Century Science, 60 Sycolin Road, Suite 203, Leesburg, VA 22075.

3. Platt, C. (1989) *When You Can Live Twice as Long, What Will You Do?* William Morrow: New York.

4. Feingold, S. (1989) *Futuristic Exercises: A Workbook for Emerging Lifestyles and Careers* in the 21st Century and Beyond. Garrey Park Press: Maryland.

5. Mel, B., Omohundro, S., Robinson, A., Skiena, S., Thearling, K., Robinson, A., Young, L., Wolfram, S. (1988) Tablet: A personal computer in the year 2000. *Communications of the ACM,* 31(6): 639-646.

6. Pickover, C. (1990) Who are the ten most influential scientists in history? *The History and Social Science Teacher,* 25(3): 158-161.

7. Luke, T. Thearling, K., Skiena, S., Robinson, A., Omohundro, S., Mel, B., Wolfram, S. (1988) *Academic computing* in the year 2000. Academic Computing, Mai/Juni 1-13: 8.

Kapitel 12

Ein Super-Super-Computer in Getränkedosengröße

»Meine Voraussage für die Zukunft lautet: Was noch nicht geschehen ist, wird mit Sicherheit noch geschehen; niemand sollte sich in Sicherheit wiegen.«   *J. B. S. Haldane*

»Manchmal habe ich noch vor dem Frühstück sechs unmögliche Dinge auf einmal für möglich gehalten.«   *Lewis Carroll*

In diesem Abschnitt beschreibe ich die Spekulationen einiger Wissenschaftler über die Auswirkungen, die die Erfindung eines winzigen Computers mit nahezu unbegrenzter Rechenleistung und unbegrenztem Speicherplatz auf Wissenschaft und Gesellschaft haben könnte.

Angenommen, jeder Mensch, der es wünscht, erhielte kostenlos einen Computer in Getränkedosengröße mit nahezu unbegrenzter Rechenkapazität und unbegrenztem Speicherplatz. Was wären die wissenschaftlichen und soziologischen Auswirkungen auf die Menschheit? Im folgenden der volle Wortlaut der Frage, die ich den Wissenschaftlern stellte:

Gäbe es einen Computer in Getränkedosengröße mit unbegrenztem Speicherplatz und unbegrenzter Rechengeschwindigkeit, was wären die Auswirkungen auf Wissenschaft und Gesellschaft? Welche Wissenschaftsgebiete würden am meisten von der Einführung des Computers profitieren? Welche neuen Erfindungen gäbe es ein Jahr nach der Einführung dieses Computers? Wie würde sich die Menschheit verändern?

Bei der Beantwortung der Frage ziehen Sie bitte folgendes in Betracht: Der Computer wird allen, die es wünschen, kostenlos zur Verfügung gestellt. Der Computer ist in einer der Standardprogrammiersprachen, z.B. Fortran oder C, programmiert. Standardperipheriegeräte können angeschlossen werden. Ein- und Ausgabe-Geschwindigkeiten sind unbegrenzt. Natürlich arbeiten die Peripheriegeräte wie Drucker, Displays und Netze unter den Standardbedingungen. Der Computer hat keine spezielle Grafikkarte.

Uneinigkeit bestand darin, ob bereits innerhalb eines Jahres bemerkenswerte wissenschaftliche Entdeckungen gemacht würden; jedoch war der Großteil der Befragten der Meinung, daß es innerhalb von fünf Jahren einen erheblichen wissenschaftlichen Fortschritt gäbe. Einige der Wissenschaftler waren sogar der Ansicht, daß ein solcher Supercomputer der Menschheit nichts Gutes bringen würde. Wie erwartet, antworteten viele der Befragten, daß bestimmte Superrechner-Anwendungen besonders profitieren würden. Auch meinten viele, daß für einen Supercomputer in Dosengröße die Programmeffizienz kein Problem mehr darstellen würde.

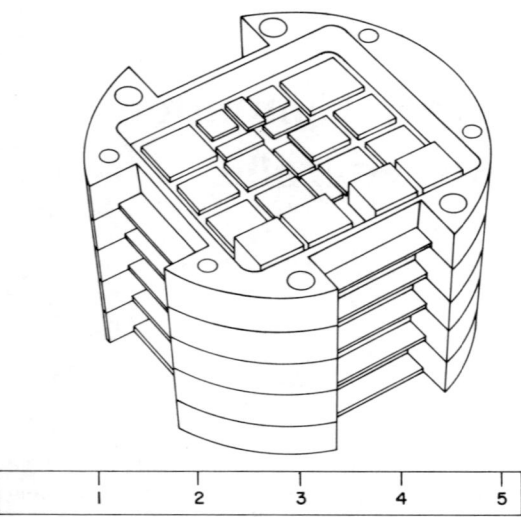

Abbildung 12.1. *Aladdin-Prozessor.* Der zylinderförmige, kompakte digitale Aladdin-Prozessor wird eine Milliarde Gleitkommaoperationen pro Sekunde in einem zylindrischen Volumen von nur 10 Zentimetern Durchmesser und 15 Zentimetern Länge bewerkstelligen können.

Die Programmmierer der Zukunft müssen nur noch eine Methode, genauer gesagt: irgendeine zum Ziel führende Methode genau definieren, um ein Problem lösen zu können. So könnten zum Beispiel Probleme mit einer iterativen Lösung in beliebig kurzer Zeit beliebig genau berechnet werden. Da jedoch der Dosen-Computer mit der heutigen Ein- und Ausgabetechnik (Peripherie) arbeiten muß, lägen die besonderen Vorteile des neuen Computers natürlich bei rechenintensiven Anwendungen.

Erwähnenswert ist hierbei, daß die Idee, eine solche große Verarbeitungsleistung in einem Gehäuse dieser Größe zu vereinen, gar nicht so weit hergeholt ist. In der Ausgabe vom Februar 1990 von *SIGNAL*, der offiziellen Zeitschrift der US-amerikanischen 'Armed Forces Communication and Electronic Association' wird ein digitaler Aladdin-Prozessor vorgestellt. Er hat die Form einer Getränkedose und soll eine Milliarde Gleitkommaoperationen pro Sekunde in einem zylindrischen Volumen von nur 10 Zentimetern Durchmesser und 15 Zentimetern Länge durchführen können. Abbildung 12.1 zeigt eine Skizze dieses Computers. Ein weiteres interessantes Beispiel für Supertechnologie ist ein Gerät namens »Deep Thought«. Das Hardware-»Herz« dieses vor kurzem entwickelten Schachcomputers paßt auf eine Schaltplatine vom Durchmesser einer großen Pizza. Er verfügt über zwei Prozessoren, die pro Sekunde 500.000 Züge durchsuchen können. 1989 schlug Deep Thought den Großmeister Bent Larson, einen früheren Anwärter auf den Schachweltmeistertitel.

Im Jahre 1989 veröffentlichten die internationalen Fachzeitschriften über 100 Artikel mit dem Stichwort »Supercomputer« im Titel. Abbildung 12.2 zeigt die Zahl der Arbeiten für die Jahre 1974–1990, die den Begriff »Supercomputer« im Titel führten.

Die von mir Befragten waren der Ansicht, daß dieser Supercomputer bei der Erforschung des Nervensystems von großer Bedeutung sein würde. Für ein neuronales Netzwerk benötigt man

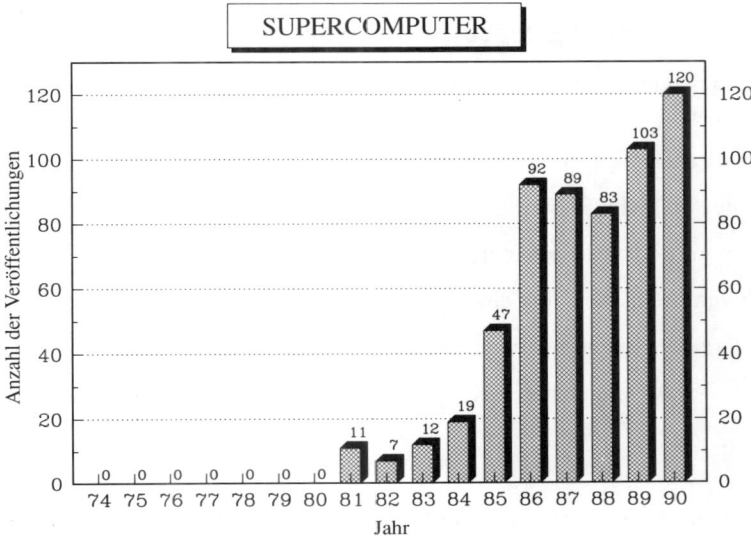

Abbildung 12.2. *Veröffentlichungen über Supercomputer.* Ein Überblick über die Fachzeitschriften der Welt zeigt, daß nach 1980 die Zahl der Veröffentlichungen über Supercomputer rapide anstieg.

eine genaue Beschreibung eines einzelnen Knotens (Neuron) sowie seiner Verbindungen zu benachbarten Knoten (Synapsenmodell). Durch mehrfache Iteration könnte das System bis zum gewünschten Grad verfeinert werden; die Komplexität selbst könnte vielleicht sogar variabel sein. Somit verfügen die Wissenschaftler über »ein Gehirn in Planetengröße in einer Getränkedose«. Der verfügbare Speicherplatz ließe sich für eine riesige Datenbank nutzen, in der zum Beispiel die gesamte Kongreß-Bibliothek gespeichert werden könnte, die schnell nach gewünschten Informationen durchsucht werden kann.

In diesem Abschnitt möchte ich keine Schlüsse ziehen. Jedoch bewegt sich die Menschheit schnell auf einen Punkt zu, an dem direkte Fortschritte in der Technologie, beispielsweise in der Nanotechnologie und bei den Biomolekular-Computern zur Entwicklung einer Maschine führen könnten, die der in diesem Artikel beschriebenen nicht unähnlich ist. Der Aladdin-Computer ist bereits der erste Schritt in Richtung auf einen Westentaschen-Super-Supercomputer mit nahezu unbegrenzter Geschwindigkeit und nahezu unbegrenztem Speicherplatz. Andererseits wenden viele Wissenschaftler ein, daß sich wirkliche Expertensysteme, die komplexe interdisziplinäre Entscheidungen simulieren, der Umstellung auf Computer widersetzen. Ein Wissenschaftler beschrieb dies so: »Keine noch so hohe Geschwindigkeit und kein noch so großer Speicherplatz wirkt sich auch nur im geringsten auf die Entwicklung der Programme aus, mit deren Hilfe die heroischen Meisterleistungen des Gehirns vollbracht werden können.«

12.1 Allgemeine, häufig gegebene Antworten

Folgende Voraussagen über wesentliche Auswirkungen auf die Menschheit wurden von vielen Befragten gemacht:

1. Die numerischen Wettervorhersagen werden verbessert.

2. Bestimmte Arten von Roboterhardware werden verbessert.

3. Die Computer-Industrie wird zerstört oder drastisch verändert.

4. Die Software-Industrie erlebt einen großen Aufschwung.

5. Die militärische Nutzung wird ausgebaut.

6. Verschiedene Anwendungen der künstlichen Intelligenz erleben einen großen Aufschwung.

12.2 Zusammenfassende Aussagen zur Einschätzung der Auswirkungen

Es folgt eine Liste der Auswirkungen unseres Dosen-Supercomputers auf die Wissenschaft und die Welt als Ganzes. Wenn möglich, wurden die Voraussagen nach Sachgebieten geordnet, von denen sich einige natürlich überlappen. Viele der Voraussagen werden in späteren Abschnitten dieses Kapitels näher erläutert oder belegt. Die Vorhersage der Zukunft ist ein recht unwissenschaftliches »Fachgebiet«; stören Sie sich also nicht an zum Teil abwegig erscheinenden Antworten. Sicher ist jedoch, daß der Supercomputer die Industriegesellschaft deutlich verändern wird.

12.2.1 Gesellschaftspolitische Auswirkungen

1. Gegenwärtige kryptographische Systeme werden zerstört, so daß das internationale Bankwesen zum Erliegen kommt.

2. Indiens Wirtschaft floriert. (Die Erklärung für diese Voraussage wird im Abschnitt »Detaillierte Antworten« gegeben.)

3. Investitionen verlagern sich von der Datenverarbeitung zur Akquisition von Daten.

4. Viele Buch- und Zeitschriftenverlage überleben nur mit Mühe.

5. Die Schulbildung wird durch Einsatz digitaler Bilder geschichtlicher Größen verbessert. (Die Erklärung für diese Voraussage wird im Abschnitt »Detaillierte Antworten« gegeben.)

6. Roboter ersetzen Menschen in vielen Schlüsselpositionen der Wirtschaft.

7. Die Menschheit stirbt aus. (Die Erklärung für diese Voraussage wird im Abschnitt »Detaillierte Antworten« gegeben.)

8. Es wird Cyborg-ähnliche Menschen mit winzigen Computern im Unterleib geben.

9. Die Einteilung von Mannschaften und Mitteln im Luftfahrtbereich wird äußerst effektiv sein.

10. Fremdsprachliche Übersetzungen nehmen drastisch zu.

11. Die Menschheit verkommt zu Videospiel-Abhängigen.

12. Die demographische Zusammensetzung ändert sich, da immer mehr Menschen zu Hause arbeiten.

13. Das Militär konfisziert die Dosen-Computer.

14. Ursprüngliche Kulturen und Urvölker werden vernichtet.

15. Die Effizienz der Börse nimmt zu. Arbitrage-Geschäfte lohnen sich nicht mehr.

16. Zahlreiche Echtzeit-Vorhersagen (Wetter, Aktien, Kriege) werden möglich.

17. Die Volkswirtschaft wird optimiert.

18. Das Postwesen wird abgeschafft oder auf ein Minimum reduziert.

19. Spionage und Gegenspionage nehmen zu.

20. Ein Polizeistaat entsteht, in dem die Bevölkerung von einem zentralen Punkt aus überwacht werden kann.

21. Papier- und Münzgeld werden abgeschafft.

22. Vollständig synthetisch hergestellte Filme werden gezeigt.

23. Fotografien werden nicht länger vor Gericht als Beweisstücke zugelassen, weil sie so leicht zu fälschen sind.

24. Glücksspiele und Wetten verändern sich stark.

25. Hypertext-Romane erleben einen Aufschwung.

26. Sportveranstaltungen erleben einen Aufschwung.

27. Das Bildungssystem wird revolutioniert – es wird weniger Wert auf Auswendiglernen gelegt.

12.2.2 Auswirkung auf Programmierung und Datenverarbeitung

1. Die Forschung im Bereich der Optimierung von Algorithmen nimmt ab. In der Zeitschrift SIGGRAPH erscheinen keine Arbeiten mehr zur Verbesserung des Raytracing-Verfahrens.

2. Computerviren stellen ein immer größeres Problem dar.

3. Software-Fehler werden schneller erkannt.

4. Es findet eine Verschiebung zu weniger leistungsfähigen Programmiersprachen wie Prolog statt.

5. Das Chiffrierwesen stirbt aus.

6. Zwischen Code-Machern und Code-Knackern bricht ein harter Konkurrenzkampf aus.

7. Heutige Kommunikationsnetze sterben aus.

8. Computer werden wie Kassettenrekorder für Spionagezwecke verwendet (wegen ihres unbegrenzten Speicherplatzes).

9. Die Analogkassettenrekorder-Industrie stirbt aus.

10. Comics für die Samstagszeitung werden per Computer erzeugt.

11. Computeranalysen von Radiosendungen aus aller Welt ist gang und gäbe.

12. Die Datensicherheit wird soweit möglich über digitale Unterschriften und biometrische Sicherheitsvorrichtungen gewährleistet.

12.2.3 Auswirkung auf Wissenschaft und Technik

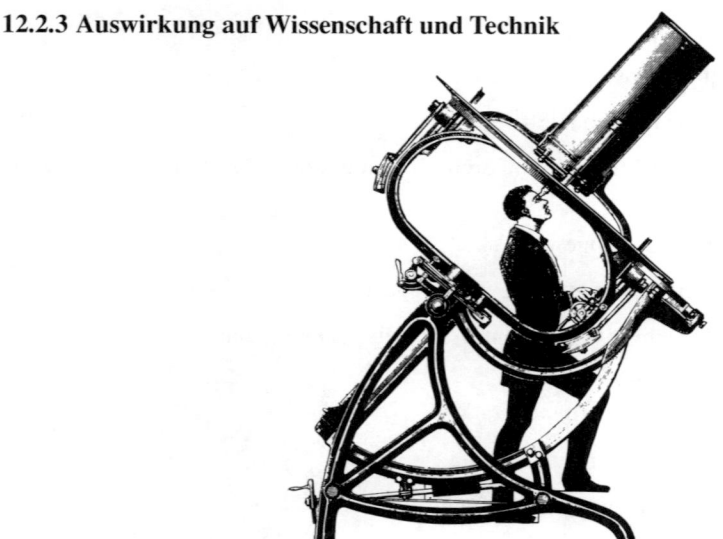

1. Die automatisierte Suche nach außerirdischen Lebensformen wird verbessert.

2. Galaxien, schwarze Löcher, Meere und chemische Reaktionen können besser simuliert werden.

3. Bessere Teleskope liefern elektronisch aufbereitete Bilder aus dem Weltraum.

4. Die Computerperipherie-Industrie erfährt einen Aufschwung.

5. Der Schachcomputer schlägt alle menschlichen Spieler im Handumdrehen.

6. Viele außerordentlich komplizierte mathematische Probleme werden gelöst.

7. Es gibt eine starke Ausweitung von Computersimulationen, z.B. numerische Voraussagen von Atomexplosionen und Fahrzeugzusammenstößen.

8. Die Forschung im Bereich der neuronalen Netzwerke wird wesentlich verändert.

9. Datenbankenanwendungen verändern sich.

10. Die Computeranimation wird verbessert; die Unterhaltungsindustrie erhält neue Impulse.

11. Flugsimulatoren und vergleichbare Lehrmittel werden weiterentwickelt.

12. Der Kommunikationsbereich entwickelt sich fort.

13. Es werden »intelligente« Haushaltsgeräte entwickelt; alle Geräte verfügen über Spracherkennungseinrichtungen.

14. Spracherkennungsprobleme werden einer allgemeinen Lösung zugeführt.

15. NP-vollständige Probleme werden gelöst (siehe Glossar).

16. Die Forschung im Bereich der Quantenchemie wird verbessert; die Theorie ist dem Experiment immer um einiges voraus.

17. Die Forschung im Bereich Computervision wird weiterentwickelt.

18. Roboter mit ungeahnten Merkmalerkennungsvermögen werden entwickelt.

19. Wissenschaftliche Monte-Carlo-Anwendungen werden verbessert.

20. Flugzeug-, Auto- und Hochofenkonstruktionen werden verbessert (siehe CAD im Glossar).

21. Die Belastungsanalyse für physikalische Systeme wie Flugzeugtragflächen wird verbessert.

22. Es gibt neue chemische Verbindungen, neue medizinische Verfahren und neue Entdeckungen in der Genetik.

23. Sofortige finanzielle Transaktionen sind möglich.

24. Konventionelle Stapelverarbeitungsjobs werden schneller abgearbeitet.

25. Militärische bzw. destruktive Anwendungen werden weiterentwickelt.

26. Die militärische Sicherheit ist gefährdet.

27. Es gibt »intelligente« Sensoren für die Überwachung von Klima und Wetter sowie für Weltraumforschung und Geologie.

28. Alle Forschungsbereiche werden durch »intelligente« Sprach-Parser erweitert.

29. Die Sprachsynthese wird verbessert.

30. Es gibt »intelligente« Fahrzeuge.

31. Es gibt Geräte zur Überwachung der Gesundheit des Menschen.

32. Hologrammähnliches Fernsehen wird möglich.

33. Es gibt intelligente Waffen, die ihr Ziel ohne menschliches Eingreifen ansteuern können.

34. Wesentliche Fortschritte in den Bereichen Fernsehen, Video und dekorativer Kunst werden gemacht.

35. Die genetische Forschung wird ausgeweitet.

36. Neue Theoreme in Logik und Mathematik werden bewiesen.

37. CAM (siehe Glossar), Computerkunst, Musik, Musiksynthese und Animation werden verbessert.

38. Die »zillionste Stelle« von π wird gefunden.

39. Es gibt sofortige und direkte Sprachübersetzungen – zwei beliebige Menschen mit verschiedenen Muttersprachen könnten miteinander kommunizieren.

40. Es gibt eine grüne Revolution – infolge der Wettervorhersagen.

41. Viele Bereiche der Gebrauchselektronik brechen zusammen. (Die Erklärung für diese Voraussage wird im Abschnitt »Detaillierte Antworten« gegeben.)

42. Die Vereinheitlichte Feldtheorie wird geschaffen.

43. Die Forschung im Bereich der Hochenergiephysik wird verbessert.

44. Ein Informationsgeflecht verbindet alle Kulturen der Welt miteinander.

45. Alle Bücher, Fernseh-, Radio- und sonstigen Programme werden per Computer in ein Kommunikationsnetz eingebunden.

46. Es wird mehr Schaden verursacht als Gutes entsteht: Beträchtliche Ressourcen werden unbemerkt gestohlen.

47. Molekulare Dynamiksimulationen werden verbessert.

48. Proteinfaltungsprogramme werden verbessert.

49. Die Forschung im Bereich der Teilchenphysik wird ausgeweitet.

50. Komplexe zelluläre Automaten entwickeln, ausgehend von Zufallsbedingungen, auf einem riesigen Gitter lebensähnliches Verhalten als komplexe »Gesellschaften« sich entwickelnder Teilchen.

51. Die fraktalen und komplexen Dynamiktheorien werden verbessert. Wissenschaftler und Computerkünstler erforschen und entdecken neue fremde Welten inmitten der Mandelbrot-Menge.

52. Es gibt schnelle grafische Raytracing-Verfahren.

53. Die meisten medizinischen Aufnahmen werden nicht mehr auf Filmen festgehalten, sondern im Computer gespeichert.

54. DNS-Sequenz- und Strukturanalyse werden verbessert.

55. Die Supraleiter-Theorie wird verbessert.

56. Die Auswertung von per U-Boot-Echolot gewonnenen Daten im militärischen Bereich wird verbessert.

57. Es besteht kein Bedarf mehr an Spezialcomputern wie Vektorprozessoren.

58. Einige der heutigen Aufgaben der Ärzte werden von Automaten übernommen.

59. Es kommt seltener zu Todesfällen aufgrund technischen Versagens.

60. Goldbachs Hypothese und Fermats letztes Theorem werden durch Computer bewiesen. Zahlentheoretiker sind begeistert.

61. In den Nachkommastellen bestimmter irrationaler Zahlen, wie π, ε, φ (Goldener Schnitt) usw., wird nach verborgenen Informationen gesucht.

62. Die Planung und Durchführung immenser Bauvorhaben wird verbessert.

12.3 Ein Überblick über die schriftlichen Antworten der befragten Wissenschaftler

Im folgenden sind Ausschnitte aus phantasievollen, schillernden oder auch zynischen Kommentaren über die Auswirkung einer mächtigen Rechenmaschine aufgeführt.

12.3.1 Allgemeines über den Supercomputer

»Der Dosen-Computer würde uns in ein neues und fremdes Zeitalter katapultieren. In der Wissenschaft würden bemerkenswerte Fortschritte gemacht, da mit den bestehenden Programmen mit beliebig großen Feldgrenzen gearbeitet werden kann. Die ersten Auswirkungen wären wahrscheinlich im Ingenieurwesen zu sehen, wobei die alten, ausgedienten FORTRAN-Programme plötzlich schneller würden, bis zu einem Punkt, an dem parametrische Optimierungsprobleme keine Probleme mehr darstellen. Jedoch würde dieser anfängliche Aufschwung bald ein Ende nehmen, da dann die Grenzen der bestehenden Programme erreicht sind. Es würde Jahre dauern, bis neue Software-Paradigmen für den neuen Computer die alten Verfahren ablösen.«

»Innerhalb eines Jahres würde die Wissenschaft bemerkenswerte Fortschritte machen, auch wenn das Gerät größer als eine Getränkedose wäre. Ein schlachtschiffgroßer Computer mit unendlicher Geschwindigkeit würde immer noch zu Fortschritten in der Wissenschaft führen, da man nicht mehr auf das Ergebnis von 'wenn-dann'-Berechnungen warten müßte. Der erste offensichtliche Nutzen träte in den Bereichen zutage, in denen heute schon Supercomputer für umfangreiche Berechnungen eingesetzt werden. Die Programme und Grunddaten sind schon vorhanden, weshalb der Supercomputer sofort eingesetzt werden könnte. Fortschritte würden insbesondere im Bereich der Computerwissenschaft gemacht, da es keine Leistungsbeschränkungen bei den Algorithmen mehr gäbe.«

»Die Bereiche, die sofort und am stärksten vom Dosen-Computer profitieren würden, wären sicherlich die heutigen Supercomputer-Domänen wie Aerodynamik, DNS-Kartierung und Wettervorhersage. Darüber hinaus werden die Atomwaffenentwicklung und die medizinische und pharmazeutische Forschung neue Impulse erhalten, da die erforderlichen Algorithmen und Programme, wenn auch in einem geringeren Umfang, bereits entwickelt sind. Mit dem Dosen-Computer bräuchte man auf die Ergebnisse der Berechnungen nicht mehr zu warten; sie können von jedem, der Zugang zur Forschung oder den Programmen hat, benutzt werden. Da jeder chiffrierte Code sofort entziffert werden kann, sind dem Informationsaustausch nur noch physikalische Grenzen gesetzt.«

»Würden sich tatsächlich Fortschritte in der Wissenschaft ergeben? Sicher, aber diese verblassen im Vergleich zu der Rolle, die diese Computer in der neuen, von ihnen geschaffenen Gesellschaft spielen werden.«

12.3.2 Roboter und künstliche Haustiere

»Die Robotertechnik wird von der geringen Größe des Dosen-Computers profitieren. Da er kostenlos zur Verfügung gestellt wird, wird man ihn auch dort einbauen können, wo dies heute aus wirtschaftlichen Gründen noch nicht möglich ist. Die superschnellen Computer werden demzufolge auch für triviale Aufgaben eingesetzt werden. Viele einfache Aufgaben werden nicht mehr als Platinen und Chips gebaut, da sie durch diesen Computer und serienmäßig produzierte Programme ersetzt werden können.«

»Vielleicht können die kleinen Supercomputer in Säugetiere eingepflanzt werden, um so verschiedene biometrische Parameter zu überwachen. Auch werden Wissenschaftler höchstwahrscheinlich künstliche Haustiere wie Roboterhäschen oder -katzen konstruieren, die wie ihre lebenden Artgenossen auf ihre Umgebung und Besitzer reagieren.«

12.3.3 Auswirkungen auf Volkswirtschaft und Gesellschaft

»Für die Menschheit wird die freie Verfügbarkeit eines wertvollen Werkzeugs eine völlig neue Erfahrung sein. Computerelektronik-Unternehmen werden sich auf Peripheriegeräte verlegen müssen. CPU-Wartung seitens eines Unternehmens oder Benutzers wäre nicht mehr vonnöten, da jederzeit eine Ersatz-CPU zur Verfügung stünde. Ebenso wäre ein verstärkter Wettbewerb auf dem Software-Markt die Folge. Diejenigen, die heute noch Hardware entwickeln, würden zur Software-Entwicklung übergehen. Länder wie Indien, in denen zwar Software-Talente, nicht jedoch ausreichende Hardware vorhanden ist, werden wieder wettbewerbsfähig. Die Länder, in denen noch keine Fachleute ausgebildet wurden, werden auch in diesem Rennen den kürzeren ziehen. Die Menschheit wird sicher profitieren, vorausgesetzt, die Regierungen bereiten Maßnahmen zur Kontrolle der Gefahren vor, die mit der freien Verfügbarkeit eines Rechners mit nahezu unbegrenzter Leistung einhergehen. Auf der ganzen Welt werden Computernetzwerke aller Art entstehen und zu Sicherheitproblemen führen, die ebenso bedrohlich wie die Seuche Aids sind.«

12.3.4 Spiele

»Der Dosen-Computer wird alle Spiele verändern. Einige, zum Beispiel Schach, werden ihre Romantik verlieren, da jeder Computer den Weltmeister schlagen könnte.«

12.3.5 Minimal-, Negativ- oder Nullaussagen

Die folgenden Antworten zeigen, daß nur minimale Gewinne aus den superschnellen Rechnern resultieren. Einige Personen halten negative Auswirkungen für am wahrscheinlichsten.

»Der wissenschaftliche Nutzen wird sehr gering sein. Dafür gibt es drei Gründe. Erstens erfordern nur sehr wenige wissenschaftliche Experimente sehr schnelle Computer, auch wenn einige sicherlich von der Geschwindigkeit abhängig sind. Die Wissenschaft ist zum größten Teil experiment- und nicht rechenorientiert. Zweitens ist jeder, der an der Spitze der Wissenschaft arbeitet, damit beschäftigt, neue Ideen zu entwickeln. Es geht also um neue Verfahren, neues Verständnis. Bei wirklich neuen Aufgaben wird (nicht nur bei Experimenten mit Computern) der größte Teil der Zeit für den Aufbau der Experimente verwendet und für das Verstehen der Ergebnisse benötigt und nicht etwa für die Durchführung des 'Experiments'. Drittens sind die meisten wissenschaftlichen Entdeckungen genialen Einfällen, dem Zufall oder einfach dem Glück zu verdanken. Computer sind dabei keine große Hilfe – auch künstlich intelligente nicht. Fortschritte in weniger gut durchdachten Bereichen könnten enttäuschend sein. Solange wir nicht mit fast unendlicher Geschwindigkeit kommunizieren können, werden wir die vom Supercomputer zur Verfügung gestellte Datenmenge gar nicht nutzen können.«

»Es wird nur geringe Auswirkungen auf die Gesellschaft als Ganzes geben, da mindestens 60 Prozent der Weltbevölkerung nicht einmal in der Lage sind, einen Computer zu bedienen. Die meisten großen Probleme der Welt bedürfen zur Lösung mehr als Datenverarbeitung. So sind bei Umweltproblemen (Abfallbeseitigung, sauberes Wasser, reine Luft) umfangreiche Investitionen in die Infrastruktur vonnöten, um Grundbedürfnisse wie Nahrungsmittel für die Hungernden, Kleidung für die Nackten, Medikamente für die Kranken und ein Dach über dem Kopf für die Obdachlosen bereitstellen zu können. Bessere Computer können hier vielleicht bei der Lösung einiger Probleme helfen, werden aber sonst nur geringe Auswirkungen haben.«

»Die menschliche Rasse geht mit neuen und möglicherweise gefährlichen Technologien nicht immer verantwortungsbewußt um. An jedem Tag schwebt jede Minute über uns zerstörerische Kraft, mit der die Erde in eine Staubwolke verwandelt werden kann. Wer vermag vorherzusagen, welche biologische oder chemische Waffe mit dieser unbegrenzten Rechenkapazität geschaffen werden könnte?«

»Diese Maschine wird mehr Unheil als Gutes anrichten. Mit brutaler Kraft wird es möglich sein, ansonsten schwierige Paßwortkodierungen und sonstige chiffrierte Algorithmen zu lösen. Werden diese Supercomputer miteinander vernetzt, können Hacker eindringen, umfangreiches Wissen und wissenschaftliche Ergebnisse stehlen und dabei nicht einmal bemerkt werden. Wer wird schon Geschwindigkeitsprobleme bemerken, wenn die Maschine mit unendlicher Geschwindigkeit arbeitet?«

»Der fiktive Computer in Dosengröße läßt eine Art Turm von Babel entstehen: die Rechner kommunizieren miteinander, schreiben Erfahrungsberichte, interagieren, reproduzieren sich usw. Es wird fünfzehn Jahre dauern, bis diese unausgereiften Rechner einen Punkt erreicht haben, an dem wir weit mehr aus ihnen herausbekommen, als wir hineingesteckt haben.«

12.3.6 Wärme

»Aus verschiedenen Gründen, die in erster Linie mit einigen physikalischen Grundgesetzen zusammenhängen, wissen wir, daß das Umschalten eines Bits Wärme erzeugen muß. Selbst wenn man die Wärmeerzeugung pro Umschalten auf das durch die Quantenmechanik gegebene Minimum reduzieren kann, wird immer noch Wärme erzeugt. Daher erzeugt das Umschalten sehr vieler Bits innerhalb sehr kurzer Zeit sehr viel Wärme auf sehr kleinem Raum. Jeder dieser kleinen Rechner wird etwa 12 Megatonnen Wärme produzieren. Dies führt sicherlich zu einigen Veränderungen. Fehlerfreie Programmierung wird dann zu einem Muß, denn wir wollen sicherlich nicht, daß eine dieser Maschinen aus Versehen in die Luft fliegt.«

12.3.7 Satelliten

»Die NASA wird in den kommenden Jahren einen 'Erdressourcen-'Satelliten starten. Dieser Satellit wird jeden Tag mehrere Terabyte Daten zur Erde senden. Der Computer in Dosengröße könnte im Weltraum als Vor-Prozessor für diese Daten eingesetzt werden und so verhindern, daß nichtbenötigte Daten zur Erde gelangen.«

12.3.8 Auswirkungen auf den Haushalt

»Haushaltsgeräte werden äußerst intelligent sein; Staubsauger werden alleine arbeiten – allerdings sollten wir unbeaufsichtigten Rasenmähern nicht unbedingt vertrauen (Steven King, The Lawnmower Man) Die Geräterevolution wird durch die Spracherkennung noch weiter verbessert.«

»Wäre der vorgeschlagene Dosen-Computer noch mit Grafikprogrammen ausgerüstet, könnte auch der Durchschnittsbenutzer die Leistungskapazität dieses fantastischen Computers voll ausnutzen – und zwar als elektronische Kamera. Die Computerindustrie und die Hersteller elektronischer Kameras befinden sich heute schon auf Kollisionskurs. Die Schwachstelle der Fotoindustrie ist die Tatsache, daß der Benutzer zum Fotolabor gehen muß, um seine Bilder entwickeln zu lassen. Im Idealfall wird der Benutzer seine Bilder bei sich zu Hause entwickeln können. Dies wäre mit einem Super-Grafik-Computer vielleicht möglich. Ein solcher Computer hätte auch noch einen anderen Vorteil. Da die digitalen Bilder schon 'im Computer' sind, kann auf sie auch von anderen Programmen aus zugegriffen werden. So könnten zum Beispiel Bilder in Desktop-Publishing-, Textverarbeitungs- oder Zeichenprogramme übertragen oder zum sofortigen Ausdruck in den Drucker geladen werden.«

12.3.9 Bildung

»Im Bereich der Bildung und Erziehung ergäben sich völlig neue Möglichkeiten. Die heutigen Computer und Lehrprogramme können nur einen winzigen Bruchteil des Wissens und der Erfahrung eines echten Menschen vermitteln. Wäre der Dosen-Computer jedoch an einen Grafikbildschirm angeschlossen, könnten ganz neuartige Lehrprogramme entwickelt werden. Stellen Sie sich nur vor, Sie würden beim Einschalten des Computers nicht von einem Textmenü oder einer graphischen Oberfläche wie Hypercard begrüßt, sondern von Hans-Joachim Friedrichs (oder einer anderen berühmten Persönlichkeit Ihrer Wahl). Die Geschwindigkeit und die Auflösung des Supercomputers ermöglichen Animationsprogramme, die auch komplizierte Objekte (z.B. Menschen) im Handumdrehen zeichnen können. Die Stimmen könnten dann aus gespeicherten Sprachmustern digital erzeugt werden. Die Software kommuniziert dann mit dem Benutzer, stimmt das Lehrprogramm auf die Zielgruppe ab und nimmt diese mit auf zahllose perfekte Bildungsreisen in Videofilmlänge, mit Fotos, Geräuschen und sogar Hintergrundmusik. Denken Sie nur an die Möglichkeiten: Churchill doziert über den Zweiten Weltkrieg, Einstein unterrichtet seine Nuklearphysik oder Joe Dimaggio erzählt von den Yankees. Einstein wird sicherlich eine größere Motivation zum Lernen vermitteln als ein mittelmäßiger Lehrer.«

»Das Bildungssystem wird gänzlich auf den Kopf gestellt. So muß das Konzept des jahrelangen 'fleißigen Lernens' und des Auswendiglernens geändert werden. In Zukunft muß es heißen: Wie ruft man am besten diese Informationen aus dem Computer ab? Eine gute Schulbildung lehrt den Schüler, Entscheidungen zu treffen und aus den verfügbaren Daten Schlüsse zu ziehen.«

12.3.10 Handel

»Der Dosen-Computer wird wesentliche Auswirkungen auf die Gesellschaft haben; hierfür ist jedoch eine stabile oder zumindest eine relativ geordnete Gesellschaftsform vonnöten. Leider würde ein Großteil der uns bekannten Gesellschaftssysteme mit Sicherheit in sich zusammenbrechen. Wo hätten IBM, Digital oder Apple einen Platz in einer Welt mit einer freien und unbegrenzten Rechenleistung? Können sie den Teil ihrer nun überflüssigen Angestellten in einen funktionierenden Teil der Gesellschaft umschulen, oder müßten sich Abermillionen ehemaliger leitender Angestellter in die Schlangen der Arbeitslosen einreihen? Würde Japan seinen Wettbewerbsvorsprung in einer Welt erhalten können, in der die Software-Entwickler die wichtigste Berufsgruppe sind? Wird die Umgebung mit der neuen Bedrohung seitens einer sich immer schneller entwickelnden Technologie fertig, oder werden die technischen Fortschritte die ökologische Krise lösen?«

12.3.11 Die Mensch-Maschine-Schnittstelle

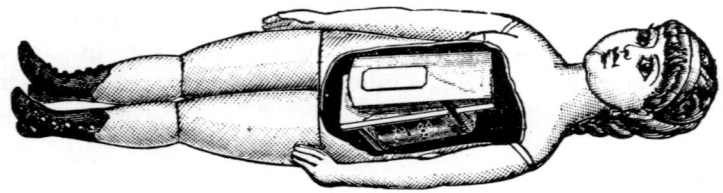

»Der fiktive Rechner wird computerunterstützte Menschen (Cyborgs) der Realität ein Stück näherbringen. In der Bauchhöhle ist ausreichend Platz für einen Computer in Dosengröße. Stellen Sie sich vor: Krieg der Sterne – statt mit R2D2, der seinen Teleskop-Sensor in eine Wandsteckdose steckt, um so eine Verbindung mit der CPU des Schiffs herzustellen, könnte dann ein Mensch seinen Finger in eine Steckdose stecken. Ein- und Ausgabegeräte sind nicht mehr erfoderlich, wenn unendliche Speicherkapazität und Fingerverbindungen zwischen Menschen möglich sind. Die CPU wird dann im Gehirn verdrahtet (falls nicht direkt, dann über die Seh-/Hör-/Sprachnerven). Um Psychosen aufgrund zu hoher Informationsbelastung zu heilen, wird die Geschwindigkeit der CPU herabgesetzt. Computerviren wären hier ein größeres Problem, auch wenn die CPU nicht zur Erschaffung eines Cyborgs verwendet würde. Computerviren stellen schon bei halb-PC-gebildeten Benutzern ein großes Problem dar – stellen wir uns nur einmal vor, jedem würde kostenlos ein PC zur Verfügung gestellt.«

12.3.12 Natürliche Sprache

»Neben den ursprünglichen Programmiersprachen FORTRAN und C werden dem Computer-Laien bald andere, einfachere Sprachen zur Verfügung stehen, mit denen er auf die riesigen, im Computer gespeicherten Datenmengen zugreifen kann. Fremdwörterbücher mit sehr fortschrittlichen Parsern werden Ursprungs- und Zielsprache verstehen und erkennen. Es wird ein »Buch über Alles« geben, das alle je in Büchern veröffentlichten Informationen enthält. Einige Suchroutinen werden für Verweise zur Verfügung stehen. Der Computer in Dosengröße kann in Verbindung mit einem intelligenten Parser aus dem Wörterbuch bei Forschungsvorhaben sehr wohl nützlich sein.«

12.3.13 Grafik

»Spezielle Grafik-Hardware wird für den Einsatz des Dosen-Computers nicht erforderlich sein, wenn das Gerät sämtliche Verarbeitungsaufgaben blitzschnell ausführen kann. Der Dosen-Computer wird mit Bitmaps arbeiten und Bilder für HDTV-(High-Definition-TV)-Fernsehbildschirme oder für herkömmliche Computermonitore erzeugen. Momentan dient die spezielle Grafik-Hardware dazu, den Hauptprozessor zu entlasten. Dies ist nun nicht länger erforderlich. Hologramm-Fernsehen wird durch gleichzeitige Ansteuerung von drei LCD-Bildschirmen für Rot, Grün und Blau möglich, deren Löcher das dreidimensionale Bild zusammensetzen. Eine ausreichende Auflösung wird recht schwer zu erreichen sein, aber schon heute können die Japaner einen recht großen LCD-Fernseher herstellen, der auch über ein gutes Bild verfügt. Vielleicht läßt sich diese Technik auch im Bereich Telekommunikation einsetzen.«

»Äußerst reizvoll ist der Gedanke des Volumentracings mit winzigen Voxeln mit einer nur durch die Übertragungsrate eines Bildes auf ein Peripheriegerät begrenzten Geschwindigkeit.«

12.3.14 Militär

»Im militärischen Bereich wird der fiktive Rechner interessante Anwendung finden, wobei 'intelligente' Waffen entwickelt werden, die ihre Ziele ohne das Eingreifen von Menschen genau identifizieren und verfolgen können.«

»Dieses leistungsfähige Gerät wird auf U-Booten von unschätzbarem Wert sein. Die Regierung braucht bessere Echolot-Bildverarbeitungssysteme. U-Boote sammeln allein schon beim Abhören eine riesige Menge an Daten (passiver Modus). Die Identifizierung eines feindlichen U-Boots vor dem Hintergrundgeräusch des Lebens im Meer und anderen von Menschen erzeugten Geräuschen benötigt viel Zeit. Mit einem schnelleren Minicomputer könnte diese Zielidentifizierung viel schneller und genauer vonstatten gehen. Die Verbesserung der Echolotung der amerikanischen U-Boot-Flotte ist die wohl wichtigste Anwendung des Computers in Dosengröße. Im Augenblick befindet sich so viel Sonar-Ausrüstung im Bug der U-Boote, daß die Torpedos seitlich abgeschossen werden müssen. Dies wird sich aber sehr schnell ändern.«

12.3.15 Finanzen

»Als Ergebnis der kostenlosen Versorgung mit Mini-Supercomputern wird die Markteffizienz zunehmen. Wenn jedermann Arbitrage-Vorteile ausnutzen kann, verschwinden diese. Ich kenne mehrere Professoren für den Bereich Finanzpolitik, die davon begeistert, äußerst begeistert, wären.«

12.3.16 Paradox

»Die Verwendung des Begriffs 'unbegrenzt' in der Beschreibung des vorgeschlagenen Geräts stellt ein Problem dar. Wäre nämlich der Speicherplatz unbegrenzt, wäre es unmöglich, diesen zu durchsuchen, um Daten aufzurufen. Wäre die Ein- und Ausgabe-Geschwindigkeit unbegrenzt, könnte gleichzeitig ein- und ausgegeben werden – eine Unmöglichkeit. Ein Gerät mit unbegrenzter Geschwindigkeit müßte außerhalb der Zeit existieren. Aber außerhalb der Zeit ist Bewegung nicht möglich. Das Ergebnis wäre Stillstand. Es wird wahrscheinlich sehr schwierig, einen Anwendungsfall für dieses Gerät zu konstruieren.«

»Es wäre interessant, den Begriff *nahezu unbegrenzt* genauso zu definieren und dann die besonderen Möglichkeiten auszuloten. Hätte der Minicomputer zum Beispiel einen Googolplex[15]-Speicherplatz und könnte er Googolplex-Berechnungen innerhalb einer Sekunde durchführen (sequentiell, nicht unbedingt parallel), könnte er eine zellulär-automatische Simulation

---

15 *Googolplex* wird in »Ergebnis des Wettbewerbs um die größte Zahl« auf Seite 239 definiert.

des gesamten Universums in der Größenordnung der Planckschen Wellenlänge durchführen. Mit einem Speicherplatz von $10^{googolplex}$ könnte der Computer eine Simulation aller möglichen Universen von der Größe unseres Universums durchführen.«

12.3.17 Gebrauchselektronik

»Viele Bereiche der Gebrauchselektronik werden zusammenbrechen. Audio-, Video- und Spiele-Elektronik sind Spielarten der Informationsverarbeitung. Diese Funktionen können mit unterschiedlichen Schnittstellen zum Supercomputer übernommen werden. Der Computer wird sogar die Signalverarbeitung für Übertragungsmedien (Fernsehen und Radio) übernehmen. Die Antenne ist dann einfach nur ein weiteres Peripheriegerät des Computers.«

12.3.18 Gesellschaft

»Die wirklich bedeutenden Auswirkungen auf die Gesellschaft werden erst später sichtbar werden. Letzten Endes wird es Software geben, die dem Computer das Sehen, Hören und Sprechen gestattet und ihn den Turing-Test bestehen läßt. Der Computer wird zum dauerhaften, omnipräsenten Freund und Berater. Ankleiden am Morgen bedeutet dann den Griff nach den Hosen, den Schuhen und dem Computer. Die Gesellschaft teilt sich in die Menschen, die dem Computer ihr Denken überlassen und in diejenigen, die den Computer als unglaublich mächtiges Werkzeug benutzen. Die letztere Gruppe wird in Bereiche eindringen, in denen eine fortschrittliche Technologie an Magie grenzen wird. Ich glaube, daß einige dieser gesellschaftlichen Veränderungen außerordentlich tiefgreifende Auswirkungen haben werden. Vorstellbar sind zum Beispiel sofortige medizinische Diagnose und Beratung (kostenlos) oder sofortige Sprachübersetzung, so daß zwei beliebige Menschen sich unterhalten können. Wir können uns Wettervorhersagen vorstellen, die so genau sind, daß die richtige Frucht zur richtigen Zeit mit optimal zeitlich abgestimmten Dünger- und Pestizidgaben ausgesät oder gepflanzt werden kann. Perfekte Effizienz in allen Bereichen, von den Fahrzeugen, die wir fahren, den Werken, in denen sie hergestellt werden, bis hin zu den Abluftfiltern in den Fabrikschornsteinen.«

»Der Dosen-Supercomputer wäre der große Gleichmacher; das einzige Hindernis wäre die Verteilung der neuen Software. Menschen und Regierungen könnten politische Entscheidungen vor der eigentlichen Durchführung simulieren, hoffentlich zum Besten der Weltbevölkerung.«

»Anhand der zellulären Telefontechnologie werden alle Mini-Computer vernetzt werden. Lassen Sie uns einmal annehmen, es gäbe ein geeignetes Verfahren zur Unterscheidung aller unter- und miteinander in Verbindung stehender Mini-Computer. Die ersten gesellschaftlichen Veränderungen wären demographischer Art: Angestellte der Datenverarbeitungsberufe, aber auch zahlreiche andere Berufsgruppen, könnten von jedem gewünschten Ort aus arbeiten (z.B. zu Hause auf Hawaii).«

12.3.19 Neurale Netzwerke

»Unbegrenzt große neurale Netzwerke, die zu einer augenblicklichen Auswertung der Daten fähig sind, könnten Wechselbeziehungen zwischen den Daten ermitteln; der Mensch könnte die intuitive Seite der Analyse übernehmen. Der Computer in Dosengröße könnte Wechselbeziehungen zwischen allen Arten von 'unverbundenen' Dingen entdecken: So könnte er zum Beispiel 'erkennen', daß die Rate des Kohlwurzelwachstums mit dem 180jährigen Sonnenzyklus in Verbindung stand: Beliebige Daten aller Art könnten zusammen in den Computer eingegeben werden und ALLE Daten könnten auf Korrelationen untereinander geprüft werden, wie unwahrscheinlich diese auch sein mögen.«

12.3.20 Medizin

»Ein Dosen-Supercomputer könnte unzählige Tests durchführen: Viele Wissenschaftler werden einfach dazu übergehen, sich immer neue Untersuchungen für diese Maschine auszudenken. Der Mini-Supercomputer wäre von Nutzen im Bereich der Medizin: Einmal im Jahr geht man dann ins örtliche Krankenhaus und läßt sich Blut abnehmen. Der Arzt macht eine Farbaufnahme und schickt sie zum Computer, der das Blut sofort untersucht und auf Tausende möglicher Erkrankungen hin überprüft. So könnten alle Menschen untersucht werden.«

»Ein ähnliches System könnte zur Überwachung der Gesundheit und Fitneß des Menschen eingesetzt werden und bei Fehlfunktionen Alarm schlagen. Der Alarm wird über einen billigen Sender, eine unabhängige Stromquelle geringen Gewichts und ein akustisches Signal übermittelt.«

12.3.21 Datenbanken und Bibliotheken

»Als Datenbank eingesetzt, wird der Dosen-Computer zu Fortschritten in allen wissenschaftlichen Disziplinen führen. Ein kleiner Computer mit unbegrenztem Speicherplatz und unbegrenzter Geschwindigkeit gestattet allen, riesige Datenmengen zu sammeln. Die am ehesten verfügbaren Daten wären Bücher aus der Kongreßbibliothek; sie wären als Dateien erhältlich. Fernseh- und Radioprogramme würden in das Binärsystem übertragen und im Speicher abgelegt.«

»Zur wahren Nutzung dieser Kapazität wären mehrere Jahre zur Entwicklung der Mittel zur Steuerung der riesigen Datenmenge erforderlich, damit jede beliebige gewünschte Information problemlos abgerufen werden kann. Mit der Zeit würden hierarchische Strukturen und binäre Suchmuster ein strukturiertes Ablegen dieser Daten ermöglichen.«

»Stünde jedem Menschen dieses Gerät zur Verfügung, könnte jedermann die Britische Bibliothek in sein Wohnzimmer holen. Für Verlage gestaltet sich die Situation jedoch schwieriger.«

12.3.22 Musik

»Der Computer in Dosengröße wird wesentliche Auswirkungen auf Musik, Musikinstrumente und die Wertschätzung der Musik haben. Wer weiß schon, welch merkwürdige Instrumente und futuristische Klänge erzeugt werden können? Alle traditionellen Instrumente könnten zum Zwecke der digitalen Verarbeitung mit dem Mini-Computer ausgerüstet werden.«

»Alle bedeutenden und weniger bedeutenden Musikstücke sämtlicher Kulturen der Erde können in dem Computer in Dosengröße gespeichert werden. Dies würde den Musikunterricht und die Musikanalyse revolutionieren.«

»Beim Anschluß von Keyboards und Digital-Analog- und Analog-Digital-Wandlern an den Mini-Computer erhält man einen echten Synthesizer. Möchte der Musiker Subtraktionssynthese durchführen, lädt er einfach das Subtraktions-Syntheseprogramm. Ist Additiv-Synthese gefragt, wird dieses Programm geladen. Echtzeit-Resynthese, die im Augenblick noch als rechnerischer Alptraum gilt, wird vereinfacht. Auch der Zahl der Stimmen sind keine Grenzen gesetzt.«

12.3.23 Recht

»Das vorgeschlagene Gerät könnte als Audio- und Videorekorder, der nie ausgeschaltet wird, eingesetzt werden. Dies könnte in bestimmten rechtlichen Situationen nützlich sein, so zum Beispiel, wenn die Polizei sie fragt 'Wo waren Sie am Abend des 20. Januar?' Die Sicherheit stellt hier jedoch ein großes Problem dar. Man möchte ja schließlich nicht, daß jeder x-beliebige die persönlichen Daten einsehen kann.«

12.3.24 Optische Computer

»In den vergangenen 30 Jahren haben die Techniker immer kleinere Silizium-Chips gebaut, durch die Elektronen fließen. 1990 entwickelten Wissenschaftler der AT&T-Bell-Laboratorien in Holmdel, New Jersey, den ersten optischen digitalen Prozessor, der für die Informationsübertragung nicht Elektronen, sondern Laserstrahlen verwendet. Dies ist vielleicht der erste Schritt in Richtung des Computers in Dosengröße. Der optische Rechner der Bell-Laboratorien kann zu der Entwicklung von Computern führen, deren Rechenleistung einzig und allein durch die Lichtgeschwindigkeit begrenzt ist. 1987 ersetzte der Physiker David Miller von den Bell-Laboratorien Siliziumtransistoren auf einem Mikrochip durch winzig kleine Spiegel. 1990 gelang es Michael Prise, 128 dieser 'optischen Transistoren' in einem einzigen Prozessor (siehe unten) zu vereinen. Prise benutzte dafür vier Reihen mit je 32 optischen Transistoren – jede dieser Reihen war so klein, daß sie in den getippten Buchstaben O gepaßt hätte.« (Foto mit freundlicher Genehmigung von AT&T. © 1990 AT&T)

12.3.25 Entwicklung von Intelligenz

»Durch unbegrenzte Geschwindigkeit und unbegrenzten Speicherplatz wird die Erforschung evolutionärer Programme große Fortschritte machen. Wir werden ein künstlich intelligentes Wesen im Innern des Mini-Computers entwickeln. Ein Wesen mit nominal menschlicher (oder größerer) Intelligenz, das in unendlich schneller Zeit auf unendlich große Datenmengen zugreifen kann, wäre schon fast ein göttliches Wesen. (Wir sollten dieses Gerät besser nicht an ein Netzwerk anschließen, bis wir ganz sicher sind, daß dieser Gott nicht Cthulhu ist.) Wäre dieses Wesen gnädig gestimmt und ließe uns wissen, wie wir unsere Gehirne mit dem Kleinstcomputer verbinden könnten, dann würden auch wir uns in Götter verwandeln.«

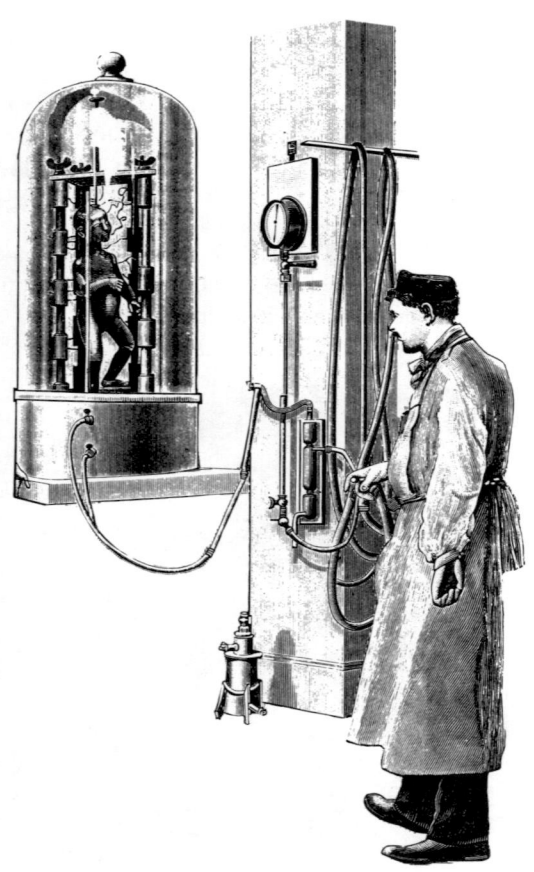

12.4 Weiterführende Literatur

1. Dereska, S. (1990) DARPA's advances provide basis for rapid progression. *SIGNAL*, das offizielle Organ der US-amerikanischen Armed Forces Communication and Electronic Association. Februar-Ausgabe, Seite 29-33.

2. Hsu, F. Anantharaman, T., Campbell, M., Nowatzyk, A. (1990) A grandmaster chess machine. *Scientific American*, Oktober 263(4): 44-45.

3. Pickover, C. (1991) A soda-can-sized supercomputer. *Computers in Physics*, Mai/Juni, im Druck.

GALILEO GALILEI LINCEO FILOSOFO E MATEMATICO DEL SER.^{mo} GRAN DVCA DI TOSC.^a GALILEO

Kapitel 13

Wer sind die zehn bedeutendsten Wissenschaftler der Menschheitsgeschichte?

Welche unter den vielen Tausend berühmten und bedeutenden Wissenschaftlern haben unser Leben und unser Denken am nachhaltigsten geprägt? In diesem Kapitel habe ich die Namen der zehn in meiner Umfrage am häufigsten genannten Wissenschaftler zusammengestellt. Dieses Kapitel hat natürlich mit Computern nicht viel zu tun. Die Entwicklung des modernen Computers wäre jedoch nicht möglich gewesen ohne die bahnbrechenden Fortschritte, die durch das Wirken führender Wissenschaftler in den Bereichen Elektronik, Physik und Chemie im letzten Jahrhundert erzielt wurden.

Eine kleine Anmerkung dazu, welche Wissenschaftler ich in meine Liste aufgenommen habe: Anonyme Personen, wie der Erfinder des Rades, der Erfinder der Schrift oder der Entdecker des Feuers bleiben auch hier unberücksichtigt. In den Fällen, in denen zwei Personen zusammenarbeiteten (wie z.B. Watson und Crick oder die Gebrüder Wright), nahm ich sie zusammen in die Liste auf. Erfinder wurden wie Wissenschaftler behandelt.

Mich überraschte die bemerkenswerte Übereinstimmung in den Listen der von mir befragten Personen. Ich persönlich hätte vielleicht noch Jack Kilby, den Erfinder des integrierten Computerchips (über den ich am Kapitelende etwas sage) und Gregory Pincus, den Erfinder der Antibabypille, mit in die Liste aufgenommen. Sie wurden jedoch jeweils nur einmal genannt.

Ich möchte Ihnen vorschlagen, eine eigene Liste zu erstellen, die wahrscheinlich nicht in allen Punkten mit der hier vorgestellten übereinstimmen wird.

Die in den Umfragebögen gemachten Angaben zur Reihenfolge wurden berücksichtigt, indem ich die Kehrwerte der einzelnen Bewertungsziffern addierte, um den Gesamtrang zu ermitteln.

$$R_{ges} = \sum 1/W_i \qquad (13.1)$$

W ist dabei der Rang von 1 bis 10 auf dem einzelnen Umfragebogen, R der Gesamtrang. Ein Wissenschaftler, der von 10 Personen auf Platz 10 genannt wurde, hat also denselben Gesamtrang wie ein Wissenschaftler, der einmal auf Platz 1 gesetzt wurde. In beiden Fällen ist die gewichtete Summe R gleich 0,1.

Auf der Grundlage einer Umfrage unter IBM-Wissenschaftlern und -Technikern und mit Hilfe des obigen Punktesystems und der genannten Kriterien erstellte ich eine Rangliste der zehn bedeutendsten Wissenschaftler.

Abbildung 13.1. *Isaac Newton (1642-1727).* Newton, ein englischer Physiker und Mathematiker, entwickelte die Infinitesimalrechnung, entdeckte die Zusammensetzung des weißen Lichts und konstruierte das erste Spiegelteleskop. Darüber hinaus stammen die Gesetze der Bewegung und die Gravitationsgesetze von ihm. Er wurde von den Befragten auf Platz 1 gesetzt.

13.1 Die Top Ten

1. **Isaac Newton (1642-1727) Rang: 29,5**
   Englischer Physiker und Mathematiker. Infinitesimalrechnung, Optik, Gravitation.

2. **Albert Einstein (1879-1955) Rang: 16,5**
   Deutsch-schweizerisch-amerikanischer Physiker. Quantentheorie, Relativität.

3. **Galileo Galilei (1564-1642) Rang: 13,8**
   Italienischer Astronom und Physiker. Gesetze des freien Falls, quantitative Experimente, Fernrohr.

4. **Charles Darwin (1809-1882) Rang: 8,8**
   Englischer Naturforscher. Evolutionstheorie.

5. **Aristoteles (384-322 v. Chr.) Rang: 8,3**
   Griechischer Philosoph. Zusammenfassung des gesamten Wissens des Klassischen Altertums. Klassifizierung der lebenden Spezies.

6. **Euklid (300 v. Chr.) Rang 6,1**
   Griechischer Mathematiker. In sich geschlossenes Axiomensystem.

7. **James C. Maxwell (1831-1879) Rang: 4,7**
   Britischer Physiker. Gleichungen für Elektromagnetismus. Kinetische Gastheorie

8. **Louis Pasteur (1822-1932) Rang: 4,52**
   Französischer Chemiker. Mikrobentheorie der Erkrankungen. Impfung. Stereochemie.

9. **Thomas Edison (1847-1931) Rang: 3,9**
   Amerikanischer Erfinder. Phonograph. Glühlampe. Verbesserung des Stromverteilungsnetzes.

10. **Nikolaus Kopernikus (1473-1543) Rang: 3,6**
    Deutsch-polnischer Astronom. Heliozentrische Theorie des Sonnensystems.

Abbildung 13.2. *De Re Metallica*. Eine Abbildung aus Agricolas 'De Re Metallica', dem ersten Buch, in dem detaillierte technische Zeichnungen und wissenschaftliche Überlegungen zum Bergbau veröffentlicht wurden. Das 1556 veröffentlichte Werk bietet dem Leser ein unterhaltsames Bild des frühen Zeitalters der Technik.

Edison erhielt zwar die wenigsten Stimmen (11), steht aber trotzdem nicht an letzter Stelle der Liste, da die relative Gewichtung bei ihm höher war als bei Kopernikus, der 19 Stimmen erhielt.

Der Vollständigkeit halber möchte ich Ihnen die folgende Liste nicht vorenthalten, die ich nur anhand der Zahl der Nennungen zusammengestellt habe:

1. Newton (51)
2. Einstein (48)
3. Galilei (40)
4. Darwin (29)

5. Pasteur (25)
6. Kopernikus / Maxwell (19)
7. Aristoteles (17)
8. Euklid (16)

9. Marie S. Curie (1867-1934). Polnisch-französische Chemikerin. Radioaktivität. Nobelpreis in Physik und Chemie.
   Auf gleichem Rang: Karl Gauß (1777-1855). Deutscher Mathematiker und Astronom. Mathematische Methode zur Bahnbestimmung von Planeten. Elektrizität. Magnetismus. (13)

10. Archimedes (287?-212 v. Chr.). Griechischer Mathematiker. Hebelgesetz. Hydrostatisches Grundgesetz (Archimedisches Prinzip).
    Auf gleichem Rang: Edison (12).

13.2 Die weiteren Plazierungen

Folgende Wissenschaftler waren zwar nicht unter den ersten Zehn plaziert, schnitten aber dennoch sehr gut ab: Freud, Bohr, von Neumann, Kepler, Heisenberg, Fermi, Shockley, Watson und Crick, Mendel, Bell, da Vinci, Mendelejew und Faraday. Alle werden mindestens fünfmal genannt.

13.3 Anhang 1 – Letzter Platz

Die Wissenschaftler, die zwischen zwei und fünf Stimmen erhielten, waren: Franklin, Leibniz, Lavoisier, Turing, Taylor, Descartes, Pythagoras, Ptolemäus, Marconi, Watt, Gödel, Michelangelo, Hawking, von Braun und Dirac.

13.4 Anhang 2 – Die Liste des Michael Hart

Der Physiker, Astronom, Mathematiker und Rechtsanwalt Michael Hart stellt in seinem Buch *The 100: A Ranking of the Most Influential Persons in History* die 100 bedeutendsten Wissenschaftler vor. Ich empfehle dieses Buch wärmstens. Auf seiner Liste erscheinen der Reihenfolge nach: Isaac Newton, Ts'ai Lun (50?-118? v. Chr.) (chinesischer Beamter, Papier), Johannes Gutenberg (1400?-1468?) (deutscher Erfinder, Buchdruck), Albert Einstein, Louis Pasteur, Galileo Galilei, Charles Darwin, Euklid, Nikolaus Kopernikus, James Watt (erste Dampfmaschine).

13.5 Schreiben von befragten Personen

Von einem IBM-Fellow in Yorktown Heights, New York: Anbei übersende ich Ihnen meine Liste bedeutender Wissenschaftler. Ich habe 'bedeutend' als 'sich auf meine persönliche Ansicht der Welt auswirkend' interpretiert. Meine Liste umfaßt in der Reihenfolge von 1 bis 10: Newton, Boyle, Watson und Crick, Planck, Boltzmann, Fourier, Galilei, Einstein, Archimedes, Turing.

Aus Lexington, Kentucky: Anbei eine Liste derjenigen zehn Personen, die Wissenschaft am besten erklären und am allgemeinverständlichsten darstellen können:

1. Carl Sagan
2. Isaac Asimov
3. Stephen Jay Gould
4. Douglas Hofstadter
5. Martin Gardner
6. Jearl Walker
7. Sir James Jeans
8. James Burke
9. Richard Feynman
10. Baird Smith (wenn nur mehr Leute ihn hören könnten!)

Aus East Fishkill, New York: Meine Liste umfaßt die besten zehn Computer-Wissenschaftler: 1. Von Neumann, 2. Grace Hopper (Kurzbeschreibung am Kapitelende), 3. T.J. Watson, 4. Clive Sinclair, 5. Wozniak und Jobs, 6. Benoit Mandelbrot, 7. Seymour Papert, 8. Bezier, 9. James Foley.

Aus White Plains, New York: Meiner Ansicht nach ist diese Bestenliste genauso unsinnig wie beispielsweise eine Liste der 'schönsten Frauen der Welt', 'der intelligentesten Menschen' usw. Denken Sie einmal darüber nach, wonach eigentlich gefragt wurde. Mir fallen auf Anhieb 15-20 Wissenschaftsgebiete ein (Mathematik, Optik, Biologie, Chemie, Medizin, Luftfahrt, Energie, Elektronik, Fluide, Mechanik usw.). Um den Kriterien zu entsprechen und unter der Annahme, daß alle Wissenschaften gleich gewichtet werden, müßte man mindestens eine Person aus jedem Wissenschaftsbereich auswählen. Der brillanteste Arzt oder Mediziner? Da gibt es allein mindestens 10 Kandidaten. Ist Einstein wirklich führend in der Physik? Vielleicht ja. Außerdem habe ich Schwierigkeiten, einen oder zwei Mathematiker zu finden. Und zweitens: Was heißt 'bedeutend'. Hatte das Heilmittel für Kinderlähmung mehr Bedeutung als die Entdeckung der Schwerkraft oder der Infinitesimalrechnung? Tut mir leid, Cliff, aber hier muß ich passen.

13.6 Übungen

Wenn Sie Lehrer einer Schulklasse sind, können Sie diese Umfrage ja einmal in Ihrer Klasse durchführen. Mich würde interessieren, wie sich die Ergebnisse von Umfragen an Schulen von den hier genannten unterscheiden.

13.7 Weiterführende Literatur

1. Agricola, G. (1950) *De Re Metallica*. Dover: NY (Übersetzung der ersten lateinischen Ausgabe aus dem Jahr 1556.)

2. Asimov, I. (1964) *Adding a Dimension*. Avon: NY.

3. Cohen, I. (1985) *Revolution in Science*. Harvard University Press: Massachusetts.

4. Hart, M. (1978) *The 100: A Ranking of the Most Influential Persons in History*. Hart Publishing: NY.

5. Pickover, C. (1990) Who are the ten most influential scientists in history? *The History and Social Science Teacher*, 25(3): 158-161.

Grace Hopper (geboren 1906);   Jack St. Clair Kilby;

GRACE HOPPER
(geboren 1906)

Sie leistete Pionierarbeit auf dem Gebiet
der höheren Programmiersprachen.

JACK ST. CLAIR KILBY

Er entwickelte 1958 den ersten
integrierten Schaltkreis.

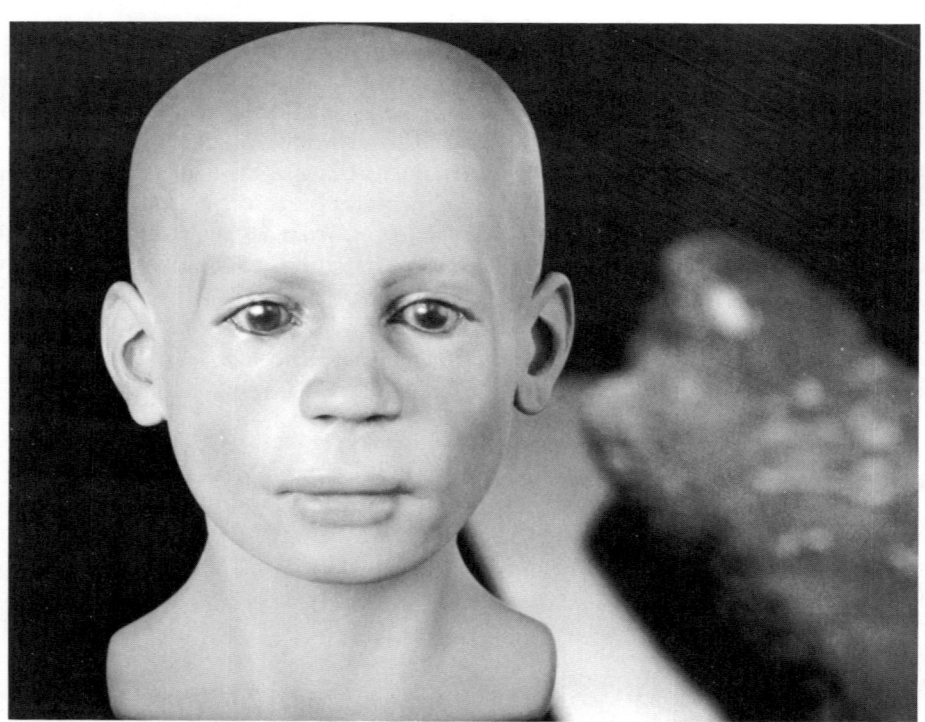

Kapitel 14

Zwischenspiel: Das Projekt Mumie

Stellen Sie sich eine leicht zerfallene, 2.000 Jahre alte Mumie eines Kindes vor, die mit den modernsten Computern untersucht und mit den modernsten graphischen Methoden dargestellt wird. Dies ist keine groteske Szene aus einem Roman von Steven King, sondern das Arbeitsgebiet eines interdisziplinären Forschungsteams der Universität von Illinois. Zu Beginn der 90er Jahre versuchte David Lawrence mit Hilfe von zwei Supercomputern (einer CRAY 2S und einer Connection CM-2), aus mehreren ebenen Computertomographie-Schnittbildern dreidimensionale Videoanimationen zu berechnen, um die Identität der bandagierten ägyptischen Kindsmumie zu enträtseln. Bei einem ähnlichen Projekt versuchte Ray Evenhouse mit verschiedenen Computern, den Schädel der Mumie mit Hilfe von computertomographischen Aufnahmen zu rekonstruieren. Er 'baute' das Gewebe um den Schädel wieder auf (siehe Foto links oben) und ließ das Gesicht der Mumie auf 18 Jahre altern. Dazu benutzte er ein spezielles Computerprogramm, mit dem normalerweise alte Fotos von vermißten Kindern aktualisiert werden. Schließlich erzeugte Evenhouse dreidimensionale echte Modelle von Köpfen unterschiedlichen Alters.

Die kombinierten Untersuchungen der Wissenschaftler – Röntgenaufnahmen, Computertomogramme, dreidimensionale Bildverarbeitung – brachten in Verbindung mit der Analyse von Holz-, Textil-, Harz- und Insektenproben nicht nur Aufschlüsse über die Mumie, sondern auch über die Kunst der Mumifizierung in der römischen Periode Ägyptens. Die Wissenschaftler kamen zu dem Schluß, daß es sich bei der Mumie um ein acht Jahre altes Kind handelte, das ungefähr 100 v. Chr. an einer unbekannten Krankheit starb. Mindestens drei Organe konnten sie im Körper ausmachen, ohne dafür auch nur eine einzige Binde entfernt zu haben.

Das untere Foto links zeigt Sarah Wisseman, die stellvertretende Leiterin des Campus-Programms für Prähistorische Techniken und Archälogisches Material an der Universität von Illinois. In ihren Händen hält sie ein Kunststoffmodell des nach computertomographischen Aufnahmen geformten Schädels der ägyptischen Mumie. Sarah Wissemans Adresse lautet: University of Illinois, Urbana-Champaign, ATAM, 116 Observatory, 901 South Mathews Avenue, Urbana, IL 61801, USA. (Fotos Bill Wiegand/U. of Illinois).

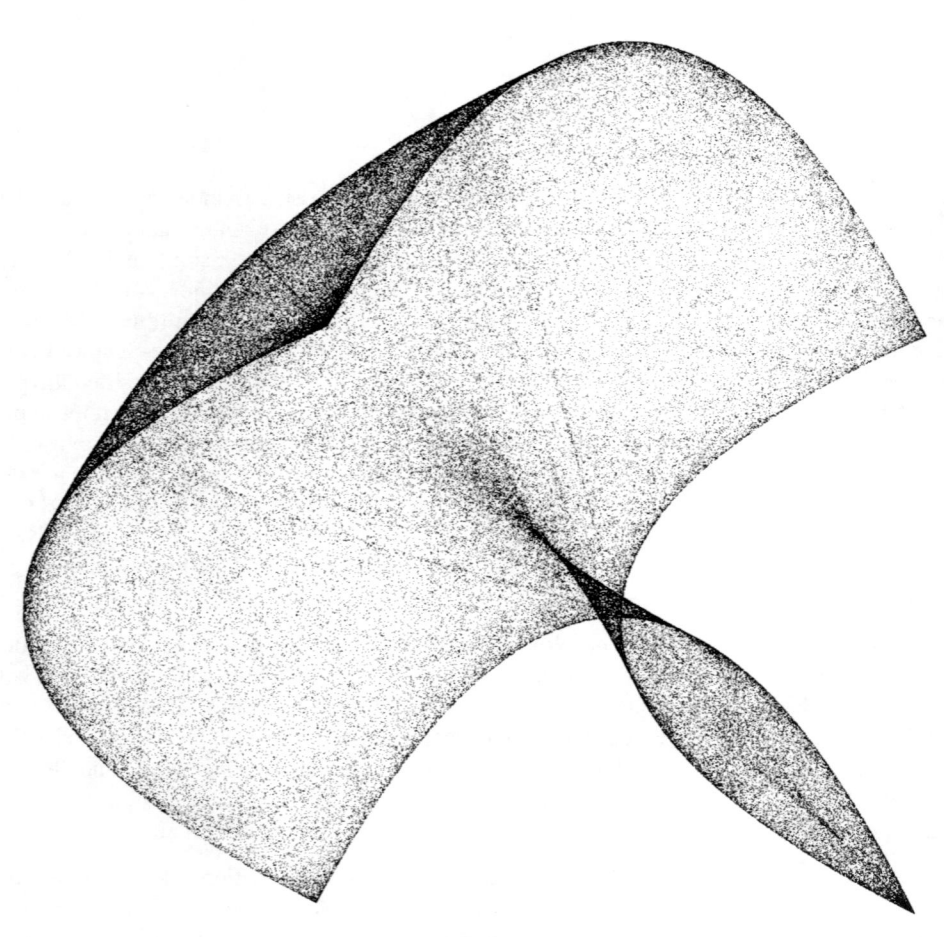

Kapitel 15

Zeitreise:
Ein Personalcomputer im Jahre 1900

»Die meisten Menschen früherer Jahrhunderte würden unsere heutige Welt sicherlich für verrückt halten. Heute ist der Wandel die einzige Konstante überhaupt. Indem wir uns dem Wandel stellen und ihn voraussehen, können wir dem Unbekannten den Stachel nehmen und unser Handeln so darauf ausrichten, daß wir und die Gesellschaft davon profitieren.«
Edward Cornish

Hätte man der Menschheit im Jahre 1900 urplötzlich einen modernen Personalcomputer geschenkt – was wären die wissenschaftlichen und soziologischen Auswirkungen gewesen? Ich stellte diese Frage vielen Wissenschaftlern. Diese Frage ist mitnichten völlig absurd: In der Vergangenheit hat es schon mehrere Beispiele für ein plötzliches und unerwartetes Aufkommen neuer Technologien gegeben. Es ist faszinierend, die Auswirkungen solcher Ereignisse über die Jahrhunderte hinweg zu verfolgen und sich zu überlegen, was passiert, wenn Technologien »vor ihrer Zeit« bei uns auftauchen. (Einige Beispiele für technologische Anachronismen in der Vergangenheit sind im Anhang aufgeführt.) Die den Wissenschaftlern gestellte Frage lautete wörtlich:

Wir schreiben das Jahr 1900. Ein Wissenschaftler an der Harvard-Universität erhält von einem anonymen Gönner einen einzigen IBM Personalcomputer PS/2 oder einen vergleichbaren Rechner. Der Computer ist ausgerüstet mit: 1) einer Stromquelle für den Betrieb des Computers für genau ein Jahr und 2) Handbüchern für die Inbetriebnahme des Computers und für die FORTRAN-Programmierung. Sie können davon ausgehen, daß der Computer ein Jahr lang störungsfrei arbeitet. Wenn die Stromquelle nach einem Jahr versiegt, können die Wissenschaftler weiterhin die Hardware studieren. Frage: Wie sähen die Auswirkungen auf die Welt im Jahre 1900 und im Jahre 1991 aus? Zur Erinnerung die wichtigsten Ereignisse des Jahres 1900: Das britische Empire hatte den Höhepunkt seiner Macht fast erreicht, erstmals werden Automobile (Daimler-Benz) verkauft, der Film wurde erfunden, Röntgen entdeckte die Röntgenstrahlen, Marconi erfand das Radio, Becquerel entdeckte die Radioaktivität und die Gebrüder Wright erfanden das Flugzeug. Weitere berühmte Wissenschaftler dieser Zeit waren Freud, Planck und Einstein.

Nach der Lektüre der Antworten wollte ich wissen, inwieweit die Meinungen der Computerexperten voneinander abwichen. Einige der Befragten antworteten, daß ein PC im Jahre 1900 fast keine Auswirkungen gehabt hätte, da die Wissenschaftler damals das Konzept des Programmierens kaum verstanden hätten. Andererseits wiesen einige der Befragten darauf hin, daß man schon innerhalb von nur drei Tagen ein nützliches Programm entwickelt haben könnte. Viele waren auch der Ansicht, daß die Wissenschaftler den Computer bei ihren Untersuchungen zerstört hätten. Andere wiederum sagten voraus, daß sowohl die US-Regierung (aber auch die Regierungen anderer Länder) versuchen würden, den Personalcomputer in ihre Hände zu bekommen. Einige nahmen sogar an, daß ein PC damals kaum einen kommerziellen Nutzen und nur geringen wissenschaftlichen und technischen Nutzen gehabt hätte.

Viele der befragten Wissenschaftler waren der Ansicht, daß der Computer zur Erstellung umfangreicher Funktionstabellen, wie sie heute am Ende von Mathematikhandbüchern zu sehen sind, verwendet worden wäre. Einige spekulierten, daß der Computer schon damals zur Entwicklung der Elektronik- und Computerindustrie geführt hätte, da man die Möglichkeiten dieser Technologie praktisch vor Augen gehabt hätte und gleichzeitig erkenntlich gewesen wäre, wie das Ziel erreicht werden kann. Somit wären Festkörperelektronik- und Computerindustrien früher entstanden. Einige der Befragten erklärten beispielsweise, daß unser heutiger Stand der Elektronik- und Computerentwicklung bereits gegen Ende der 50er Jahre erreicht worden wäre. Da sich die Mehrheit der besten Wissenschaftler wohl auf dieses Projekt konzentriert hätte, wäre der Fortschritt in anderen Gebieten vermutlich etwas langsamer vor sich gegangen. Deshalb wären die USA gegen Ende des zweiten Weltkriegs nicht in der Lage gewesen, die Atombombe zu entwickeln. Auch wären die vielen Millionen Dollar teuren Großcomputer mit patentierten Betriebssystemen wohl kaum als zukunfträchtig angesehen worden und hätten niemals eine dominierende Position erringen können. Es hätte einen klaren, vom PC definierten Standard gegeben, den jeder zu erreichen versucht hätte und der die Entwicklung der Computerindustrie ganz entscheidend mitgeformt hätte.

Schließlich deuteten einige der befragten Wissenschaftler darauf hin, daß unglaubliche Fortschritte in der Quantentheorie hätten erzielt werden können, wäre der Computer nur ein oder zwei Jahrzehnte später aufgetaucht; um 1900 hätte der Rechner wohl noch keine großen Auswirkungen haben können.

15.1 Zusammenfassung der Aussagen zu den Auswirkungen

Die befragten Personen lieferten viele gedankliche Ansätze zu den Auswirkungen des »verfrühten» Personalcomputers auf die Wissenschaft und die Welt als Ganzes. Eine Zusammenfassung einiger dieser Anmerkungen gebe ich weiter unten. Soweit möglich wurden diese Voraussagen nach Sachgebieten geordnet, von denen sich allerdings einige überlappen. Viele der Voraussagen werden in einem späteren Abschnitt dieses Kapitels, der einen kurzen Überblick über Einzelheiten der Antworten gibt, erläutert und belegt. Die Voraussage einer neuen Zukunft als Resultat eines Anachronismus ist eine schwierige Aufgabe. Wahrscheinlich werden Sie nicht mit allen dieser phantasievollen und einfallsreichen Antworten einverstanden sein. Dennoch bin ich mir sicher, daß der verfrühte Personalcomputer entscheidende Auswirkungen auf die Menschheit gehabt hätte.

15.1.1 Auswirkung auf Programmierung und Datenverarbeitung

1. Das Konzept der »Programmiersprachen« erobert die akademische Welt im Sturm. Es werden einfache Computer (Babbage-Rechner) hergestellt, die primär der Automatisierung der Industrietechnik dienen.

2. Die akademische Welt entwickelt die Wissenschaft des theoretischen Rechnens.

3. Der Computer zeitigt fast keine Auswirkungen, da die Wissenschaftler des Jahres 1900 den Begriff des Programmierens nicht völlig verstehen.

4. Drei Tage nach Erhalt des Computers läuft ein Programm.

5. Zwei Monate nach Erhalt des Computers laufen umfangreiche Simulationen.

6. Zukünftige Computer verfügen über unterschiedliche Schriftarten und ähneln im Aussehen dem verfrühten Computer.

15.1.2 Auswirkungen auf Wissenschaft und Technik

1. Die Entwicklung von Chaos- und Fraktaltheorie wird beschleunigt. In den 20er Jahren gibt es Computergrafiken von Fraktalen.

2. Potente Medikamente wie Penizillin und Sulfonamiden werden früher entwickelt; die DNS-Struktur wird früher entschlüsselt.

3. In den 60er Jahren gibt es »ein Heilmittel gegen Krebs«.

4. Die Leistung der Stromquelle wird verdoppelt, so daß der Computer länger als ein Jahr betrieben werden kann.

5. Die Stromquelle wird auseinandergebaut, so daß der Computer außer Betrieb gesetzt ist.

6. Die Computertechnologie wird um mehrere Jahre vorangetrieben.

7. Computergesteuerte Zielwaffen sind im Ersten Weltkrieg verfügbar.

8. Computer-Navigationsausrüstungen sind im Zweiten Weltkrieg verfügbar.

9. Als Resultat der frühen Einführung von Computern hätten wir heute schon die Technologie der Jahre 2020-2040.

10. Computer werden zur Berechnung von Orbitalparametern, für Ballistiktabellen für die Artillerie und im hydrodynamischen Schiffsbau eingesetzt.

11. FORTRAN wird zur Lösung verschiedener Differentialgleichungen verwendet, die Wärmegradienten und Maxwell-Gleichungen beschreiben.

12. Sollte es auch einen passenden Drucker geben: Es werden große Tabellenwerke für mathematische Funktionen und Versicherungsberechnungen erstellt.

13. Das Bemühen zur Entwicklung von Isolatoren spornt die Welt zu umfangreichen Forschungsvorhaben im Bereich der Materialtechnik an.

14. Die Untersuchung der Ferrite in den Transformatoren wird zur Weiterentwicklung der damaligen Anwendungen führen.

15. Die Entwicklung des Fernsehens wird beschleunigt.

16. Bei dem Versuch, die Funktion eines integrierten Schaltkreises zu verstehen, werden die Wissenschaftler diesen zerstören.

17. Probleme der Strömungslehre werden gelöst.

18. Da die Handbücher auf besserem Papier gedruckt sind, als es die zeitgenössischen Papiermühlen herstellen können, wird dies zur einem Wettbewerb zwischen den verschiedenen Papierproduzenten und Druckereien führen. Heute wäre die Papierqualität der Handbücher besser.

19. Rege Betriebsamkeit und Aufregung im Bereich der Versandmaterialien aus Wellpappe.

20. Analyse der Plastiktüten, Schaumstoffeinlagen, Kabelverbindungen, Diskettenverpackungen; dies hat wesentliche Auswirkungen auf die Menschheit.

21. Die Existenz der komplexen Zahlen bringt die Forschung auf dem Gebiet der Mathematik voran.

22. Innerhalb von drei Wochen wird pi auf 5.000 Dezimalstellen genau berechnet.

23. Die Disketten werden aus Versehen zerstört.

24. Die Entdeckung, daß bei den Disketten Magnetismus eine Rolle spielt, führt zu Eisen-Plattenspielern anstatt zu Kassettenrekordern und zur früheren Entwicklung der Speichertechnik auf Magnetbändern.

25. Die Analyse der Monitorfragmente nach der Implosion der Vakuumröhre während der Untersuchung enthüllt nützliche Einzelheiten über die elektronischen Bauteile (Widerstände, Kondensatoren, Transformatoren).

26. Frühere Entwicklung und bessere Finanzierung des größten Teils der Elektronikindustrie.

27. Die Kunststoffindustrie nimmt einen Aufschwung.

15.1.3 Gesellschaftspolitische Auswirkungen

1. Die Wissenschaftler lernen das Schreiben mit einer Schreibmaschine.

2. Die Weltbevölkerung der 90er Jahren wird größer sein.

3. Die Industrienationen werden reicher, die Zweite und Dritte Welt hungern noch mehr und stehen vor noch höheren Schuldenbergen.

4. Es kommt zu einer noch stärkeren Konzentration des Reichtums in den Industrienationen als heute.

5. Massenarbeitslosigkeit in vielen Ländern.

6. Bei einem großen Teil der Bevölkerung ist das Bildungsniveau niedriger als heute.

7. Das Ansehen der USA ist höher, weil sie bereits in den 40er oder 50er Jahren den ersten Menschen auf den Mond schicken.

8. Die US-Regierung erfährt von der Existenz des Personalcomputers und beschlagnahmt ihn.

9. Verschiedene Industrieländer erfahren von der Existenz des Personalcomputers und stehlen oder kopieren die Handbücher.

10. Verschiedene Industrieländer erfahren von der Existenz des Personalcomputers und zerstören ihn, da er eine militärische oder industrielle Bedrohung zu sein scheint.

11. Die Harvard-Universität hält den Personalcomputer während ihrer Untersuchungen geheim und veröffentlicht nach Versiegen der Stromquelle unzählige Studien.

12. Die feingeätzten Schaltplatinen und Chips werden wie kostbare Juwelen behandelt; die Universität füllt ihre Kassen durch den Verkauf und die Ausstellung der Artefakte.

13. Es entwickeln sich Sagen um den Rechner, vielleicht sogar eine Religion.

14. Es wird intensive politische Machtkämpfe um das Recht zur Untersuchung des Rechners geben.

15. Der Zweite Weltkrieg bricht aufgrund der früheren Entwicklung der Nukleartechnologie nicht aus.

16. Schnelle technische Entwicklungen führen zu einer gravierenden und irreversiblen Verschmutzung der Umwelt.

17. Die Suche nach außerirdischer Intelligenz wird – auf der Suche nach unseren Gönnern – verstärkt vorangetrieben. Die Schöpfungstheorie gewinnt an Gewicht.

18. In der Durchschnittsbevölkerung nimmt das Interesse an Science-Fiction-Literatur und -Filmen zu.

15.2 Typische Begründungen für das Ausbleiben von Veränderungen

Es folgen typische Aussagen von Wissenschaftlern, die der Ansicht sind, daß der verfrühte Computer nur wenig oder gar keine Auswirkungen auf die Wissenschaft gehabt hätte.

»Der verfrühte Computer hätte fast keine Auswirkungen auf die Wissenschaft. Die Aufgaben, die wir heute mit dem Computer bearbeiten, sind das Gesamtprodukt von sich nun schon über 100 Jahre hinweg entwickelnden Ideen. Es ist sehr zweifelhaft, ob der Benutzer eines PS/2 oder eines anderen Computers im Jahre 1900 sehr viel mehr damit erreicht hätte als die amerikanische Volkszählung mit dem ersten Lochkartenleser zehn Jahre zuvor. Wahrscheinlich wäre sogar viel weniger erreicht worden, da die Programmierung in FORTRAN einen viel größeren begrifflichen Fortschritt darstellt als physikalischer Datenspeicher und Lochkarten.«

»Heute braucht ein guter Programmierer viele Monate, um eine neue Programmiersprache auch nur annähernd zu verstehen und anwenden zu können. Auch dies ist ihm nur möglich mit Hilfe von Büchern und Anleitungen, die das Wissen mehrerer Jahrzehnte enthalten. In einem vollständig neuen technischen Bereich wäre die Anfangsphase sehr lang – sicherlich länger als ein Jahr –, besonders, wenn nur beschränkter Zugang zu einem einzigen Rechner gegeben ist. Es würde viel Aufregung um diesen Computer geben, aber man würde ihn wohl eher als Kuriosität denn als Werkzeug ansehen. Nur sehr wenige Menschen hätten Zugang zu ihm. Der größte Nutzen ergäbe sich wahrscheinlich aus den Studien zur Untersuchung der Funktionsweise.«

»Die Wissenschaft des Jahres 1900 war noch zu unterentwickelt, um einen Nuztzen aus dem verfrühten Computer ziehen zu können. Die Quantenphysik war im Jahre 1900 erst in der Anfangsphase der Entwicklung. In jenem Jahr veröffentlichte Planck seinen ersten Artikel über die Strahlung eines schwarzen Körpers. Erst im Jahre 1905 schlug Einstein vor, daß dies bedeuten könnte, daß Licht in Form von diskreten Einheiten (Photonen) ausgestrahlt wird, und erklärte damit den Fotoeffekt. Die Halbleiter-Technik wird stark beeinflußt von der Art und Weise, wie Fremdkörper das elektrische Verhalten der Bandstruktur der Halbleiterkristalle verändern – ein echtes Quantenphänomen. Eine chemische Analyse der Chips hätte sicher nicht zu Erkenntnissen über ihr Quantenverhalten geführt. Die Wissenschaftler jener Tage wären nicht in der Lage gewesen, die mikroelektrischen Grundlagen der Chips zu verstehen, die mit gezielt in die Mikrostrukturen eingebrachten Verunreinigungen arbeiten. Die Wissenschaftler jener Zeit hätten die Funktionsweise dieses »Fertigprodukts« vermutlich überhaupt nicht verstanden.«

»Es werden nur sehr wenige Berechnungen angestellt. Die damalige Wissenschaft und Technik war eher auf Bleistift und Papier ausgerichtet als auf zahlenintensives, umfangreiches Rechnen. Vielleicht hätte die Strömungsmechanik vom Computer profitieren können. Die Computertheorie (d.h. die Abhängigkeit von der Boolschen Algebra) hätte aus den FORTRAN-Handbüchern abgeleitet werden können, was dramatische Auswirkungen auf die Geschichte des Computers gehabt hätte.«

»Die Untersuchung des Computergehäuses hätte wohl kaum wesentliche Erkenntnisse gebracht. Da mit dem Computer keine Schaltpläne geliefert werden, ist es zweifelhaft, ob die Untersuchung seiner Komponenten zu wesentlichen neuen Erkenntnissen geführt hätte. Auch wenn die Wissenschaftler gewußt hätten, welche Rolle die Chips spielen ('Das Herzstück des Geräts ist dieses kleine Ding da'), hätten sie diese noch nicht auseinanderbauen oder analysieren können. Der Monitor hätte ihnen warscheinlich – vorausgesetzt, man hätte herausgefunden, wie er funktioniert – mehr Wissen über die Elektronik vermitteln können als der Zentralprozessor. Ein noch größeres Problem wären die Diskettenlaufwerke gewesen.«

»Im Jahre 1900 waren die Wissenschaftler nicht übermäßig mit umfangreichen Rechenproblemen beschäftigt. Es gab die Volkszählung, einige Statistiken, und nicht viel mehr. Alles wurde noch per Hand bewerkstelligt. Die wenigen Ingenieure und Wissenschaftler hatten für alles ihre eigenen Faustregeln, hatten also gar keinen Bedarf an Rechnern. Viele »geniale« Ideen vegetieren eine lange Zeit dahin, bevor sie wiederentdeckt werden, wenn die Gesellschaft zu ihrer Annahme bereit ist.«

»Der Computer geht schnell kaputt; er bildet die Grundlage für einige neue quasi-religiöse Bewegungen; man wird nicht an den Computer glauben, dafür wohl eher an die angewandte Mathematik. Der Computer wird die Intelektuellen von ihrer eigentlichen Arbeit ablenken, so daß der Gesamteffekt gegen Null tendiert. Die Schenkung selbst hätte größere Auswirkungen als der Computer; Menschen, auch die an der Harvard-Universität, verlören ihr Selbstvertrauen und warteten nur noch auf das nächste Geschenk.«

»Die Stromquelle der Maschine wird wahrscheinlich gerade dann ihren Geist aufgeben, wenn die Wissenschaftler sie wirklich ausnutzen wollen. Das führt zu Differenzen zwischen denjenigen, die den Computer von Beginn an auseinandernehmen wollten, und denjenigen, die anderer Meinung waren. Es sei denn, es gibt eine mächtige Person, die den Computer intakt halten möchte für den Fall, daß die Stromquelle doch noch einmal zu funktionieren beginnen sollte.«

15.3 Religion

»Die Folgen des Auftauchens des Computers sind sehr schwer abzuschätzen. Eine Untersuchung mit den damals zur Verfügung stehenden Mitteln wäre schwierig, die Wissenschaftler würden den Rechner bei der Untersuchung der Elektronik vermutlich zerstören. Könnte eine Art Logiksonde entwickelt werden, würde das Computerzeitalter vielleicht früher eingeläutet. Es ist jedoch viel wahrscheinlicher, daß die feingeätzten Materialien wie kostbare Juwelen behandelt würden und die Universität ihre Kassen mit dem Verkauf und der Ausstellung der Artefakte auffüllen würde. Wir handeln heute nicht anders: Vielleicht sind die Geoden (siehe Glossar) von heute die Supercomputer einer längst untergegangenen Zivilisation. Eine weitere Möglichkeit: Eine Mythologie, vielleicht auch eine Religion, rankt sich um dieses ungewöhnliche Gerät aus dem Nichts. Wer weiß schon, wie sich ein solches Geschenk von außerirdischen Lebewesen oder die Geschenke eines zukünftigen Schamanentums auf die heutige Zeit auswirken würden?«

»Obwohl der Computer korrekt zusammengebaut ist, werden viele Wissenschaftler der damaligen Zeit seine Arbeitsweise nicht verstehen und ihn als Schwindel bezeichnen. Der Computer wird für eine Weile in Sonderausstellungen gezeigt, bis die Stromquelle versiegt ist und dann auf irgendeinem Schrottplatz auseinandergenommen und weggeworfen.«

»Vielen Science-Fiction-Themen ist folgendes gemein: eine moderne Maschine wird auf eine primitive Gesellschaft 'losgelassen'. In den meisten Fällen ist die Gesellschaft sehr primitiv, die fortschrittliche Maschine wird zerstört und/oder als eine Art Gottheit verehrt. Ist die moderne Maschine sehr fortschrittlich, wie zum Beispiel die Monolithen im dem Film '2001', kann sich das Gerät selbst verteidigen und beschleunigt die Entwicklung primitiver Gesellschaften. Ein Personalcomputer kann sich nicht selbst schützen, und ich bin mir sicher, daß ihn die Leute der Harvard-Universität schon nach kurzer Zeit auf die eine oder andere Weise zerstören werden. Beeindruckende Berechnungen wird es also nicht geben.«

»Die Nebenwirkungen sind vielleicht größer als die eigentliche Wirkung des Computers. Die Menschen und Regierungen könnten davon besessen sein, den Gönner zu finden. Vielleicht entstehen neue Religionen, deren Anhänger um neue Geschenke beten. Machtkämpfe auf verschiedenen Ebenen der Regierung und in akademischen Kreisen um die Kontrolle des Computers wären an der Tagesordnung. Neue Bereiche in Philosophie und der Rechtswissenschaft über Bedeutung und Verwendung plötzlicher Geschenke von mysteriösen Gönnern entwickeln sich.«

»Die Maschine wird eine Gruppe von Gläubigen anziehen und das Herzstück eines kleinen Religionskultes werden, der vielleicht auch heute noch aktiv wäre. Diese Leute wären wohl sehr überrascht, wenn man funktionierende Versionen ihres heiligsten Relikts kaufen könnte!«

15.4 Fahrpläne für die Zukunft

»Ungefähr um 12 Uhr des dritten Tages nach dem Auftauchen des Personalcomputers haben die Wissenschaftler ein lauffähiges Programm entwickelt – vielleicht ein Hypothekenkalkulationsprogramm. In der zweiten Woche werden die Programme bereits recht umfangreich sein, wenn auch noch nicht sehr komplex. Im zweiten Monat werden große Programme laufen, aber auch diese sind, gemessen am Standard der 90er Jahre, noch sehr einfach. Erst zum Herbstende oder Winteranfang des Jahres 1900 wird es, ausgenommen in der Mathematik, wirklich nützliche Arbeiten geben. Der Januar 1901 wird trostlos sein.«

»Die folgende Vorhersage ist in vier einzelne Phasen unterteilt. Die erste Phase ist das Wunder: Alle werden sich fragen, woher der Computer kommt, warum er da ist; aus Angst, ihn zu zerstören, wird man sich nicht trauen, ihn zu berühren. Die zweite Phase ist das Studium: Nach Lesen, Besprechung, erneutem Lesen und erneuter Besprechung der Handbücher werden die ersten Probeprogramme geschrieben. Die dritte Phase ist die Begeisterung: Mit dem Computer erscheinen Lösungen für einfach alles möglich. Die vierte Phase ist die Ernüchterung: Man merkt, daß die Grundlagen der Informatik (z.B. Algorithmen, Datenstrukturen) fehlen und daß ohne deren Kenntnis keine größeren Programme geschrieben werden können. Nach einem Jahr studieren zahllose Menschen Informatik. Es wird also eine theoretische Basis für die Pioniere der Rechenmaschinen gelegt. Und es wird eine Unmenge gesponserter Projekte geben. Die Hardware wird nicht zum technischen Fortschritt beitragen, da für einen Wissenschaftler des Jahres 1900 ein integrierter Schaltkreis (siehe Glossar) völlig unverständlich ist. Die Stromquelle ist für die Techniker viel interessanter. Die Phantasie der Dichter und Schriftsteller wird angeregt. Zusammenfassend läßt sich sagen, daß der Computer einige mathematische und physikalische Probleme lösen wird. Die größten Fortschritte sind jedoch in der Theorie der Datenverarbeitung und bei der Bereitstellung von Forschungsgeldern für die Entwicklung einfacher mechanischer oder Röhrencomputer zu erwarten. Die Änderungen im Bereich der Technik gehen wahrscheinlich viel zu schnell vor sich (10–40 Jahre verfrüht), als daß sich rechtzeitig die Umweltschutzbewegung hätte formieren können. Das Ergebnis wären gravierende (irreversible) Umweltprobleme. Die heutigen großen Unternehmen würden, soweit vorhanden, andere Namen führen und wären in Europa ansässig; sie würden vielleicht gar nicht den Computer entwickeln, der auf die Zeitreise geschickt wurde, um die geschilderte Entwicklung in Gang zu setzen.«

15.5 Praktische Anwendungen

»Der Computer wird zur Berechnung von Umlaufbahnen und für Ballistiktabellen für die Artillerie und ebenso im hydrodynamischen Schiffsbau verwendet. Fluggleichungen waren damals wahrscheinlich noch nicht ausgereift genug; die Quantenmechanik noch nicht geboren. FORTRAN würde zur Lösung einiger Differentialgleichungen zur Beschreibung von Temperaturgradienten sowie der Maxwell-Gleichungen eingesetzt. Viele der Mathematik-Absolventen des Jahres 1900 erhalten Jobs in der 'Computer-Industrie' und erzeugen Unmengen von Tabellen der Taylorschen Reihen, die dann als kleingedruckte, riesige Nachschlagewerke erscheinen. Die Erstellung von Statistiken, wie z.B. für Versicherungen, würde sehr vereinfacht werden.«

15.6 Auswirkungen auf Verpackungsmaterial und Handbücher

»Sowohl Papier- als auch Druckqualität der Computerhandbücher sind besser als damals möglich. Es kommt zu einem Konkurrenzkampf zwischen den verschiedenen Papierproduzenten und Druckereien – jeder will die Druckqualität der Handbücher (und Emulationen der Schriften) als erster erreichen. Als Folge davon hätten wir heute ebenfalls besseres Papier, andere Schriftarten und Textlayouts.

1900 gab es wahrscheinlich noch keine Wellpappe. Das Unternehmen, das als erstes eine Maschine für diese bemerkenswert stabile Papierart konstruiert, erhält ein Patent. Es wird weltbekannt und reich werden.

Plastiktüten, Schaumstoffeinlagen, Kabelverbindungen und Software-Verpackungen werden in mehreren Chemielaboratorien untersucht. Jeder würde versuchen, als erster die Eigenschaften dieser erstaunlichen Materialien zu reproduzieren. In unserer Geschichte wurde Kunststoff zum ersten Mal im Jahre 1900 in Deutschland hergestellt, aber als Abfall wieder weggeworfen, um dann erst etwa 20 Jahre später weiterentwickelt zu werden. Hätte man damals bereits die Plastikverpackungen des Computers gekannt, wäre die Kunststoffindustrie heute schon viel weiter, wobei Deutschland (das bereits an Farben und ähnlichen Produkten interessiert ist) möglicherweise im Vorteil gewesen wäre – was vermutlich auch den Ausgang der beiden Weltkriege beeinflußt hätte.«

»Das Wichtigste am verfrühten Computer sind wahrscheinlich die Handbücher. Allein der Anblick der Handbücher und des Computers kann weitreichende Folgen haben. Der Computer wird zu einem örtlichen Denkmal und zur Quelle zahlreicher Ideen in Wirtschaft und Industrie. Das Resultat sind unzählige Erfindungen in den Bereichen Elektronik und Materialien. Die Handbücher würden vielleicht kopiert, falls die Harvard-Universität oder die Regierung die Verbreitung nicht verbietet, und die in ihnen beschriebenen Konzepte und Ideen würden das intellektuelle Denken revolutionieren. Interessant ist besonders, daß ein FORTRAN-Handbuch mitgeliefert wird. FORTRAN ist die einzige Sprache, für die gute Beispiele und Handbücher verfügbar sind, weshalb die Menschen diese Sprache vielleicht wirklich verstehen können. Auch die Programmiersprache C würde sich anbieten. Im Jahre 1900 gab es schon Schaltelemente, so daß vielleicht auch eigene Prozessoren entwickelt würden. Zwar war die abstrakte Mathematik im Jahre 1900 bereit für Rechenmaschinen, nicht aber die Gesellschaft, weshalb es wohl auch nicht zu weitreichenden Veränderungen gekommen wäre.«

15.7 Auswirkungen auf die Mathematik

»Innerhalb weniger Wochen wäre ein mathematisch interessierter Wissenschaftler in der Lage, den Computer in FORTRAN zu programmieren. Die Mathematik als Ganzes würde wegen der Einführung der komplexen Zahlen durcheinander geraten. Viele Aufgaben, beispielsweise das Testen von Programmen, müßten ohne den Computer erledigt werden, da die CPU-Ressourcen sehr beschränkt wären. Für einige der klassischen Probleme (n Dezimalstellen von π), aber auch für einige wissenschaftliche Aufgaben würden Programme geschrieben; da deren Korrektheit jedoch angezweifelt würde, müßte man alles von Hand nachrechnen.«

15.8 Auswirkungen der Hardware

»Nach Versiegen der Stromquelle und nach Untersuchung der einzelnen Bestandteile des Rechners würden die Wissenschaftler sicherlich die Funktionen von Kathodenstrahlröhre, der Transformatoren und der Stecker verstehen; die Rolle der Isolatormaterialien wäre sicher schwieriger zu deuten. Man könnte zwar die meisten inneren Bestandteile untersuchen, hätte aber Probleme mit deren Herstellung. Die integrierten Schaltkreise wären lange Zeit wohl nicht zu enträtseln. Erstens ist die Konzentration der Siliziumdotierungen für eine chemische Analyse zu gering, und zweitens wären die damaligen optischen Instrumente nicht in der Lage, die winzigen Bestandteile der integrierten Schaltkreise aufzulösen.«

»Die Forschung würde in einigen Bereichen wahrscheinlich abnehmen, da sich der größte Teil der wissenschaftlichen Elite auf die Untersuchung des Computers konzentrieren würde. Die USA wären vielleicht nicht in der Lage gewesen, bis zum Ende des Zweiten Weltkriegs die Atombombe zu entwickeln.«

»Disketten, auf denen die Software abgespeichert wird, werden leicht zerstört und möglicherweise bei Untersuchungen mit den damaligen groben Instrumenten unbrauchbar. Unter günstigen Bedingungen finden die Wissenschaftler heraus, daß bei der Speicherung von Daten Magnetismus eine Rolle spielt. Dies könnte zur Entwicklung von Eisen-Plattenspielern anstelle von Kassettenrekordern und zur schnellen Entwicklung von Magnetspeicherbändern führen. Auf der anderen Seite könnte dies die Entwicklung um viele Jahre verzögern, da die Wissenschaftler versuchen würden, auf direktem Wege zum Ziel zu gelangen, aber dabei einige wichtige Zwischenschritte – zum Beispiel Lochstreifen – vergessen würden.«

»Der Monitor ist wichtig, da die Wissenschaftler im Jahre 1900 schon mit phosphoreszierenden Röhren vertraut waren. Dies könnte leicht zur Entwicklung des Fernsehens führen. Die Analyse der Fragmente nach durch Experimente verursachter Implosion der Vakuumröhre könnte Einzelheiten über die Elektronik preisgeben (Widerstände, Kondensatoren, Transformatoren). Die Elektronenquelle wie auch einige Proben der Innenbeschichtung des Bildschirms könnten gerettet werden. Dies könnte zur früheren Entwicklung und finanziellen Konsolidierung großer Teile der Elektronikindustrie führen. Die Resultate würden sich überall bemerkbar machen. Falls die Wissenschaftler die Transistortechnik enträtseln könnten, entspräche das Jahr 1940 dem Jahr 1990 und der Zweite Weltkrieg wäre wegen der Entwicklung der Atomtechnik nie ausgebrochen.«

»Das CPU-Gehäuse selbst enthält unter anderem 'merkwürdige schwarze Siliziumrechtecke' mit einigen Verunreinigungen. Man hätte damals nicht die Technik zum Öffnen dieser Rechtecke (oder zur Entdeckung der Verunreinigungen) gehabt. Das Resultat wäre, daß viele Professoren perfekte Siliziumkristalle züchten, sie in Rechtecke schneiden, Drähte darauf schweißen und sie schwarz anmalen. Dann werden sie sich fragen, warum bei Stromzufuhr keine Rechenoperationen erfolgen. Diese Techniken gewinnen erst nach der Entwicklung der Transistor-Technologie an Wert; danach werden Chip-Technologie und -Fertigung schnell weiterentwickelt. Ein großer Teil der Welt wäre computergesteuert, und wir hätten vielleicht eine utopische Gesellschaft. Vielleicht hätte der technische Fortschritt nicht schneller sein können, ohne daß er die Gesellschaft zerstört oder sie zu gewaltsamen Reaktionen und zur Rückkehr zur Agrargesellschaft gezwungen hätte. Vielleicht wäre aber auch die Weltbevölkerung wegen der Fortschritte in der Medizin größer. Die politische Situation wäre alllerdings wohl kaum besser.«

»Die Stromquelle beschleunigt vielleicht die Entwicklung besserer Batterien.«

15.9 Anhang A. Das Jahr 1900

Um Ihnen die Welt des Jahres 1900 etwas näher zu bringen, sind im folgenden einige interessante Ereignisse der Jahre 1889, 1900 und 1901 aufgeführt.

1. Geschichte – Die Philippinen fordern von den USA die Unabhängigkeit. William McKinley, der 25. Präsident der USA, wird ermordet. Kaiser Wilhelm II. besucht England. Deutschland sichert sich den Bagdadbahn-Vertrag. Edmund Barton wird der erste Premierminister Australiens. Ein Vertrag über den Bau des Panamakanals unter Leitung der USA wird ausgehandelt.

2. Literatur – Oscar Wilde: »The Importance of beeing Ernest«. Joseph Conrad: »Lord Jim«. Rudyard Kipling: »Kim«.

3. Philosophie/Religion – In Japan gewinnt der Schintoismus gegenüber dem buddhistischen Einfluß wieder an Boden. Sigmund Freud: »Die Traumdeutung«. Bertrand Russell: »A Critical Exposition of the Philosophy of Leibnitz«.

4. Kunst – Picasso: »Le Moulin de la Galette«. Cezanne: »Stilleben mit Zwiebeln«. Renoir: »Akt in der Sonne«. Walt Disney wird geboren. Picassos blaue Periode.

5. Musik – Johann Strauß, Richard Strauß: »Ein Heldenleben«. Aaron Copland wurde geboren. Dvorak: »Rusalka«. Rachmaninoff: Klavierkonzert Nr. 2«. Ragtime und Jazz in den USA.

6. Wissenschaft – Rutherford entdeckt Alpha- und Betastrahlen in radioaktiven Atomen. Die erste Magnetaufzeichnung von Geräuschen. Max Planck formuliert die Quantentheorie. Der amerikanische Wissenschaftler R. A. Fessenden sendet menschliche Sprache über Radiowellen. Der erste Probeflug eines Zeppelin. Das Hormon Adrenalin wird zum ersten Mal isoliert. Marconi funkt telegrapische Nachrichten. Die ersten motorgetriebenen Fahrräder werden hergestellt.

7. Allgemeines – J. P. Morgan gründet die amerikanische Steel Corporation. Ölbohrungen in Persien. Boxen wird in England als Sport anerkannt.

15.10 Anhang B. Zufällige Entdeckungen

Ich möchte Ihnen hier einige wahre historische Beispiele von unerwarteten Entdeckungen im Bereich der Technik geben. Wie zu Beginn dieses Kapitels erläutert, ist es faszinierend, die Auswirkungen dieser Ereignisse auf die Geschichte der Menschheit zu verfolgen und sich zu überlegen, wieviel länger die Entwicklung von Folgeprodukten ohne diese Zufälle gedauert hätte. Zufällig entdeckt wurden zum Beispiel: der Klettverschluß, das Penizillin, Röntgenstrahlen, Teflon, Dynamit, Klebestreifen, Klebeetiketten, Ivory-Seife, Aspirin, Polyethylen, Nylon, LSD, Kreide und Gummi.

Als besonderes Beispiel möchte ich die Auswirkung des Gummis auf unsere Zivilisation betrachten. Über zwei Jahrhunderte lang hatten die Europäer keine Verwendung für Gummi, da es bei hohen Temperaturen weich und klebrig wurde. Charles Goodyear entdeckte zufällig, daß diese Temperaturabhängigkeit verschwand, als eine Mischung aus Kautschuk und Schwefel zufällig einen heißen Ofen berührte. Zu seiner Überraschung schmolz der Kautschuk nicht, sondern verkohlte nur ein wenig. Das temperaturunempfindliche Gummi aus Kautschuk und Schwefel spielt heute in vielen Bereichen der Industrie eine wichtige Rolle.

Ein weiteres Beispiel ist die Friedel-Crafts-Reaktion, die nach den beiden Chemikern benannt wurde, die das erstaunliche Ergebnis eines Experiments im Jahre 1877 in Friedels Labor beobachteten. Die unerwartete Verbindung zweier Chemikalien versprach die Möglichkeit der Synthese vieler unterschiedlicher Kohlenwasserstoffe und Ketone, führte zur Entwicklung eines neuen Fachgebiets in der organischen Chemie und legte den Grundstein für eines der wichtigsten chemischen Industrieverfahren von heute. Diese Reaktion hat unser Leben auf vielfältige Weise beeinflußt. Wahrscheinlich beruhte die Überlegenheit der englischen Kampfflieger über die Deutschen im zweiten Weltkrieg zum Teil auf der besseren Qualität des Flugbenzins, die ein direktes Resultat der Friedel-Crafts-Reaktion ist.

15.11 Weiterführende Literatur

1. Feingold, S. (1989) *Futuristic Exercise: A Workbook for Emerging Lifestyles and Careers in the 21st Century and Beyond.* Garrey Park Press: Maryland.

2. Brown, P. (1990) *Metamedia and Cyberspace:* advanced computers and the future of art. In: Culture, Technology, and Creativity in the Late 20th Century. Philip Heywood, Hrsg., Arts Council of Great Britain.

3. Grun, B. (1975) *The Timetables of History.* Simon and Schuster: New York.

4. Roberts, P. (1989) *Serendipity:* Accidental Discoveries in Science. Wiley: New York.

5. Pickover, C. (1991) A personal computer placed in the year 1900. *IEEE Computer,* im Druck.

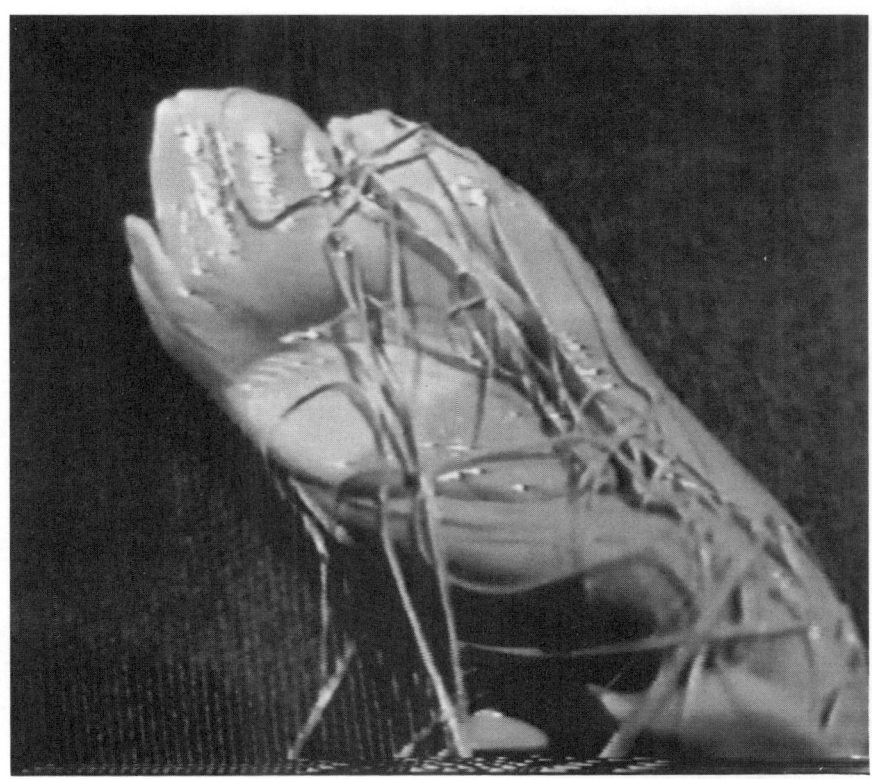

Kapitel 16

Zwischenspiel: Forschung und Entwicklung

Die Nationale Wissenschaftsstiftung der USA hat geschätzt, daß in den Vereinigten Staaten im Geschäftsjahr 1990 fast 150 Milliarden Dollar für Forschung und Entwicklung in allen Bereichen ausgegeben wurden. Dies ist mehr, als die Bundesrepublik Deutschland, Frankreich, Japan und Großbritannien zusammen ausgaben. 1988 waren in den USA unter je 10.000 Personen 77 vollzeitbeschäftigte Forschungs- und Entwicklungsexperten.

Das Diagramm unten zeigt die Elektronikunternehmen mit den höchsten Ausgaben für Forschung und Entwicklung. Mit Ausnahme von Siemens Deutschland sind alle Unternehmen aus den USA. Vergleichen Sie dieses Diagramm mit dem im Kapitel »Zwischenspiel: Forschung und Entwicklung« auf Seite 81, das die ausgabefreudigsten Unternehmen im Verhältnis zu ihrem Umsatz in Prozent und nicht in US-Dollar zeigt. Die Daten für dieses Diagramm sind dem Artikel Kaplan, G., Rosenblatt, A. (1990) The expanding world of R&D. IEEE Spectrum. Oktober 27(10):33, entnommen.

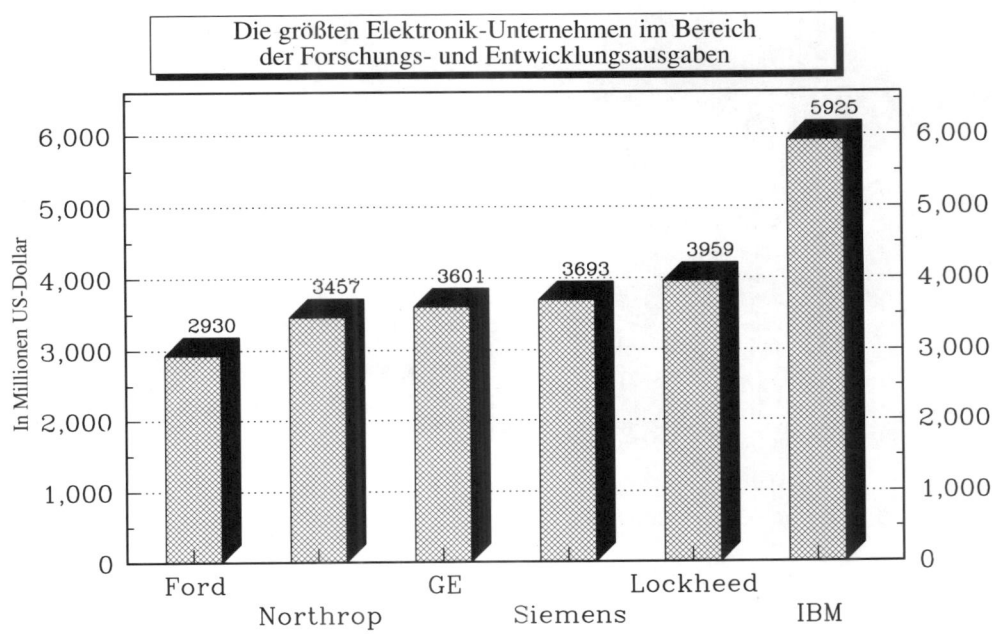

Trombetta di Canna

Teil IV

BILDLICHE DARSTELLUNG

Tromba del Madure

Kapitel 17

Bildliche Darstellung: Eine Einführung

»*Das Hauptargument für die Weiterentwicklung graphischer Darstellungsmöglichkeiten im Bereich der wissenschaftlichen Visualisierung ist die Tatsache, daß die modernen Wissenschaftler immer größere Zahlenmengen aufnehmen müssen, die Supercomputer-Simulationenrechnungen und wissenschaftliche Hochleistungsgeräte in riesigen Mengen unablässig produzieren. Versuchten die Wissenschaftler, Daten in Form gigantischer Zahlentabellen zu lesen, gliche ihr Arbeitstempo wohl dem einer Schnecke. Wird die Information graphisch dargestellt, kann sie viel schneller aufgenommen werden.*«*

R. Friedhoff und T. Kiely, The Eye of the Beholder, 1990*

»*Wir nehmen eine Handvoll Sand aus der endlosen Landschaft des Bewußtseins um uns herum auf und nennen sie die Welt.*«*

Robert Pirsig*

Computergrafik ist in unzähligen Bereichen unentbehrlich geworden – von farbenfroher und vergnüglicher Fernsehwerbung über neue fremdartige Kunstwerke, von der Darstellung evolutionärer Entwicklungen in der Biologie bis zu Bildern von den Grenzen des Universums. Auch Mathematiker arbeiten heute mit Computergrafik. Lange vor der Erfindung der Computergrafik spielten Skizzen und physikalische Modelle eine wichtige Rolle in der Mathematik. Die Mathematiker des 19. Jahrhunderts zeichneten gewöhnlich Bilder und modellierten bizarre Formen aus Gips oder Holz, um geometrische Zusammenhänge darstellen und verste-

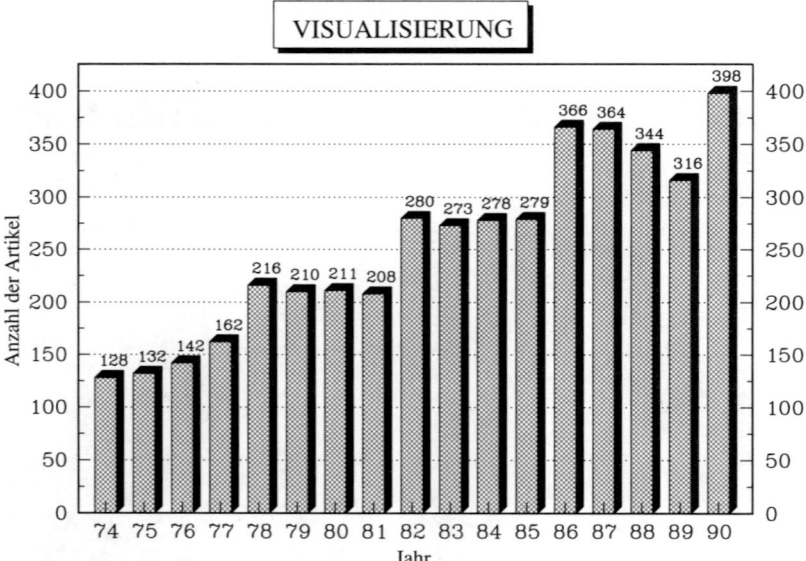

Abbildung 17.1. *Artikel über bildliche Darstellung.* Ein Überblick über die wissenschaftlichen Veröffentlichungen der Jahre 1975–1990 zeigt eine Zunahme der Artikel zum Thema bildliche Darstellung.

hen zu können. Die moderne Mathematik setzt dazu die Computergrafik ein. Eines der Foren, die sich mit diesen Aktivitäten beschäftigen, ist das Geometry-Supercomputer-Project der Universität von Minnesota in Minneapolis-St.-Paul. Dieses Projekt wurde 1987 von dreizehn Mathematikern und Computerwissenschaftlern ins Leben gerufen; sein Ziel ist die Lösung von mathematischen Problemen mit Hilfe von Supercomputern.

Eine kürzlich durchgeführte Studie der Nationalen Wissenschaftsstiftung zeigte, daß die Wissenschaften dringend staatliche Förderung zur Entwicklung von Grafikprogrammen benötigen, um die gigantischen Datenmengen sinnvoll aufbereiten und darstellen zu können (Wolff, 1988). Der Handel beginnt, auf den Visualisierungsbedarf der Wissenschaftler zu reagieren. Vor über fünf Jahren wurden die ersten grafischen Bildschirmarbeitsplätze geschaffen, mit denen die Forscher ihre Ergebnisse besser darstellen konnten. Hersteller wie Stardent, Silicon Graphics, IBM, *Pixar* und viele andere machten es sich zum Ziel, die Lücke zwischen schneller Berechnung und dreidimensionalen Darstellungen zu schließen.

Heute bedeutet *wissenschaftliche Darstellung* die Verbindung von Hochgeschwindigkeitsberechnungen mit farbenprächtigen dreidimensionalen Grafiken. Visualisierung wurde in einer Reihe von universitären Supercomputer-Zentren und staatlichen Laboratorien verstärkt vorangetrieben[16]. In dem folgenden Abschnitt werden einfache 2D-Grafiken und komplexere 3D-Grafiken vorgestellt. Die Nützlichkeit einer bestimmten Grafikdarstellung hängt von ihrer Aussagekraft, der Vergleichsmöglichkeit mit anderen Grafiken, ihrer Attraktivität und ihrer Vielseitigkeit ab. Im Abschnitt »Weiterführende Literatur« wird auf Grundlagenartikel zur

---

16 1989 wurden in den Fachzeitschriften insgesamt über 300 Artikel mit den Begriffen »Visualisierung« oder »Visualisierungen« im Titel veröffentlicht. Abbildung 17.1 zeigt die Zahl der Artikel zwischen 1975 und 1990, in deren Titel diese Stichworte vorkommen. Die Werte für 1990 beruhen auf einer Schätzung der Angaben für Januar bis Juni 1990.

Abbildung 17.2. *Proteinformen*. (Von Henrik Bohr und Soren Brunak, Technische Universität Dänemark). Dies ist eine grafische Darstellung von 3D-Strukturen eines kleinen Bauchspeichelproteins eines Vogels. Näheres siehe Bohr und Brunak (1989).

wissenschaftlichen Visualisierung verwiesen. Es gibt zahlreiche Fachzeitschriften zum Thema: *Computers and Graphics* (Pergamon), *The Visual Computer* (Springer-Verlag), *IEEE Computer Graphics and Applications* (IEEE Computer Society), *The Journal of Visualization and Computer Animation* (Wiley), *Computer Graphics World* (PennWell Publishing) und *Pixel* (American Association of Computing Machinery).

Wie schon in der Einführung erwähnt, stammen alle Computergrafiken von mir. Diesen Abschnitt möchte ich aber mit vier meiner Lieblingsgrafiken anderer Wissenschaftler abschließen (Abbildungen 17.2, 17.3, 17.4 und 17.5). Weitere Informationen dazu und ihre Beschreibung siehe »Weiterführende Literatur«.

Abbildung 17.3. *Neuronales Netzwerk.* (Von Peter Desain, Ütrechter Kunstschule, Niederlande). Dies ist eine grafische Darstellung der verschiedenen Trajektorien (Bahnen) eines Netzwerks. Jeder Punkt der Abbildung ist ein Rhythmus in einem Netz interagierender Zellen. Näheres siehe Desain und Honig (1989).

17.1 Weiterführende Literatur

1. Friedhoff, R., Kiely, T. (1990) The eye of the beholder. *Computer Graphics World*, August 13(8): 47-56. Siehe auch: Peterson, I. (1989) The color of geometry. Science News, Dezember 23, 136: 406-410.

2. Tufte, E. (1983) *The Visual Display of Quantitative Information*. Graphics Press: Connecticut. Siehe auch: Wolff, R. (1988) The visualization challenge in the physical sciences. Computers in Science, Jan./Febr. 2(1): 16-31.

3. Wainer, H., Thissen, D. (1981) Graphical Data Analysis. *Annual Review of Psychology*, 32: 191-241. Siehe auch: Friedhoff, R., Benzon, W. (1989) Visualization: The Second Computer Generation. Abrams: New York.

4. Gerdes, P. (1989) Reconstruction and extension of lost symmetries: examples from the Tamil of South India. *Computers and Mathematics with Applications*, 17(4-6): 791-813.

5. Bohr, H. und Brunak, S. (1989) *Complex Systems*, 3:9.

6. Desain, P. und Honig, H. (1989) Quantization of musical time: a connectionist approach. *Computer Music Journal*, 13(3): 56-66.

7. Rangel-Mondragon, J., Abas, S. J. (1988) Computer generation of penrose tilings. *Computer Graphics Forum*, 7: 29-37.

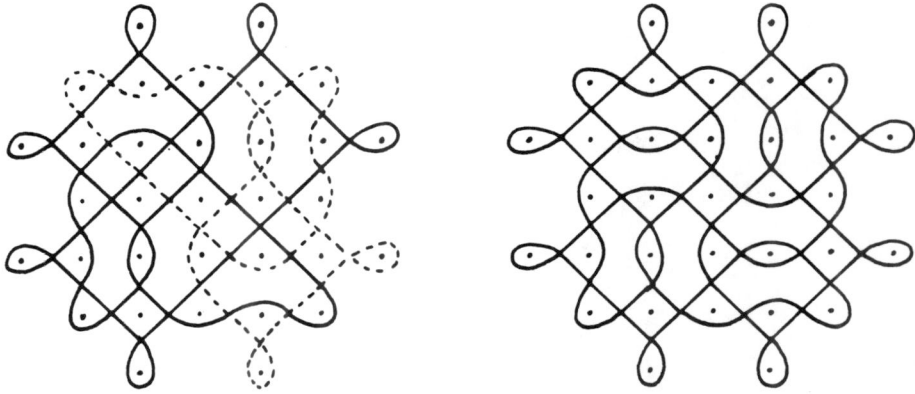

Abbildung 17.4. *Tamilisches Ringmuster.* (Von Paulus Gerdes, Higher Pedagogical Institute, Mozambique.) Solche Diagramme helfen beim Verständnis traditioneller tamilischer Muster. Die tamilischen Frauen Südindiens lernen die Muster mit Hilfe einer Gedächtnisstütze. Sie zeichnen zunächst ein Hintergrundraster, bei dem sie von einem rechtwinkligen Netz von abstandsgleichen Punkten auf einem ebenen Untergrund ausgehen. Näheres siehe Gerdes (1989).

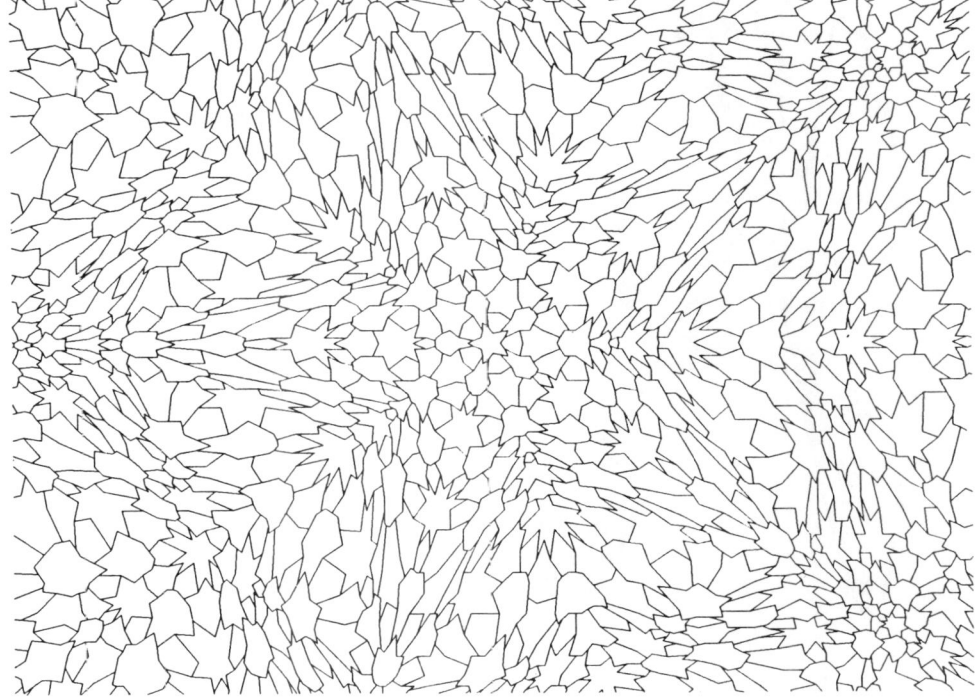

Abbildung 17.5. *Parkettierungsmuster.* (Von J. Rangel-Mondragon und S. J. Abas, Universität von North Wales, Großbritannien). Dieses Muster wurde durch die Anwendung einer nichtlinearen Transformation auf eine Penrose-Parkettierung erzeugt (siehe Glossar). Solche und ähnliche Parkettierungen werden aus nur zwei verschiedenen Grundformen erzeugt, auf deren obere Ränder man Einpaßregeln anwendet. Näheres siehe Rangel-Mondragon und Abas (1988).

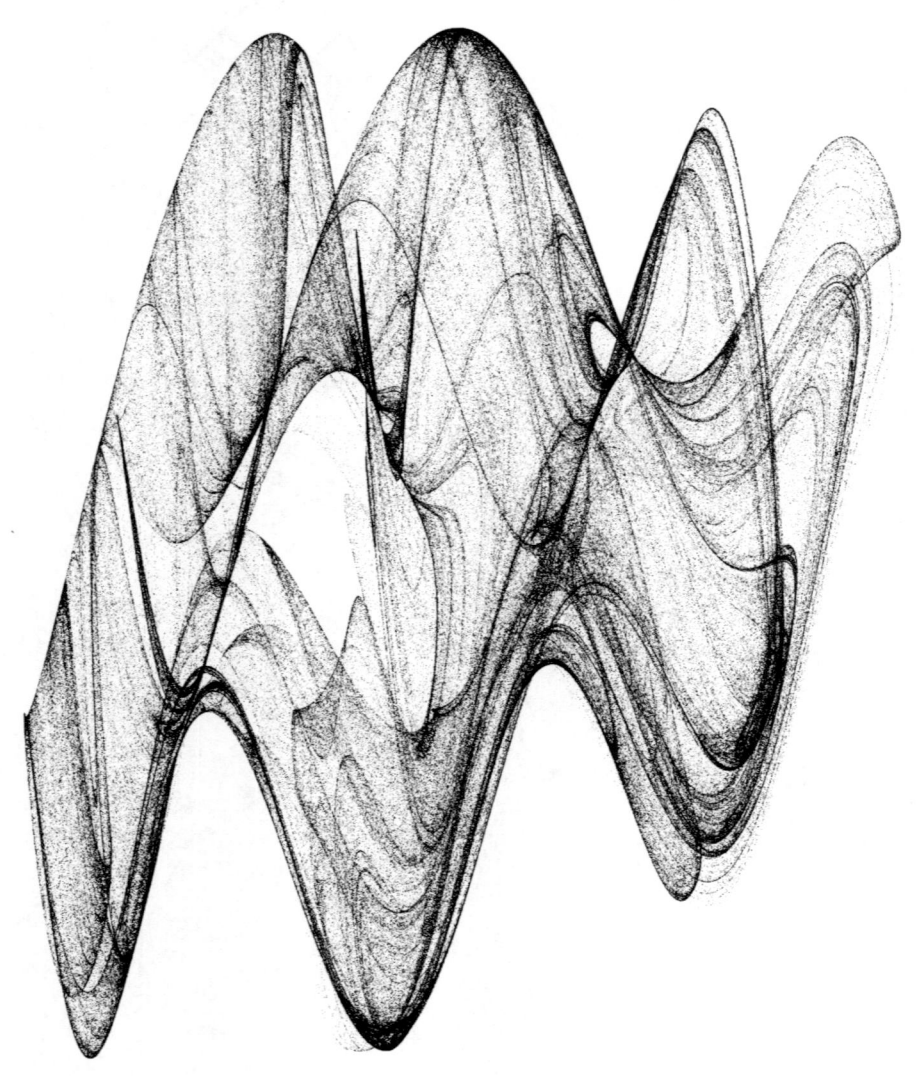

Kapitel 18

Schmerzerregende Muster

Der Abschnitt »Bildliche Darstellung« beginnt mit einem Muster, das bei vielen Betrachtern Schmerzen hervorruft. Aus rechtlichen Gründen wird dieses faszinierende Muster daher nur beschrieben und nicht abgedruckt. Da sich einige Personen nach dem Betrachten solcher Muster in ärztliche Behandlung begeben mußten, habe ich diese Muster »schmerzerzeugende Muster« getauft.

Im Jahre 1984 entdeckten mehrere britische Wissenschaftler, daß es Streifenmuster gibt, die von manchen Menschen als schmerzhaft empfunden werden; in einigen Fällen kam es bei kopfschmerzempfindlichen Personen sogar zu schweren Anfällen. 1989 zeigten Wissenschaftler in den USA, daß man mit Hilfe solcher Muster Migränepatienten von anderen Kopfschmerzpatienten unterscheiden kann. Migränepatienten empfanden diese Muster als extrem unangenehm und versuchten, den Blick davon abzuwenden, während Patienten mit anderen Kopfschmerzen kaum Schwierigkeiten hatten. Aus dem Testmuster wurde ein diagnostisches Hilfsmittel für Ärzte entwickelt. Es ist jedoch mit Vorsicht zu verwenden, da es Migräneanfälle oder sogar epileptische Anfälle auslösen kann. Auch bestimmte Epilepsie-Patienten können nach Betrachten des Musters Anfälle erleiden.

Trotz seines Potentials zum Auslösen von Migräne wurde dieses interessante Muster 1984 in der Fachzeitschrift *Brain* veröffentlicht. Sie können es auf Ihrem Computer wie folgt programmieren. Das Muster ähnelt einem abwechselnd mit senkrechten weißen und schwarzen Streifen gefüllten Kreis. In einer Entfernung von 43 cm besitzt dieses Gitter eine Ortsfrequenz von 3 Zyklen/Grad des Gesichtsfeldes und einen Michelson-Kontrast (siehe *Glossar*) von etwa 0,7.

18.1 Weiterführende Literatur

1. Marcus, D., Soso, M. (1989) Migraine and stripe-induced visual discomfort. *Archives of Neurology,* Oktober 46: 1129-1132.

2. Wilkins, A., Nimmo-Smith, I., Tait, A., McManus, C., Sala, S., Tilley, A., Arnold, K., Barrie, M., Scott, S. (1984) A neurological basis for visual discomfort. *Brain*, 107: 989-1017.

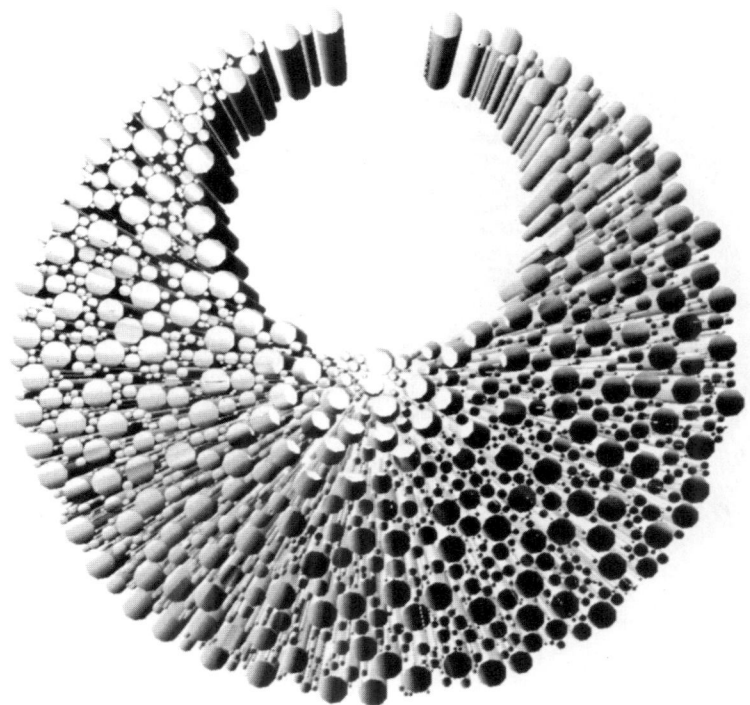

Kleopatras Halskette oder der Fruchtbare Halbmond, »gezüchtet« mit dem in Abschnitt 25.2 beschriebenen Oskulationsverfahren.

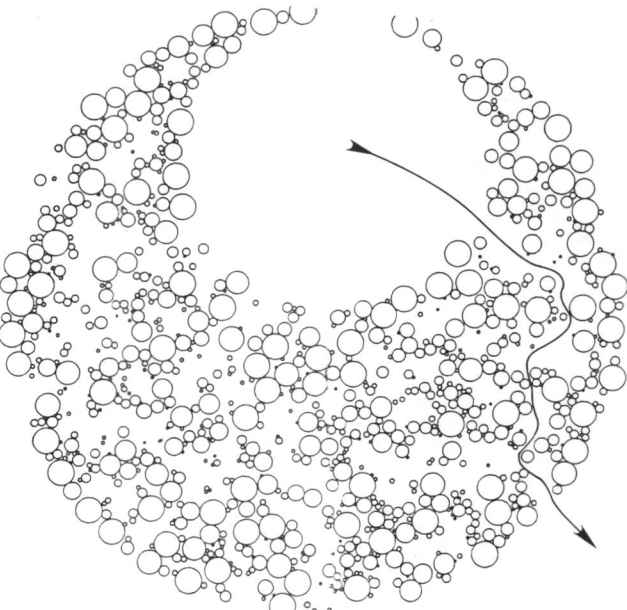

Finden Sie den längsten Weg von der Innenseite dieses lockeren Halbmonds zur Außenseite. Ein möglicher Weg ist eingezeichnet. Ist dies aber der längste?

Kapitel 19

Der Ikeda-Attraktor

Dynamische Systeme sind eine unerschöpfliche Quelle für verblüffende und eindrucksvolle Bilder. Dynamische Systeme sind Modelle, deren Regeln beschreiben, wie sich eine Menge mit der Zeit verändert. So kann zum Beispiel die Bewegung der Planeten um die Sonne als dynamisches System modelliert werden; in diesem bewegen sich die Planeten entsprechend den Newtonschen Gesetzen. Die ganzseitige Abbildung am Beginn dieses Kapitels zeigt das Verhalten einer Differentialgleichung. Stellen Sie sich eine Differentialgleichung als eine Maschine vor, in die die Werte aller Variablen zu einem bestimmten Zeitpunkt eingegeben wurden und die daraus die Werte derselben Variablen zu einem späteren Zeitpunkt berechnet. So wie man den Weg eines Flugzeugs anhand der von ihm hinterlassenen Kondensstreifen verfolgen kann, bietet die Computergrafik ein Verfahren zur Beobachtung von Teilchen, deren Bewegung sich durch eine einfache Differentialgleichung beschreiben läßt. Dynamische Systeme haben einen praktischen Wert bei der Beschreibung des Verhaltens zahlreicher dynamischer Prozesse, beispielsweise der Planetenbewegungen, der Flüssigkeitsdynamik, der Verteilung von Medikamenten im Körper, den Wechselwirkungen zwischen der Entwicklung verschiedener Industriezweige und der Schwingung von Flugzeugflügeln. Oft ähneln die resultierenden Grafikmuster Rauch, Wirbeln, Kerzenflammen oder heraufziehendem Nebel.

Der *Ikeda-Attraktor* auf der gegenüberliegenden Seite ist ein Beispiel für einen *seltsamen Attraktor*. Als Hintergrundinformation: *Vorhersagbare Attraktoren* stellen ein Verhalten oder einen Zustand dar, den das System einzunehmen versucht, von dem es also gleichsam »angezogen« wird (z.B. ein Punkt oder ein geschlossener Kreis). Ein Beispiel für einen *Fixpunkt-Attraktor* ist die Masse am Ende einer gedämpften Feder. Sie kommt irgendwann ins Gleichgewicht und bewegt sich nicht mehr. Ein Metronom ist ein gutes Beispiel für den *Grenzzyklus-Attraktor*. Es schwingt mit einer periodischen, regelmäßigen Bewegung. Ein *seltsamer Attraktor* besitzt ein unregelmäßiges, nicht vorhersagbares Verhalten. Dieses kann zwar immer noch grafisch dargestellt werden, ist aber viel komplexer als das der anderen Attraktoren. Bei »braven« Attraktoren bleiben benachbarte Punkte bei Annäherung an den Attraktor benachbart. Bei »seltsamen« Attraktoren folgen ursprünglich naheliegende Punkte schließlich divergierenden Trajektorien. Sie verhalten sich wie Blätter in einem wirbelnden Fluß, und aus ihren Ausgangspunkten lassen sich keine Rückschlüsse auf die Endpunkte ihres Weges ziehen.

```
Algorithmus: Erzeugung eines Ikeda-Attraktors

c1 = 0.4, c2 = 0.9, c3 = 6.0, rho = 1.0;
  for (i = 0, x = 0.1, y = 0.1; i  <= 3000; i++)   (
    temp = c1 - c3 / (1.0 + x * x + y * y);
    sin_temp = sin(temp);
    cos_temp = cos(temp);
    xt = rho + c2 * (x * cos_temp - y * sin_temp);
    y = c2 * (x * sin_temp + y * cos_temp);
    x = xt;
    j = x * scale + xoff;
    k = y * scale + yoff;
  )
```

Pseudocode 19.1. Erzeugung eines Ikeda-Attraktors. (Das hier gezeigte Programm wurde in C programmiert.)

Mit Pseudocode 19.1 läßt sich ein Ikeda-Muster für ein dynamisches System erzeugen. Lassen
Sie einfach die iterierte Position der Variablen *j* und *k* zeichnen. Die Variablen *scale*, *xoff* und
yoff positionieren und skalieren die Abbildung, so daß sie den Rahmen des Grafikbildschirms
nicht überschreitet. Der Ikeda-Attraktor wurde detaillierter von K. Ikeda beschrieben (siehe
Weiterführende Literatur).

19.1 Weiterführende Literatur

1.   Ikeda, K. (1979) Multiple-value stationary state and its instability of the transmitted light by a ring cavity system.
      Optical Communications, 30: 257.

2.   Stewart, I. (1987) The nature of stability. *Speculations in Science and Technology*, 10(4): 310-324

APPARENTLY, PROFESSOR ERK, OUR NOTIONS
ABOUT THE STATE OF ANCIENT SCIENCE WILL
HAVE TO UNDERGO SOME REVISION.

Kapitel 20

Virtuelle Feld-Skulpturen

»Künstler können den Himmel rot malen, da sie wissen, daß er blau ist. Diejenigen unter uns, die keine Künstler sind, müssen den Dingen die richtigen Farben geben, weil die anderen sonst denken, wir wären dumm.«   *Jules Feiffer*

Die Bildhauerei gehört zu den ältesten und verbreitetsten Künsten. Der Leser wird mir sicher zustimmen, daß sie auch die schwierigste aller Künste ist, da sie über lange Zeit hinweg körperliche Arbeit, Geduld und vollständige Beherrschung des Materials erfordert. Heute unterstützt die Computergrafik Künstler und Wissenschaftler bei der Realisierung ihrer Ideen und beim Schaffen ungewöhnlicher Skulpturen, die nicht den physikalischen Beschränkungen wie der Erdanziehung oder den Materialeigenschaften unterworfen sind. Inzwischen sind Computer-Skulpturen abstrakter dreidimensionaler Formen von Künstlern und Computerwissenschaftlern auch gesellschaftlich akzeptiert, wie die Ausstellung solcher Werke in mehreren Kunstmuseen und -galerien zeigt. Einige schöne und faszinierende Computerkunstwerke wurden von William Lathan (IBM United Kingdom Scientific Center), John Lewis (New York Institute of Technology) und Donna Cox (National Center for Supercomputing Applications) geschaffen (siehe auch »Weiterführende Literatur«).

Mich interessieren vor allem Skulpturen aus sogenannten »Isoflächen«, bei deren Berechnung ein bestimmter Wert im dreidimensionalen Datenkontinuum konstant bleibt. Die für die Darstellung molekularer Bahnen und Elektronendichten verwendeten Verfahren zur Berechnung von Isoflächen können auch in der Computerkunst eingesetzt werden. [[Ich habe mit der Raumfunktion in Gleichung (20.1) die *Kontinuumstruktur einer Skulptur* definiert. Diese Gleichung ist eine Vereinfachung der Formel für das von einer Ladungsverteilung erzeugte elektrische Feld:

$$I(\vec{x}) = \int \frac{p(\vec{x}')}{|\vec{x} - \vec{x}'|^{\alpha}} \, d\vec{x}' \tag{20.1}$$

Lassen Sie sich von diesem komplizierten Ausdruck nicht abschrecken; ich werde ihn gleich vereinfachen. Der Zähler $p(\vec{x})$ steht normalerweise für eine dreidimensionale Ladungsdichte.

Abbildung 20.1. *Skulptur eines kurzen DNS-(Desoxyribonukleinsäure)-Abschnittes.*

Für eine Ansammlung von Punktladungen läßt sich ρ jedoch schreiben als

$$\rho(\vec{x}) = \sum_i a\,\delta(\vec{x} - \vec{x_i}) \tag{20.2}$$

Damit wird aus Gleichung (20.1)

$$I(\vec{x}) = \sum_i \frac{a}{|\vec{x} - \vec{x_i}|^{\alpha}} \tag{20.3}$$

mit a = 1. Diese Gleichung ist viel einfacher als die für realistische Spannungspotentiale von Molekülen; mit α = 1 ist I jedoch das Spannungspotential für eine Ansammlung von Punktladungen. Hier nimmt ρ in bestimmten Raumpunkten einfach den Wert 1 an. Die Gleichung (20.3) definiert einen globalen geometrischen Rahmen, der in der Kunst und im Bereich wissenschaftliche Darstellung nützlich sein kann. In einem Computerprogramm läßt sich das »Skelett« einer Skulptur durch die Punkte j darstellen. Um diese wird dann ein imaginäres dreidimensionales Feld von Rasterpunkten aufgebaut und der Abstand zwischen jedem Rasterpunkt und jeder Punktladung berechnet. Die Intensitäten I_i erhält man durch Berechnung von

$$\sum_j 1/d_{ij}^{\alpha}$$

für jedes Element i im dreidimensionalen Feld. Dabei ist d einfach der Abstand zwischen jedem Punkt des Feldes bzw. jedem Volumenelement und einer Koordinate auf dem Gitterrahmen.

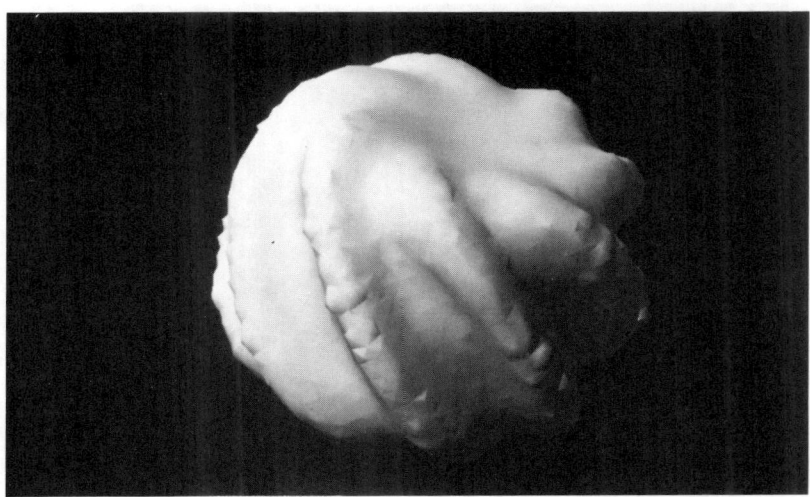

Abbildung 20.2. *Abstrakte Skulptur.*

Für die in diesem Kapitel gezeigten Skulpturen wurde ein 40 x 40 x 40 Elemente großes dreidimensionales Feld verwendet. Die dargestellten Flächen werden definiert durch

$$I(x,y,z) = C \hspace{12cm} (20.4)$$

für eine gegebene Raumfunktion I und eine benutzerdefinierte Konstante C. Die hier gezeigten Isoflächen-Skulpturen wurden unter Verwendung eines Programms berechnet, das Flächen durch zahlreiche kleine Dreiecke darstellt.]] Die Dreiecke werden mit Hilfe eines üblichen Darstellungsprogramms auf einem Grafik-Arbeitsplatzrechner geglättet, schraffiert, gedreht und beleuchtet.

Abbildung 20.1 zeigt eine Skulptur aus einem kurzen DNS-(Desoxyribonukleinsäure)-Segment. (Siehe auch »Das Krebs-Rätsel« auf Seite 45). Sie könnte auch im Unterricht verwendet werden, da die großen und kleinen Rillen in der DNS deutlich sichtbar sind. Sie entgehen zuweilen dem Betrachter, weil er zunächst nur eine Unzahl von einzelnen Atomen wahrnimmt. Aus demselben Grund habe ich mit diesem Verfahren auch nur Enzymmoleküle dargestellt. Besonders gefreut hat mich, daß viele Betrachter eine Ähnlichkeit mit Auguste Rodins Marmorskulptur »Der Kuß« feststellen. Das Skelett der Grafik in Abbildung 20.2 ist eine Reihe von Punktladungen, die drei einfachen, ineinander verknoteten trigonometrischen Kurven folgen. Abbildung 20.3 entspricht Abbildung 20.2, mit dem Unterschied, daß hier der Isoflächenwert C (Gleichung (20.4)) geringfügig höher ist und mehr Innenstrukturen enthüllt werden. Die dargestellte Gestalt scheint zu verhungern; dieser Eindruck läßt sich problemlos noch verstärken. Die Klobigkeit dieser Abbildung beruht auf der Verwendung eines groben Rasters sowie auf der Tatsache, daß die Berechnung von Isoflächenwerten sehr schwierig ist, wenn sich der Wert entweder schnell ändert oder in benachbarten Volumenelementen konstant bleibt. Ich hoffe, daß diese Methode bald allen Künstlern und Wissenschaftlern zur Verfügung stehen wird und daß mehr attraktive »Feld«-Skulpturen mit relativ einfachen Skeletten erzeugt werden. Da eine Skulptur ein Dichtekontinuum in einem dreidimensionalen Raum ist, können Künstler mit unterschiedlichen C-Werten experimentieren, um so die gewünschten Effekte zu

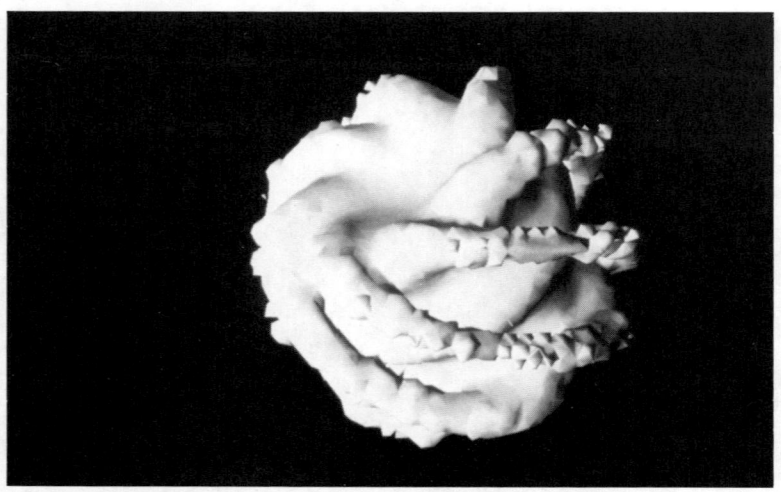

Abbildung 20.3. *Abstrakte »hungerleidende« Skulptur.* Hierbei handelt es sich um eine abgemagerte Version der vorherigen Abbildung. (Kommentar eines Freundes: »Das Fett schwindet, die Rippen sind zu erkennen.«)

erreichen. Probieren sie die α-Werte im Bereich von 1 bis 4 aus. Ich habe herausgefunden, daß insbesondere $\alpha = 3$ und $\alpha = 4$ äußerst interessante Formen ergeben, auch wenn sie nicht dem physikalischen Begriff Spannungspotential entsprechen. Für die Informatiker sei angemerkt, daß die dreieckige Isoflächenskulptur für interaktive Grafik deshalb recht »wirtschaftlich« ist, weil sie nach dem Erzeugen der Skulptur keine Neuberechnungen der Raumfunktion für Rotation, Verschiebung und Vergrößerung mehr erforderlich macht. Auch verwenden viele Grafikprogramme und Hardware-Techniken triangulierte Eingabedaten.

20.1 Weiterführende Literatur

1. Latham, W., Todd, S. (1989) Computer sculpture. *IBM Systems Journal,* 28(4): 692-699.

2. Lewis, J. (1989) Algorithms for solid noise synthesis. *Computer Graphics* (ACM-SIGGRAPH), 23(3): 263-273.

3. Cox, D. (1989) The tao of post modernism: computer art, scientific visualization and other paradoxes. *Leonardo Supplemental Issue: Computer Art in Context,* Seite 7-12.

4. Cox, D. (1988) Using the supercomputer to visualize higher dimensions: an artist's contribution to scientific visualization. *Leonardo,* 21: 233-242.

5. Koide, A. (1989) Designing molecules and crystals by computer. *IBM Systems Journal,* 28(4): 613-627.

6. Reitz, J., Milford, F., Christy, R. (1979) *Foundations of Electromagnetic Theory.* Addison-Wesley: Reading, Massachusetts.

7. van Dam, A. (1988) PHIGS functional description, revision 3.0. *Computer Graphics (ACM-SIGGRAPH),* Juli 22(3), gesamter Band.

8. Pickover, C. (1991) Virtual voltage sculptures. *Leonardo,* im Druck.

Kapitel 21

Die Welt des Chaos

»Mit Ausnahme der eigenen Gedanken gibt es absolut nichts, über das wir Macht besitzen.«
René Descartes

»Fraktale Bilder sind natürlich unvollkommene Kunst, da sie abstrakt und nicht kulturell verwurzelt sind.«
P. W. Atkins, 1990

Für die Menschen der Antike war das Chaos die unbekannte, magische Welt – ein bedrohlicher Alptraum, der die Angst des Menschen vor dem Unergründlichen und das Bedürfnis, diesen Ängsten Gestalt und Form zu geben, widerspiegelte. Heute ist die Chaos-Theorie eine aufregende, expandierende Disziplin, in der Zusammenhänge untersucht werden, bei denen kleinste Änderungen in den Ausgangsbedingungen zu völlig unterschiedlichen Ergebnissen führen können. Auch wenn das Chaos völlig »unstrukturiert« zu sein scheint, kann es strengen mathematischen Regeln gehorchen, die mit formulier- und überprüfbaren Gleichungen beschrieben werden. In der Chaosforschung ist die Computergrafik zu einem wichtigen Werkzeug geworden. Chaotisches Verhalten ist unregelmäßig und ungeordnet; Beispiele sind Spielzeuge, deren Lichter willkürlich blinken, Zigarettenrauch und das Wetter, Nerven- und Herzaktivität, die Börse und gewisse Computernetzwerke. Die Chaostheorie wird aber inzwischen auch in vielen Bereichen der darstellenden Kunst angewandt[17].

In der Physik gibt es einige besonders bekannte Beispiele chaotischer Systeme, so die Wärmekonvektion in Flüssigkeiten, das Panelflattern bei Überschallflugzeugen, Teilchen, die auf eine periodisch vibrierende Wand prallen, verschiedene Pendel- und Rotorbewegungen, nichtlineare Stromkreise und gekrümmte Strahlen. Moon beschreibt in seinem Buch weitere Beispiele.

In diesem Abschnitt finden Sie eine Ergänzung der Literaturliste in Computers, Pattern, Chaos, and Beauty (Pickover, 1990) zum Thema Chaos. Ich möchte an dieser Stelle auch auf einige der Farbtafeln eingehen. Die restlichen Farbtafeln sind in Anhang F unter »Beschreibung der Farbtafeln und ganzseitigen Abbildungen« auf Seite 431 erläutert. Farbtafel 10 zeigt beispielsweise eine »Julia-ähnliche« Menge, die für den komplexen zweidimensionalen euklidschen

---

17 1989 veröffentlichten die Fachzeitschriften der Welt etwa 1.200 Artikel mit den Begriffen »Chaos« oder »Fraktal(e)« im Titel. Abbildung 21.1 zeigt die Zahl der zwischen 1975-1990 erschienenen Artikel, deren Titel die Begriffe »Chaos« oder »Fraktal(e)« enthielten. Der Wert für 1990 wurde auf der Grundlage der Daten von Januar bis Juni 1990 geschätzt.

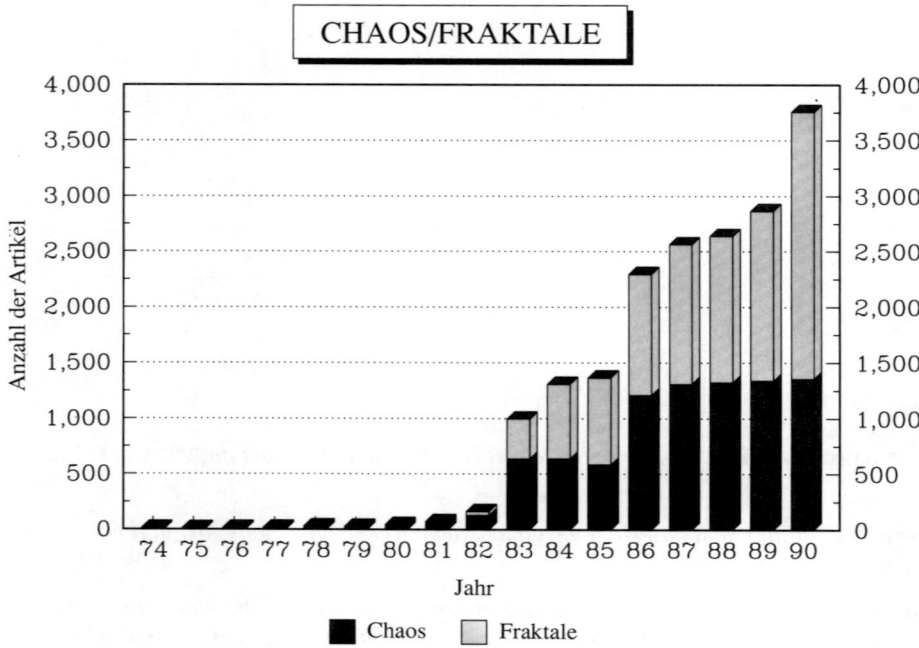

Abbildung 21.1. *Artikel über Chaos und Fraktale.* Ein Überblick über die Fachliteratur der Welt für die Jahre 1973 bis 1990 zeigt einen drastischen Anstieg der Artikel über Chaos und Fraktale für die Jahre 1982 bis 1990.

Raum berechnet wurde: $f:C^2 \rightarrow C^2$ Wer mehr über Julia-Mengen wissen möchte, dem sei Mandelbrots Buch oder der Band *Computers, Pattern, Chaos, and Beauty* empfohlen. Die gezeigte Abbildung hat eine sehr hohe Auflösung (2.500 x 2.500 Pixel bei 24 Farbbits) und wurde auf einem IBM 3090 und mit einer Matrix-Kamera QCR-Z berechnet. Sie zeigt eine graphisch interessante Variante vierter Ordnung der Julia-Menge von Shigehiro Ushiki, die dieser »Phoenix« nannte. Mein Computerprogramm erzeugt eine Variante vierter Ordnung durch Iteration von nur vier Befehlen:

$$z = z^2 - 0{,}5z + \alpha, \quad x = z^2 - 0{,}5y + \alpha, \quad y = z, \quad z = x \tag{21.1}$$

wobei $\alpha = 0{,}56667$ und alle Variablen komplex sind. Die »Ebenenmengen« (manchmal auch Konturen genannt) werden wie für Julia-Mengen üblich berechnet; die Farben stehen für die unterschiedlichen Explosionsraten für die ursprünglichen komplexen Ebenenwerte z_0. Die gebogenen Stiele innerhalb und außerhalb des Bereichs, der den beschränkten Orbits im Zustandsraum entspricht, treten auf, wenn eine Bahn durch eine enge kreuzförmige Öffnung im Ursprung verläuft[18]. Die Punkte erhalten also eine Farbe, wenn sie eine der beiden Bedingungen erfüllen:

---

18 Siehe auch »Ein verdrehtes Universum« auf Seite 201 für die Definition des Begriffs »Orbit.«

$$\begin{cases} |x| < \varepsilon \ oder \\ |y| < \varepsilon \end{cases} \tag{21.2}$$

wo $\varepsilon = 0{,}01$.

Viele der Farbtafeln zeigen zusätzlich unregelmäßiges Verhalten von physikalischen oder mathematischen Systemen. Farbtafeln 1 und 2 sind im Computer bearbeitete Darstellungen einer nicht-Newtonschen Flüssigkeit. Die Abbildung erfaßt eine Fläche von 2 x 2 cm². Art Stein unterstützte mich bei der digitalen Erfassung meiner (zunächst auf einem VHS-Video-band aufgenommenen) Bilder auf einem IBM AT mit MATROX-MVP-Karte. Diese wurden danach auf einem IBM 3090 weiterverarbeitet. (Siehe auch »Anmerkungen für den neugierigen Leser« auf Seite 407.)

Farbtafel 5 wurde mit einem Grafik-Supercomputer durch Darstellung der Trajektorien (Bahnen) eines konischen Pendels erzeugt, wobei die Positionen des Pendels durch Kugeln dargestellt sind. Aus künstlerischen Gründen zeigt die Abbildung mit dem »Mund« nach vorn und nicht nach oben. Dieses Bild wurde mit einem IBM 3090-Computer berechnet und unter Verwendung eines Stellar GS2000-Grafikcomputers mit dem entsprechenden Programm dargestellt. Das Grafikprogramm läuft auch auf einem IBM RISC-System/6000.

21.1 Der Lorenz-Attraktor

In diesem Abschnitt möchte ich Sie mit einem einfachen Computerprogramm für eigene Experimente bekanntmachen. Als Beispiel möchte ich auf den berühmten Lorenz-Attraktor eingehen. 1962 unternahm der MIT-Meteorologe E. N. Lorenz den Versuch, ein Wettermodell zu entwickeln. Er vereinfachte dazu ein bestehendes Modell, bis es nur noch aus drei Differentialgleichungen bestand.

$$dx/dt = 10(y - x) \tag{21.3}$$

$$dx/dt = -xz + 28x - y \tag{21.4}$$

$$dx/dt = xy - (8/3)z \tag{21.5}$$

wobei t die Zeit und d/dt die Änderungsraten sind. Bei Darstellung dieser Gleichungen auf einem Computer ergeben sich Trajektorien, die an eine flachgedrückte Brezel erinnern. Geht man von zwei geringfügig voneinander abweichenden Startpunkten aus, z.B. (0,6, 0,6, 0,6) und (0,6, 0,6, 0,6001), scheinen die Kurven zunächst aufeinanderzuliegen; schon bald jedoch führt die chaotische Dynamik zu voneinander unabhängigen, weit auseinanderlaufenden Bahnen. Ein festes Schema ist aber immer vorhanden, auch wenn die Trajektorien scheinbar willkürlich um zwei Flügel zu verlaufen scheinen. Die Form der flachgedrückten Brezel wird immer durchlaufen. Man sagt, das System wird von diesem Verhalten angezogen.

Zur Erzeugung eines Lorenz-Attraktors sind die oben genannten Differentialgleichungen zu lösen. Verschiedene numerische Verfahren ergeben genaue Werte für x, y und z als Funktion der Zeit. Der einfachste Ansatz, mit dem ich den Lorenz-Attraktor zunächst einmal ausprobierte, bestand darin, dx einfach durch ($xneu - x$) und dt durch ein Zeitintervall h zu ersetzen.

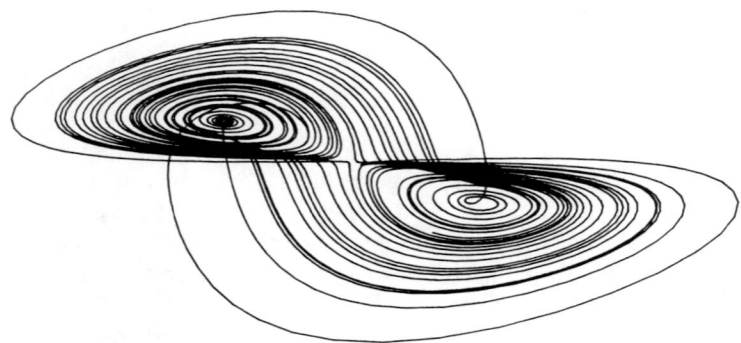

Abbildung 21.2. *Der Lorenz-Attraktor.*

Mit genaueren Verfahren, zum Beispiel dem Runge-Kutta-Verfahren, können zwar präzisere Ergebnisse erzielt werden, allerdings nur auf Kosten der Rechenzeit. Sie können eine Projektion dieser dreidimensionalen Abbildung auf die *x-y*-Ebene erzeugen, indem Sie einfach die (*x, y*)-Punktepaare zeichnen und den *z*-Wert auslassen (Abbildung 21.2).

21.2 Ljapunow-Flächen und -Volumina

Das vielseitige und komplizierte Verhalten bestimmter einfacher Formeln läßt sich auf elegante Art und Weise mit Ljapunow-Flächen und -Volumina darstellen. Die mathematischen Grundlagen dieses Verfahrens sind sehr technisch; Bilder und Einzelheiten finden Sie in meinem Artikel[19]. Hier sollen nur einige Details beschrieben werden.

[[Eine Reihe von Naturphänomenen läßt sich mit eindimensionalen Abbildungen der Art $X_{t+1} = f(X_t)$, $t = 1, 2, 3,..., \infty$ beschreiben. Als Beispiel möchte ich die Gleichung

$$X_{t+1} = \frac{\lambda X_t}{[1 + X_t]^{\beta}} \qquad (21.6)$$

betrachten; β ist eine Konstante und λ der Gabelungsparameter[20]. Diese Gleichung wurde zur Darstellung einer großen Datenmenge über die Entwicklung von Insektenvölkern verwendet (siehe May, 1976). Hochauflösende Gabelungsabbildungen dieser Gleichung sind bei Pickover (1988) zu finden.

Wie kann das komplexe Stabilitätsverhalten dieses zweiparametrigen Systems in Gleichung (21.6) bildlich dargestellt und die Ergebnisse auf leichtverständliche Art und Weise vermittelt werden? Dieser Abschnitt beschreibt die Dynamik der Gleichung (21.6) über die Berechnung mehrerer Hunderttausend Ljapunow-Exponenten (Gleichung (21.7)) für eine Reihe von λ- und

---

19 Pickover, C. (1990) Visualizing chaos: Lyapunov surfaces and volumes. IEEE Computer Graphics and Applications. März 10(2):15-19.

20 Das Verhalten dieser Gleichung kann auf dem Computer simuliert werden, indem zuerst ein Startwert von 0,3 für $X_{t=1}$ gewählt wird. Die Wahl des Startwertes ist ohne wesentliche Bedeutung. Das Ergebnis X_{t+1} wird als neuer Wert für X_t wieder in die Gleichung eingesetzt, usw. Ist $\beta = 5$ und $\lambda > 59$, scheinen sich die generierten X-Werte chaotisch zu verhalten. Für $\lambda < 59$ sind die X-Werte periodisch.

```
Algorithmus: Generierung eines Lorenz-Attraktors

Typische Werte: h = 0.01, npts = 4000;
Typische Startwerte: x, y, z = 0.6;

frac = 8/3;
do i = 1 to npts;
  xnew = x + h*10*(y-x);
  ynew = y + h*((-x*z) + 28*x-y);
  znew = z + h*(x*y - frac*z);
  x=xnew; y=ynew; z=znew;
  MovePenTo(x,y);
end;
```

Pseudokode 21.1. *Generierung eines Lorenz-Attraktors*

β-Werten. Die Ljapunow-Exponenten zeigen an, wie »verrückt« sich die Gleichung verhält. Wissenschaftlicher ausgedrückt: Sie sind ein Maß für die durchschnittliche Stabilität der Schwingungsmodi. Mit dreidimensionalen Abbildungen in Pseudofarben läßt sich das komplizierte Verhalten der Gleichung (21.6) in ästhetisch ansprechender und nützlicher Form darstellen. Die Suche nach einem geeigneten und nützlichen grafischen Modell zur Darstellung der Abhängigkeit von Gleichung (21.6) von zwei Parametern ist eine sehr interessante Aufgabe (siehe mein Artikel). Markus und Hess haben mehrere faszinierende, ästhetisch ansprechende zweidimensionale Ljapunow-Farbgrafiken für die logistische Abbildung erzeugt, bei der die Gabelungsparameter periodisch zwischen zwei verschiedenen Werten pendeln.

In diesem Abschnitt wird für jedes Parameterpaar (λ, β) der Ljapunov-Exponent berechnet

$$\Lambda = \lim_{N \to \infty} \frac{1}{N} \sum_{n=1}^{N} \ln \left| \frac{dx_{n+1}}{dx_n} \right|, \quad x = f(\lambda, \beta) \tag{21.7}$$

wo in unserem Fall $dx_{n+1}/dx_n = \lambda[-x\beta(1+x)^{-\beta-1} + (1+x)^{-\beta}]$. Wie schon für andere eindimensionale Abbildungen beschrieben, kann die Annäherung an den Grenzwert in Gleichung (21.7) äußerst unregelmäßig sein (Markus und Hess, 1989). Jedoch führte eine mehrhundertfache Iteration der Gleichung (21.7) zu zufriedenstellenden Ergebnissen und nützlichen Abbildungen.

Eindimensionale Abbildungen zeichnen sich durch einen einzelnen Ljapunow-Exponenten aus, der für chaotische Zustände positiv, für randstabile Orbits Null und für periodische Orbits negativ ist:

$\Lambda < 0$, der Orbit ist stabil
$\Lambda = 0$, der Orbit ist neutral stabil   (21.8)
$\Lambda > 0$, der Orbit ist örtlich instabil und chaotisch

Jedes System, das mindestens einen positiven Ljapunow-Exponenten enthält, wird als chaotisch bezeichnet, wobei die Größe des Exponenten die Zeit angibt, nach der die Dynamik des Systems unvorhersagbar wird.

In meinen Arbeiten ist β nicht konstant, sondern schwingt als Funktion von t zwischen zwei Werten. Pickover (1990) beschreibt ein Ljapunow-Volumen ähnlich einem rechteckigen Stück Schweizer Käse, das Λ, β_1 und β_2 darstellt. Zur Darstellung der Innenstruktur kann das Volumen mit interaktiven Grafikwerkzeugen »aufgeschnitten« werden. Dazu wird eine Farbtabelle mit den Regenbogenfarben verwendet. Blaue Bereiche sind stabil, und rote und gelbe Bereiche stehen für Chaos.

Näheres über die Geschichte und mathematischen Grundlagen des Chaos findet sich in den angeführten Artikeln und Büchern[21]. Hier schon einmal einige allgemeinere Beiträge zum Thema:

1. Gleick, J. (1987) *Chaos: Making a New Science*. Viking: New York.

2. Stewart, I. (1989) *Does God Play Dice? (The Mathematics of Chaos)*. Basil Blackwell: New York.

3. Moon, F. (1987) *Chaotic Vibrations*. John Wiley and Sons, New York. (Moon zeigt viele praktische Beispiele von Chaos in realen physikalischen Systemen auf.)

4. Shaw, A. (1984). *The Dripping Faucet as a Model Chaotic System*. Aerial Press: California.

5. Pickover, C. (1990) The World of Chaos. *Computers in Physics*. Sept./Okt. 4(5):460-470.

21.3 Weiterführende Literatur

Diese Liste stellt eine Ergänzung der in Computers, Pattern, Chaos, and Beauty vorgestellten Literatur zum Thema Chaos dar.

1. Cooper, N. (1989) *From Cardinals to Chaos*. Cambridge University Press: New York. (Inhalt: Stan Ulam, Iteration, seltsame Attraktoren, Monte-Carlo-Verfahren, das menschliche Gehirn, Zufallszahlengenerator, Zahlentheorie und Genetik.)

2. Milnor, J. (1989) Self-similarity and hairyness of the Mandelbrot set. In: *Computers in Geometry and Topology*. Hrsg. M. Tangora. Marcel Dekker, Seite 211-257.

3. Ushiki, S. (1988) Phoenix. *IEEE Trans. Circuits and Syst.*, Juli 35(7): 788-789.

4. Abraham, R., Shaw, C. (1985) *Dynamics – The Geometry of Behaviour*. Part 3: Global Behaviour. Aerial Press: Kalifornien. (Alle Bücher von Aerial Press, einschließlich der Serie Visual Math sind ein lehrreiches Wunderland.)

5. Healy, J. (1990) Chaos on Sesame Street. *American Educator*, Winter-Ausgabe: 22-39.

6. Chossat, P., Golubitsky, M. (1988) Symmetry-increasing bifurcations of chaotic attractors. *Physica* D, 32: 423-426.

7. Collet, P., Eckmann, J. P. (1980) *Iterated Maps on the Interval as Dynamical Systems*. Birkhauser: Boston.

8. Crutchfield, J., Farmer, J., Packard, N. (1986) Chaos. Scien. Amer., 255: 46-57.

9. Dewdney, A. K. (1985) Computer Recreations. *Scien. Amer.* 253: 16-24.

---

21 Ich fordere den Leser dazu auf, mir Arbeiten mit interessanten Computergrafiken für die Rubrik »Chaos und Grafik« der internationalen Fachzeitschrift *Computers and Graphics* zuzusenden. Ich editiere diese Rubrik, und wir wollen einige künstlerisch und wissenschaftlich interessante Abbildungen aus dem weiten Gebiet des Chaos veröffentlichen. Ebenso sind Beiträge zu *The Pattern Book* willkommen, einem Katalog grafisch interessanter Muster aus allen Bereichen. Einzelheiten können Sie schriftlich bei mir anfordern.

10. Feigenbaum, M. (1979) The universal metric properties of nonlinear transformations. *J. Statistical Physics.* 21: 669-706.

11. Feigenbaum, M.. (1981) Universal behaviour in nonlinear systems. *Los Alamos Science,* 1: 4- 27.

12. Feder, J. (1988) Fractals. *Plenum*: New York.

13. Glass, L., Mackay, M. (1988) *From Clocks to Chaos: The Rhythms of Life*. Princeton Univ. Press: New Jersey.

14. Dodge, C. (1988) Profile: A musical fractal. *Computer Music Journal,* 12(3): 10-14.

15. Hassell, M. (1974) Insect Populations. *J. Anim. Ecol.,* 44: 283-296.

16. Hirsch, M. (1989) Chaos, Rigor, and Hype. *Mathematical Intelligencer,* 11(3): 6-9. (Die Seiten 8 und 9 umfassen die Antwort von James Gleick auf diesen Artikel.)

17. Hofstädter, D. (1981) Strange Attraktors. *Sci. Amer.,* 245: 16-29.

18. Lorenz, E. (1963) Deterministic nonperiodic flow. *J. Atmos. Sci.,* 20: 130.

19. Mandelbrot, B. (1983) *The Fractal Geometry of Nature*. Freeman, San Francisco.

20. Markus, M., Hess, B. (1989) Lyjapunov exponents of the logistic map with periodic forcing. *Computers and Graphics,* 13(4): 553.

21. May, R. (1976) Simple mathematical models with very complicated dynamics. *Nature,* 261: 459-467.

22. Reitman, F. (1989) *Exploring the Geometry of Nature*. Einderest Books: Pennsylvania.

23. Stevens, C. (1989) *Fractal Programming in C*. M & T Books: Redwood City, Kalifornien. (Mit diesem Buch haben sich die Träume aller an Fraktalen interessierten Programmierer erfüllt.)

24. Stewart, I. (1987) The nature of stability. *Speculations in Science and Techn.,* 10(4): 310-324.

25. Lakhtakia, A., Messier, R. (1989) Self-similar sequences and chaos from Gauss sums. *Computers and Graphics,* 13: 59-62.

26. Lakhtakia, A., Lakhtakia, M. N. (1988) Ramanujan and the Julia set of the iterated exponential map. *Z. Naturforsch A.,* 43: 681-683.

27. Lakhtakia, A. (1988) The Bohr-Hund atom is a fractal! *Am. J. Phys.,* 56: 104-105.

28. Barnsley, M. (1988) *Fractals Everywhere*. Academic Press: New York.

29. Devaney, R. (1989) *An Introduction to Chaotic Dynamical Systems*. Addison-Wesley.

30. Devaney, R., Keen, L. (1989) *Chaos and Fractals, the Mathematics Behind the Computer Graphics*. American Mathematical Society: New York.

31. Barnsley, M. und Demko, S. (1985) Iterated function systems and the global construction of fractals. *Proc. Royal Soc. London A.,* 399: 243-275.

32. Bedford, T. (1986) Dimension and dynamics for fractal recurrent sets. *I. London Math. Soc.,* 33: 89-100.

33. Dekking, F. (1982) Recurrent sets. *Advances in Mathematics,* 44: 78-104.

34. Curry, J., Garnett, L., Sullivan, D. (1983) On the iteration of rational functions: computer experiments with Newton's method. *Commun. Math. Phys.,* 91: 267-277.

35. Hutchinson, J. (1981) Fractals and self-similarity. *Indiana Univ. Math.* J., 30: 713-747.

36. Blanchard, P. (1984) Complex analytic dynamics on the Rieman sphere. Bull. *Amer. Math. Soc.,* 11: 85-141.

37. McRobie, A., Thompson, M. (1990) Chaos, catastrophes, and engineering. *New Scientist,* 126(1720): 41-46.

38. Pickover, C. (1988) The use of image processing techniques in rendering maps with deterministic chaos. *The Visual Computer, An International Journal of Computer Graphics,* 4: 271-276.

Kapitel 22

Unregelmäßig oszillierende fossile Seemuscheln

»Die wohl bizarrsten Formen sind Nipponiten, ein völlig ungeordneter Organismus, der nicht schwimmen konnte und wahrscheinlich nicht einmal mehr in der Lage war, herumzukriechen.«　　　　　　　　　　　　　　C. Fenton und M. Fenton, The Fossil Book, 1980

»Das Entscheidende an den Errungenschaften der Natur ist nicht ihre Zufälligkeit, sondern ihre Zielgerichtetheit.«　　　　　　　　　　　　　　　　　　　　　　Aristoteles

Die meisten Grafikexperten denken beim Begriff »wissenschaftliche Darstellung« an Anwendungen in den Bereichen Wetter, Strömungslehre, Molekulardynamik, Geologie und Medizin, weil sie in diesen Bereichen besondere Verbreitung fand und neue Erkenntnisse ermöglicht. In diesem Kapitel werden wissenschaftliche Darstellungsverfahren zur Beschreibung des Auftretens unregelmäßiger Oszillationen im äußeren Erscheinungsbild von Tieren vorgestellt. Im besonderen besprechen Chris Illert (siehe *Danksagung*) und ich die Schwierigkeiten beim Erzeugen und Darstellen ungewöhnlicher, für bestimmte ausgestorbene Weichtiere (Mollusken) charakteristische Wachstumsmuster. Gleichzeitig wollen wir verschiedene Verfahren der Computergrafik vorstellen. Im Gegensatz zu den relativ einfachen logarithmisch-spiraligen Formen der auf der gegenüberliegenden Seite dargestellten Seemuscheln benötigt man zur Beschreibung der von uns generierten Formen zusätzliche Parameter.

Hintergrundinformationen: Der Stamm der Mollusken ist der zweitgrößte im Tierreich; zu ihm gehören beispielsweise Venusmuscheln, Schnecken, Nacktschnecken und Tintenfische[22]. Die Weichtiere sind eine in Form und Größe außerordentlich vielfältige Ordnung, beginnend bei den wurmähnlichen Solenogastriden bis hin zum beutelförmigen Oktopus. Die Klasse der Cephalopoden (Kopffüßler) sind die am weitesten spezialisierte Klasse der Mollusken; zu ihnen gehören die Kraken, die Kalamare, die gemeinen Tintenfische und die Schiffsboote (Nautilus). Eine Gruppe der Kopffüßer, die Ammoniten (Abbildung 22.1) erlebte ihren Höhepunkt im Erdmittelalter und starb zum Ende der Kreidezeit aus. Die Bezeichnung *Ammonit* bedeutet »Ammonshorn«; mit ihm wurden die fossilen Kopffüßer bezeichnet, die ein Widderhorn-ähnlich gewundenes Kalkgehäuse besaßen. Der ägyptische Gott Ammon wurde oft mit solchen Widderhörnern dargestellt. Es ist bekannt, daß die Ammoniten die großen Flachgewässer mieden, in denen die Dinosaurier manchmal schwammen. Ihr Gehäusedurchmesser betrug zwischen einem und zwei Zentimetern.

---

22 Die Arthopoden (Gliederfüßer) sind der größte Tierstamm.

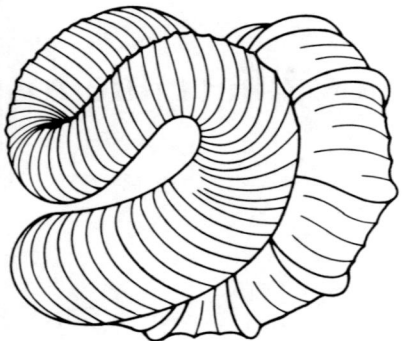

Abbildung 22.1. *Zeichnung des vorderen Teils eines fossilen Nipponites mirabilis.*

22.1 Mathemtische Hilfsmittel zur Mustererzeugung

In diesem Abschnitt stellen wir mathematische Verfahren zur Erzeugung biologischer Muster vor, die insbesondere für die Generierung von Muschelformen nützlich sind. Wenn Sie wollen, können Sie die mathematischen Details in diesem Abschnitt überspringen und statt dessen nur die Abbildungen und Verfahren genießen. In der Vergangenheit gab es mehrere Studien mit einfachen Spiralmodellen für Muschelformen; auf einige davon verweise ich am Ende dieses Kapitels. Wir wollen jedoch mit umfangreicheren und interessanteren Formeln und Parametern arbeiten, die insbesondere für Informatiker und Grafikexperten von besonderem Interesse sein können. Zur Hintergrundinformation: Eine logarithmische Spirale läßt sich im Raum durch einen umlaufenden Punkt beschreiben, der sich mit exponentiell anwachsender Geschwindigkeit vom Ursprung entfernt.

[[Eine solche dauernde Ähnlichkeit (Skaleninvarianz) wird durch eine einfache lineare Matrixgleichung beschrieben:

$$\underset{\sim}{\Upsilon}(\varphi) = e^{\alpha\varphi} \begin{bmatrix} \cos \varphi & -\sin \varphi & 0 \\ \sin \varphi & \cos \varphi & 0 \\ 0 & 0 & 1 \end{bmatrix} \underset{\sim}{\Upsilon}(0) = e^{\zeta\varphi}\underset{\sim}{\Upsilon}(0) \tag{22.1}$$

wobei

$$\zeta = \begin{bmatrix} \alpha & 1 & 0 \\ 1 & \alpha & 0 \\ 0 & 0 & \alpha \end{bmatrix} \tag{22.2}$$

wo α eine reelle Konstante ist und $0 < \varphi \leq \infty$. In Gleichung (22.1) ist $\underset{\sim}{\Upsilon}(0)$ die Form der Öffnung der Muschel (beispielsweise ein Kreis). Die Matrix entspricht einer einfachen Rotation um einen Winkel φ. Physikalisch bedeutet Gleichung (22.1): Nimmt man einen (die Kurve erzeugenden) Wachstumsring (dieser entspricht der Muschelöffnung), dreht ihn (mit Hilfe der Drehmatrix) durch den Winkel φ und vergrößert ihn dann in allen drei Raumdimensionen durch Multiplikation mit einem Skalenfaktor $e^{\alpha \varphi}$, erhält man eine Eins-zu-Eins-Abbil-

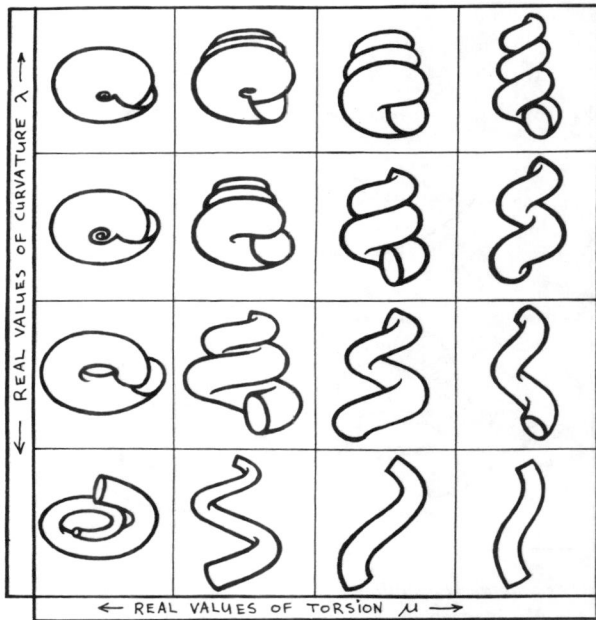

Abbildung 22.2. *Logarithmisch gewundene Gehäuseformen.* Diese erfüllen die Symmetrie erster Ordnung (Gleichung (22.3)). Die hier dargestellten Formen entstehen mit reellen Werten der Krümmung λ und der Windung μ. Die Windung hängt eindeutig mit einer Vergrößerung oder Verkleinerung des Spiraldurchmessers in axialer Richtung zusammen, während die eigentliche Spirale um die Symmetrieachse verläuft. (Zeichnung von Illert, nach Okamoto.)

dung des neuen Wachstumsrings am Ort φ. Da diese und ähnliche Matrix-Transformationen exponentielle sind, kann man sie problemlos beliebig oft differenzieren:

$$\left[\frac{\partial}{\partial\varphi} - \zeta\right] \underset{\sim}{\Upsilon}(\varphi) = 0 \tag{22.3}$$

$$\left[\frac{\partial^2}{\partial\varphi^2} - \zeta^2\right] \underset{\sim}{\Upsilon}(\varphi) = 0 \tag{22.4}$$

$$\left[\frac{\partial^n}{\partial\varphi^n} - \zeta^n\right] \underset{\sim}{\Upsilon}(\varphi) = 0 \tag{22.5}$$

wobei

$$\zeta^n = \begin{pmatrix} 0,5[(\alpha+i)^n + (\alpha-i)^n] & 0,5i\,[(\alpha+i)^n + (\alpha-i)^n] & 0 \\ -0,5[(\alpha+i)^n - (\alpha-i)^n] & 0,5\,[(\alpha+i)^n - (\alpha-i)^n] & 0 \\ 0 & 0 & \alpha^n \end{pmatrix} \tag{22.6}$$

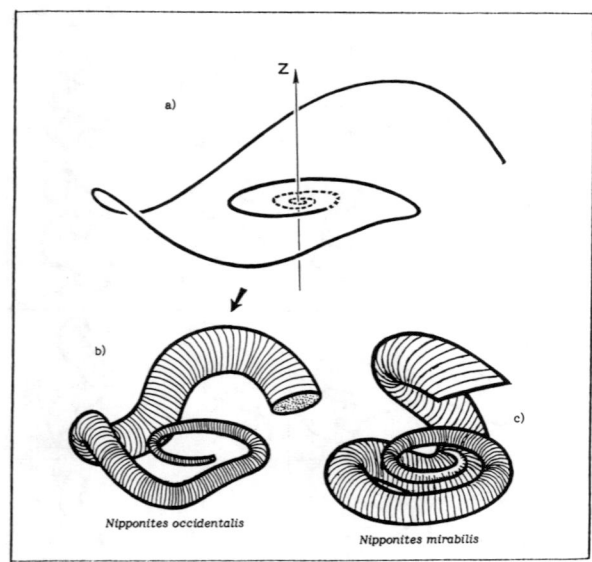

Abbildung 22.3. *Unregelmäßige Oszillationen.* Die Abbildung zeigt den Beginn unregelmäßiger Oszillationen senkrecht zur Windungsebene. Komplexe Werte der Torsion μ können zu »zylindrischen« Sinus-Spiralen führen, die verstärkt senkrecht zur Windungsebene oszillieren. Die sich ergebenden Spiralen erinnern an die Gehäuse von *Nipponites occidentalis*. Das Modell zeigt nicht die ganze Entwicklung, denn *Nipponites mirabilis* beispielsweise hat im Jugendstadium »sphärische Gestalt.« (a) computersimulierte »zylindrische« Sinus-Spirale. (b) *Nipponites occidentalis*, ein Beispiel einer »zylindrischen« Sinus-Spirale. (c) Jugendstadium der *Nipponites mirabilis* mit »sphärischer Gestalt« (nach Illert, 1990).

Die durch Gleichung (22.1) beschriebene Bahn erfüllt sowohl jede der Differentialgleichungen (22.3, 22.4, 22.5) einzeln als auch beide zugleich. In diesem Abschnitt werden keine Brüche differenziert. Wir haben herausgefunden, daß es von Vorteil ist, die beiden Gleichungen niedrigster Ordnung (22.3 und 22.4) zu kombinieren. Da die Gleichungen (22.3 und 22.4) gelten, kann ein Lagrange-Multiplikator Ω gefunden werden, so daß beide Gleichungen auch unter den Randbedingungen der jeweils anderen gelten:

$$\left[\frac{\partial^2}{\partial\varphi^2} - \zeta^2 + \Omega\left(\frac{\partial}{\partial\varphi} - \zeta\right)\right]\underset{\sim}{\Upsilon}(\varphi) = 0 \tag{22.7}$$

Dieses neue Ergebnis (Gleichung (22.7)) ist eine Verbesserung gegenüber Gleichung (22.3) und hat neben der ursprünglichen Transformation (Gleichung (22.1)) noch weitere Lösungen. Somit hat die Iteration neue Informationen und Effekte höherer Ordnung erzeugt. Es stellt sich heraus, daß Ω für wirklich existierende Seemuscheln eine einfache Konstante ist, allerdings keine Skalenkonstante, sondern eine diagonale Matrixkonstante:

$$\Omega = \begin{pmatrix} \lambda_1 & 0 & 0 \\ 0 & \lambda_1 & 0 \\ 0 & 0 & \mu \end{pmatrix} \tag{22.8}$$

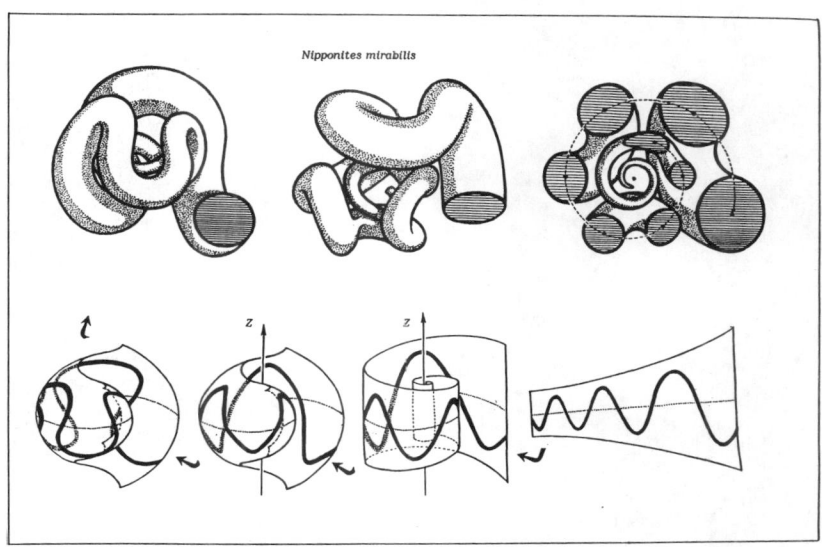

Abbildung 22.4. *Beginn unregelmäßiger Oszillation bei Nipponites mirabilis.* Ein Gehäuse mit komplexer Krümmung λ und komplexer Torsion μ oszilliert innerhalb und transversal zur Wicklungsebene (nach Illert, 1990).

Falls alle Konstanten reell sind, so daß $\lambda_1 = \lambda_2 = \lambda$, gibt es einen Zusammenhang zwischen lambda und der Krümmung und zwischen μ und der Verdrehung. Die Krümmung hängt auch von der Stärke des Drehmoments (der Wicklungskraft in der x-y-Ebene) um die Symmetrieachse zusammen, während die Torsion von der Umfanggröße der axialen, spiral komprimierenden Kraft entlang der Symmetrieachse abhängig ist. Okamoto (1988) faßte diese Konzepte zusammen, mit denen sich logarithmische Spiralröhren erster Ordnung mit unterschiedlichen Krümmungs- und Torsionswerten beschreiben lassen (Abbildung 22.2). Aber nicht alle Seemuschelgehäuse der realen Welt sind so einfach aufgebaut. Unsere Untersuchungen unterschiedlich gewundener oder aufgewickelter »Uhrfedern« zweiter Ordnung (Gleichung (22.7) ist bei $\mu = 0$ erfüllt) sowie Möbius-elastischer Kegel zweiter Ordnung (Gleichung (22.7) ist bei $\lambda_1 = \lambda_2 = -2\alpha$ erfüllt) untermauern die Richtigkeit der pysikalischen Interpretation der Konstanten in der Matrix Ω.

Wir möchten auch darauf hinweisen, daß die Krümmungs- und Torsionskonstanten in der Matrix (Gleichung (22.8)) keineswegs reell sein müssen. Komplexe Krümmungskonstanten λ_1 und λ_2 erzeugen Oszillationen senkrecht zur Bahn, aber in der Wicklungsebene (Abbildung 22.3), während komplexe Torsionskonstanten μ Oszillationen erzeugen, die sowohl senkrecht zur Bahn als auch zur Wicklungsebene liegen. Sind sowohl Krümmungs- als auch Torsionskonstanten komplex, können sphärische Lissajous-Bahnen entstehen, wie sie für die in Abbildung 22.4 gezeigten *Nipponites* charakteristisch sind.]]

Abbildung 22.5. *Computergenerierte fossile Seemuschel (Nipponites mirabilis).*

22.2 Grafiken

In vielen Veröffentlichungen wurde hervorgehoben, daß Natur und Mathematik untrennbar miteinander verbunden sind. Das Neue an unserer Arbeit ist der Einsatz umfangreicher Programme und neuer, leistungsfähiger Computer zur Darstellung mathematischer Modelle der Natur. Im Bereich der Grafik hatten wir uns zwei Ziele gesetzt: Wir wollten die Rolle einfacher Grundelemente bei der Erzeugung komplexer ästhetischer Strukturen hervorheben und zeigen, in welchem Maße Untersuchungen wie die unsrigen mit Hilfe von Grafik-Super-computern erleichtert werden können. Die Farbtafeln in diesem Buch zeigen die Leistungsfä-higkeit moderner Computergrafiken bei der Verifizierung theoretischer Wachstumsvoraussa-gen. Auf Farbtafel 26 sieht man eine computergenerierte Darstellung der *Nipponites* vor dem Beginn der unregelmäßigen Oszillationen, also im Jugendstadium. Farbtafel 19 zeigt eine computergenerierte Darstellung eines erwachsenen *Nipponiten*.

Für den an Computergrafik interessierten Leser: Für jede dreidimensionale Grafik wurde nur ein einziges grafisches Grundelement, eine »Polysphäre« (d.h. ein Element aus *n* Kugelflächen um gegebene Mittelpunkte mit festgelegten Radien) verwendet. Die Lage jeder dieser Sphären ist mit Gleichung (22.8) definiert. Die Sphären durchdringen einander und bilden so eine relativ glatte Oberfläche.

Dreidimensionale Darstellungen solcher komplizierter Gehäuse lassen sich auf leistungsstar-ken Grafik-Arbeitsplatzrechnern aus unterschiedlichen Richtungen betrachten, wobei zum

Aufbau jedes Bildes nur wenige Sekunden benötigt werden. Auf einem herkömmlichen Hochleistungscomputer würden die für eine solche Trickfilmsequenz erforderlichen Berechnungen viele Stunden dauern. In meinen einfachen Programmen muß der Benutzer nur drei oder vier Parameter eingeben, um die in den Abbildungen gezeigten Formen zu generieren. Diese »Bildkompression« gestattet es dem Computerkünstler, relativ problemlos eine Vielzahl von Formen zu schaffen.

22.3 Zusammenfassung und Schlußfolgerung

Trotz der umfangreichen, zum Teil schon aus der Antike stammenden Literatur hat sich die wundervolle Vielfalt der Seemuschelgehäuse lange Zeit der theoretischen Analyse entzogen. Erst komplizierte empirische Ansätze der angewandten Naturwissenschaften und der Informatik und Computergrafik machten eine Klassifizierung und Nachbildung möglich. Zahlreiche von uns erzeugte Seemuschel-Geometrien belegen die Leistungsfähigkeit der beschriebe-

nen Iterationsverfahren, insbesondere auch bei den Formen an der Grenze zwischen den deterministischen logarithmischen Spiralen und den instabilen Oszillationen. (Farbtafel 21 zeigt eine unter Verwendung vergleichbarer Formeln berechnete Abbildung der ausgestorbenen Madagascaliten.) Wir haben gezeigt, daß dieses komplexe System in einer genauen und klar definierten Weise unregelmäßig wird. Die mögliche biologische Bedeutung für solche Iterationsverfahren wird bei Illert besprochen; In diesem Aufsatz jeoch möchten wir die Informatiker mit den faszierenden, durch die hier beschriebenen Verfahren ermöglichten Computergrafiken vertraut machen. Ein solches Kapitel kann nur eine Einführung sein; wir hoffen jedoch, daß die beschriebenen Verfahren, Gleichungen und Systeme nützliche Werkzeuge sind und Anreize für zukünftige Untersuchungen der grafischen Charakterisierung morphologisch komplexer Spiralformen aus relativ einfachen Generierungsformeln bieten konnten. Da wir nun in der Lage sind, diese Formen in präzisen wissenschaftlichen Begriffen darzustellen, vorauszusagen und zu definieren, vermittelt die graphische Darstellung oszillierender Spiralen ein besseres Verständnis für die Regeln, nach denen die in der Natur vorkommenden Spiralen aufgebaut sind.

22.4 Weiterführende Literatur

Der an der weiteren Erforschung der morphologischen Formengenerierung interessierte Leser sei hier auf die Fibonacci-Reihen und auf eine Reihe von veröffentlichten Studien über die Generierung mathematisch abgeleiteter morphologischer Modelle für Pflanzen und andere natürliche Formen verwiesen (siehe Literaturangaben). Man hat auch die Verwendung von auf den Naturgesetzen beruhenden Regeln ausprobiert, so z.B. zweidimensionale logarithmische

Spiralen für Seemuscheln (Kawaguchi, 1982) oder von lebenden Pflanzen abgeleitet Baum-
verzweigungsstrukturen (Aono, 1984). Diese und andere Erfolge spornten immer wieder dazu
an, nach weiteren Möglichkeiten der Generierung biologischer Strukturen zu suchen. Rivlin
weist in seinem Buch *The Algorithmic Image* auf jüngste Fortschritte in der Computersynthese
natürlicher Formen hin, während Thompson in seinem älteren Buch *On Growth and Form*
unterschiedliche mathematische Eigenschaften biologischer Strukturen, wie zum Beispiel
Zellhäufungen, Hörner, Zähne und Stoßzähne bespricht. (Siehe auch »Anmerkungen für den
neugierigen Leser« auf Seite 407).

1. Fenton, C. Fenton, M. (1980) *The Fossil Book.* Doubleday: New York. Siehe auch: Cortie, M. (1989) Models for
    mollusc shell shape. *South African Journal of Science*, Juli 85(7): 454-460.

2. Pickover, C. (1988) Mathematics and Beauty XI: A Sampling of Spirals and »Strange« Spirals in Nature, Science
    and Art. Leonardo, Mai 21(2): 173-181. Nachgedruckt in *Selected Papers on natural Optical Acitivity.* (1990) A.
    Lakhtakia, Hrsg. *International Society for Optical Engineering.*

3. Pickover, C. (1989) A short recipe for seashell synthesis. *IEEE Computer Graphics and Applications*, November
    9(6): 8-11.

4. Illert, C. (1990) N*ipponites mirabilis,* a challenge in seashell theory? *Nuovo Cimento*, 12D(10): 1405-1421; Illert,
    C: (1983) Mathematics of Gonomonic seashells. *Math Bioscience*, 63(1): 21-56; Illert, C. (1987) Part 1. Seashell
    Geometry. *Nuovo Cimento*, 9D(7): 792-813. Part 2. Tubular 3-D seashell surfaces. *Nuovo Cimento*, 11D(5):
    761-780.

5. Okamoto, T. (1984) Theoretical morphology of Nipponites. *J. Palaeneont. Soc. Japan*, 36: 37-51 (in Japanisch).

6. Jena, R. (1984) *Mathematical Approach to Pattern and Form in Plant Growth.* John Wiley and Sons: New York.

7. Rivlin, R. (1986) *The Algorithmic Image.* Microsoft Press, WA.

8. Kawaguchi, Y. (1982) A morphological study of the form of nature. *Computer Graphics (ACM SIGGRAPH)*, Juli
    82. Proc.: Boston, 16(3): 223. Siehe auch: Aono, M. Kunii, L. (1984) Botanical tree image generation. *IEEE
    Computer Graphics and Appl.*, 4: 10-34.

9. Thompson, D. (1961) *On Growth and Form.* Cambridge: Großbritannien.

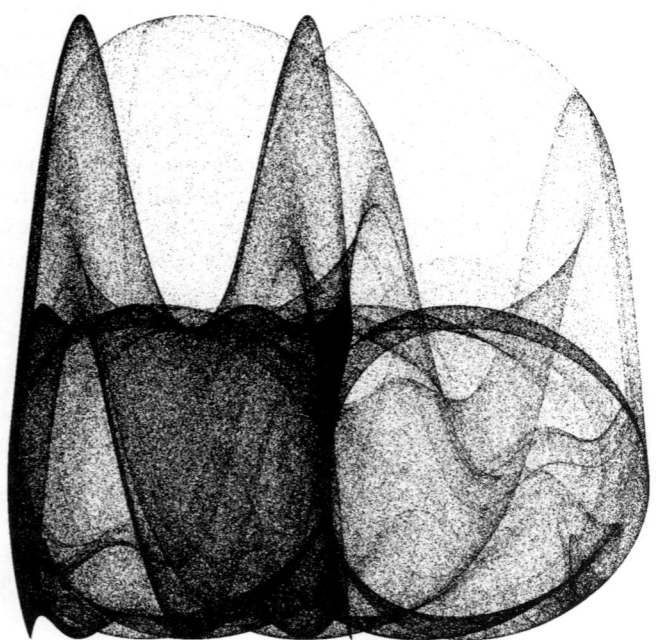

Kapitel 23

Rausch-Sphären zur Darstellung von Zufallsverteilungen

»Reihen wahrhaft musterloser, nicht vorhersagbarer Ziffern sind ein wertvolles Gut.«

Ivar Peterson

»Jeder, der arithmetische Verfahren für die Erzeugung von Zufallszahlen in Betracht zieht, versündigt sich.«

John von Neumann

Der Gedanke, daß das visuelle System des Menschen zur Erkennung von Trends bei komplizierten Daten eingesetzt werden kann, ist nicht neu – auch seine Anwendung in der Computergrafik nicht. Neu dagegen ist der Einsatz umfangreicher Programmsammlungen und neuer leistungsfähiger Hardware zur bildhaften Darstellung von Zufallsdaten. Dieses Kapitel bietet eine kurze Einführung in ein einfaches Grafikverfahren, mit dem sich die Resultate eines Zufallszahlengenerators mit Hilfe von Farbkugeln darstellen lassen. Schon mit wenig Übung verraten diese sogenannten *Rausch-Sphären* »schlechte« Zufallszahlengeneratoren. Sie helfen auch beim Erkennen von Mustern in Zeitreihendaten.

Zufallszahlengeneratoren haben in der modernen Wissenschaft einen unschätzbaren Wert bei der Simulation von Naturphänomenen und bei der Datenerfassung (siehe auch die Literaturangaben am Ende dieses Kapitels). Sie werden bei den unterschiedlichsten Problemen eingesetzt, so bei der Entwicklung von Geheimcodes, der Simulation der Atombewegung und der Durchführung exakter Umfragen. Deshalb werden einfach zu handhabende Grafikwerkzeuge benötigt, mit denen schnell festgestellt werden kann, ob ein verwendeter Zufallszahlengenerator »schlecht« (d.h. nicht homogen und/oder mit Zusammenhang zwischen den einzelnen Zahlen) ist. Zwar erleichtert ein Super-Grafikcomputer die Berechnung der unten beschrieben Abbildung, eine abgespeckte Version läuft aber auch auf einem Personalcomputer. Ich möchte in diesem Kapitel Programmierer, Schüler und Lehrer dazu zu ermutigen, das hier beschriebene Verfahren zu testen. Aber schon beim Betrachten dieser farbenprächtigen Abbildungen erkennt man die Verbindung zwischen der Mathematik und der Kunst[23].

---

23 Dieses Kapitel ist eigentlich die Nummer 90 in der 90teiligen Reihe »Mathematik und Schönheit«, die den ästhetischen Aspekt mathematischer und wissenschaftlicher Darstellungen aufzeigen will. Näheres über diese Reihe siehe bei: Pickover, C. (1988) Overrelaxation and Chaos, *Phys. Lett.* A, Juli 30(3): 125-128; Pickover, C. (1986) *Mathematics and beauty*: time-discrete phase planes associated with the cyclic system, $\{x(t) = -f(y(t)), y(t) = f(x(t))\}$, *Comput. and Graph.*, 11(2), 217-226. Pickover, C. (1988) A note on Chaos and Halley's Method. *Commun. ACM*, November 31(11): 1326-1329. Pickover, C. (1988) A note on rendering chaotic »repeller distance-tower«, *Computers in Physics*, Mai/Juni. Pickover (1987) Blooming Integers *Comput. Graph. World* (März), 10(3): 54-57.

23.1 Rausch-Sphären

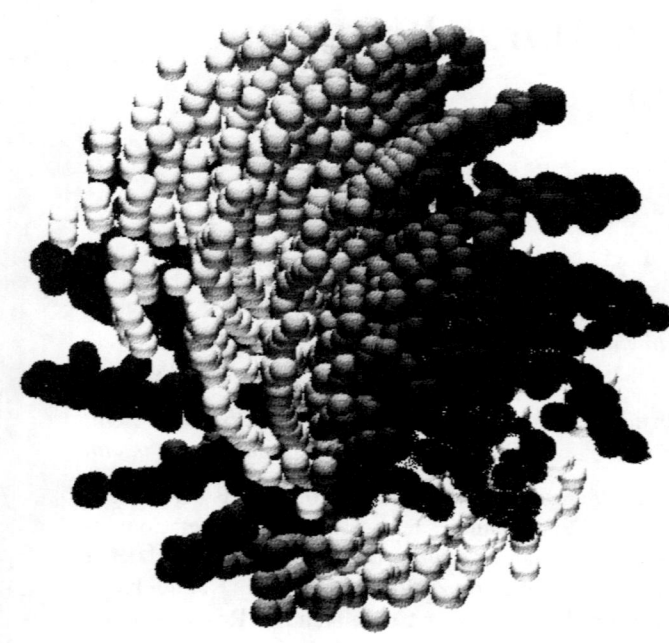

Die Abbildung zeigt eine sogenannte Rausch-Sphäre. Die spiraligen
Projektionen weisen auf einen
schlechten Zufallszahlengenerator
hin. Das Muster entsteht, indem einfach das Ergebnis eines Zufallszahlengenerators auf die Positionen von
Kugeln in einem sphärischen Koordinatensystem abgebildet werden[24]
Dazu ist nur ein kleines Programm
erforderlich, das die Zufallszahlen
$\{X_i, i = 1, 2, 3,..., N, 0 < X_i < 1\}$ auf
die Polarkoordinaten abbildet, und
zwar X_i nach ϑ, X_{i+1} nach φ und X_{I+2}
nach r. Für jedes Triplet (r, ϑ, φ)
legen die Koordinaten die Positio-
nen der einzelnen Kugeln fest. Da
die ursprünglichen Datenpunkte
zwischen 0 und 1 liegen, lassen sie
sich auf den vollen Wertebereich der
Kugelkoordinaten umrechnen.

$$2\pi X_i \rightarrow \vartheta \tag{23.1}$$

$$\pi X_{i+1} \rightarrow \varphi \tag{23.2}$$

$$\sqrt{X_{i+2}} \rightarrow r \tag{23.4}$$

Die Wurzel für X_{i+2} bewirkt eine Verteilung der Kugeln im ganzen Raum und verhindert eine
zu dichte Packung bei kleinen r-Werten.

Die Bilder können zur Darstellung unterschiedlicher Rauschmuster oder experimenteller
Daten verwendet werden. Mit ihnen kann man vor allem »schlechte« Zufallszahlengeneratoren aufspüren. Ein guter Zufallszahlengenerator erzeugt keine besonders auffälligen Muster
der Kugelpositionen in der Rausch-Sphäre. Ich erhielt jedoch überraschende Resultate, als ich
diese Methode mit einem BASIC-Zufallszahlengenerator ausprobierte. Bei Rotation der
Rausch-Sphäre erkennt man verschiedene »Tentakel«, die aus ihr herausragen. Bei wirklich
zufälliger Verteilung dürfte es solche Strukturen nicht geben. Die BASIC-Zufallszahlengene-
ratoren der Programmversion 3.0 haben also Schwächen (siehe »Weiterführende Literatur«).

Besonders sorgfältig sollte man bei der Farbgebung der einzelnen Kugeln innerhalb der
Rausch-Sphären vorgehen, damit die unterschiedlichen Spiralen möglichst deutlich hervortre-

---

24 Ein Punkt kann in Kugelkoordinaten (r, ϑ, φ) oder in rechtwinkligen Koordinaten (x, y, z) angegeben werden. Die
Transformation zwischen diesen Koordinaten ist: $x = r \sin \vartheta \cos \varphi$, $y = r \sin \vartheta \varphi$, $z = r \cos \vartheta$.

ten. Meine Versuche ergaben, daß die einfache Zuordnung der Zahlentriplets zu den Farben rot, grün und blau beim Erkennen von räumlichen Strukturen in 3D hilfreich sein kann.

Mit leistungsfähigen Grafikterminals können die Darstellungen mit nur wenigen Sekunden Pause zwischen den einzelnen Bildern gedreht werden. Dies kann sehr nützlich sein, denn manche Strukturen sind nur aus bestimmten Blickwinkeln erkennbar. Steht kein Super-Grafikcomputer zur Verfügung, zeichnet man einfach die Punkteverteilung und projiziert sie auf eine Ebene. Ohne die Echtzeit-Rotation ist der graphische Effekt wahrscheinlich weniger eindrucksvoll; mit nur wenigen Testdrehungen der Rausch-Sphäre kann man auch mit diesem Verfahren leicht einen problematischen Zufallszahlengenerator entdecken. Da der Rausch-Sphären-Ansatz ausgesprochen empfindlich auf geringe Abweichungen von echten Zufallsverteilungen reagiert, läßt er sich zum Auffinden von Mustern bei komplizierten Daten, wie genetischen Sequenzen und akustischen Wellenformen verwenden. Dabei werden mit der hier vorgeschlagenen Kugelkoordinatentransformation Tendenzen leichter und schneller erkannt als mit ähnlichen Darstellungen, bei denen die Zufallszahlentriplets auf rechtwinklige Koordinaten abgebildet werden.

23.2 Übungen

Ich möchte den Leser dazu ermutigen, den hier aufgezeigten Ansatz auf unterschiedliche Zufallszahlengeneratoren anzuwenden. Nehmen wir zum Beispiel den linearen kongruenten Generator: $s(x) = (137x + 187)$ mod 256, der von Knuth als Beispiel eines schlechten Zufallszahlengenerators angegeben wird. Generieren Sie mehrere tausend Punkte, bilden Sie diese auf die Rausch-Sphäre ab und schauen Sie sich das Ergebnis an.

Sie können auch versuchen, die Datenpunkte leicht Markow-abhängig zu machen, um zu überprüfen, wie empfindlich die Rausch-Sphäre von einer solchen Abweichung vom Zufall reagiert. Generieren Sie über ein Computerprogramm die Zufallszahlen X_{neu}, speichern sie die vorige Zufallszahl unter der Variablen X_{alt} und führen Sie den folgenden Code aus:

GenRandom(X_{neu})

if $X_{alt} < X_{neu}$ then $X_{neu} = \max(0,X_{neu} - \delta)$
else $X_{neu} = \min(1,X_{neu} + \delta)$
$X_{alt} = X_{neu}$

δ ist ein Maß für die Abhängigkeit einer neuen Zufallszahl von den vorangehenden Zahlen. Bei $\delta = 0$ erzeugt der Generator unkorrelierte Zufallszahlen.

Stellen Sie sich zum Schluß eine einheitliche Verteilung der Zufallszahlen zwischen 0 und 1 vor. Die Zufallszahlen werden auf endliche Genauigkeit ab- oder aufgerundet, so daß jede ein ganzzahliges Vielfaches von $1/v$ für eine gegebene Zahl v ist. Danach bilden die verstreuten Punkte in der Rausch-Sphäre ein gleichmäßiges Muster. Diese Rausch-Sphäre ist eine Art »Mikroskop«, das die »Körnung« der Zufallszahlen enthüllt. Die Darstellung dieser und anderer Experimente überlasse ich dem Leser als Denkaufgabe und Überraschung. Viel Spaß!

23.3 Warum Grafiken?

Sie mögen sich fragen, welchen Vorteil solche Rausch-Sphären gegenüber den traditionellen rein rechnerischen Statistikberechnungen haben. Einer der Vorteile ist, daß das grafische Verfahren vom Benutzer nur geringe Vorkenntnisse erfordert, und daß die Programme so einfach sind, daß der Benutzer das Prinzip auf einem Personalcomputer schnell durchführen kann (ohne die komplizierten Beleuchtungseffekte). Die grafische Beschreibung erlaubt natürlich nur eine qualitative Bewertung der Tendenzen und kann somit Hinweise auf die günstigste Anwendung herkömmlicher Statistikberechnungen geben. In einigen Fällen ist ein genauer Vergleich zwischen Mengen von »zufälligen« Daten nützlich. Dafür gibt es zwar eine Reihe von komplizierten Berechnungsverfahren, die aber zuweilen auf Kosten des intuitiven Gefühls für die Struktur gehen. Sieht man sich eine Seite mit Zahlen an, können die Unterschiede zwischen den statistischen Auswertungen der Daten Ähnlichkeiten verschleiern. Der hier beschriebene Ansatz bietet ein Verfahren zum einfachen Vergleich von Zufallszahlenmengen unter Zuhilfenahme des visuellen Interpretationsvermögens bei der Unterscheidung von Trends.

23.4 Weiterführende Literatur

1. Knutz, D. (1981) *The Art of Computer Programming*. Vol. 2, 2. Ausgabe, Addison-Wesley: Massachusetts.

2. Mckean, K. (1987) The orderly pursuit of disorder. *Discover*, Januar 72-81.

3. Gordon, G. (1978) *System Simulation*. Prentice-Hall: New Jersey.

4. Park, S. und Miller, K. (1988) Random number generators: good ones are hard to find. *Commun. ACM*, 31(10): 1192-1201.

5. Voelecker, J. (1988) Picturing randomness. *IEEE Spectrum*, August 25(8): 13.

6. The IBM Personal Computer BASIC, Version A2.10. Dies ist ein übersetztes BASIC.

7. Richards, T. (1989) Graphical representation of pseudorandom sequences. *Computers and Graphics*, 13(2): 261-262.

8. Pickover, C. (1988) From noise comes beauty: textures reminiscent of rug weavings and wood grains spring from simple formulas. (Mathematics and Beauty X). *Computer Graphics World*, März 11(3): 115-116.

9. Pickover, C. (1989) Picturing randomness with Truchet tiles. *Journal of Recreational Math*, 21(4): 256-259.

10. Pickover, C. (1990) Picturing randomness on a graphics supercomputer. *IBM Journal of Research and Development*, 34(6), im Druck. (Farbgrafiken)

Kapitel 24

Die Darstellung von Cantor-Käse-Konstruktionen

In diesem Kapitel möchte ich eines der verrücktesten Muster überhaupt vorstellen: den Cantor-Käse. Er ist eine künstlerisch interessante Entsprechung der Cantor-Menge, die ich im folgenden Absatz beschreiben möchte. Dann möchte ich noch ein verwandtes Objekt, den Solenoid sowie die entsprechenden Berechnungsprogramme vorstellen[25].

Die Bezeichnung Cantor-Käse wurde von Stewart in seinem Buch *Does God Play Dice?* zur Beschreibung der künstlerisch interessanten Entsprechung der von Cantor (1845-1918) und später von Mandelbrot beschriebenen Cantor-Menge geprägt. Hierzu einige Hintergrundinformationen: Eine Cantor-Menge wird konstruiert, indem aus einem Intervall der Länge 1 das mittlere Drittel ohne die Endpunkte entfernt wird. Übrig bleiben zwei kürzere Intervalle, jedes mit der Länge ein Drittel. Auch aus diesen wird das mittlere Drittel entfernt. Der Prozeß kann beliebig oft wiederholt werden:

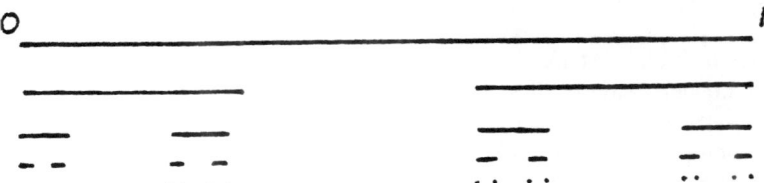

Die so konstruierte Menge besitzt ein »Maß Null«. Es ist äußerst unwahrscheinlich, mit einem aufs Geratewohl geworfenen Pfeil eines der Elemente zu treffen. Dennoch hat die Menge, genau wie die Menge aller reellen Zahlen zwischen 0 und 1, unzählbar viele Elemente. Viele Mathematiker und sogar Cantor selbst bezweifelten lange, daß es eine so verrückte Menge geben könnte (Schröder, 1986). Wie wir aber gerade gezeigt haben, kann eine solche Menge sehr wohl definiert werden. Die Dimension D (siehe Glossar) dieses Cantor-Staubs ist nach unzähligen Iterationen kleiner als 1, da $D = \log 2/ \log 3 = 0{,}63$. Näheres zur fraktalen Dimension und Ableitung von 0,63 ist in Mandelbrot (1983) nachzulesen. Cantor-Staub mit anderen fraktalen Dimensionen kann durch Ausschneiden anderer Intervallgrößen (oder Zahlen) aus dem Startintervall der Länge 1 erzeugt werden. Cantor-Mengen eignen sich als

25 Dieses Kapitel wurde in Zusammenarbeit mit dem Mathematiker Kevin McCarty, ROLM Corporation, Kalifornien, erstellt.

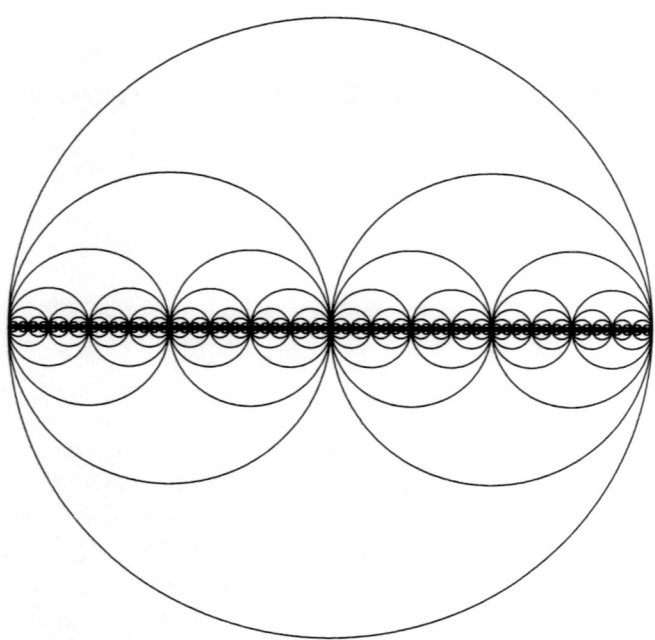

Abbildung 24.1. *Querschnitt durch den Cantor-Käse auf Farbtafel 15 und Abbildung 24.2.*

mathematische Modelle für die Erforschung zahlloser physikalischer Phänomene, von der Verteilung der Galaxien im Universum bis hin zu den fraktalen, cantor-ähnlichen Strukturen der Saturnringe.

Eine topologisch ähnliche Menge kann aus einem Kreis konstruiert werden. Aus diesem wird bis auf zwei kleinere Kreise alles entfernt. In diesem Falll werden also Kreispaare statt Linienpaaren verwendet; die Unterteilungen werden wie bei der oben beschriebenen Cantor-Menge vorgenommen. Es werden jeweils nur die innerhalb der Kreise liegenden Punkte beibehalten. Abbildung 24.1 zeigt ein Bild dieses Cantor-Käses, wobei jeder Kreis einen geringfügig kleineren Radius als der aus der vorigen Generation aufweist. (Der Begriff »Generation« bezieht sich hier auf den Schachtelungsgrad der Kreise; siehe Pseudocode 24.1). Entlang des waagerechten Durchmessers ist die fraktale Dimension für die Punktemenge

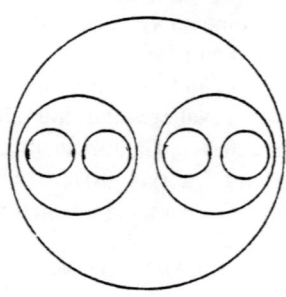

nahezu 1. Kleinere Fraktale entstehen durch die Verwendung geschrumpfter und getrennter Kreise (wie hier gezeigt). Abbildung 24.1 zeigt einen Querschnitt durch den vorderen Teil des Objektes auf Farbtafel 15. Auf Farbtafel 15 sind die geschachtelten Kreise aus künstlerischen Gründen als geschachtelte Zylinder dargestellt. (Einige Generationen sind als Kegel dargestellt, um die inneren Schachtelungsstrukturen aufzuzeigen.) Mit einem Grafik-Supercomputer, wie zum Beispiel der Stellar GS1000 können Modelle des Cantor-Käses in Echtzeit gedreht, schattiert und vergrößert werden.

```
Algorithmus: 1. Programmcode für die Erzeugung der Cantor-Käse-
Querschnitte.
```
```
m    - ein eindimensionales Feld mit den Mittelpunkten aller Kreise
gen - Nummer der Generation
DrawCircleAt  - zeichnet einen Kreis um (x,y) mit einem
                 gegebenen Radius
Die Bildgrenzen gehen sowohl in x- als auch in y-Richtung
von 0 bis 100
```
```
m(1) = 50;  count = 1;
radius = 50; frac = 1;
DrawCircleAt(m(count),50,radius);
Do gen = 0 to 10;
     bot = 2**gen; top = (2**(gen+1))-1;
     radius = radius/2; l = radius;
     do i = bot to top;
         m(count+1) = m(i) - frac * l;
         DrawCircleAt(m(count+1),50,radius);
         m(count+2) = m(i) + frac * l;
         DrawCircleAt(m(count+2),50,radius);
         count = count + 2;
     end;
end;
```

Pseudocode 24.1. *Programm für die Erzeugung der Cantor-Käse-Querschnitte.*

Pseudocode 24.1 zeigt ein Beispiel für die Darstellung des Querschnitts eines Cantor-Käses. Mit einer rekursiven Computer-Programmiersprache kann der Pseudocode zur Erzeugung des Käse-Querschnitts vereinfacht werden (Pseudocode 24.2).

24.1 Ein Käse mit variablen Dimensionen

Man kann eine dreidimensionale Darstellung des Cantor-Käses erzeugen, in der die querschnittsabhängige fraktale Dimension von vorne nach hinten kontinuierlich abnimmt. Die Zylinder können durch ineinander verschachtelte, in der z-Richtung spitz zulaufende Objekte ersetzt werden. Der Querschnitt einer solchen Figur hat an jeder Stelle eine andere fraktale Dimension. Die Vorderseite mit *D~1* gleicht der Abbildung 24.1. Weiter hinten gleicht der Querschnitt der zweiten Abbildung dieses Kapitels. Zwar sind geschachtelte Kreise immer noch die Querschnitte der ineinander geschachtelten Nadeln; sie haben jedoch mit abnehmender Dimension immer größere Abstände voneinander. Der äußerste Kreis ändert seine Größe nicht und bildet daher einen Zylinder. Die zwei kleineren Innenkreise werden proportional zum Schrumpfungsfaktor immer kleiner und bilden Kegel. Auf die in diesen Kegeln liegenden Kreise wird der Schrumpfungsfaktor zweimal angewandt, so daß sich ihre Durchmesser mit dem Quadrat des Schrumpfungsfaktors verringern. Somit entsteht kein Kegel, sondern eine zeltähnliche Spitze mit einer parabolischen Rotationsfläche. Mit weiterem Verschachtelungsgrad entstehen aus den Kreisen in z-Richtung immer spitzere Nadeln mit Seitenflächen dritten, vierten, ... Grades. Die Nadeln sind eigentlich keine Rotationsflächen. Die Kreismittelpunkte

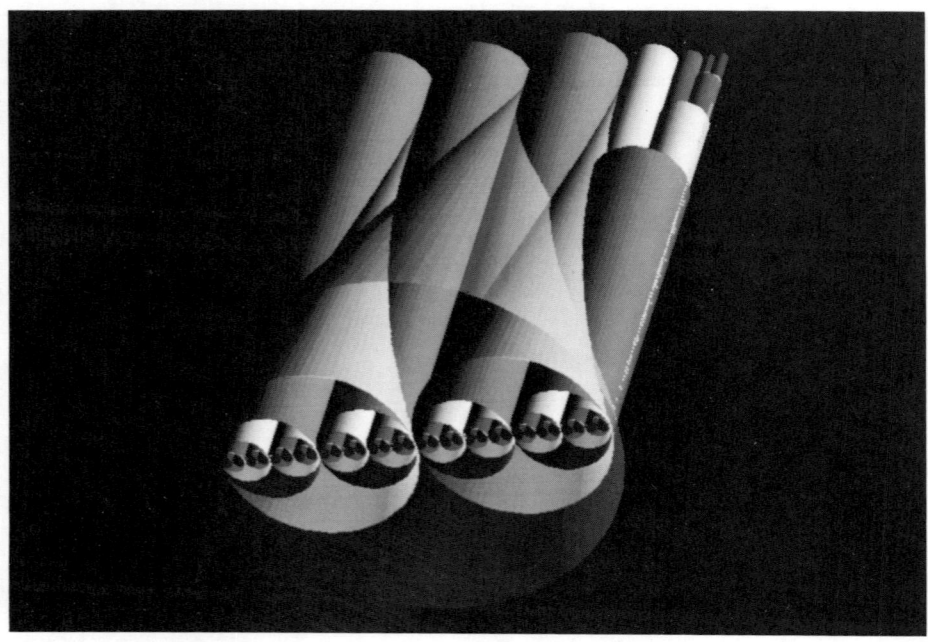

Abbildung 24.2. *Cantor-Käse.*

der Querschnitte folgen nämlich nicht einer Geraden. Wir nennen die Mittellinien der Nadeln ihr *Rückgrat*.

Wie bereits oben erwähnt, ändert der äußerste Kreis seine Größe nicht; sein Mittelpunkt folgt einer Geraden entlang der z-Achse. Die Mittelpunkte der beiden Kreise der folgenden Generation liegen ebenfalls auf zur z-Achse parallelen Geraden. Bei jedem folgenden Schritt werden die zwei Mittelpunkte der nächstniedrigeren Generation auf den Durchmesser jeweils halbwegs zwischen den Mittelpunkt und Rand gelegt. Die Positionierung der Mittelpunkte erfolgt also gemäß dem folgenden Schema:

Ebene	Mittelpunktskoordinate
0	0
1	$\pm 1/2$
2	$1/2 \, (\pm 1 \pm z)$
3	$1/2 \, (\pm 1 \pm z \pm z^2)$
...	
k	$1/2 \, (\pm 1 \pm z \pm z^2 \pm ... \pm z^{(k-1)})$

Jedes Vorzeichen in diesen Formeln legt den Mittelpunkt einer bestimmten Nadel fest und beschreibt so das Rückgrat als Funktion von z. Die Position des Rückgrats einer Nadel in der Ebene k ist daher durch ein Polynom des Grades $(k-1)$ mit Schrumpfungsfaktor z gegeben. Der Radius des entsprechenden Querschnittskreises ist dann z^k.

```
Algorithmus: 2. Programmcode für die Erzeugung der Cantor-Käse-
Querschnitte (rekursiv).
```

```
Der Pseudocode für das Erzeugen der Käse-Querschnitte kann verein-
facht werden, so daß die Rekursivitiät deutlicher in Erscheinung
tritt
```

```
frac  -          Verkleinerungsfaktor, < 0.5
level -          Anzahl der Generationen (Rekursionstiefe)
Procedure DoCircle(x, y, radius, level: integer);
   begin
       (* zuerst wird der äußere Kreis gezeichnet *)
       DrawCircleAt(x, y, radius);

       (* Falls es weitere Generationen gibt, wird erst *)
       (* der linke, dann der rechte Kreis gezeichnet   *)
       if (level > 1 ) then begin
           DoCircle(x-radius/2, y, frac*radius, level-1);
           DoCircle(x+radius/2, y, frac*radius, level-1);
       end;
   end;

       Querschnitte (rekursiv).
```

Pseudocode 24.2. *Programm 2. Programmcode für den Cantor-Käse.*

Sie können auch ihre eigene 3D-Darstellung eines Käses mit variabler Dimension erzeugen. Eine einfache zweidimensionale Zeichnung der obigen Polynom-Kurven dürfte jedoch ausreichend sein, um einen richtigen Eindruck von der Form zu gewinnen. Eine ähnliche Figur findet sich bei Mandelbrot (1983) auf Seite 81.

24.2 Der Solenoid, ein Vetter der Cantor-Menge

Der Solenoid ist ein merkwürdig gewundener ringförmiger Körper. Er ist eine topologische Konstruktion, die aus der Cantor-Menge entsteht und mit ihr verwandt ist. In der Theorie der dynamischen Systeme gehört der Solenoid zu den wichtigsten Beispielen eines seltsamen Attraktors. In diesem Kapitel werden wir nicht näher auf seine interessanten topologischen Eigenschaften eingehen, da dies unzählige Seiten in Anspruch nehmen würde (siehe auch »Weiterführende Literatur«). Stattdessen möchte ich einige Formeln vorstellen, die die selbstähnliche Struktur des Solenoids herausarbeiten. Die Bilder des Solenoids sind gleichzeitig anmutig in ihrer Schlichtheit und doch in ihrer Komplexheit ein Anreiz fürs Auge.

Die Grundform des Solenoid ist der solide Torus und seine Abbildung auf sich selbst. Die Abbildung verringert den Durchmesser des Torus auf fünfzig Prozent, streckt ihn auf das Doppelte seiner ursprünglichen Länge und wickelt ihn zweimal im Innern des ursprünglichen Rings auf. Die beiden Schleifen des Solenoid liegen ohne Überlappung nebeneinander, vergleichbar mit einem aufgewickelten Gartenschlauch. Die beiden Windungen überkreuzen sich einmal, so daß sie einen geschlossenen Körper bilden.

```
Algorithmus: Programm zur Berechnung eines Solenoids.

Der folgende Pseudocode berechnet die (x, y, z)-Koordinaten für
die Mittelpunkte der verschlungenen Solenoid-Röhren.

level:        Verschachtelungsgrad
circlepts:    Anzahl der Schritte im Längskreis
zr, zi:       Längswinkel, als komplexes Zahlenpaar
wr, wi:       Position innerhalb einer Querschnittsscheibe,
              als komplexes Zahlenpaar

circlepts = 36;
pi = 3.14159

for i = 0 to circlepts do
        begin
        angle = 2 * pi * i /circlepts;
        x = cos(angle);            (* anfängliche länge        *)
        y = sin(angle);            (* Winkelposition als komplexe*)
        zr = x; zi = y;            (* Zahl                     *)
        wr = 0; wi = 0;            (* Position im Querschnitt   *)
        for j = 1 to level do
                begin
                wr = wr + zr / 4;
                wi = wi + zi / 4;
                zx = zr * zr - zi * zi; (* Komplexes Quadrieren *)
                zy = 2 * zr * zi;       (* von z      *)
                zr = zx; zi = zy;
                end;
        x = zr * (1 + wr);
        y = zi * (1 + wr);
        z = wi;

        (* Der Mittelpunkt der Querschnittscheibe liegt bei   *)
        (* (x, y, z); ihr Radius ist 1/(2**(level+1))         *)
end;
```

Pseudocode 24.3 *Programm zur Erzeugung eines Solenoids.*

Wir fanden, daß Bilder verwickelter Tori ziemlich hohe Ansprüche an den Betrachter stellen. Bei unseren ersten Versuchen stellten wir diese komplizierten Objekte mit unterschiedlichen Graden an Transparenz dar; die daraus resultierenden Bilder waren jedoch zu kompliziert.

Die von uns bevorzugte Darstellung basiert auf schattierten Facetten und Drahtgittern. Der erste Schritt ist in Abbildung 24.3 dargestellt. Der ursprüngliche Torus wird als Drahtgitter gezeigt. Die Objekte können in Echtzeit rotiert und schattiert werden. Für die Beleuchtung haben wir drei verschiedenfarbige Lichtquellen gewählt.

Wie in einer Bonbonmaschine ohne Aus-Schalter werden Streckung, Windung und Drehung unzählige Male wiederholt. Bei der Abbildung wird der Originaltorus auf ein zweifach gewickeltes Bild seiner selbst übertragen; dieses wird dann auf ein vierfach gewickeltes übertragen. Jede Iteration ergibt einen weiteren, innerhalb des ersten Schlauchs befindlichen

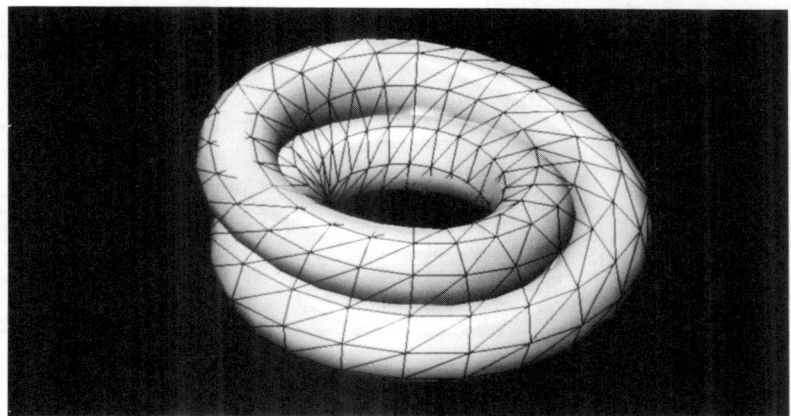

Abbildung 24.3. *Solenoid innerhalb des ursprünglichen Torus (dargestellt durch das Gitter).*

Schlauch. Jedesmal verdoppelt sich die Zahl der Windungen und halbiert sich die Dicke. Erzeugt wird eine verbundene Menge unendlich dünner Wicklungen, ein Solenoid.

[[Diese mathematische Abbildung läßt sich am besten mit komplexen Zahlen beschreiben. Ein Punkt innerhalb des soliden Torus wird über komplexe Zahlen (z, w) festgelegt. Die z-Koordinate stellt den Längenwinkel dar und legt einen Punkt auf dem Ursprungskreis in der komplexen Ebene fest. Der Ursprungskreis ist das Zentrum oder Rückgrat des Torus. Die w-Koordinate definiert einen Punkt innerhalb einer Scheibe mit Radius 1/2, die Teil der komplexen Ebene ist. Die Scheiben werden, wie die Perlen einer Halskette, auf den Ursprungskreis aufgefädelt. Die Abbildung, die den Torus zweimal im eigenen Innern aufwickelt, lautet

$$f:(z, w) \rightarrow (z^2, w/2 + z/4) \tag{24.1}$$

z^2 wickelt den Ursprungskreis einfach zweimal um sich selbst, wobei z den Ursprungskreis einmal durchschreitet. $w/2$ schrumpft die ursprüngliche w-Koordinate auf die Hälfte, während $z/4$ sie vom Ursprung $w = 0$ fortbewegt, so daß die zweite Schleife die erste nicht schneidet. Die einfache, durch die Darstellung komplexer Zahlen ermöglichte algebraische Formel erleichtert die Berechnung wiederholter Iterationen der Abbildung. (Siehe Pseudocode 24.3 für einen Algorithmus zur Iteration dieser Berechnung.)

Die Verwandtschaft zum Cantor-Käse wird deutlich, wenn man einen Querschnitt der Solenoid-Konstruktion senkrecht zu den Windungen betrachtet. Man sieht eine Reihe verschachtelter Scheiben, von denen jede Scheibe zwei kleinere Scheiben umfaßt, ähnlich der Cantor-Käse-Konstruktion. Ist der Längenwinkel gleich null ($z = 1 + 0i$), liegen alle verschachtelten Scheiben übereinander. Bei anderen Längenwinkeln trennen sich die Scheiben durch die Verdrehung. Diese Trennung ist in Abbildung 24.4 dargestellt. Hier ist die Abbildung bis zur zweiten Schachtelungsebene iteriert.]]

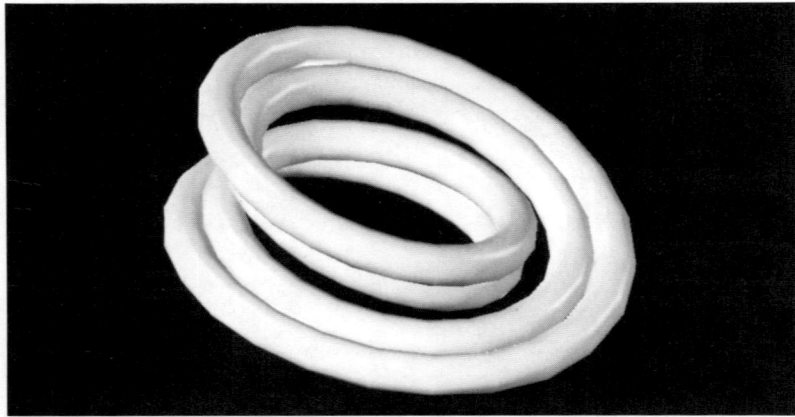

Abbildung 24.4. *Solenoid, zweiter Schritt.* Die Abbildung ist bis zur zweiten Schachtelungsebene iteriert.

24.3 Geschichtlicher Hintergrund

Die Menge, die uns heute als Cantor-Menge bekannt ist, wurde 1875 von einem Professor an der Oxford-Universität, Henry Smith (1826-1883), entdeckt. Der Begründer der Mengentheorie, Georg Cantor (1845-1918), entwickelte Smiths Erfindung im Jahre 1883 weiter. Benoît Mandelbrot charakterisierte und nutzte diese Menge im Bereich der fraktalen Geometrie. Ich empfehle die Lektüre seines Buchs *Die fraktale Geometrie der Natur*, das viele interessante Darstellungen dieser Menge wie auch nahe verwandter Kurven, wie zum Beispiel die Teufelsstiege (Devil's staircase) enthält. Ian Stewarts Buch *Does God Play Dice? (The Mathematics of Chaos)* bietet eine hervorragende Einführung in Cantor-Menge, Chaostheorie und Fraktale. Ich empfehle Ihnen auch dieses Buch wärmstens. Hofstadter (1985) erläutert, warum die Querschnitte seltsamer Attraktoren (wie des Hénon-Attraktors) als Cantor-Menge betrachtet werden können.

Dem an der mathematischen Nomenklatur der Cantor-Menge interessierten Leser wird Barnsleys Buch *Fractals Everywhere* empfohlen. Die Cantor-Menge C kann zum Beispiel als Untermenge des metrischen Raums $[0,1]$ betrachtet werden. Sie läßt sich dann definieren als:

$$C = \bigcap_{n=0}^{\infty} I_n \quad \text{mit}$$

$$I_0 = [0, 1]$$

$$I_1 = \left[0, \frac{1}{3}\right] \cup \left[\frac{2}{3}, \frac{3}{3}\right],$$

$$I_2 = \left[0, \frac{1}{9}\right] \cup \left[\frac{2}{9}, \frac{3}{9}\right] \cup \left[\frac{6}{9}, \frac{7}{9}\right] \cup \left[\frac{8}{9}, \frac{9}{9}\right]$$

usw.

Der Punkt $x = 0$, wie auch viele andere Punkte, liegen in der Cantor-Menge.

Stephen Smale beschrieb 1967 in seiner Seminarstudie »Differenzierbare dynamische Systeme« den Solenoid als ein Beispiel eines seltsamen Attraktors.

24.4 Weiterführende Literatur

1. Stewart, I. (1989) *Does God Play Dice? (The Mathematics of Chaos.)* Blackwell: New York. Siehe auch: Mandelbrot,B. (1983) *The Fractal Geometry of Nature.* Freeman: New York.

2. Pickover, C., McCarthy, K. (1990) Visualizing Cantor cheese construction. *Computers and Graphics,* 14(2): 337-331.

3. Hofstädter, D. (1985) *Metamagical Themas.* Bantam: New York.

4. Barnsley, M. (1988) *Fractals Everywhere.* Academic Press: New York.

5. David Ruelle (1980) Strange Attractors. *Mathematical Intelligencer.* 2: 126-137. Siehe auch: Robert L. Devaney (1989) *An Introduction to Chaotic Dynamical Systems.* Benjamin: New York.

6. Smale, S. (1967) Differentiable dynamical systems. *Bulletin of the American Math Society,* 73: 748-817.

7. Schröder, M. (1986) *Number Theory in Science and Communication.* Springer: Berlin. (Eine richtige Goldmine.)

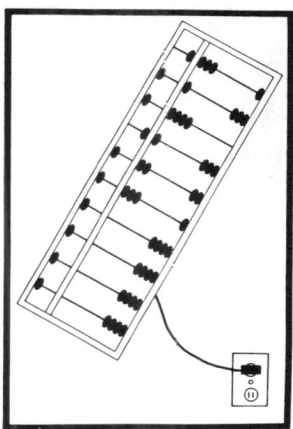

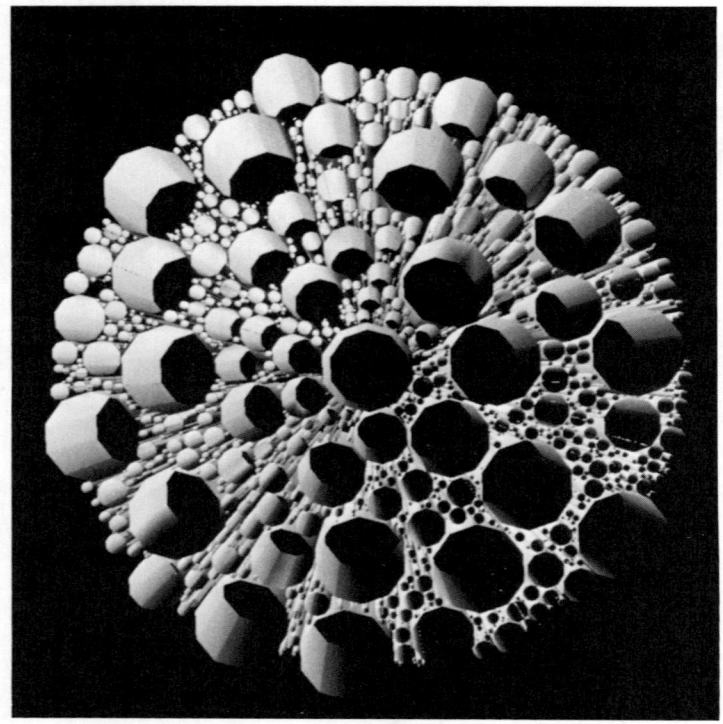

Hypergepackter Zylinder, der mittels der in Abschnitt 25.2 beschriebenen Methode gezüchtet wurde.

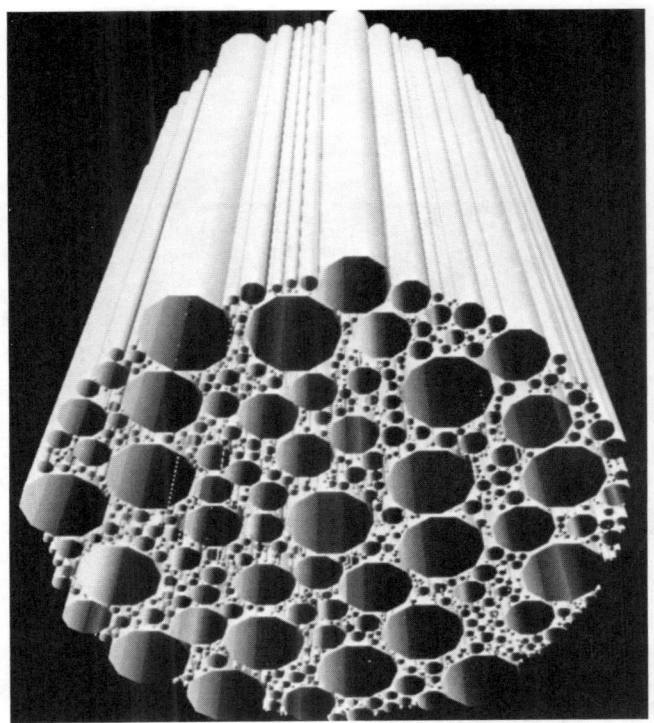

Hypergepackter Zylinder.

Kapitel 25

Verdrehte Spiegelwelten

In diesem Kapitel möchte ich Sie auf eine Reise durch fremdartige Spiegelwelten mitnehmen, in denen einheitliche und regelmäßige Formen zu verzerrten Abbildungen ihrer selbst werden. Diese geometrischen Verfahren heißen *Inversion* und *Oskulation* und können zur Erzeugung visuell interessanter Muster verwendet werden. Dieses Kapitel ist eine allgemeine Einführung in dieses Thema und bietet auch dem mathematisch nicht versierten Leser Übungen zur grafischen Anwendung dieser Verfahren. Bilder wie die in Abbildung 25.11 sind in vielen Geometriebüchern zu finden; die Diagramme sollen Sie mit grafischen Kuriositäten in diesem Bereich vertraut machen. Alle sonstigen Illustrationen wurden von mir erzeugt.

25.1 Inversion

Beim geometrischen Inversionsverfahren werden mit Hilfe eines Kreise aller Punkte einer Ebene, mit Ausnahme des Kreismittelpunkts, auf andere Punkte der Ebene abgebildet. Die Illustrationen werden dieses Verfahren verständlich machen. Zuerst einige Details über die Vorgehensweise:: Vom Mittelpunkt des Kreises (C) wird eine Linie zu dem zu invertierenden Punkt (P) gezogen. Der invertierte neue Punkt (P') wird so auf die Gerade CP gelegt, daß das Produkt der Abstände CP und CP' gleich dem Quadrat des Kreisradius r^2 ist. Versuchen Sie, diese Linien in die Abbildungen dieses Kapitels einzuzeichnen. Jeder Kreis, der durch den Mittelpunkt des Referenzkreises C geht, wird auf diese Weise auf einer Geraden abgebildet; alle anderen Kreise werden zu Kreisen. Die Inversion ist symmetrisch: Wird eine Figur A auf Figur B abgebildet, dann wird auch Figur B auf Figur A abgebildet. Die Abbildungen 25.1 und 25.2 verdeutlichen dies.

Das Diagramm oben links in Abbildung 25.1 zeigt die Inversion eines Kreises, der außerhalb des Referenzkreises liegt. Sein Bild ist die Punktemenge, die vollständig innerhalb des Referenzkreises liegt. In den Abbildungen 25.1 und 25.2 ist der Referenzkreis jeweils durch einen Pfeil gekennzeichnet. Das Diagramm unten links in Abbildung 25.1 zeigt einen Kreis, der den Referenzkreis berührt. Eine Kreistangente außerhalb des Kreises wird auf eine innenliegende Kreistangente abgebildet und umgekehrt. Das Diagramm oben rechts in Abbildung 25.1 stellt die Inversion eines den Referenzkreis schneidenden Kreises dar. Die Abbildung unten rechts zeigt die Inversion eines zum Referenzkreis konzentrischen Kreises.

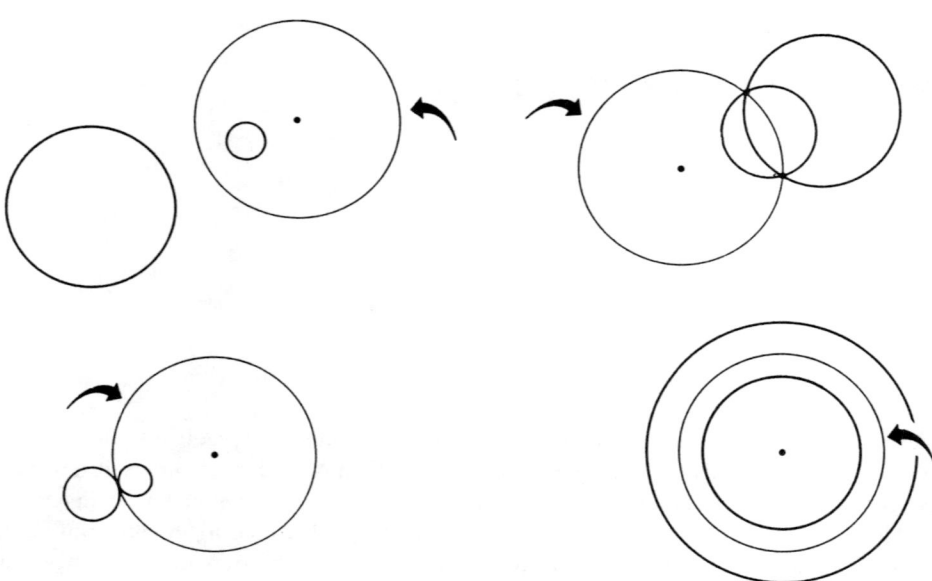

Abbildung 25.1. *Geometrische und grafische Eigenschaften der Inversion von Kreisen.* Ein Pfeil markiert den Referenzkreis. Näheres siehe Text.

Sonderfälle sind die Kreise, die durch den Mittelpunkt des Referenzkreises gehen. Abbildung 25.2 zeigt, wie Kreise auf Geraden abgebildet werden können, wenn sie den Mittelpunkt des Referenzkreises schneiden. Punkte, an denen sich der Referenz- und der zu invertierende Kreis berühren, werden zu Fixpunkten, die auch unter Inversion erhalten bleiben.

Abbildungen 25.3 bis 25.6 zeigen Inversionen unterschiedlicher regelmäßiger Muster. Abbildung 25.3 zeigt die Inversion einer regelmäßigen quadratischen Anordnung von Kreisen gleicher Größe. Der Referenzkreis liegt in der Mitte. Die zentrale vierblättrige Form ist die Abbildung des Umrisses des ursprünglichen quadratischen Kreismusters. Abbildung 25.4 zeigt die Inversion eines quadratischen Gitters aus unvollständigen Sechsecken. Abbildungen 25.5 und 25.6 zeigen die Inversion bei überlappenden Sechsecken und Ellipsen. Weitere Muster lassen sich durch die Inversion anderer sich gitterförmig wiederholender Formen erzeugen.

Die Inversion kann auch zur Transformation komplizierterer Figuren eingesetzt werden. Abbildungen 25.7 und 25.8 zeigen die Inversion eines regelmäßigen Insektenmusters (Abbildung 25.7a) (Original von William Rowe) und einer Indianermaske aus Nordamerika (Abbildung 25.8a). Die Originalbilder wurden mit einer Auflösung von 240 Punkten pro Zoll digitalisiert. Die Inversion reduziert den Abstand zwischen den Punkten; dies erklärt die unterschiedliche Punktdichte der transformierten Abbildungen.

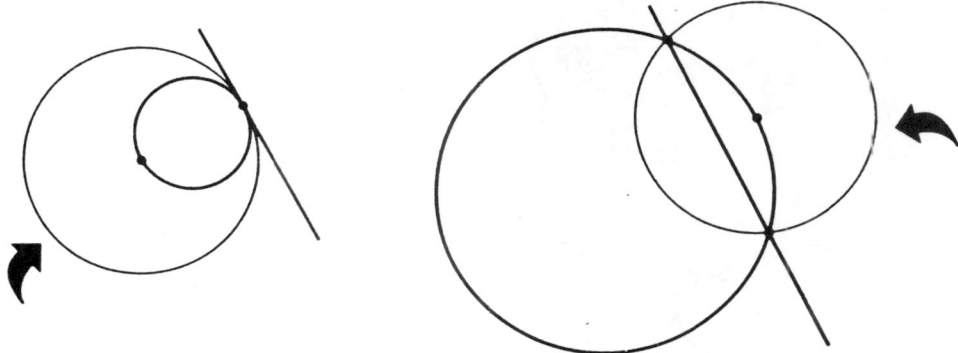

Abbildung 25.2. *Kreise können zu Geraden transformiert werden, wenn der Kreis den Mittelpunkt des Referenzkreises schneidet.*

25.2 Oskulation

Wie soeben beschrieben, können Kreise und Kreisgitter zu grafisch interessanten und faszinierenden Figuren invertiert werden. Aber auch benachbarte Kreise, die *oskulierend* (d.h. einander gerade eben berührend) gepackt sind, können ebenfalls eine reichhaltige Quelle für faszinierende Muster sein. Auf der Grundlage solcher endlicher Muster aus oskulierenden Kreisen sollen hier einige einfache Formeln für grafisch interessante Strukturen vorgestellt werden. Zur Hintergrundinformation: Die dichteste Packung von sich nicht überlappenden einheitlichen Kreisen ist das sechseckige Gitter, bei dem das Verhältnis der gepackten Fläche zur Gesamtfläche (Packungsverhältnis) gleich $\varphi = \pi/\sqrt{12} \sim 0{,}9069$ ist. Das größtmögliche Packungsverhältnis für ineinander verschachtelte hexagonale Packungen von Kreisen mit k unterschiedlichen Kreisgrößen ist

$$\varphi_k = 1 - (1 - 0{,}9069)^k \tag{25.1}$$

Dies gilt für Fälle, bei denen jede nicht bedeckte Fläche, oder Lücke, hexagonal mit immer kleineren Kreisen gepackt ist. Für größere Werte von k nähert sich φ_k dem Wert eins.

Andere Wissenschaftler wiederum definieren eine Verteilung von Kreisen als *oskulierend*, wenn eine verfügbare Fläche immer vom größtmöglichen Kreis bedeckt ist. Ist die zu bedeckende Ausgangsfläche eine dreispitzige Fläche (Abbildung 25.9), dann muß der erste Kreis alle drei größeren Ausgangskreise berühren. Diese Packungsweise wird oft auch als *apollonische Packung* bezeichnet. Im Gegensatz zm weiter oben Gesagten ist hier das Kriterium für Oskulationspackungen gelockert: Jeder nachfolgend eingesetzte Kreis muß nur

Abbildung 25.3. *Ergebnis der Inversion einer regelmäßigen Reihe von gleich großen Kreisen.* Der Referenzkreis der Inversion befindet sich im Mittelpunkt der Abbildung.

mindestens einen vorhergehenden berühren (*Ein-Tangenten-Packung*). Zur Erzeugung von Abbildung 25.10 wurde in der verfügbaren Lücke willkürlich ein Kreismittelpunkt festgelegt. Der zugehörige Kreis wird dann vergrößert, bis er einen benachbarten Kreis berührt. Dies wird unzählige Male wiederholt. Dieses Verfahren kann im Computer leicht simuliert werden, indem die Abstände d_i zwischen dem neu gewählten Kreismittelpunkt berechnet werden. Sei delta$_i$ definiert als

$$\delta = d_i - r_i \qquad\qquad\qquad (25.2)$$

mit r_i als Radius des Kreises i; min$\{\delta_i\}$ ist dann der Radius des neuen Kreises. Bei negativem δ_i liegt der gewählte Mittelpunkt innerhalb eines Kreises; in diesem Fall wird der Kreismittelpunkt verworfen und ein neuer Versuch unternommen. Die wiederholte Vergrößerung der erzeugten Bilder zeigt ihre Selbstähnlichkeit; sie sind Fraktale und sehen bei allen Vergrößerungen gleich aus.

25.3 Pappus' Arbelos, loxodromische Folgen und Fibonacci-Spiralen

Ich möchte abschließend drei Schmuckstücke der klassischen Mathematik aus dem Bereich der Oskulation und Inversion vorstellen. Abbildung 25.11a geht von zwei Kreisen mit einer durch die Mittelpunkte führenden Geraden aus (in Abbildung 25.11 mit Pfeilen versehen). Danach wird ein Kreis eingepaßt, der beide Ursprungskreise berührt und dessen Mittelpunkt auf der Geraden liegt. Die halbmondförmige Restfläche wird mit sich berührenden Kreisen

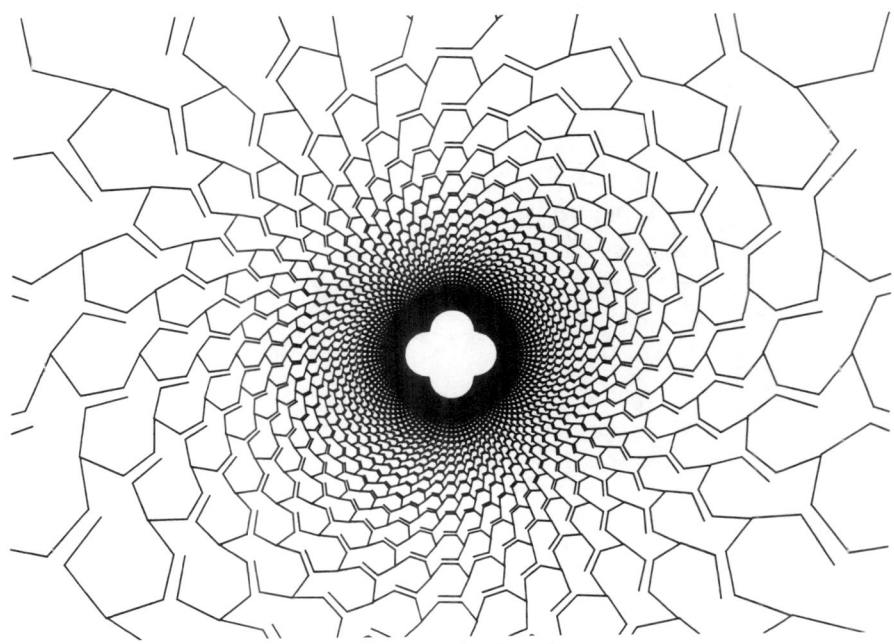

Abbildung 25.4. *Inversion eines quadratischen Gitters aus unvollständigen Sechsecken.*

gefüllt. Der erste eingefügte Kreis mit Mittelpunkt auf der Geraden wird mit C_0 bezeichnet, der nächstkleinere Kreis mit C_1 und so weiter. Diese Figur heißt *Pappus' Arbelos* und scheint schon den Mathematikern des antiken Griechenlands bekannt gewesen zu sein. Interessanterweise sind die senkrechten Abstände aller Mittelpunkte der in den Halbmond eingeführten Kreise zum Geradensegment

$$2nr_n \qquad\qquad\qquad\qquad\qquad\qquad\qquad\qquad (25.3)$$

wobei r der Radius jedes Kreises C_n ist. Mit einem Referenzkreis, dessen Mittelpunkt im Berührungspunkt der beiden Hauptkreise liegt, kann Pappus' Arbelos zu einer Säule kongruenter Kreise invertiert werden. Näheres zu Pappus' Arbelos in Walker (1981).

Ein weiteres grafisch interessantes Beispiel oskulierender Kugeln ist die *loxodromische* Folge. Dabei handelt es sich um eine unendliche Folge von $(n-1)$ Kreisen, bei der sich jeweils n+2 aufeinanderfolgende Elemente berühren (Abbildung 25.11b). Coxeter zeigte, daß die Berührungspunkte aufeinanderfolgender Kreispaare auf einem Loxodrom liegen. Näheres über diese Reihe in Weiss (1981). Bezeichnet β einen konstanten Winkel und geben θ und φ die Längen- und Breitenkreise eines Punktes auf dem Loxodrom an, kann die Loxodrom-Gleichung geschrieben werden als $x = \sin \varphi \cos \theta$, $y = \sin \varphi \sin \theta$, $z = \cos \varphi$, wo $\theta = -\tan \beta \log \tan(\varphi/2)$. Geschichtlicher Hintergrund: Die Loxodrom-Kurve wurde erstmals etwa im Jahre 1550 von Pedro Nunes beschrieben. Ein Loxodrom ist eine Kurve auf einer Kugeloberfläche, die alle Längenkreise unter dem selben Winkel schneidet, also mit immer gleichbleibender Ausrichtung der Kompaßnadel. Es ist das sphärische Analog zur logarithmischen Spirale in der Ebene, die mit konzentrischen Kreisen einen immer gleichbleibenden Winkel bildet.

Abbildung 25.5. *Inversion überlappender Sechsecke.*

Als letzte grafische Kuriosität möchte ich die *Fibonacci-Spirale* vorstellen (Abbildung 25.12). Diese Spiralen sind in den Phyllotaxis-Mustern, wie zum Beispiel der Anordnung der Samen in einer Sonnenblume, zu finden. Man erhält näherungsweise eine Fibonacci-Spirale in Polarkoordinaten mit:

$$r\,(i) = k\sqrt{i} \tag{25.4}$$

für den Radius und

$$\theta\,(i) = 2i\pi/\tau \tag{25.5}$$

τ ist die Goldene Zahl $(1 + \sqrt{5})/2$. Die mittlere Packungsdichte bleibt konstant, wenn (wie hier) die Entfernung von der Bildmitte (dem Radius) in ganzzahligen Schritten erhöht wird. Versuchen Sie, dieses Muster zu invertieren. Näheres über numerische Formeln zur Erzeugung von Fibonacci-Mustern siehe Baratt und McKay (1987).

25.4 Schlußbemerkungen

In diesem Kapitel habe ich mehrere Beispiele interessanten grafischen Verhaltens in einfachen geometrischen Systemen vorgestellt. Über die Anwendung der Inversion auf ein sich wiederholendes Motiv (zum Beispiel Kugeln und Sechsecke in einem Gitter) können sehr ästhetische Muster erzeugt werden; aber auch nicht wiederkehrende Muster erzeugen interessante Formen (wie zum Beispiel in Abbildung 25.8). Ein hervorragendes Buch zur Einführung in das Prinzip

Abbildung 25.6. *Inversion überlappender Ellipsen.*

der Inversion ist Meder (1967). Weitere geometrische Verfahren zum Erzeugen repetitiver und künstlerischer Muster sind in Dunhams Buch über hyperbolische Wiederholungsmuster (Dunham et al., 1981) beschrieben. Einige der ersten bekannt gewordenen Wiederholungsmuster auf der Grundlage geometrischer Transformationen sind in mathematischen Ausführungen (Fricke und Klein, 1890) erschienen und inspirierten Künstler, darunter M. C. Escher, zum Entwurf komplizierter Wiederholungsmuster mit ineinandergreifenden Motiven.

25.5 Ein Hinweis für Computerbenutzer

Inversionen lassen sich auf dem Computer problemlos programmieren. Ein Beispiel ist:

$$Q_x = \frac{P_x}{|P|^2} \tag{25.6}$$

$$Q_y = \frac{P_y}{|P|^2} \tag{25.7}$$

mit P als Startpunkt (in x- und y-Koordinaten) und Q als neuem invertiertem Punkt. *Wichtig:* Der Inversionskreis hat den Radius 1 und liegt im Ursprung. Alle Punkte auf dem Ursprungskreis mit dem Radius 1 werden auf sich selbst abgebildet, die Punkte innerhalb des Ursprungskreises ($|P| < 1$) dagegen auf Punkte außerhalb des Kreises.

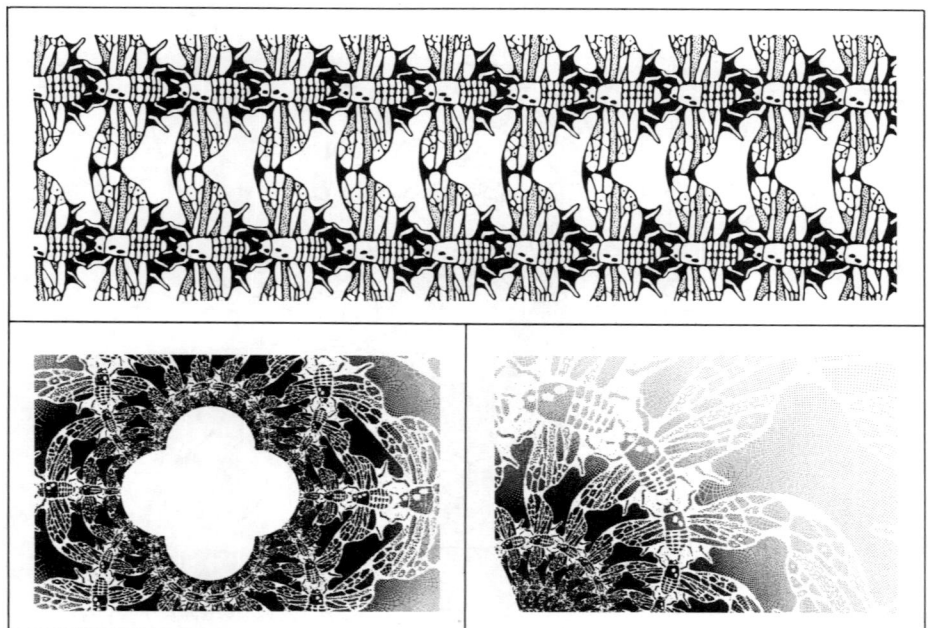

Abbildung 25.7. *Inversion eines regelmäßigen Insektenmusters.* (a) Vor der Inversion. (b) Inversion mit Referenzkreis im Zentrum des vierblättrigen Ausschnitts. (c) Inversion mit Referenzkreis in der unteren linken Ecke.

25.6 Weiterführende Literatur

1. Hill, F. (1990) *Computer Graphics.* Macmillan: New York.

2. Kausch-Blecken, H., Schmeling, V., Tschögl, N. (1970) Osculatory packing of finite areas with circles. *Nature,* März 225-1119-1121.

3. Boyd, F. (1973) The residual set dimensions of the Apollonian packing. *Mathematika,* 20: 170-174.

4. Pickover, C. (1989) Circles which kiss: a note on osculatory packing. *Computers and Graphics,* 13(1), 63-67.

5. Walker, J. (1981) Inversive geometry. In: *The Geometric Vein.* Davis, C. Grunbaum, B. Sherk, F., Hrsg. Springer-Verlag: New York.

6. Coxeter, H. (1968) Loxodromic sequences of tangent spheres. *Aequationes Math.,* 1: 104-121.

7. Weiss, A. (1981) On Coxeter's loxodromic sequence of tangent spheres. In: *The Geometric Vein.* Davis, C. Grunbaum, B. Sherk, F., Hrsg. Springer-Verlag: New York.

8. Barret, M., Mackay, A. (1987) *Spatial Structure and the Microcomputer.* Macmillan: New York.

9. Peterson, I. (1987) Portraits of Equations. *Science News,* 132(12): 184-186 (und Titelblatt).

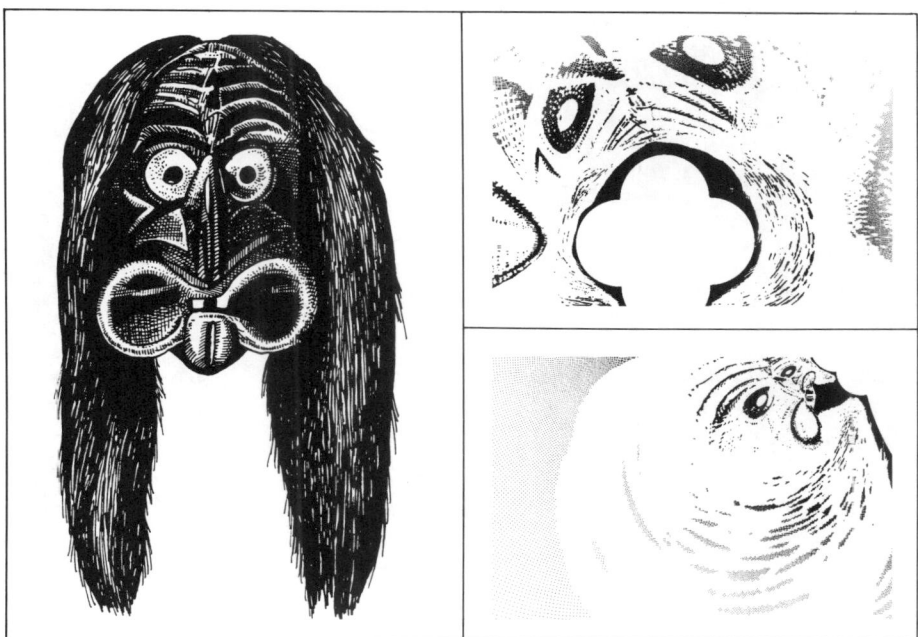

Abbildung 25.8. *Inversion einer nordamerikanischen Indianermaske.* (a) Vor Inversion. (b) Inversion mit Referenzkreis im Zentrum des vierblättrigen Ausschnitts. (c) Inversion mit Referenzkreis in der rechten oberen Ecke. Aus künstlerischen Gründen ist das invertierte Bild als Negativ dargestellt.

10. Meder, A. (1967) *Topics from Inversive Geometry.* Houghton Mifflin Co.: Boston.

11. Dunham, D., Lindgram, J., Witte, D. (1981) Creating repeating hyperbolic patterns. *ACM SIGGRAPH Computer Graphics*, 15(3): 215-220.

12. Fricke, R., Klein, F. (1980) Vorlesungen über die Theorie der elliptischen Modulfunktionen. (Verlag unbekannt), Leipzig.

13. Series, C. (1990) Fractals, reflections and distortions. *New Scientist*, 127(1735): 54-60.

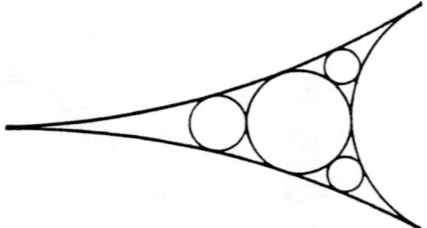

Abbildung 25.9. *Dreispitz-Form mit Standard-Oskulationspackung.*

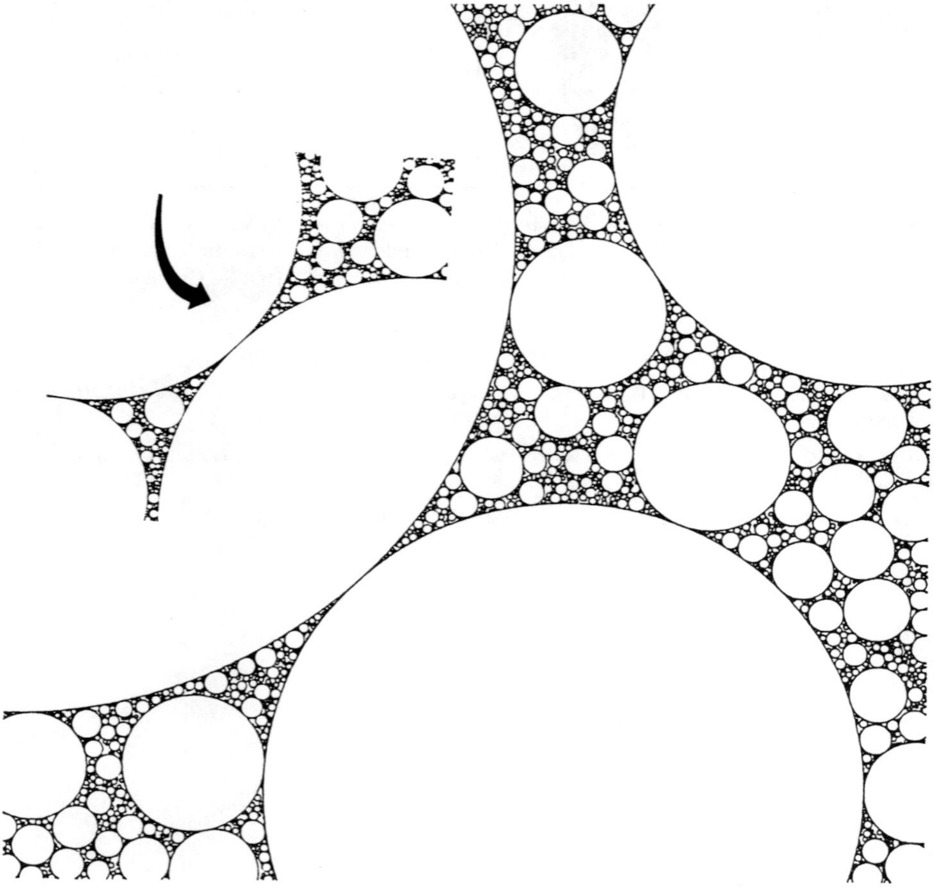

Abbildung 25.10. *Oskulationspackung (Ein-Tangenten-Packung) für eine Zufallsverteilung von Kreis-mittelpunkten.* Die eingebettete Figur (siehe Pfeil) ist eine Vergrößerung eines winzigen Ausschnitts der Packung.

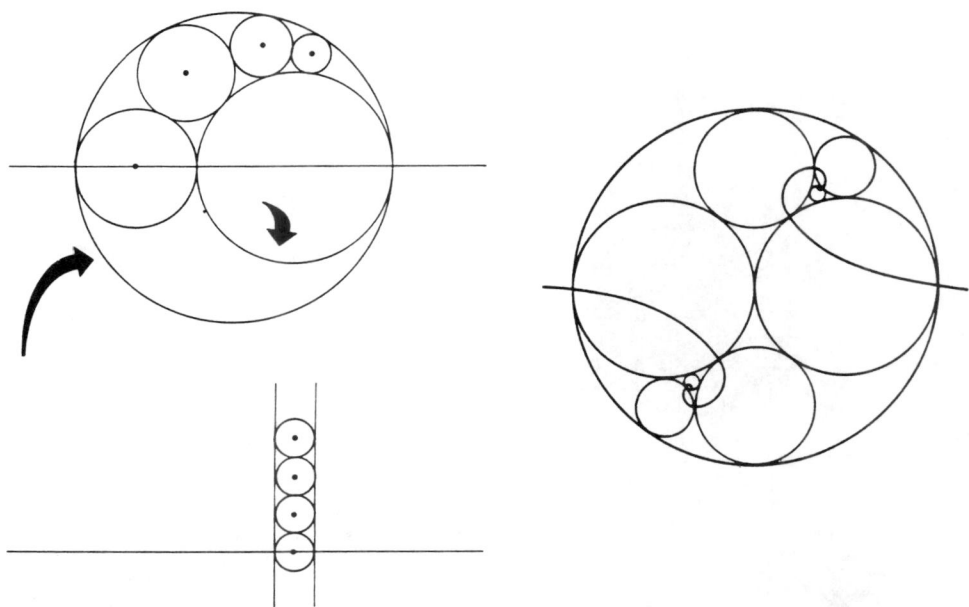

Abbildung 25.11. *Gepackte Kreise. (a) Pappus' Arbelos.* (b) Loxodromische Reihe tangierender Kreise.

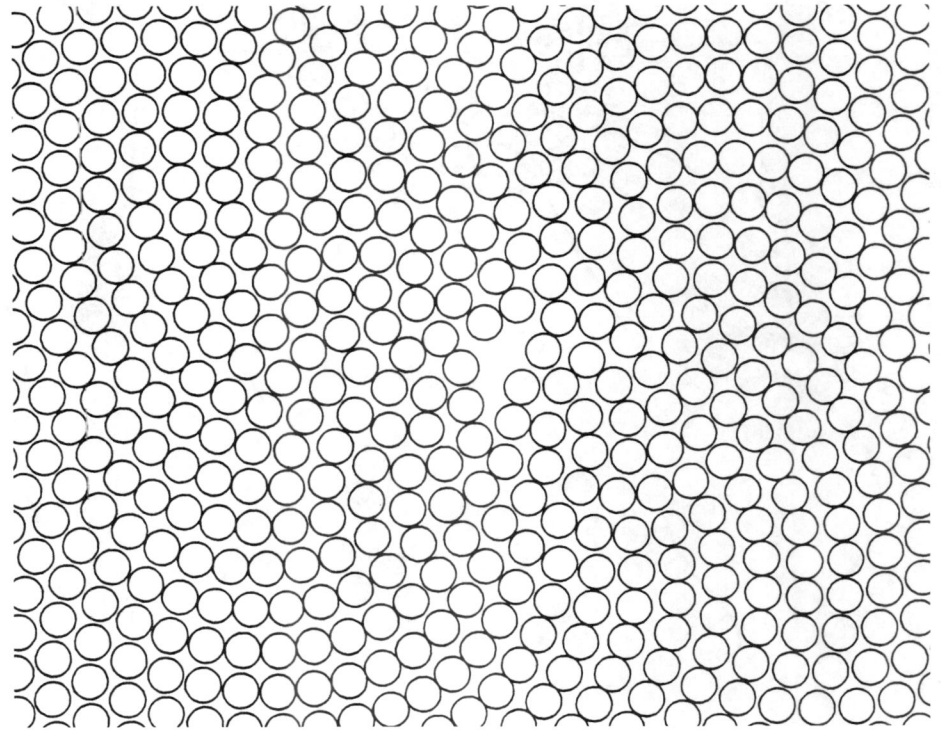

Abbildung 25.12. *Fibonacci-Kreisspirale.*

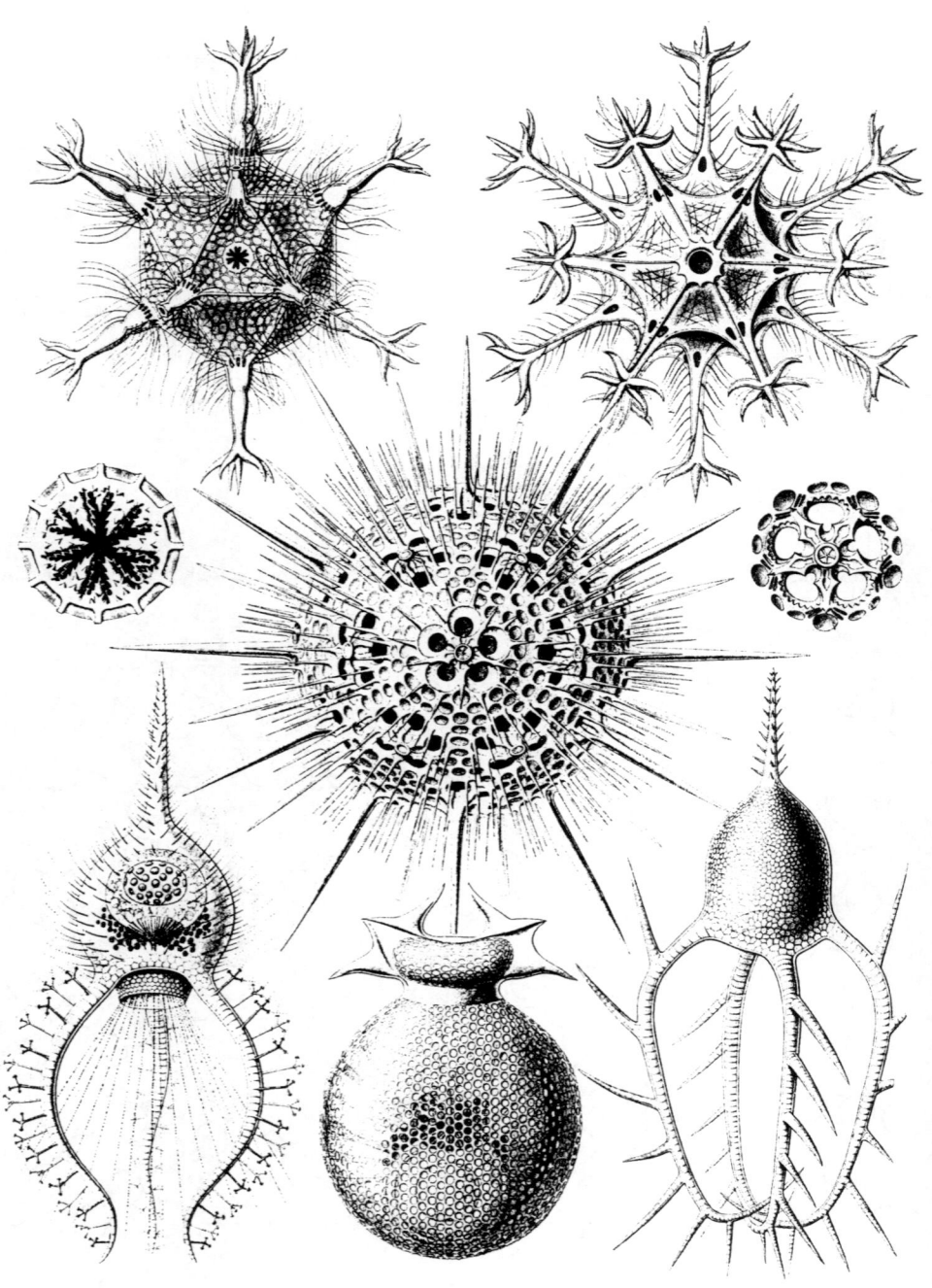

Kapitel 26

Polyedrische Paradiese

In diesem Kapitel werden mit leistungsfähigen Grafikcomputern komplizierte geometrische Modelle vielflächiger Körper (Polyeder) berechnet. Einfache symmetrische Polyeder wie Würfel, Oktaeder (Achtflächner) und Ikosaeder (Zwanzigflächner) waren schon den Griechen der Antike bekannt. In der jüngeren Vergangenheit wurden Papiermodelle komplizierter Polyeder von Hand gefertigt und fotografiert, so daß sich Schüler und Mathematiker eine Vorstellung von den komplizierten Symmetrien machen konnten (siehe Wenninger (1971) und Steinhaus (1983)). Wenninger beschreibt in seinem faszinierenden Buch *Polyhedral Models* die Anfertigung von über 100 Papiermodellen von Polyedern mit gleichen Seitenflächen. Für ein Modell benötigte er ungefähr acht Stunden, für einige der komplexen jedoch 20 oder 30 Stunden. Zwei der nicht-konvexen Modelle erforderten sogar je über 100 Stunden! In diesem Kapitel werden wir untersuchen, wie weit die geometrische Darstellung mit Hilfe moderner Grafik-Supercomputer vereinfacht werden kann. Weiterhin möchte ich aufzeigen, warum solche Polyedermodelle der Ausgangspunkt für unzählige neue Formen und Bilder sind.

26.1 Hintergrund und Überblick

Zuerst möchte ich einige Hintergrundinformationen geben. Ein Polyeder ist *regelmäßig*, wenn er von regelmäßigen kongruenten Polygonen begrenzt ist (siehe Glossar) und wenn an jeder Ecke die gleiche Anzahl von Kanten zusammentrifft. Ein Polyeder ist konvex, wenn er keine Vertiefungen, Ausbuchtungen oder Rillen aufweist. Die fünf regelmäßigen Polyeder dieser Art werden nach Plato *platonische Vielflächner* genannt. Darunter fallen Tetraeder (Vierflächner), Würfel, Oktaeder (Achtflächner), Dodekaeder (Zwölfflächner) und Ikosaeder (Zwanzigflächner). Viele Meeres-Protozoen sind Polyeder (siehe ganzseitige Abbildung zu Beginn dieses Kapitels). Hargittai (1986) und andere entdeckten, daß viele primitive Organismen fünfeckige Zwölfflächner sind. Below stellte die These auf, daß die pentagonale (fünfzählige) Symmetrie primitiver Organismen gegen die Kristallisierung schütze (Below, 1976). Abbildung 26.1 zeigt einen wirbellosen Organismus mit polyedrischer Symmetrie.

Archimedische oder *halbregelmäßige Polyeder* haben zwar Seitenflächen aus regelmäßigen Vielecken (Polygone) und einheitliche Spitzen, bestehen jedoch aus mehr als einer Art von

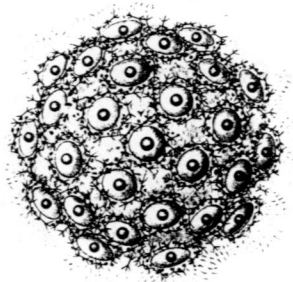

Abbildung 26.1. *Meeresprotozoen mit polyedrischer Symmetrie.*

Polygonen. Es gibt 13 halbregelmäßige Polyeder. Die einfachsten halbregelmäßigen Polyeder erhält man durch symmetrisches Abschneiden der Ecken der regelmäßigen Vielflächner.

Prismen und *Antiprismen* haben je zwei kongruente und parallele Flächen. Die Flächen der Prismen sind über Parallelogramme verbunden, die Flächen der Antiprismen über Dreiecke. Es gibt unzählige Prismen und Antiprismen. *Konvexe gleichförmige Polyeder*, Prismen und Antiprismen bestehen aus platonischen und archimedischen Körpern. Gleichförmige Polyeder haben an jeder Ecke die gleiche Anordnung regelmäßiger Polygone, die Polygonflächen selbst sind jedoch nicht alle gleich.

26.2 Grafikgalerie

Ich beschreibe mehrere polyedrische Formen (Pickover 1990), darunter auch einen stumpfen Dodekaeder mit 92 Flächen (80 Dreiecke und 12 Fünfecke). Die stumpfe Form entstand duch Abschneiden bestimmter Ecken des ursprünglichen Dodekaeders. In meinem Artikel über Symmetrie aus dem Jahre 1990 stellte ich diese Formen mit Computerfarbgrafiken dar. Sternförmige Polyeder sind nichtkonvex und können durch Strecken der Seitenflächen eines regelmäßigen Polyeders erzeugt werden, so wie man durch Strecken der Kanten eines Fünfecks einen Stern erhält. Wenninger (1971) beschreibt detaillierte Verfahren zum Erzeugen von Sternformen (wie auch von gleichförmigen Polyedern). Farbtafel 24 ist eine künstlerische Umsetzung des kleinen sternförmigen Dodekaeders, auf dessen Spitzen ich Kugeln gesetzt habe. Zur Herstellung habe ich das Objekt mit vielen dreieckigen Facetten belegt. Einige der dreieckigen Spitzen sind im Polyeder selbst versteckt, und manche der auf diese Spitzen gesetzten Kugeln sind so groß, daß sie durch die Facetten hindurch aus dem Objekt heraus-ragen.

Die Daten zur Erzeugung der Figur wurden in einer Computergrafik-Metadatei gespeichert. Drehung und Schattierung der Objekte erfolgten auf einem Grafikcomputer, zum Beispiel einem Stellar GS1000 oder einem IBM RISC System/6000. Diese Computer können die Modelle mit nur wenigen Sekunden Verzögerung zwischen den einzelnen Bildern drehen. Die für eine ähnliche Zeichenfolge erforderlichen Neuberechnungen der Modelle würde bei herkömmlichen Computern mehrere Minuten in Anspruch nehmen.

Vertex	x	y	z
1	0	1	t
2	0	1	-t
3	1	t	0
4	1	-t	0
5	0	-1	-t
6	0	-1	t
7	t	0	1
8	-t	0	1
9	t	0	-1
10	-t	0	-1
11	-1	t	0
12	-1	-t	0

Abbildung 26.2. *Liste der Spitzen eines Zwanzigflächners.* $(t = (\sqrt{5} - 1)/2)$

Ich hoffe, daß die in diesem Kapitel vorgestellten Ideen Anregungen zu weiteren Experimenten mit polyedrischen Modellen geben. Mit einer leistungsfähigen Computergrafik-Hardware können inzwischen schattierte, interaktive Modelle »traditioneller« und »neuer« 3D-Modelle mit einem hohen Symmetriegrad dargestellt werden. Bei Anwendungen, die die Konstruktion realer physikalischer Modelle erfordern, erweist sich der Computer als nützliche Hilfe beim schnellen Auffinden interessanter Formen, die dann nachgebaut werden können. Mit solchen Computerwerkzeugen können Studenten, Künstler und Mathematiker komplexe Formen in noch vor ein paar Jahren undenkbarer Weise darstellen.

26.3 Übungen

Wollen Sie Ihren eigenen Vielflächner zeichnen? Abbildung 26.2 enthält die für die Darstellung eines Ikosaeders erforderlichen Angaben. Das Grunddiagramm des Zwanzigflächners kann auch so verziert werden, daß es wie ein Virus oder ein Protozoon mit ikosaedrischer Symmetrie aussieht. Der Ikosaeder wird so bemessen, daß er in einen Einheitswürfel paßt. In

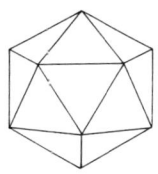

der Tabelle ist die Variable $(t = (\sqrt{5} - 1)/2)$. Sie ist der Kehrwert einer bekannten Konstante, dem Goldenen Schnitt. (Näheres über den Goldenen Schnitt findet sich im Kapitel »Die Laute des Pythagoras« auf Seite 235). Die zwölf Spitzen des Zwanzigflächners haben die folgenden Koordinaten: $(0, \pm 1, \pm t)$, $(\pm t, 0, \pm 1)$, $(\pm 1, \pm t, 0)$. Die folgenden Zahlen sind die Koordinaten der Ecken der 20 dreieckigen Flächen. Die erste Zahl ist die Nummer der Fläche, die folgenden drei Zahlen die Nummern der zugehörigen Spitzen aus Abbildung 26.2: (1, 1, 7, 3), (2, 3, 7, 4), (3, 4, 7, 6), (4, 6, 7, 8), (5, 1, 8, 7), (6, 3, 4, 9), (7, 3, 9, 2), (8, 1, 3, 2), (9, 1, 2, 11), (10, 11, 2, 10), (11, 2, 9, 10), (12, 4, 5, 9), (13, 5, 4, 6), (14, 5, 6, 12), (15, 8, 11, 12), (16, 8, 1, 11), (17, 5, 12, 10), (18, 9, 5, 10), (19, 6, 8, 12), (20, 12, 11, 10).

26.3.1 Fußballmoleküle!

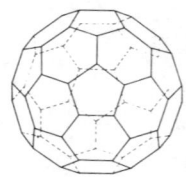

Eines der interessantesten Beispiele der 90er Jahre für chemische Polyeder ist das fast kugelförmige »Buckminsterfulleren«, ein fußballförmiges Käfigmolekül. Es besteht aus 60 an den Ecken eines gekappten Ikosaeders angeordneten Kohlenstoffatomen. Buckminster Fuller; empfahl diese Form für geodätische Hallen. Solche Moleküle haben ein außerordentlich interessantes chemisches Verhalten und sind daher für Chemiker von großem Interesse. Näheres siehe unter »Anmerkungen für den neugierigen Leser« auf Seite 407.

26.4 Weiterführende Literatur

1. Pickover, C. (1990) Computer renditions of polyhedral models. *Symmetry*, 1(1): 41-44. (Farbgrafiken.)

2. Wenninger, M. (1971) *Polyhedral Models*. Cambridge University Press: New York.

3. Steinhaus, H. (1983) *Mathematical Snapshots*, 3. Ausgabe. Oxford Univ. Press: New York.

4. Hargittai, I. und Hargittai, M. (1986) *Symmetrie mit den Augen eines Chemikers*. VCH-Verlag, Weinheim.

5. Below, N. (1986) *Notes on Structural Mineralogy* (Originaltitel: *Ocherki po strukturnoi mineralogii*). Nedra: Moskau.

6. Kappraff, J. (1990) *Connections: The Geometric Bridge Between Art and Science*. McGraw-Hill: New York.

ROBOTERINSEKTEN!

In Rodney Brooks Laboratorium am Technologieinstitut von Massachusetts (MIT) werden die unterschiedlichsten Arten von insektenähnlichen Robotern entwickelt. Im Haushalt der Zukunft wird es wahrscheinlich Dutzende dieser Roboter geben – zur Unterhaltung, zum Schutz und zur Reinigung. (Fotos mit freundlicher Genehmigung von R. Brooks, Artificial Intelligence Laboratory, MIT.)

Kapitel 27

Ein verdrehtes Universum

Die Mandelbrot-Menge wurde erstmals im Jahre 1980 von Benoit Mandelbrot beschrieben und erwies sich als einer der funkelndsten Sterne im Universum der populären Mathematik und der Computerkunst. Oft wird mit der Mandelbrot-Menge jedoch nur ihr Randbereich beschrieben, also die Zone an der unendlich komplizierten Fraktalgrenze. Die Menge selbst hat jedoch viel mehr zu bieten, wie einige der Abbildungen in diesem Kapitel zeigen werden. Es gibt fraktale Landschaften, unendliche Folgen von mit Zinnen versehenen Konturen und, befremdlicher noch, fraktale Wälder, die sich innerhalb und außerhalb der Menge ausdehnen. Das Aussehen der Menge hängt vom jeweiligen Programm ab. Die ursprüngliche Formel für die Mandelbrot-Menge lautet $\zeta \to \zeta^2 + \mu$; ich möchte aber auch andere Formeln vorstellen. Die Mandelbrot-Menge – sie ist die μ-Abbildung des iterativen Prozesses $f\mu$: $\zeta \to \zeta^2 + \mu$, $\mu \in C$, $\zeta \in C$, – ist in den vergangenen Jahren intensiv untersucht worden. Sie ist im wesentlichen definiert als die Menge der komplexen Werte von μ, für die die Iterationen von 0 unter f_μ nicht nach Unendlich streben[26].

Bei der Beschreibung der inneren Dimensionen der Menge möchte ich nicht näher auf die Beziehung zwischen Stabilität und Chaos in dynamischen Systemen eingehen. Diese Beziehung basiert auf der nahe verwandten, nach dem französischen Mathematiker Gaston Julia benannten Julia-Menge. Näheres siehe unter »Weiterführende Literatur« am Ende dieses Kapitels. In diesem kurzen Kapitel möchte ich das Verhalten der invertierten Mandelbrot-Menge für die Abbildung

$$\zeta \to \zeta^p + \left(\frac{1}{\mu}\right)^p \tag{27.1}$$

eingehen, wobei p eine positive ganze Zahl größer als 1 ist. Diese Abbildung zeigt ein grafisch interessantes dynamisches Verhalten mit einem hohen Symmetriegrad. Sie erzeugt auch invertierte Versionen der Menge, bei denen die Konvergenz gegen Unendlich dabei im Zentrum dieses formenreichen fraktalen Universums stattfindet. Abbildung 27.1 zeigt die

---

26 Näheres über eine schrittweise Programmmierhilfe für die Mandelbrot-Menge, siehe: Pickover, C. 1989) Inside the Mandelbrot set. *Algorithm*, Nov./Dez. 1(1): 9-12. (Diese Ausgabe ist erhältlich bei: Algorithm, P.O.Box 29237, Westmount Postal Outlet, 785 Wonderland Road S., London, Ontario, Canada N6K 1M6.)

Abbildung 27.1. *Mandelbrot-Menge.* Gezeigt ist die Mandelbrot-Menge für den Iterationsprozeß, $\zeta \rightarrow \zeta^p + (1/\mu)^p$, p = 2. Für diese Figur gilt $|\text{Re}(\mu)| \leq 2{,}0$, $|\text{Im}(\mu)| \leq 2{,}0$. Die Punkte im Zentrum der Abbildung konvergieren nach Unendlich.

Mandelbrot-Menge, auch *M*-Menge oder *M*(*p*) genannt, für den Fall $p = 2$.[27] Begrenzte, nicht explodierende Orbits sind durch die umgebenden schwarzen Bereiche dargestellt. Die einge-zeichneten Konturen (»Höhenlinien«) ergeben sich bei den ersten Iterationen. Sie zeigen an, wie stark die Iteration explodiert.

Der von mir bevorzugte Test für das Verhalten der Mandelbrot-Menge wird Epsilon-Kreuz-Verfahren genannt. Das Ergebnis dieses Verfahrens ist in Abbildung 27.2 dargestellt. Die Abbildung 27.2 zeigt dieselbe Menge wie Abbildungg 27.1; es sind jedoch nicht die Konturen eingezeichnet, sondern Punkte mit traditionell auseinanderlaufenden Trajektorien, wenn ein Orbit von ζ eine der beiden folgenden Bedingungen erfüllt:

$$\begin{cases} |Re(\zeta)| < \varepsilon \\ |Im(\zeta)| < \varepsilon \end{cases} \tag{27.2}$$

---

27 Bei dieser Figur beginnt man mit einem Feld komplexer Werte ζ. Das Ergebnis der Transformation wird immer wieder in die Iterationsgleichung (27.1) eingesetzt. Nach Wahl der Startpunkte ist jede Iteration gleichsam ein weiterer Sprung von einer komplexen Zahl ζ zur nächsten. Die Menge dieser Punkte auf einem Weg ist ein *Orbit*. Ziel ist es, das Schicksal aller Orbits in einem gegebenen System zu verstehen. So erzeugt die Gleichung für bestimmte ζ-Startwerte immer größere Werte, d.h. die Funktion explodiert oder divergiert. Für andere Werte explodiert sie nicht (sie ist begrenzt). Dieses Verhalten kann mit dem Computer grafisch dargestellt werden. (Siehe Mandelbrots Buch (1983), das faszinierende Computergrafikdarstellungen der Julia-Menge enthält. Siehe auch Brooks und Matelski (1981), die einige frühe Grafik der Julia- und Mandelbrot-Mengen beschrieben.)

Abbildung 27.2. *Mandelbrot-Wald der Abbildung 27.1.*

(Re und Im bezeichnen den Real- und Imaginärteil von ζ). Ich habe mit einigem Erfolg für ε den Wert 0,01 eingesetzt, wie die Abbildungen in diesem Kapitel zeigen. Abbildung 27.3 ist eine Vergrößerung eines Randabschnittes aus Abbildung 27.2 und zeigt selbstähnliche Strukturen. In diesem Bild sind die baumähnlichen Strukturen feiner, da hier mit $\varepsilon = 0,001$ gerechnet wurde. Abbildung 27.4 zeigt eine invertierte hexagonale Mandelbrot-Menge für $p = 3$.

Mit der Testgleichung (27.2) können auch Strukturen im »schwarzen« Innern der invertierten Mandelbrot-Menge sichtbar gemacht werden.

27.1 Symmetrie

Setzen Sie einmal größere p-Werte in Gleichung (27.1) ein. Sie erreichen damit einen höheren Symmetriegrad. Ist $p = 2$, entsteht eine diamantförmige Struktur mit vier gleichen Seiten. Bei $p = 3$ entsteht eine regelmäßige sechseckige Form mit sechs gleichen Seiten; bei $p = 4$ eine zwölfseitige Figur. Es zeigt sich, daß die Menge $M(p)$ eine $p(p-1)$-fache Symmetrie hat. Für $\zeta \to \zeta^p + 1/\mu$ zeigen die Mandelbrot-Mengen nur eine $(p-1)$-fache Symmetrie. Die traditionelle Mandelbrot-Menge für $\zeta \to \zeta^p + \mu$ zeigt ebenfalls eine $(p-1)$-fache Symmetrie; die entsprechende Julia-Menge hat eine p-fache Symmetrie (Lakhtakia et al., 1988). Peitgen und Richter beschreiben in ihrem Buch herausragende und anregende Grafiken von Variationen der traditionellen quadratischen Mandelbrot-Mengen.

Abbildung 27.3. *Vergrößerung eines kleinen Ausschnitts des Waldes der vorherigen Abbildung.* −1,21 ≤ Re(μ) ≤ 0,212, −1,19 ≤ Im(μ) ≤ −0,647.

27.2 Übungen

Abbildung 27.5 zeigt Stiele innerhalb der Mandelbrot-Menge. Was sind diese aus den Anziehungsmittelpunkten herausragenden Stiele? Mit zunehmender Annäherung an das von der Mandelbrot-Grenze definierte Chaos verzweigen sich die Stiele immer häufiger. Die schönen baumähnlichen Strukturen sind selbstähnlich; sie wiederholen bei zunehmender Vergrößerung also immer wieder dieselben grundlegenden Strukturen. Schauen Sie sich die Stiele der Mandelbrot-Menge in unterschiedlichen Bereichen der Menge einmal genauer an. Ihr Verhalten ist äußerst kompliziert und grafisch attraktiv. Es macht Spaß, diese Wälder aus Linien und Bändern zu betrachten. Wie entstehen diese baumähnlichen Strukturen unter Berücksichtigung des Epsilon-Kreuz-Verfahrens?

Abbildung 27.4. *Mandelbrot-Menge.* Hier ist p = 3 mit p(p − 1)-facher Symmetrie. Re(μ) ≤ 1,2, Im(μ) ≤ 1,2.

27.3 Weiterführende Literatur

1. Pickover, C. (1990) Inverted Mandelbrot sets. *Visual Computer*, 5: 377.

2. Brooks, R., Matelski, J. P. (1981) The dynamics of 2-generator subgroups of PSL(2.C). In: *Riemann Surfaces and Related Topics: Proceedings of the 1978 Stony Brook Conference*. Kyra, I. und Maskit, B. (Hrsg.). Princeton University Press: New York. (Anmerkung: Dieser Artikel aus dem Jahre 1978 zeigt einfache Computergrafiken und mathematische Beschreibungen der Mandelbrot- und Julia-Mengen.)

3. Mandelbrot, B. (1983) *The Fractal Geometry of Nature*. Freeman: San Francisco.

4. Peitgen, H., Richter, P. (1986) *Die Schönheit der Fraktale*. Springer: Berlin.

5. Lakhtakia, A., Vasundara, V., Messier, R., Varadon, V. (1987) On the symmetries of the Julia sets for the process [?] *Journal of Physics* A: Math. General, 20: 3533-3535.

6. Stevens, R. (1989) *Fractal Programming in C*. M & T Books: Redwood City: Kalifornien.

Abbildung 27.5. *Mandelbrot-Stiele*. Diese Stiele liegen im inneren begrenzten Bereich der Mandelbrot-Menge. Die Abbildung zeigt eine Vergrößerung des Randes aus Abbildung 27.1. ($-1{,}28 \leq \mathrm{Re}(\mu) \leq -0{,}823$, $-0{,}94 \leq \mathrm{Im}(\mu) \leq -0{,}561$)

Kapitel 28

Schönheit aus mathematischen Formeln: Affenkurven und Spiralen

»Über die dunklen Äonen der Existenz des Menschen hinweg haben sich manche Menschen der Vermittlung des Unerklärlichen verschrieben. Dies waren die Philosophen, Wissenschaftler und immer wieder die Künstler. Manche wählten das Wort, manche die Musik und, zu unserem Glück, versuchten die meisten Genies auf visuellem Wege zu vermitteln, was sie empfanden.« David Larkin, 1973

Erst in den letzten Jahren begannen die Mathematiker, mit bizarren mathematischen Mustern zu spielen, wobei ihnen oft die Ästhetik ebenso wichtig war wie die Logik. Mit Hilfe von Computergrafiken kann auch der mathematische Laie das komplizierte und interessante grafische Verhalten einfacher Formeln besser verstehen.

Ich möchte hier noch einmal hervorheben, daß komplizierte künstlerische Figuren mit den uns heute zur Verfügung stehenden Supercomputern in nur wenigen Sekunden berechnet und dargestellt werden können. Mit dieser neuen Computergeneration können in nur einer Sekunde über 50.000 schattierte dreieckige Flächen gezeichnet werden. Diese hohe Geschwindigkeit macht die heutigen Computer und Programme für Künstler und Computergrafiker besonders interessant.

Im folgenden möchte ich Ihnen einige Formeln für die Erzeugung wunderschöner Grafiken zeigen. Ich hoffe, daß Sie Freude daran haben und diese auf ihrem Computer testen werden. Sie können die Formeln natürlich auch abändern. Lassen Sie sich von den grafischen und künstlerischen Ergebnissen überraschen. Die Formeln lauten:

$$z = \alpha + \beta \cos \left(6\pi \sqrt{(x^2 + y^2} + arctan(y/x) \right) \tag{28.1}$$

wobei

$$\alpha = 3y(3x^2 - y^2)/4 \tag{28.2}$$

oder

$$\alpha = 5\sqrt{|x| - |y|} + \frac{2|xy|}{\sqrt{(x^2 + y^2)}} \tag{28.3}$$

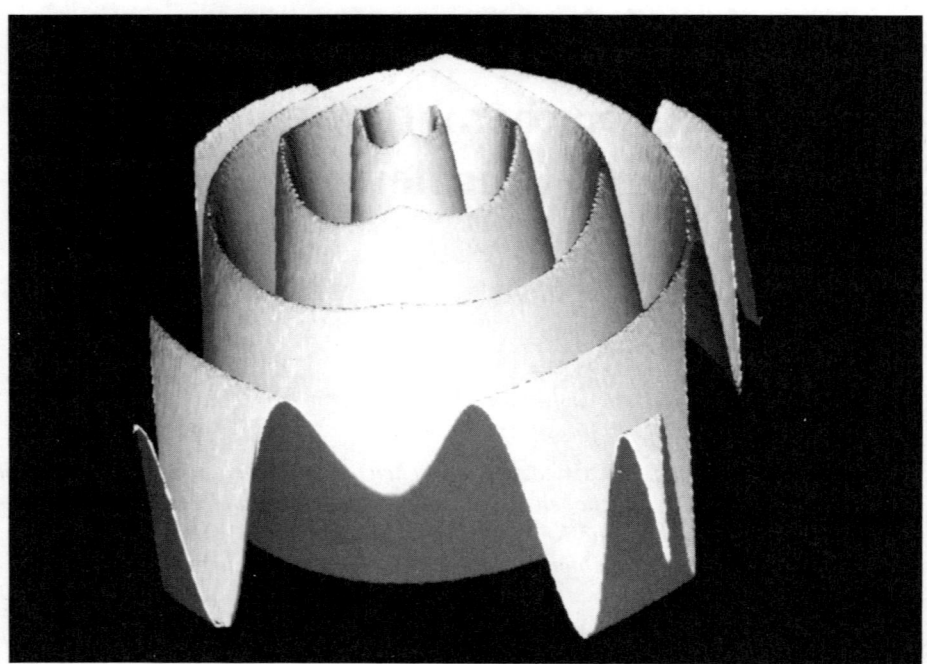

Abbildung 28.1. Eine komplexe mathematische Fläche. Diese Fläche wurde mit der Gleichung (28.3) erzeugt, wobei die »5« durch eine »1« ersetzt wurde.

Sie können auch andere Werte für α einsetzen:

$$5xy^2/(x^2 + y^4) \tag{28.4}$$

Der α-Term erzeugt eine Fläche, der eine dreidimensionale Spirale aufsitzt. Ist $\alpha = 3y(3x^2 - y^2)$, dann nenne ich die Fläche nach dem IBM-Programmierer, der die Spirale in einem Artikel vorstellte (Ricard, 1989) Ricardsche Fläche. Gleichung (28.2) erzeugt eine abgewandelte hyperbolische Sattelfläche. Gleichung (28.3) ergibt eine weitere interessante künstlerische Fläche – eine Spirale in einer Grundfigur mit vier Falten (Farbtafel 12). Gleichung (28.4) erzeugt eine komplexere Basis. Bei den hier gezeigten Figuren war $\beta = 1$. Setzt man für β eine Kosinus-Formel ein, wogt der Rand der Spirale auf und ab.

Es gibt unzählige künstlerisch anspruchsvolle Flächen, die sich aus einfachen Formeln erzeugen lassen. Ich möchte hier noch weitere interessante Flächen vorstellen. Meine persönliche Lieblingsfläche ist definiert durch

$$z = \frac{1}{3}x^3 - xy^2 \tag{28.5}$$

Diese Fläche wird *Affensattel* genannt, da ein Affe, der darauf sitzt, ausreichend Platz für seinen Schwanz und seine Beine hätte. Eine weitere grafisch interessante Fläche ist

```
Algorithmus: Hauptteil des C-Programms zur Berechnung
             von z = f(x, y).
```

Anmerkungen: Um sicherzustellen, daß die errechneten Winkel im richtigen Quadranten liegen, muß anstelle der Funktion atan die Funktion atan2 verwendet werden. Der Term "res" steuert die Auflösung der Oberfläche. Als Werte werden empfohlen: xmin=-1.2, ymin=-1.2, xmax=1.2, ymax=1.2

```
#define SQR(x) ((x)*(x))
#define SSQR(x) ((x)*(x)*(x)*(x))
float screen[512] [512]
float xmin, xmax, ymin, ymax, res;
res = 512;
printf ("Geben Sie xmin, xmax, ymin, ymax ein! \n");
scanf ("%f %f %f %f", &xmin, &xmax, &ymin, &ymax);
for(i = 0, x = xmin; (x <=  ymax) && (i < res);
  i++, x += (xmax - xmin) / res)
 for(j = 0, y = ymin; (y <=  ymax) && (j < res);
     j++, y += (ymax - ymin) / res)    {
 screen[i] [j]=
 /* Gleichung 2 */
 3.0 * y * (3.0 * SQR(x) - 4.0 * SQR(y)) / 4.0
 /* Gleichung 3 */
 /* + 5*SQR(fabs(x)-fabs(y)) + 2*fabs(x*y) / (sqrt(SQR(x)
    +SQR(y)))+ */
 /* Gleichung 4 */
 /* + 5*x*SQR(y) / (SQR(x)+SSQR(y))+ */
 /* Gleichung 1 */
 + cos(6.0 * 3.14156 * sqrt(SQR(x) + SQR(y)) + (atan2(x,y)));
}
```

Pseudokode 28.1. *Hauptteil des Programms (geschrieben in C) zur Berechnung von z = f(x,y).*

$$z = \frac{-5x}{x^2 + y^2 + 1} \tag{28.6}$$

deren glatte Oberfläche eine Vertiefung und eine Erhebung aufweist.

Möchten Sie konzentrisch wogende Wellen oder eine trompetenförmige Figur erzeugen? Dies ist mit den beiden folgenden Formeln möglich.

$$z = \sin^2(\sqrt{x^2 + y^2}) \tag{28.7}$$

$$z = \ln(x^2 + y^2) \tag{28.8}$$

Die nun folgende Gleichung erzeugt eine Fläche mit einer aufgrund der Quadratzahl schnell ansteigenden Wand und einer schönen, kleinen Kante.

$$z = x - \frac{1}{12}x^3 - \frac{1}{4}y^2 + \frac{1}{2} \tag{28.9}$$

Mit dem C-Programm in Pseudocode 28.1 können die hier vorgestellten Formeln berechnet werden. Die Zeile »screen(i)(j)« beschreibt die Höhen (z) als eine Funktion von x und y. Der ungefähre Bereich für die x- und y-Werte ist für alle Zeichnungen $(-1{,}2 \leq x, y \leq 1{,}2)$. Wenn Sie kein Programm zur Darstellung der dreidimensionalen Flächen haben, können Sie die Flächen auch zweidimensional darstellen, wobei unterschiedliche Farben die Höhe der Funktion wiedergeben (siehe die Farbtafeln in *Computers, Pattern, Chaos, and Beauty*). Somit können Sie auch faszinierende Bilder ohne 3D-Programme erstellen. Die unter »Weiterführende Literatur« genannten Bücher enthalten Anregungen für weitere Experimente.

28.1 Übungen

Im Gegensatz zu den in diesem Kapitel beschriebenen Kurven, die alle in einer Ebene liegen, sind einige Kurven auch dreidimensional; sie heißen »windschief«. Solche räumlichen Kurven können in parametrischer Form dargestellt werden (Seggern, 1990): $x = f(t)$, $y = g(t)$, $z = h(t)$. Da für f, g und h jeder beliebige Wert eingesetzt werden kann, ergibt sich eine riesige Vielfalt von Kurven. Unten sehen Sie einige meiner persönlichen Lieblingskurven.

28.1.1 Spiralkurven

$$x = a \sin(t), y = a \cos(t), z = at/(2\pi c) \tag{28.10}$$

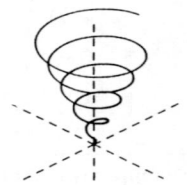

a und c sind Konstanten. Setzen Sie $a = 0{,}5$, $c = 5{,}0$, und $0 < t < \pi$. Diese »kreisförmige Helix« ähnelt einer Drahtfeder. Für eine »konische Helix« gilt

$$x = az \sin(t), y = az \cos(t), z = t/(2\pi c) \tag{28.11}$$

Auch hier sind a und c Konstanten.

28.1.2 3D-Sinuswelle

$$x = b[\, 1 - c^2\cos^2(at)]^{0{,}5}\cos(t) \tag{28.12}$$

$$y = b[\, 1 - c^2\cos^2(at)]^{0{,}5}\sin(t) \tag{28.13}$$

$$z = c \cos(at) \tag{28.14}$$

Die obigen Gleichungen beschreiben eine Sinuswelle auf einer Sphäre. Für eine rotierende Sinuswelle gilt

$$x = \sin(at) \cos(bt) \tag{28.15}$$

$$y = \sin(at) \cos(bt) \tag{28.16}$$

$$z = t/(2\pi) \tag{28.17}$$

Diese Formeln ergeben in Abhängigkeit vom gewählten Verhältnis a/b äußerst chaotische Effekte. Eine Ringspirale wird erzeugt mit

$$x = [\, a\, sin(ct) + b)]\, cos(t) \tag{28.18}$$

$$y = [\, a\, sin(ct) + b)]\, sin(t) \tag{28.19}$$

$$z = a\, cos(ct) \tag{28.20}$$

Haben Sie keine 3D-Grafikmöglichkeiten, können Sie die Kurven auf die $(x,\, y)$-Ebene projizieren, indem Sie t mit einem Computerprogramm variieren und nur (x, y) auftragen. Bei Seggern (1990) ist eine einfache Formel zur Betrachtung der Kurven aus jedem beliebigen Winkel beschrieben.

$$x_p = -x \sin \theta + y \cos \theta \tag{28.21}$$

$$y_p = -x \sin \theta \cos \varphi - y \sin \theta \cos \varphi + z \sin \varphi \tag{28.22}$$

wobei $(x,\, y,\, z)$ die Koordinaten des Punktes auf der Kurve vor Projektion und (θ, φ) die Blickwinkel in sphärischen Koordinaten sind.

28.2 Weiterführende Literatur

1. Peterson, I. (1987) Portraits of Equations. *Science News*, 132(2): 184-186.

2. Prueitt, M. (1975) *Computer Graphics*. Dover: New York.

3. Gleick, J. (1987) *Chaos: Making a New Science*. Viking: New York.

4. Abramowitz, M., Stegun, I. (19870) *Handbook of Mathematical Functions*. Dover: New York.

5. Shenk, A. (1979) *Calculus and Analytic Geometry*. Goodyear: Santa Monica.

6. Pickover, C. (1990) *Computers, Pattern, Chaos, and Beauty*. St. Martin's Press: New York.

7. Seggern, D. (1990) *CRC Handbook of Mathematical Curves and Surfaces*. CRC Press: Boca Raton, Florida.

8. Ricard, G. (1989) Intricate mathematical surfaces. *Chaos and Graphics*, 2: 10. (Diese Zeitschrift ist über mich erhältlich.)

Leonardo's "Concatenation."

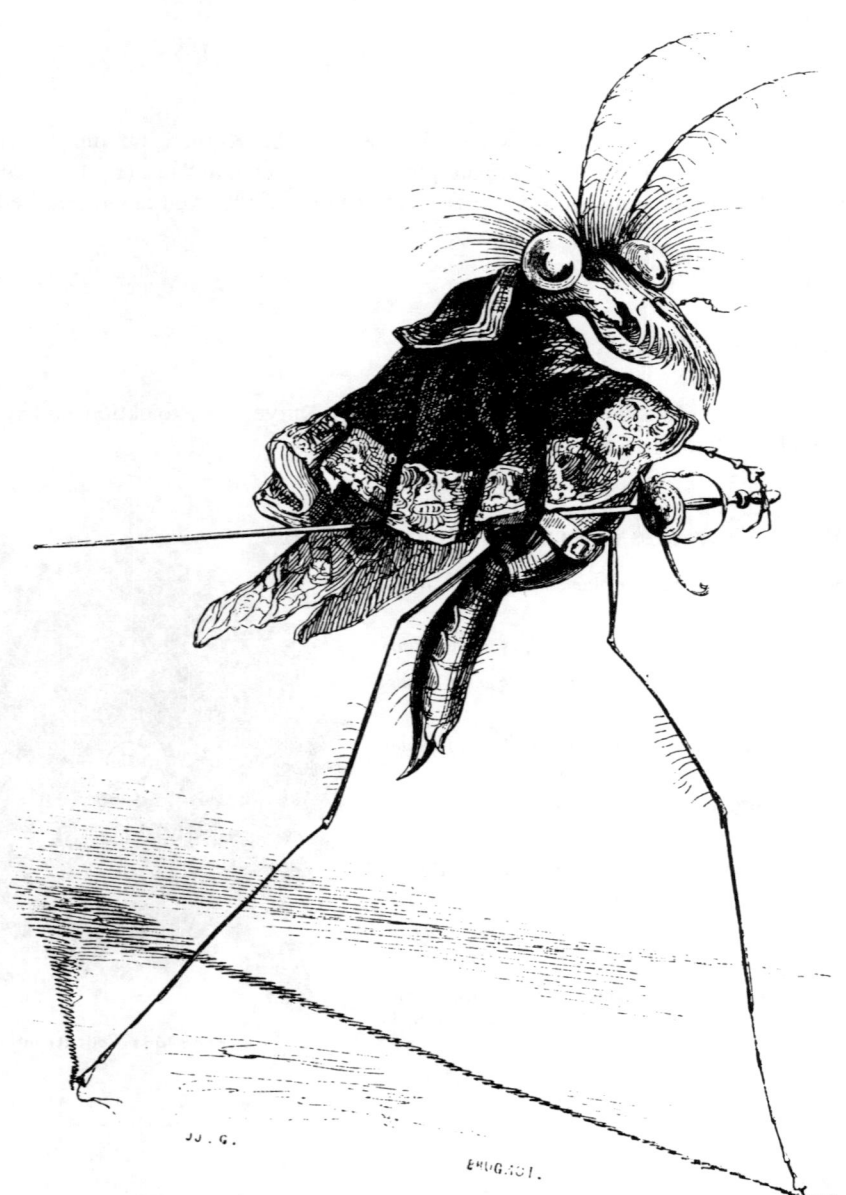

Kapitel 29

Darstellung des Gleichniszahlen-Reihen-Monsters

Auf den ersten Blick ruft der Titel dieses Kapitels Visionen fremdartiger Wesen aus einem Science-Fiction-Film hervor. Das »Gleichniszahlen-Reihen-Monster« bezieht sich jedoch auf eine Zahlenreihe mit höchst seltsamen Eigenschaften. Da keine der Zahlen in der Reihe größer als 3 zu sein scheint, sind auch keine besonders leistungsstarken Computer für die Berechnung erforderlich.

Gegeben ist die zahlentheoretische Reihe $u_{r,n}$, wobei r die Nummer der Zeile und n die der Spalte ist:

```
1
1 1
2 1
1 2 1 1
1 1 1 2 2 1
. . .
```

Wahrscheinlich erraten Sie die Zahlenreihe der nächsten Zeile nicht. Im nachhinein betrachtet ist die Antwort jedoch einfach. Es ist am besten, die Reihen laut aufzusagen. Zeile 2 hat zum Beispiel zwei »Einser« und ergibt somit für die dritte Reihe die Folge 2 1. Zeile 3 besteht aus einer »Zwei« und einer »Eins«, Reihe 4 daher aus einer »Eins«, einer »Zwei« und zwei »Einsen«. Daraus läßt sich eine vollständige Reihe $u_{r,n}$ erzeugen. Diese interessante Sequenz wurde von dem Deutschen M. Hilgemeier, der sie auch die »Gleichniszahlen-Reihe« nannte, in einem in deutscher Sprache veröffentlichten Artikel beschrieben. Diese, auch von John H. Conway analysierte Reihe wächst relativ schnell. Zeile 15 lautet zum Beispiel:

13211321322113311213211331112111312211213211312111322211231131112221131111231
1332111213211322211312113211

Reihe 27 enthält 2.012 Einträge (siehe Abbildung 29.4). In den Reihen ist die Zahl »1« häufiger als die Zahlen »2« und »3« vertreten. In den Reihen 6 bis 27 ist die Zahl »1« zu ungefähr 50%, die »2« zu 30% und die »3« zu 20% vertreten. Wie schon von Hilgemeier bewiesen wurde, ist die »3« die höchste Zahl, die in u vorkommen kann. Die Hypothese, daß die Folge 3 3 3 niemals vorkommen kann, wurde nie bewiesen, auch wenn Hilgemeier die Reihe bis $r = 27$ untersuchte. Ich testete sie bis $r = 33$ (über 10.000 Einträge) und kam zu demselben Ergebnis.

Abbildung 29.1. *Vektorgramm für u bei r = 15.*

In diesem Kapitel möchte ich mich auf die Verteilung der Zahlen »1«, »2« und »3« konzentrieren. Der Prozentsatz des Auftretens einer beliebigen Zahl in einer bestimmten Reihe läßt sich problemlos berechnen; man erfährt jedoch nichts über interessante Häufungen oder besondere Konzentrationen bestimmter Zahlen. Ein nützliches Verfahren dazu ist die Transformation der Zahlenreihe in charakteristische zweidimensionale Muster. Jeder Zahl wird dazu eine Bewegungsrichtung in der Ebene zugewiesen. Zur Darstellung dieser (und anderer) ternärer Reihen wird ein Dreiwege-Vektorgramm verwendet, bei dem eine »1« einen Schritt in Richtung 0°, eine 2 in Richtung 120° und eine 3 in Richtung 240° bedeutet. Die Winkelangaben beziehen sich auf die x-Achse. Die Abbildungen 29.1 bis 29.3 zeigen die Wege für Reihe 15 mit 102 Zahlen, Reihe 25 mit 1.182 Zahlen und Reihe 33 mit etwas über 10.000 Zahlen. Es wurden unterschiedliche Maßstäbe verwendet, damit die Graphen auf einer Seite abgebildet werden konnten. Würde die Reihe nur Einsen enthalten, wäre sie eine Linie nach rechts. Wie die Abbildungen zeigen, ist u bei weitem keine Zufallsreihe. Die diagonal nach oben weisende Tendenz in den Abbildungen 29.1 und 29.2 ist eine Mischung aus überwiegend Einsen, einigen Zweien und relativ wenigen Dreien. Da die Entwicklung recht geradlinig ist, müssen die Zahlenverhältnisse in der Reihe relativ konstant sein. In den Abbildungen 29.1 und 29.2 sind plötzliche Ausfälle nach oben vorhanden, die aber immer wieder zur diagonalen Grundlinie zurückkehren. Diese Ausfälle deuten auf ein vorübergehend vermehrtes Vorkommen der Zahl »2« hin.

Die erzeugten Muster sind verständlicher, wenn man sich die Richtungen vergegenwärtigt, die die unterschiedliche Zahlenkombinationen in der Reihe erzeugen. So verläuft die Reihe 1–1–1

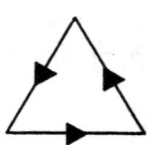

in x-Richtung. 1–2–3, 1–3–2 und verschiedene zyklische Permutationen kehren zum Ausgangspunkt zurück (siehe Diagramm links). Ebenso läßt sich die Steigung des Vektogramms als Funktion der Reihenzahl errechnen; diese kann dann gegenüber der Zahl der Einträge in einer Reihe aufgetragen werden. Schon nur wenige Beispielpunkte zeigen, daß die Steigung der Durchschnittsgeraden mit der Reihenzahl wächst.

Stellen Sie weitere Berechnungen an und lassen Sie sich von den Ergebnissen überraschen. Pickover (1987) beschreibt zum Beispiel die Verwendung eines Achtwege-Vektogramms für die Charakterisierung von Gensequenzen.

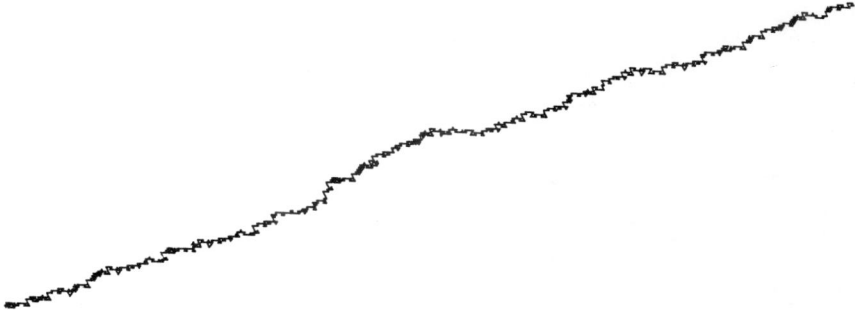

Abbildung 29.2. *Vektorgramm für u bei r = 25.*

[[Zum Schluß möchte ich noch einige Beobachtungen von Dr. A. Lakhtakia und mir anfügen. 1989 entdeckten wir, daß die Gleichniszahlen-Reihe zur Reihe $G(p)$ verallgemeinert werden kann, wobei $p \neq 1$ entweder Null oder eine positive ganze Zahl ist. Ein Beispiel:

```
p
1 p
1 1 1 p
3 1 1 p
1 3 2 1 1 p
1 1 1 3 1 2 2 1 1 p
```

Wird $p = 1$ in $G(p)$ eingesetzt, ergibt sich interessanterweise keine Standard-Gleichniszahlen-Reihe, da Zahlen und Symbole bei dieser Reihe gemischt sind. Die größte Zahl in $G(p)$ scheint $\max(p,3)$ zu sein. Ist $p > 3$, dann taucht es immer nur am rechten Ende der Reihe auf.

Bis jetzt habe ich nur die Verwendung einer einzigen Zahl oder eines einzigen Symbols als Start für die Gleichniszahlen-Reihe diskutiert. Eine weitere Verallgemeinerung ist die Verwendung der beiden Symbole p und q als Einträge der ersten Reihe:

```
pq
1p1q
111p111q
311p311q
13211p13211q
```

Hier wird deutlich, daß für $p \neq 1, q \neq 1, p \neq q$ die entsprechende Zeile aus zwei nebeneinander liegenden Kopien von $G(p)$ besteht. Auch ist die n-te Zeile ($n = 0, 1, 2, 3, ...$) der Reihe für $p = 1, q \neq 1$ gleich der ($n+1$)-ten Zeile von $G(q)$. Für $p = q = 1$ entspricht die n-te Zeile der ($n+1$)-ten Zeile der Gleichniszahlen-Reihe. Ist $p \neq 1$ und $q \neq 1$, dann erhält man die gleiche Struktur wie durch Ansetzen der üblichen Gleichniszahlen-Reihe rechts an $G(p)$.]]

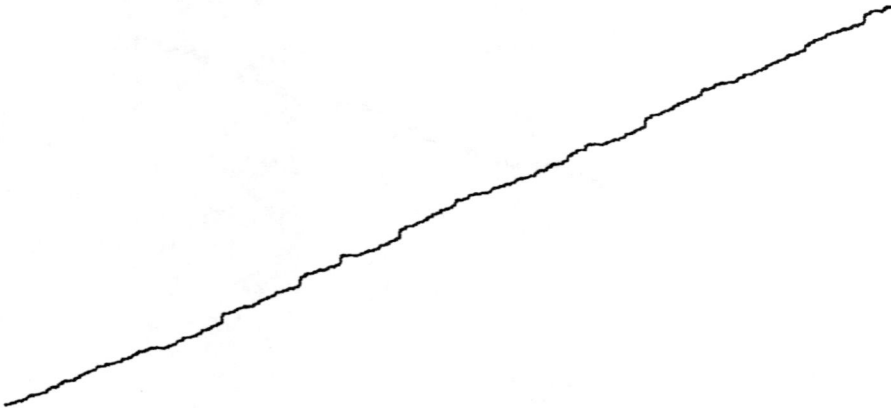

Abbildung 29.3. *Vektorgramm für u bei r = 33.*

29.1 Übungen

Beantworten Sie die folgenden Fragen:

1. Welche Eigenschaften hat eine umgekehrte Gleichniszahlen-Reihe? Läßt sich, ausgehend von einer bestimmten Reihe, die ursprüngliche Startfolge der Symbole errechnen?

2. Kann die Gleichniszahlen-Reihe für Kodierungen verwendet werden? Könnte das Militär diese Reihe zum Verschlüsseln von Nachrichten und zum Erzeugen von Geheimcodes verwenden? Falls Sie Schwierigkeiten bei der Berechnung großer Gleichniszahlen-Reihen haben: Abbildung 29.4 zeigt eine Gleichniszahlen-Reihe für Zeile 27. (Näheres siehe auch unter »Anmerkungen für den neugierigen Leser« auf Seite 407.)

29.2 Weiterführende Literatur

1. Hilgemeier, M. (1986) Die Gleichniszahlen-Reihe. *Bild der Wissenschaft,* 12: 194-195.

2. Pickover, C. (1987) DNA Vectorgrams: representation of cancer gene sequences as movements along a 2D-cellular lattice. *IBM Journal of Research and Development,* 31: 111-119.

3. Pickover, C., Khorasani, E. (1991) Visualization of the Gleichniszahlen-Reihe, an unusual number theory sequence. *Math. Spectrum,* im Druck.

4. Lakhtakia, A., Pickover, C. (1991) Observations on the Gleichniszahlen-Reihe. *Journal of Recreational Mathematics,* im Druck.

```
3113112221131112311332111213122112311311123112111331121113122
1121321131211132221123113112211121312211231131122211211133112
1113112221121113122113121113222112132113213221232112111312111
2133221123113112221131112212211131221121321131211132221123113
1122211311123113322112111331121111311122211211131221131111231133
2211211131221131211113222123211211131211112133221121321132132211
211231132132211211131221232112111312212221121123222112311312
2211311123113322111213122112311311123112111331121111312211231321
1331121321132122212211131221131211113222123211211131211121322
1121321132132211331121321132213211231132132211211131221232112
1113122122211211123222112132113213221133112132123123121113112
2211213211331121321123123211231131122211211131221131112311332
2112132113212231121113112221121321132122211322212221121112322
1123113112221131112311332111213122112311311123112111331121113
1221121321131211132222112311311122211311123113322113121131122
1131112311332211211131221131211132221112131221123113111231211
2322211213211321322113312211223113112221121111312211311123113
2211213211321322113312221133211121311222113321132211221121332
2112111312211312111322212321121113121112131112132112311321322
11212111312212321121111312211213111213122112132113213221123113
2221133112132123222112111312211312112213211231123113213221121113
2211313121111322211213211321322113311231132231121111312211213211
3311213211221121333221123113112221311112311332111213112221121321
32211231131122211311123113223112112211311123113322112111321321
3221123113112221133112132123222112111312211312111322221232112
113121112133221121311121312211213211312111322211213211321322
12321121131211121332211213211321322113311213212312312111311312
12211213211331112132112211213332211231131122211311123113221213
12211231131112311211133112111312211213211312111322211231131122
12211311123112211133112111311221121321131211133222112321131321322
12211311112211222111312211213211312111322211231113121123113112
12213112122211312211213211312121113132112132231311222131112311332211211
31221313211113222123211211312212322112311311221132211231132211
1312211213211321312111213322112311322113212221
```

Abbildung 29.4. *Gleichniszahlen-Reihe für Zeile 27.*

Kapitel 30

Der Moiré-Effekt: Praktische und eindrucksvolle Muster

Moiré-Muster, d.h. Muster, die erscheinen, wenn zwei Geraden- oder Linienmengen übereinander gelegt werden, finden sich überall. Werden zwei feinmaschige Gardinen übereinandergelegt, ergeben sich merkwürdig gewellte Hell-Dunkel-Muster. Schaut man bei zwei hintereinanderliegenden Holzzäunen durch den ersten Zaun, lassen sich Streifen von Licht und Schatten auf dem hinteren Zaun erkennen. Der gleiche Effekt kann mit zwei aufeinanderliegenden Kämmen erreicht werden.

»Moiré« ist nicht etwa der Name eines berühmten französischen Mathematikers, sondern die französische Bezeichnung für »gewässert« oder »geflammt«. Viele spektakulär aussehenden Moiré-Muster können mit Grafikcomputern erzeugt werden. Die Bilder, die ich hier beschreiben möchte, wurden mit hochauflösenden Grafikcomputern und Druckern erzeugt, lassen sich jedoch auch in schlichterer Form auf kleineren Computern berechnen.

In der Fach- und Kunstliteratur wurden schon so viele schöne Moiré-Muster veröffentlicht, daß ich mich in diesem Artikel auf verschiedene praktische Anwendungen konzentrieren möchte. Ich möchte daher ein einfaches grafisches Verfahren beschreiben, mit dem die Linearität von Computerbildschirmen überprüft werden kann. Ebenso soll ein Verfahren zur Hervorhebung von Objekten auf Grafikbildschirmen vorgestellt werden. Zum Schluß möchte ich eine Methode beschreiben, mit der man auf einen Blick feststellen kann, ob sich eine Schraube gelockert hat. In allen genannten Bereichen werden Moiré-Interferenzen eingesetzt. Ein wunderbarer Hintergrundartikel über faszinierende Moiré-Verfahren in Kunst und Wissenschaft ist Giger (1986); für praktische Anwendungen im Bereich der Biologie siehe Pickover (1984).

30.1 Nichtlineare Bildschirme

In diesem Abschnitt möchte ich Nichtlinearitäten bei der Strahlablenkung in einer Kathodenstrahlröhre (beispielsweise in Fernseh- und Computerbildschirmen) mit Hilfe eines Moiré-Interferenzmusters sichtbar machen. Zur Hintergrundinformation: Eine Kathodenstrahlröhre besteht im wesentlichen aus einer Elektronenkanone und einem Joch (am hinteren, spitz zulaufenden Ende der Röhre außen angebrachte elektromagnetische Spulen). Fließt ein Strom durch die Spule, lenkt das erzeugte Magnetfeld den Elektronenstrahl ab, so daß er auf immer

Abbildung 30.1. *Horizontale Linien mit deutlicher Nichtlinearität.*

andere Punkte des Leuchtstoffes an der Bildschirmrückseite trifft. Es werden zwei Paar Spulen verwendet, mit denen die horizontale und vertikale Ablenkung gesteuert wird. Ein Digital-Analog-Wandler wandelt die vom Computer kommenden digitalen Werte in Spannungen um, die dann von der Steuereinheit des Bildschirms auf die erforderliche Höhe verstärkt werden.

Zur Prüfung der Jochfunktion der Kathodenstrahlröhre möchte ich ein einfaches visuelles Verfahren vorschlagen, bei dem geringfügige »versteckte« Nichtlinearitäten oder Periodizitäten mit Hilfe des Moiré-Effekts aufgedeckt werden können. Sie werden sicher auch andere Anwendungen dafür finden. Die vertikale Ablenkung läßt sich wie folgt prüfen:

1. Zeichnen Sie parallele horizontale Geraden mit gleichem Abstand.

2. Neigen Sie das Linienmuster und legen Sie es auf das Original.

Das so erzeugte Moiré-Muster macht die versteckten Periodizitäten sichtbar. Pseudocode 30.1 enthält ein Programmlisting für die Linienmuster. Die besten Ergebnisse werden erzielt, wenn die erste geneigte Gerade auf eine nicht geneigte Gerade des Originalmusters fällt. Das Moiré-Muster ist im allgemeinen um so dichter, je enger die Geraden beieinander liegen. Die Abbildungen zeigen Beispiele vertikaler Ablenkungen auf einem Vektorgrafikbildschirm. Abbildung 30.1 zeigt das horizontale Linienmuster. In Abbildung 30.2 werden die selben Linien schräg über das Original gelegt. Das resultierende Moiré-Muster ist ein Maß für eine sinusförmige Schwankung des Linienabstands. Diese geringfügige Schwankung ist bei flüchtiger Prüfung der Abbildung 30.1 nicht zu erkennen! Abbildung 30.3 wurde nach Korrektur dieser Nichtlinearität erzeugt. Ich wandte den Moiré-Generator bei mehreren Tektronix-Kathodenstrahlröhren an und fand sowohl stärkere als auch schwächere Nichtlinearitäten.

Ich würde mich freuen, von Ihnen weitere interessante und kreative Anwendungen für dieses besonders einfache Muster zu erfahren.

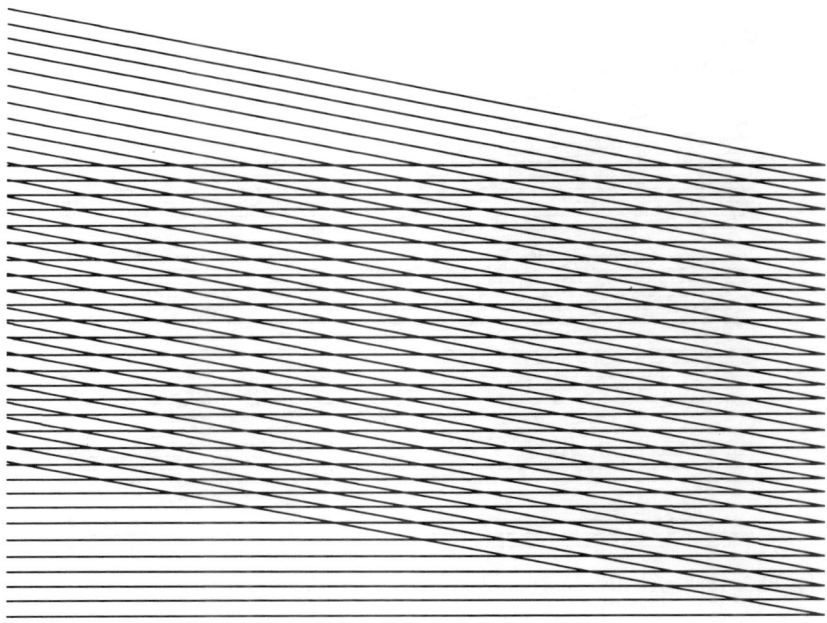

Abbildung 30.2. *Nichtlinearitäts-Testmuster, angewandt auf Abbildung 30.1.* Hier werden die sinusförmigen Abstandsschwankungen der vorhergehenden Abbildung sichtbar.

30.2 Hervorhebung von Objekten

Oft müssen Objekte, Text oder sonstige Grafiken in einer komplexen Grafik »hervorgehoben« werden. Im folgenden Beispiel zeigt ein Techniker mit einem Schaltkreis-Editor auf einen winzigen Transistor in einem sehr komplizierten Schaltplan; der Transistor beginnt zu blinken. Bei sehr großen Layouts für sehr hoch integrierte Schaltkreise (VLSI) wird manchmal bei der Auswahl per Cursor, Name oder auf andere Weise ein weißer Rahmen um die angewählte Komponente gelegt. Leider kann man in vielen Grafiksprachen aus den unterschiedlichsten Gründen Objekte nicht blinken lassen, und ein um das Objekt gelegter weißer Rahmen hebt sich vor einem komplexen Hintergrund oft nicht gut genug ab, um ein grafisches Objekt deutlich hervorzuheben. Ich möchte daher eine Art Blendenrahmen aus einem Moiré-Interferenzmuster vorschlagen. Der beschriebene Rahmen soll in diesem Fall ein Kreis sein; andere Formen sind aber auch möglich. Nun zur Verfahrensweise. Ein zusammengesetztes Muster besteht aus zwei einfacheren Mustern, die wie folgt übereinander gelegt werden:

1. Muster 1 ist ein Ring aus sternförmigen Linien in Intervallen von einem Grad.

2. Muster 2 ist ein Ring aus sternförmigen Linien in Intervallen von einem Grad, deren äußere Enden allerdings um θ Grad gegenüber den inneren versetzt sind.

Pseudocode 30.2 zeigt die einzelnen Schritte zur Erzeugung dieses Musters. Bei Überlagerung erscheinen N konzentrische Ringe. Bei Erhöhung von θ erhöht sich auch N. Der Effekt ähnelt der Überlagerung zweier Fahrradräder mit Speichen.

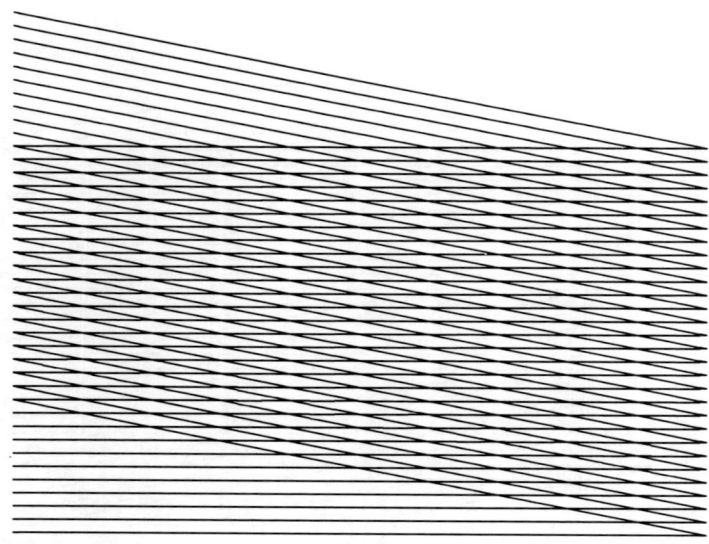

Abbildung 30.3. *Vorherige Abbildung nach Korrektur der Nichtlinearitäten.*

Der Grundgedanke ist folgender: Wenn Muster 2 gegenüber Muster 1 gedreht wird, bewegen sich die konzentrischen Interferenzmuster nach außen oder innen (je nachdem, ob im oder gegen den Uhrzeigersinn gedreht wird). Diese auffällige konzentrische Bewegung M_c nach innen oder außen ist viel schneller als die Umdrehungsgeschwindigkeit M_r ($M_c > M_r$). Somit läßt sich bei geringerer CPU-Belastung als bei »gewöhnlichen« bewegten Mustern ein schneller Effekt erreichen. Schon bei geringfügiger Drehung des Musters 2 ergibt sich eine rasche Bewegung der konzentrischen Ringe. Durch ihre Bewegung nach innen »zeigen« die konzentrischen Muster auf den in der Mitte liegenden Transistor. Die Vorteile liegen darin, daß die Richtung der Radialbewegung sowie die Anzahl der konzentrischen Ringe über den Wert von θ steuerbar sind. Da wegen $M_c > M_r$ mehr Bewegung bei weniger Rechnerbelastung erfolgt, kann der Moiré-Rahmen besonders bei kleineren Systemen nützlich sein.

Überlegen Sie sich einmal, was geschehen würde, wenn das Sternmuster mit Lichtgeschwindigkeit gedreht würde. Wie wir wissen, ist die Geschwindigkeit des Moiré-Rings immer größer als die Umdrehungsgeschwindigkeit. Andererseits gibt es nichts schnelleres als die Lichtgeschwindigkeit. Liegt hier also ein interessantes Paradoxon vor?

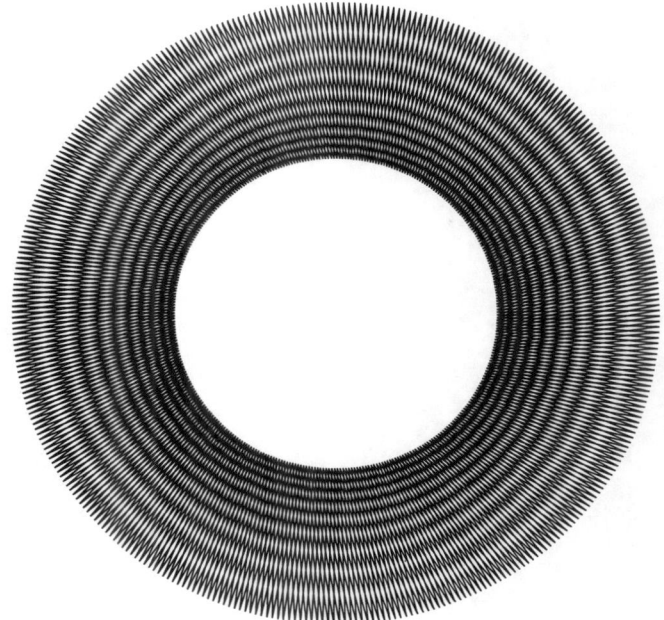

Abbildung 30.4. *Konzentrische Ringe.* Sie wandern nach außen (oder nach innen), wenn die Muster in entgegengesetzten Richtungen gedreht werden. M_c ist hier größer als M_r. In dieser Abbildung ist $\theta = 10$.

30.3 Festsitzende Schrauben

Als letzte praktische Idee möchte ich nun zeigen, wie man mit einem Moiré-Muster den festen Sitz von Schrauben überprüfen und winzige Bewegungen zwischen der Schraube und ihrer Unterlage sichtbar machen kann. Auf einer durchsichtigen Scheibe, die am Schraubenkopf befestigt ist, sind mit Tinte Ringe aufgezeichnet. Sitzt die Schraube fest, trifft die Unterlegscheibe auf die Unterlage, auf die sie eine Kopie ihres Tintenmusters überträgt. Dreht sich die Schraube zusammen mit der auf ihr angebrachten transparenten Unterlegscheibe nur ein wenig, ist schon bei oberflächlicher Betrachtung ein Moiré-Muster sichtbar.

Ich habe mehrere Tests mit konzentrischen Kreisen durchgeführt, bei denen sich die Achse der Schraube nicht im Mittelpunkt befand. Dieses Muster zeigt (optisch) äußerst empfindlich ein Lösen der Schraube an, und schon ein oberflächlicher Blick auf die Schraube zeigt, wie weit sie sich gedreht hat (siehe Abbildung 30.7).

Eine interessante Erweiterung dieses Ansatzes, der keine besonderen Geräte erfordert (nur eine Schraube mit nichtmittigen konzentrischen Kreisen) wäre zum Beispiel:

1. Machen Sie ein Foto der Schrauben und legen Sie es auf eine Klarsichtfolie.

2. Warten Sie einige Zeit und machen Sie ein neues Foto.

3. Legen Sie die Bilder übereinander. Die losen Schrauben sind auf den ersten Blick erkennbar.

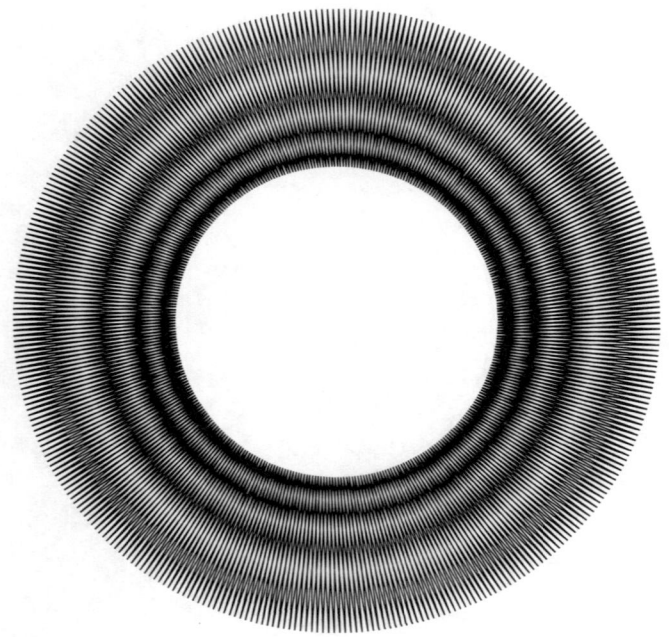

Abbildung 30.5. *Wie Abbildung 30.5,* jedoch θ = 4.

Geringfügige Verschiebungen von der Art, wie sie in den Farbgrafik-Anzeigen auftreten können, werden so leicht erkennbar. Prüfen Sie das Verfahren einmal mit Deckeln von Marmeladegläsern.

30.4 Weiterführende Literatur

1. Giger, H. (1986) Moires. *Computers and Mathematics with Applications,* 12B/1/2): 329-361.

2. Pickover, C. (1984) The use of random-dot displays in the study of biomolecular conformation. *Journal of Molecular Graphics,* 2: 34.

3. Pickover, C. (1990) Moire patterns. *Algorithm,* Sept. 1(6): 12.

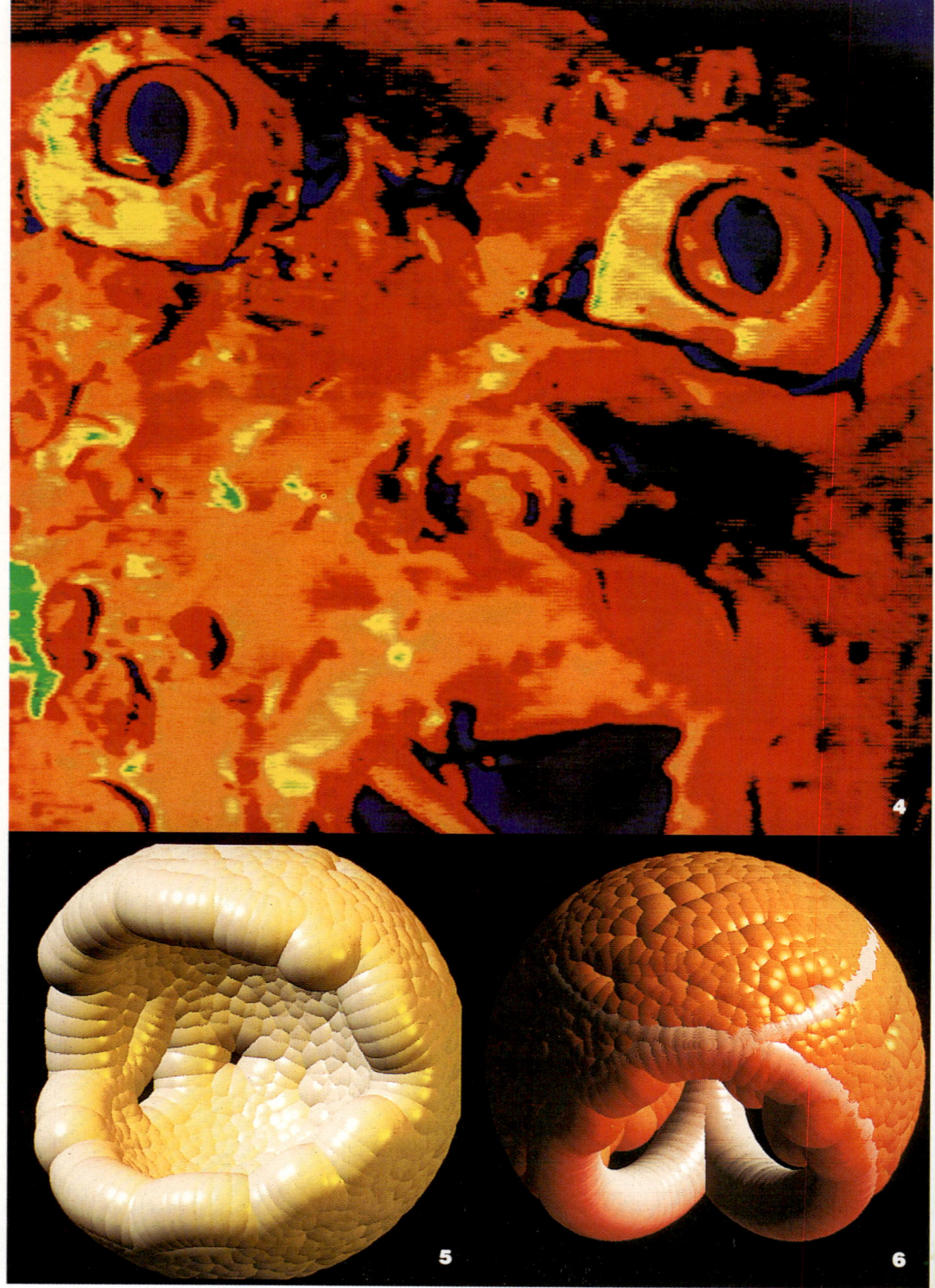

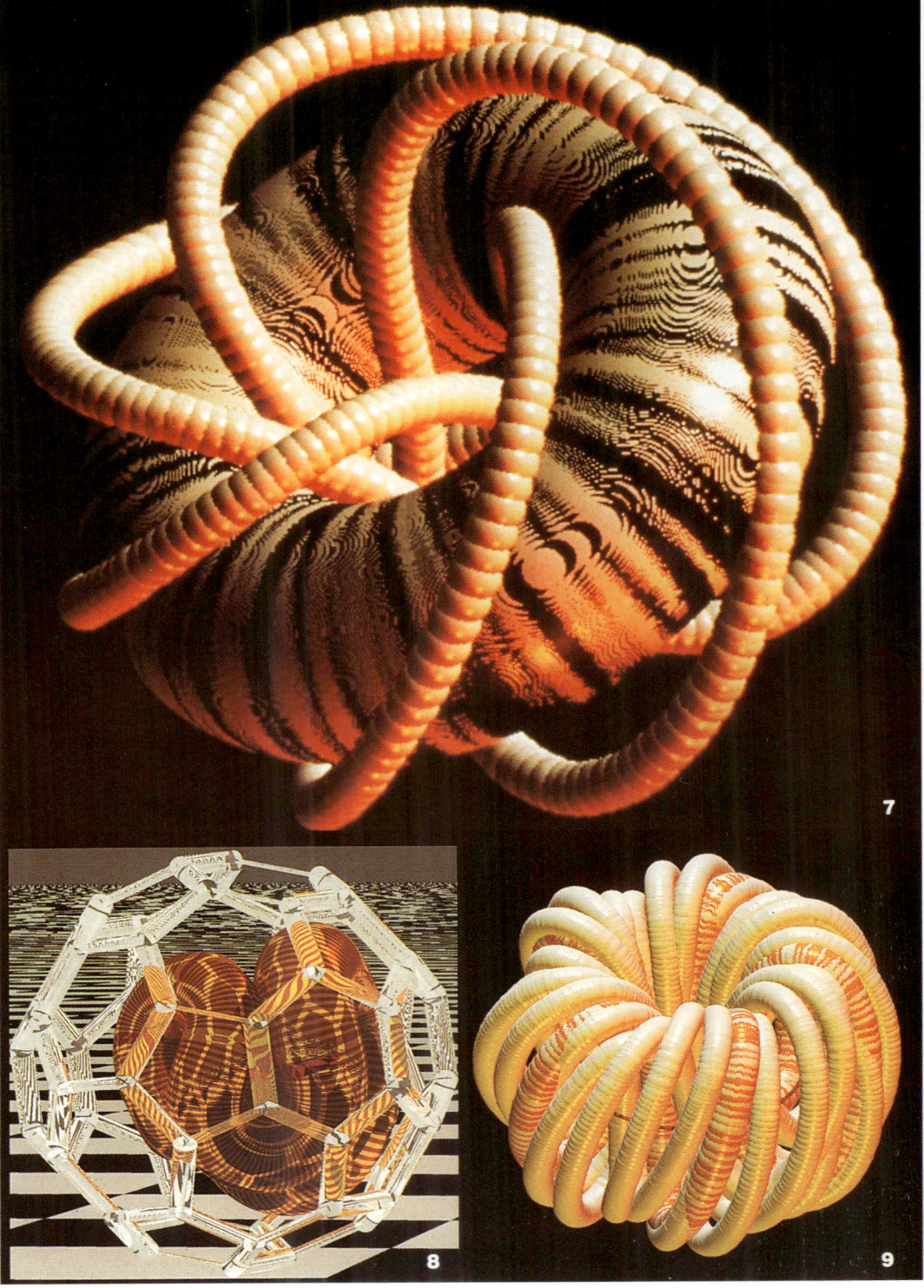

7

8

9

13

14

15

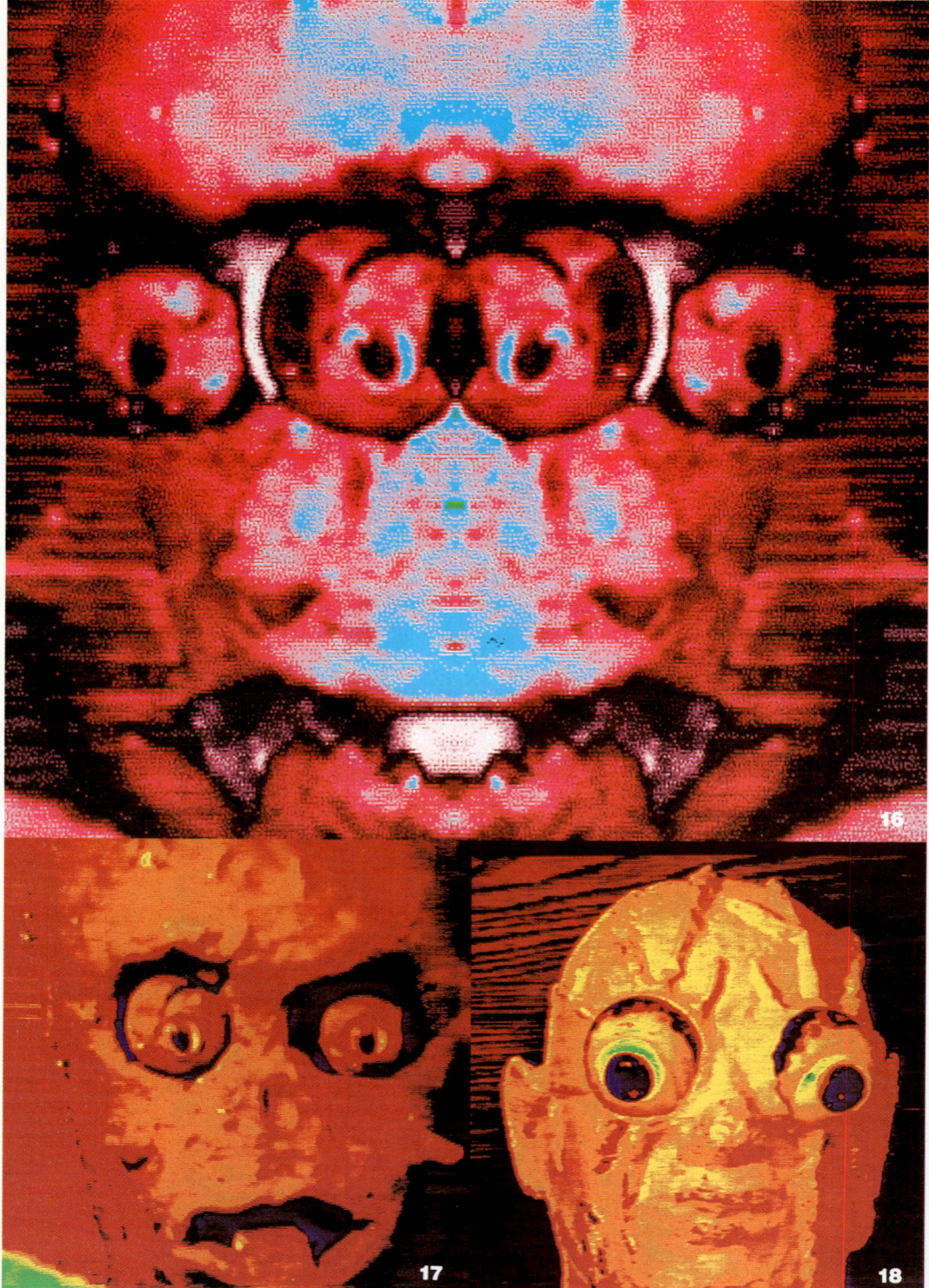

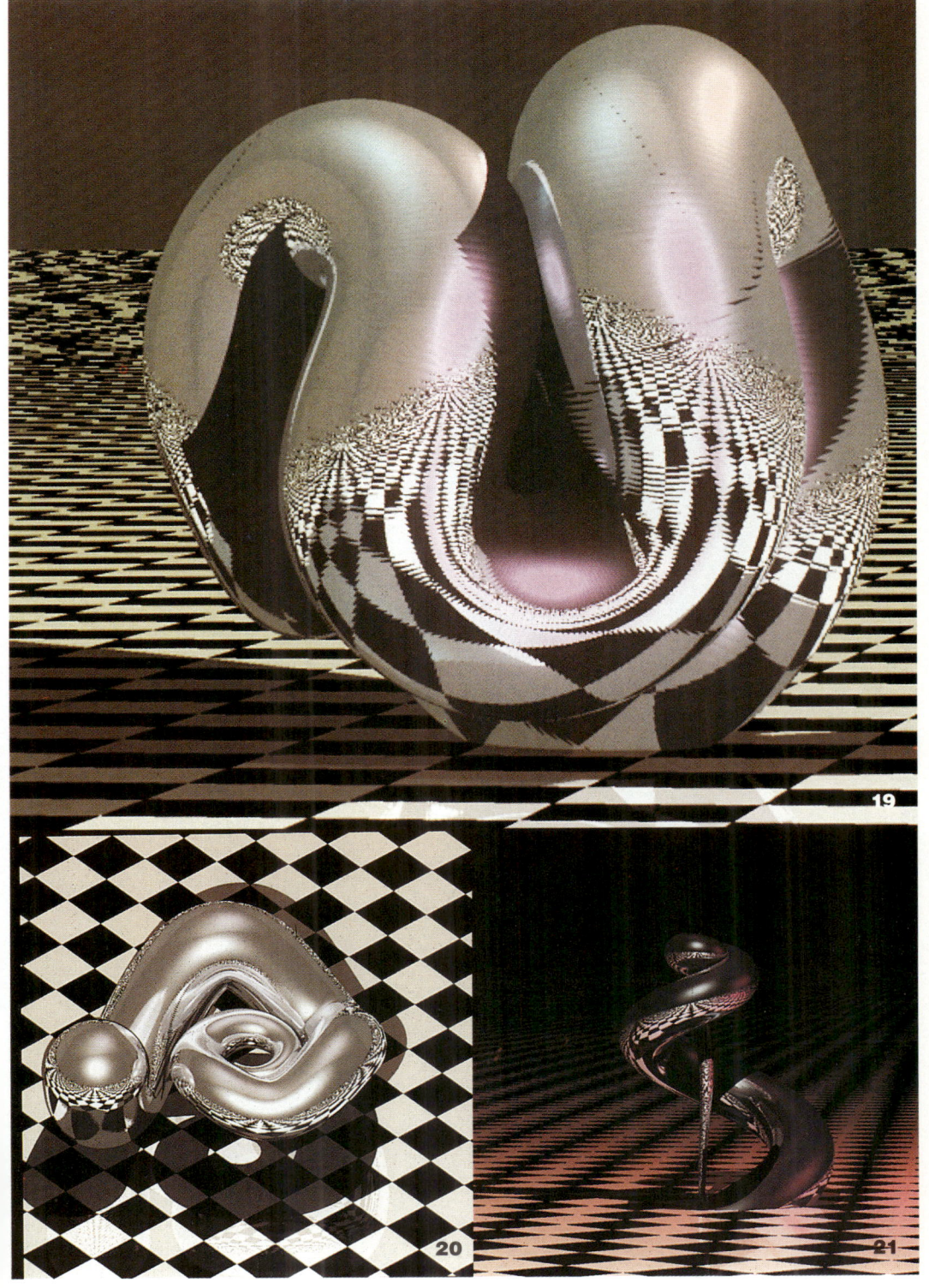

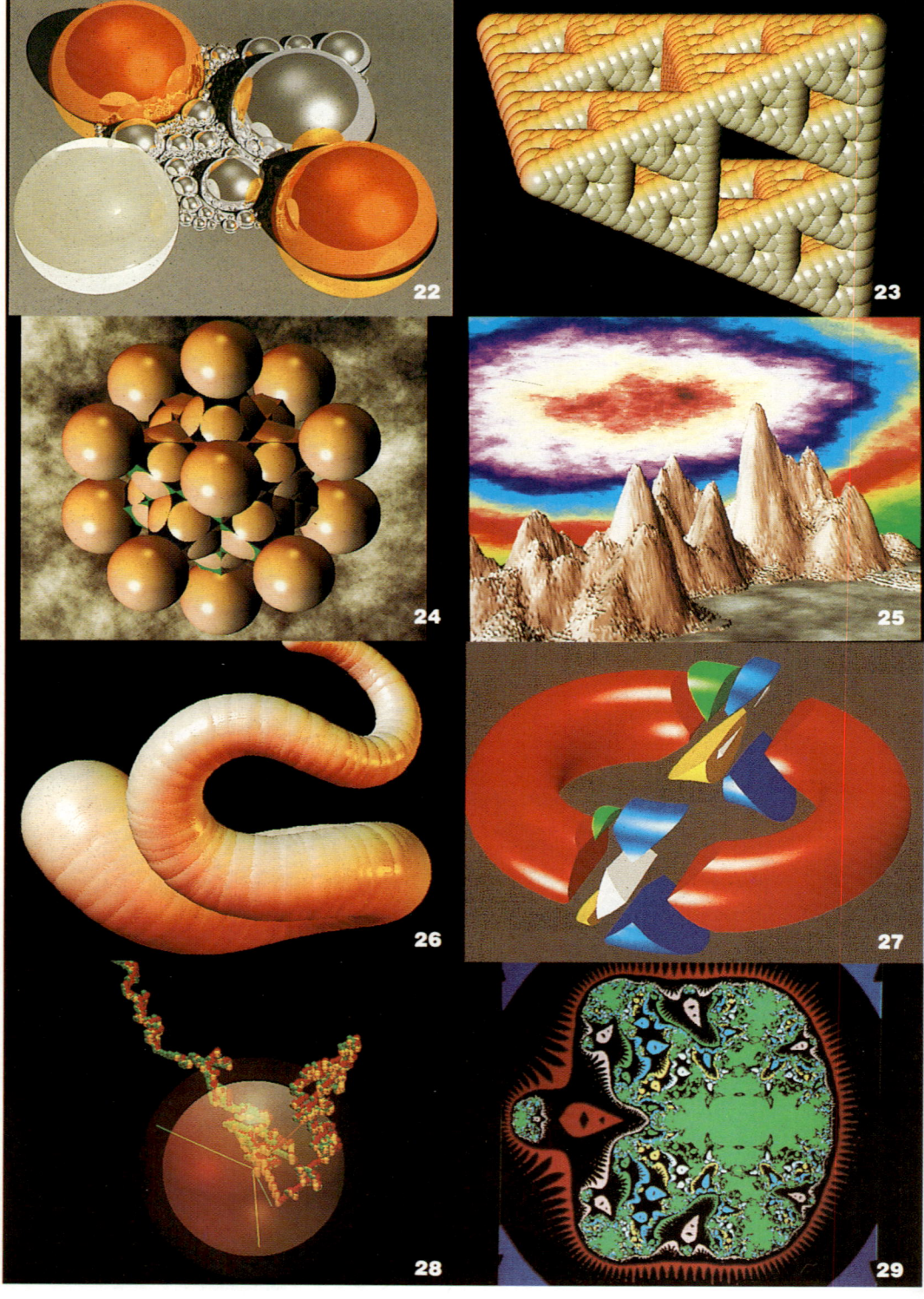

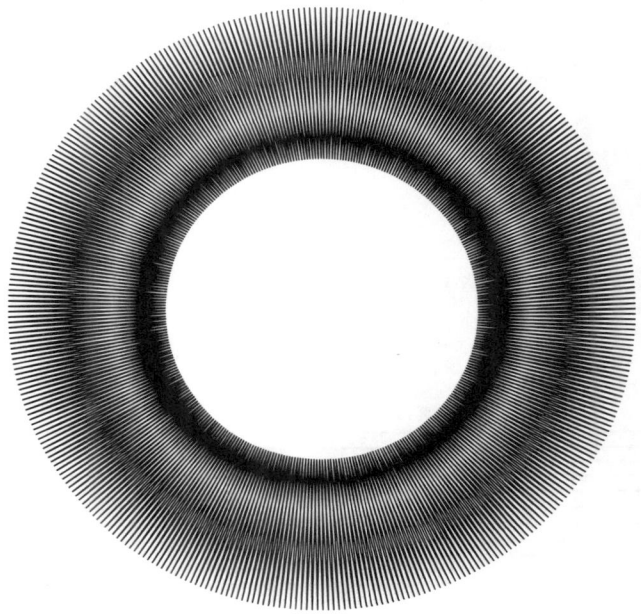

Abbildung 30.6. *Wie Abbildung 30.6,* jedoch θ = 2.

Abbildung 30.7. *Sitzmuster einer Schraube.* Ein Schraubenkopf ist lose und hat sich gegenüber dem anderen um 10° gedreht.

```
Algorithmus: Nichtlinearitäts-Kontrollprogramm
/*---------------Ersten Liniensatz zeichnen-----------------*/
 do x = 1 to 100 by .25;
  MoveTo (x,0); PenTo(x,80);
 end;
/*---------------Linien neigen-------------------*/
 do x = 1 to 100 by .25;
  MoveTo (x,0); PenTo(x+10,80);
 end;
```

Pseudocode 30.1. *Nichtlinearitäts-Kontrollprogramm*

```
Algorithmus: Hervorhebung durch Moré-Rahmen
/*--------------------Muster 1--------------------*/
 do theta = 1 to 360;
    r=20; x=r*cosd(theta)+50; y=y*sind(theta)+50; MoveTo(x,y);
    r=40; x=r*cosd(theta)+50; y=y*sind(theta)+50; PenTo(x,y);
 end;

/*--------------------Muster 2--------------------*/
/* Winkelvariable a steuert die Anzahl der Moiré-Linien*/
/* Experimentieren Sie, indem Sie Muster 2 auf Folie kopieren*/
/* und es auf Muster 1 legen          */
 do theta = 1 to 360;
    r=20; x=r*cosd(theta)+50; y=y*sind(theta)+50; MoveTo(x,y);
    r=20; x=r*cosd(theta+a)+50; y=y*sind(theta+a)+50; PenTo(x,y);
 end;
```

Pseudocode 30.2. *Hervorhebung durch Moiré-Rahmen.*

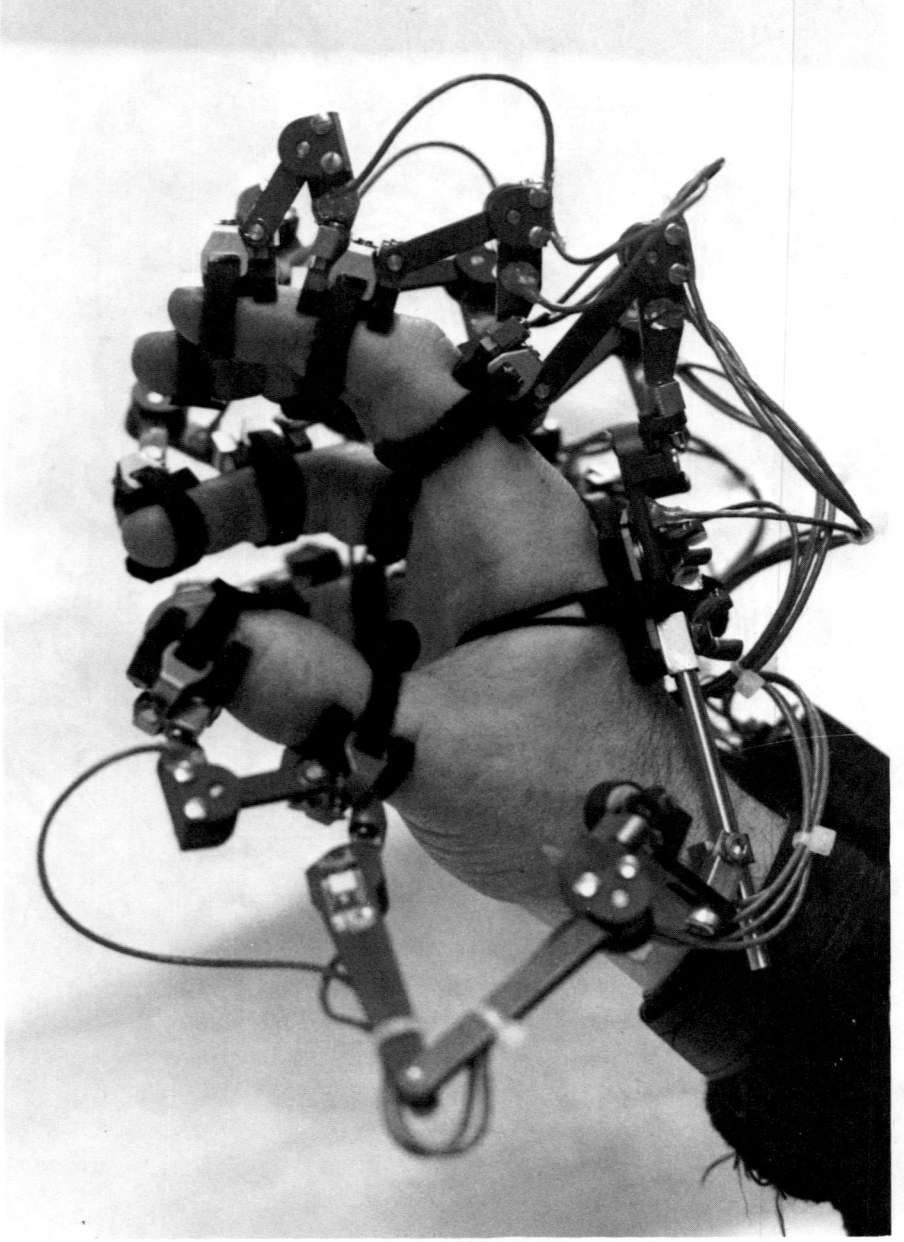

Kapitel 31

Zwischenspiel: Computer-Exoskelette

Müssen leistungsfähige Computer wirklich schwer zu bedienen sein? Die Computer der Zukunft werden auf die menschlichen Mitteilungen durch Berührung, Gesten, Sprache und Augenbewegungen reagieren. Präzise Exoskelette wie der zu Beginn dieses Kapitels abgebildete *Series 2 Dextrous Hand Master* gestatten heute schon die Manipulation computererzeugter Bilder in künstlichen Welten, die Steuerung von Roboterhänden und die Messung der Belastung der Hände. Schon bald werden Musiker, Tänzer, Künstler, Filmemacher, Sportbegeisterte, Chirurgen und Masseure/Masseurinnen diese Geräte nutzen können. Die Anwendungsmöglichkeiten der Exoskelette sind unbegrenzt.

Bei der hier abgebildeten Vorrichtung werden an jedem Fingergelenk Sensoren angebracht, die die Bewegungen der je drei Gelenke jedes Fingers messen. Die insgesamt zwanzig Gelenkwinkelmessungen werden blitzschnell mit einem IBM AT, Macintosh oder VME-Computer verarbeitet. Der »Series 2 Dextrous Hand Master« wird hergestellt von Exos Inc., 8 Blanchard Rd., Burlington, Massachusetts 01803, USA. (Näheres siehe »Anmerkungen für den neugierigen Leser« auf Seite 407.)

Teil V

EXPLORATION

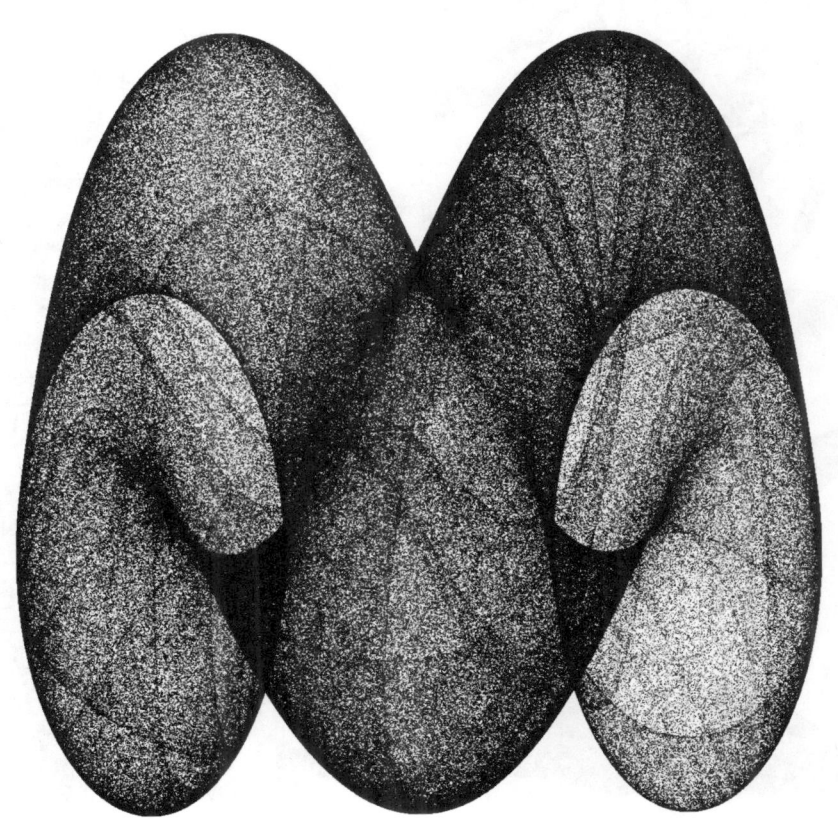

Kapitel 32

Exploration: Eine Einführung

»Es überrascht mich immer wieder, daß fast alle Philosophie- und viele Geometriebücher keine Bilder enthalten. Philosophie sollte eigentlich das Studium der Gedanken sein, und ich habe immer geglaubt, daß die meisten Menschen in Bildern denken.«
Alan L. Mackay, In the Mind's Eye

»Die Mathematik ist die einzige Wissenschaft, bei der man nie weiß, über was man spricht, oder ob das Gesagte auch wahr ist.« Bertrand Russell

In diesem Abschnitt möchte ich gleichsam einige Fäden im Gewebe der Mathematik untersuchen. Einige der Kapitel enthalten neue Konzepte, während andere Themen auf Kuriositäten in der Literatur basieren und sie einen Schritt weiter in neue und ungewöhnliche Bereiche tragen. »Exploration« beinhaltet eine Sammlung faszinierender mathematischer Kuriositäten und Rätsel. Darunter fallen tortenmorphe Zahlen, die Laute des Pythagoras, Wurmalgebra, Palindromzahlen und die Mandelbrot-Menge. Einige Themen befassen sich mit der Zahlentheorie. Die Zahlentheorie, d.h. das Studium der Eigenschaften von ganzen Zahlen, ist eine uralte Disziplin. Den Abhandlungen früherer Zeiten haftete meist etwas Mystisches an; so führte zum Beispiel Pythagoras alle Ereignisse im Universum auf ganze Zahlen zurück. Erst vor einigen Jahrhunderten wurde das Studium der Zahlen zum Pflichtfach für alle Studenten, und auch heute noch rufen Zahlen wie 13, 7 und 666 bei vielen Menschen emotionelle Reaktionen hervor. Heute wird mit ganzen Zahlen in unzähligen Bereichen gerechnet, so im Kommunikationswesen, in der Informatik, in der Kryptographie, in Physik, Biologie und Kunst (Schröder, 1986).

Dieser Abschnitt enthält Rätsel und Wettbewerbe und dürfte somit auch den lethargischsten Schüler aufwecken. Die Lehrer Martha Boles und Rochelle Newman erklären in ihrem Buch *Universal Patterns,* daß die Mathematik dort am besten gedeiht, wo unabhängig von der praktischen Verwertbarkeit alles hinterfragt und ausprobiert werden darf. Dies ist der Grundgedanke dieses Abschnitts.

32.1 Weiterführende Literatur

1. Spencer, D. (1982) *Computers in Number Theory.* Computer Science Press: Maryland. (Ein verständliches Buch mit vielen Rechenbeispielen.)

2. Schröder, M. (1986) *Number Theory in Science and Communications.* Springer: New York. (Dieses Buch möchte ich wärmstens empfehlen, es ist ein interessantes Buch von einem faszinierenden Autor.)

3. Beiler, A. (1966) *Recreations in the Theory of Numbers.* Dover: New York.

4. Meyer, J. (1963) *More Fun with Mathematics.* Gramercy: New York.

5. Boles, M., Newman, R. (1990) *Universal Patterns.* Pythagorean Press: Massachusetts.

Kapitel 33

Die Laute des Pythagoras

»Die Natur besteht aus Beziehungen im Raum. Die Geometrie definiert Beziehungen im Raum. Die Kunst schafft Beziehungen im Raum.«

M. Boles und R. Newman, Universal Patterns, 1990

Die Laute des Pythagoras ist eine der schönsten rekursiven Formen in der Mathematik und besteht nur aus Geraden. Nehmen Sie sich etwas Zeit, sie zu zeichnen und über ihre Eigenschaften nachzudenken. Abbildung 33.1 zeigt ein Beispiel für die Laute. Sie kann mit einem Computer berechnet oder auch von Hand gezeichnet werden. Mit einem Computer erreicht man jedoch einen höheren Grad an Rekursivität und größere Genauigkeit.

Die Laute basiert auf einem gleichschenkligen Dreieck (in Abbildung 33.1 durch *ABC* markiert). In dieses werden die Leitersprossen *ED, FG,* etc. eingezeichnet. Ihr Abstand folgt einer festen Regel: die Strecken *AC* und *AE* müssen gleich sein, die Strecken *DE* und *DG* müssen gleich sein, usw. Gegeben sind also: *AC = DC = AE, DE = DG = EF,* usw. Die Abstände können mit einem Zirkel leicht abgemessen werden. Man kann die Prozedur so oft wiederholen, wie es das Auge oder die Auflösung der Grafikanzeige zulassen. Danach werden durch Verbindung der entsprechenden Leiterpunkte untereinander die fünfeckigen, sternförmigen Figuren konstruiert. Ein neuer Punkt Z wird für *CE = AD = AZ = ZC* festgelegt. Auf diese Weise läßt sich die Sternform rekursiv unendlich oft wiederholen.

Mathematiker entdeckten, daß das Verhältnis der aufeinanderfolgenden Seiten der Leiter *CE/CG = EG/HI* ... gleich 1,61803 ist. Diese Zahl wird auch Goldener Schnitt genannt. Da der Goldenen Schnitt immer wieder an den unerwartetsten Stellen auftaucht (Boles und Newman, 1990) und einmalige Eigenschaften aufweist, erhielt diese Zahl von den Mathematikern den Namen φ. Dieses Symbol ist der griechische Buchstabe »Phi«, der erste Buchstabe im Namen des Phidias, des klassischen griechischen Bildhauers, in dessen Arbeiten der Goldene Schnitt immer wieder auftaucht. Bei einem Goldenen Rechteck ist das Verhältnis der Seitenlängen gleich 1:φ. Es ist das optisch eingängigste aller Rechtecke – weder zu gedrungen noch zu schmal. Der Goldenen Schnitt ist in vielen Kunstwerken, so im Parthenon-Tempel in Athen, in Leonardo da Vincis Mona Lisa, in Salvador Dalís »Letztes Abendmahl« und in vielen Arbeiten M. C. Eschers zu finden. Da $\varphi = (1 + \sqrt{5})/2$, hat es überraschende mathematische Eigenschaften. Zum Beispiel:

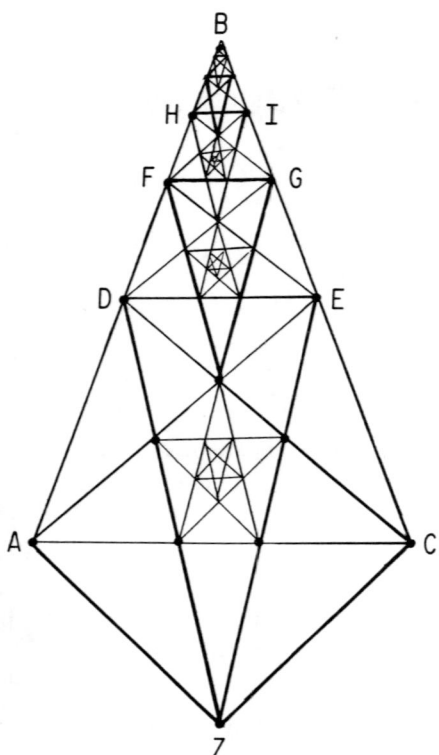

Abbildung 33.1. *Die Laute des Pythagoras.*

$$\varphi - 1 = \frac{1}{\varphi}; \quad \varphi\varphi' = -1; \quad \varphi + \varphi' = 1; \quad \varphi^n + \varphi^{n+1} = \varphi^{n+2} \tag{33.1}$$

für $\varphi' = (1 - \sqrt{5})$. φ und φ' sind die Wurzeln der Quadratgleichung $x^2 - x - 1 = 0$. Darüber hinaus gibt es mehrere faszinierende Definitionsgleichungen für φ mit jeweils nur einer einzigen Zahl, der 1:

$$\varphi = \sqrt{1 + \sqrt{1 + \sqrt{1 + \sqrt{1 + \ldots}}}} \tag{33.2}$$

$$\varphi = 1 + \cfrac{1}{1 + \cfrac{1}{1 + \cfrac{1}{\ldots}}} \tag{33.3}$$

Die Gleichung (33.3) ist ein Kettenbruch; solche Brüche kommen in der Mathematik und Physik häufig vor. Die Zahl im Nenner von Formel (33.3) läßt sich allgemein als Buchstabe *b* schreiben.

$$\varphi = b_0 + \cfrac{1}{b_1 + \cfrac{1}{b_2 + \cfrac{1}{\dots}}} \tag{33.4}$$

M. Schröder (1986) bemerkt: »Kettenbrüche gehören zu den schönsten und nützlichsten Teilen der Arithmetik, sie werden im Unterricht jedoch sträflich vernachlässigt.« Diese typografischen Alpträume (Formeln (33.3) und (33.4)) können kompakter geschrieben werden als [b_0, b_1, b_2, ...]. Der Goldene Schnitt ist dann [1, 1, 1, 1, ...]. Noch einfacher läßt sich schreiben [1,$\overline{1}$,1], wobei das Periodenzeichen die Wiederholung der Zahl 1 angibt. Faszinierend ist ebenfalls die Tatsache, daß im Gegensatz zu π die irrationale Zahl e ($e = 2{,}718281828...$) als Kettenbruch mit der ungewöhnlichen Regelmäßigkeit [2, 1, 2, 1, 1, 4, 1, 1, 6, 1, 1, 8, 1, ...] geschrieben werden kann. Dieser Bruch konvergiert jedoch wegen der vielen Einsen sehr langsam. Der Goldene Schnitt mit seinen unendlich vielen Einsen hat die langsamste Konvergenz unter allen Kettenbrüchen. Schröder merkt an: »Aus irgendwelchen irrationalen Gründen wird daher der Goldene Schnitt die irrationalste Zahl überhaupt genannt.« Die Konvergenz des Kettenbruchs gegen den Goldenen Schnitt ist gleichzeitig schlechter als bei jeder anderen Zahl. Aus diesem Grund wählen Chaos-Forscher (siehe »Die Welt des Chaos« auf Seite 151) oft den Goldenen Schnitt als Parameter, um das Verhalten von Simulationen so aperiodisch wie möglich zu gestalten. (Siehe auch »Anmerkungen für den neugierigen Leser« auf Seite 407.)

33.1 Übungen

1. Können Sie die interessante Gleichung (33.1) beweisen?

2. Können Sie eine Laute mit einem höheren Rekursionsgrad (Grad der internen Schachtelung) als die in Abbildung 33.1 erzeugen?

3. Die Laute in Abbildung 33.1 wurde unter Verwendung eines ABC-Winkels von 40 Grad erzeugt. Wie würde die Laute bei anderen Winkeln aussehen?

4. Können Sie den Wert der ganzen Zahl n in der Formel $\sqrt{n} = [1{,}2{,}2{,}2{,}2{,}2...] = [1,\overline{2}]$ bestimmen (Hinweis: n < 10)?

5. Die ganzseitige Abbildung am Beginn des Kapitels 32 zeigt eine Goldene Julia-Menge aus der Iteration von $z = z^2 + c$ für $Im(c) = 1/\varphi$. (»Im« bezeichnet den Imaginärteil der komplexen Zahl c). Warum erzeugt der Goldene Schnitt eine solch schöne Julia-Menge? (Die Goldene Julia-Menge entstand in Zusammenarbeit mit G. Adamson.)

33.2 Weiterführende Literatur

1. Boles, M., Newman, R. (1990) *Universal Patterns*. Pythagorean Press: Massachusetts.

2. Hill, F. (1990) *Computer Graphics*. Macmillan: New York.

3. Schröder, M. (1986) *Number Theory in Science and Communication*. Springer: Berlin. (Eine Goldmine!)

Kapitel 34

Ergebnisse des Wettbewerbs um die größte Zahl

»*Das Studium des Unendlichen ist weit mehr als ein trockenes, akademisches Spiel. Die Suche des Geistes nach dem absolut Unendlichen ist die Suche der Seele nach Gott. Ob das Ziel nun erreicht wird oder nicht – das Bewußtsein des Prozesses bringt Erleuchtung.*«
Rudy Rucker, Infinity and the Mind

»*Für einen Menschen gibt es gigaplex mögliche Gedanken*«[28]
Rudy Rucker, Mind Tools.

Ein *Googol* ist eine äußerst große Zahl: 10 hoch 100 oder 1 gefolgt von 100 Nullen.

10000000000 0000000000 0000000000 0000000000 0000000000 0000000000 0000000000 0000000000 0000000000 0000000000

Der amerikanische Mathematiker Edward Kasner führte diese Zahl in den 30er Jahren ein. Die meisten Wissenschaftler stimmen darin überein, daß die Zahl aller Atome in allen sichtbaren Sternen kleiner als »Googol« ist. Die Bezeichnung »Googol» wurde vom neunjährigen Neffen Kasners erfunden. Auf die Frage, wie er diese Zahl nennen würde, antwortete dieser: »Googol«. Auch die Bezeichnung für eine noch größere Zahl stammt von ihm: »Ein Googolplex ist eine 1 gefolgt von googol Nullen.« Der Mensch mit seiner begrenzten Gehirnstruktur kann solche Zahlen nicht wirklich verstehen, da er diese Fähigkeit nicht zu seinem Überleben entwickeln mußte. Er hat jedoch, genau wie ein Kind, schrittweise seine Fähigkeit zur Benennung und zum Verständnis großer Zahlen verbessert. Näheres siehe auch unter »Hintergrund« auf Seite 240.

Die hier vorgestellten Zahlen sind oft größer als Googol, und dennoch konnten sie mit den einfachsten mathematischen Formulierungen definiert werden. Im Februar 1989 führte ich den »Wettbewerb um die größte Zahl« durch. Die Teilnehmer erhielten die Aufgabe, mit den Ziffern 1, 2, 3 und 4 und den Zeichen »(« »)«,«, dem Dezimalkomma und dem Minuszeichen eine Gleichung für eine sehr große Zahl zu formulieren. Jede Ziffer durfte nur einmal verwendet werden. Bei einem zweiten Wettbewerb konnten die Teilnehmer darüber hinaus jedes beliebige mathematische Sonderzeichen (zum Beispiel das Fakultätszeichen »!«) verwenden. Bei beiden Wettbewerben sollte ein endlicher Wert erreicht werden. Ich möchte nun

---

28 Ein Gigaplex ist die Zahl Eins mit einer Milliarde Nullen. Zitat aus: Rucker, R. (1987) *Mind Tools*. Houghton Mifflin: Boston.

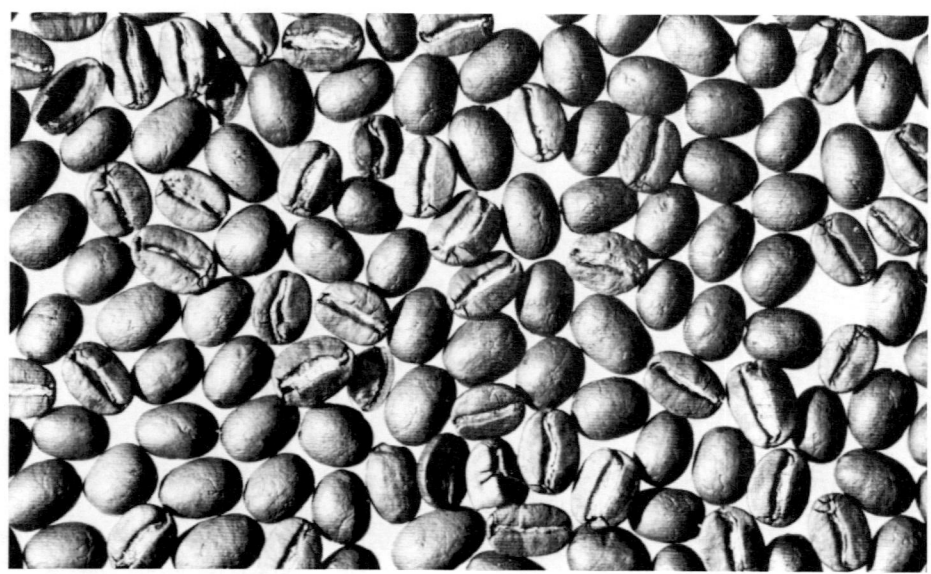

Abbildung 34.1. *Kaffeebohnen.* Versuchen Sie, nach nur einem kurzen Blick auf das Foto, die Anzahl der Kaffeebohnen zu schätzen. Machen Sie die Gegenprobe und zählen Sie die Bohnen sorgfältig. Zu welchem Zeitpunkt in der Geschichte der Menschheit konnten die Menschen eine solche Zahl benennen? Gibt es heute noch Kulturen, die für diese Zahl keinen Namen haben?

die besten acht unter den insgesamt 50 Teilnehmern vorstellen. Aber zuerst einige Kuriositäten aus dem Bereich der großen Zahlen.

34.1 Hintergrund

Welche Zahl ist größer: die Zahl der möglichen Schachspiele (die ich mit β bezeichnen möchte) oder die Zahl der Versuche, die ein Affe benötigen würde, um Shakespeares *Hamlet* durch zufälliges Drücken von Schreibmaschinentasten zu schreiben (ausgedrückt als ein Treffer bei α Versuchen)? Wie groß sind α und β im Vergleich mit δ, der Zahl der Elektronen, Protonen und Neutronen im Universum, oder im Vergleich zur Skewesschen Zahl γ (den Berichten zufolge die größte je in einem mathematischen Beweis verwendete Zahl)? Im folgenden möchte ich die vier Vergleichszahlen nennen:

Hamlet-Zahl:

$$\alpha = 35^{27.000} \sim 10^{40.000} \tag{34.1}$$

Schach-Zahl:

$$\beta = 10^{10^{70,5}} \tag{34.2}$$

Universum-Zahl:

$$\delta = 10^{79} \tag{34.3}$$

Skewessche Zahl:

$$\gamma = 10^{10^{10^{34}}} \tag{34.4}$$

Erst seit relativ kurzer Zeit – verglichen mit der Menschheitsgeschichte – denkt man über so extrem große Zahlen wie α und β nach. In biblischen Zeiten war die größte in einem Wort ausdrückbare Zahl Zehntausend. In der althebräischen Fassung des Alten Testaments wurde sie »revava« genannt. Im 13. Jahrhundert wurde in Italien das Wort »Million« geprägt und im 17. Jahrhundert das englische Wort »Billion« (mehr wohl als Kuriosität).

34.2 Die Sieger der ersten Aufgabe

Ich möchte zuerst die einfachsten Regeln der Potenzgesetze in Erinnerung rufen. So gilt zum Beispiel $(a^m)^n = a^{mn}$. Klammern sollen Zweideutigkeiten vermeiden. $3^{(2^3)} \neq (3^2)^3$. Eine Zahl mit einer negativen Potenz ist gleich 1 geteilt durch die Zahl mit dem positiven Wert der Potenz. Das Symbol a^{b^c} bedeutet in der Regel $a^{(b^c)}$. Für die Zahl der Stellen einer Zahl X gilt $N = \log_{10}X + 1$.

Bei der ersten Aufgabe des Wettbewerbs waren Potenzen gestattet, da sie ohne Sonderzeichen geschrieben werden. Im folgenden nun die Ergebnisse der 1. Aufgabe:

Erster Platz: Walt Hedman und Tim Greer, New York.

$$0{,}3^{-(0{,}2^{-(0{,}1^{-4})})} = 3{,}33^{(5^{10000})} \tag{34.5}$$

oder

$$3{,}3^{5 \, x \, 10^{6989}} \tag{34.6}$$

(Näheres über diese Zahl, einschließlich der Zahl ihrer Stellen, in »Übungen« auf Seite 243.)

Zweiter Platz: Diana Dloughy, New York.

$$(0{,}1)^{-(4^{32})} = 1 \times 10^x \tag{34.7}$$

für $x = x = 4^{32} \sim 1 \times 10^{19}$

Diese Zahl besteht aus 1×10^{19} Ziffern. (Anmerkung: zu einem späteren Zeitpunkt entdeckte Diana, daß 3^{42} eine Dezimalstelle größer als 4^{32} ist, und somit läßt sich ihre Antwort abändern in: $(0,1)^{-(3^{42})} = 1 \times 10^{x}$, *wo* $x = 3^{42} \sim 1 \times 10^{20}$.)

Dritter Platz: Rod Davis, New York.

$$2^{3^{41}} \tag{34.8}$$

Diese Zahl besteht aus $1,0979 \times 10^{19}$ Ziffern.

Vierter Platz: Rod Davis, New York.

$$3^{4^{21}} = 3^{(4^{21})} = 3^{4398046511104} \tag{34.9}$$

Seine Antwort hat $2,1 \times 10^{12}$ Ziffern.

Fünfter Platz: Diana Dloughy, New York.

$$(0,1)^{(-432)} = 1 \times 10^{432} \tag{34.10}$$

eine Zahl mit 433 Ziffern

Sechster Platz: viele Teilnehmer für ihre Zahl mit 201 Ziffern.

$$3^{421} = 7,37986 \times 10^{200} \tag{34.11}$$

Diese Zahl stammt unter anderem von Gary Hackney, Erik Tkal, Mike Shreeve und Christine Wolak.

Siebenter Platz: Mike Ott, Toronto.

$$2^{(4^{(3+11)})} = 2^{256} = 1,1 \times 10^{77} \tag{34.12}$$

Diese Zahl besteht aus 78 Ziffern. (Anmerkung: Diese Antwort ist eigentlich nicht zulässig, da das Pluszeichen in den Wettbewerbsregeln nicht vorgesehen war.)

Achter Platz: W. Gunn, North Carolina.

$$31^{42} \tag{34.13}$$

eine Zahl mit 63 Ziffern.

Finden Sie eine noch größere Zahl als der erstplazierte Teilnehmer?

34.3 Die Sieger der zweiten Aufgabe

Bei den besten Antworten im zweiten Teil des Wettbewerbs setzten die Teilnehmer oft einfach Fakultätszeichen hinter die oben aufgeführten Gleichungen. (Die folgende Formel ist für diejenigen unter Ihnen, die die Gleichungen mit Fakultäten selbst durchrechnen möchten:

$n! \sim \sqrt{2\,\pi\,n}\ n^{\,n} e^{-n}$ und $\ln(n!) \sim [n\,\ln(n)] - n)$. Der Teilnehmer auf dem zweiten Platz heißt Dave Challener aus New York; er benutzte auch das Zeichen für Gamma vor der ersten Lösung aus Aufgabe 1. Für positive ganze Zahlen gilt $\Gamma(n+1) = n!$. Im allgemeinen gilt

$$\Gamma(x) = \int_{0}^{\infty} t^{\,x-1}\, e^{-1}\, dt\ \ x \tag{34.14}$$

oder

$$\frac{1}{\Gamma(x)} = xe^{\,yx} \prod_{m=1}^{\infty} \left\{(1 + \frac{x}{m})e^{-x/m}\right\} \tag{34.15}$$

wo γ die Eulersche Konstante ist.

Mike Shreeve aus Atlanta kam mit der Ackermanschen Funktion zweiter Ordnung (Aho, 1974) auf den ersten Platz. Sie läßt sich schreiben als $A_n = 2^{A(n-1)}$ wo $A(0) = 1$. Die Reihe setzt sich wie folgt fort 1, 2, 4, 16, 64000, $2^{64.000}$, ... Mike Shreeve ist der Ansicht, daß diese Funktion schneller wächst als jede andere genannte Funktion. So groß diese Zahl auch sein mag, sie ist immer noch kleiner als A(4 + 3 + 2 + 1). Mike schloß seine Anmerkung mit den Worten: »Ich wage nicht einmal, mir die Zahl $A[(3^{(4^{21})})!]$ vorzustellen.«

34.4 Übungen

Hunter und Madachy führen in ihrem faszinierenden Buch Mathematical Diversions (1968) die beim ersten Wettbewerb erstplazierte Gleichung als Beispiel für eine sehr große Zahl an. Wie sie errechnet haben, ist die Zahl gleich 3 zur n-ten Potenz, wobei n ungefähr 6.990 Ziffern aufweist. Die Zahl der Kubikzentimeter im Gesamtvolumen des uns bekannten Universums ist gegenüber dieser gigantischen Zahl fast vernachlässigbar.

[[Auch wenn die weiter oben beschriebene Skewessche Zahl oft als die größte Zahl angesehen wird, die je in einem mathematischen Beweis eingesetzt wurde, gibt es doch eine noch größere Zahl. Die Grahamsche Zahl stellt den oberen Grenzwert eines kombinatorischen Problems, der Ramsey-Theorie, dar. Die Grahamsche Zahl läßt sich nicht mit den herkömmlichen Potenzsymbolen oder den Potenzen von Potenz ausdrücken. Ich möchte zur Beschreibung das Zeichen »#« verwenden: 3#3 bedeutet 3 hoch 3. 3##3 bedeutet 3#(3#3). 3###3 = 3##(3##3). 3####3 = 3###(3###3). Gegeben sei nun die Zahl 3###...###3, in der 3###3 »#«-Symbole auftreten. Im nächsten Schritt wird die Zahl 3###...###3 konstruiert, bei der die Zahl der #-Symbole durch die vorangegangene Zahl 3###...###3 gegeben ist. Setzen Sie diesen Prozeß Schritt für Schritt fort, indem Sie jedes Mal die Zahl der #-Zeichen in 3###...###3 gleich der im vorherigen Schritt berechneten Zahl setzen. Hören Sie bei Schritt 63 auf (fangen Sie bei 3####3 an zu zählen): Dies ist die Grahamsche Zahl, die R. L. Graham (Wells, 1987) in einem Beweis verwendete.]]

34.5 Weiterführende Literatur

1. Davis, P. (1961) *The Lore of Large Numbers*. Random House: New York.

2. Berezin, A. (1987) Super super large numbers. *Journal of Recreational Math*, 19(2): 142-143. A. Berezin bespricht hier die Auswirkungen einer durch das Zeichen $ definierten »Superfakultätsfunktion« auf die Mathematik und Philosophie. Es gilt:

$$N\$ \doteq N!^{N!^{N!}} \ldots \tag{34.16}$$

(Der Term N! wird N!-mal wiederholt.)

3. Aho, Hopcroft und Ullman (1974) *Data Structures and Algorithms*. Addison-Wesley: Massachusetts.

4. Pickover, C. (1990) Results of the very-large-number contest. *Journal of Recreational Math.*, 22(3): 166-169.

5. Hunter, J. und Madachy, J. (1968) *Mathematical Diversions*. Van Nostrand: New York.

6. Wells, D. (1987) *The Penguin Dictionary of Curious and Unusual Numbers*. Penguin: New York.

7. Ellis, K. (1978) Is God a Number? In: *Number Power in Nature, Art and Everyday Life*. St. Martin's Press: New York.

In der ganzseitigen Abbildung am Beginn dieses Kapitels versucht der Künstler Gustave Doré (1832-1883), die unendliche Zahl der die Hölle bevölkernden Leichen darzustellen.

Kapitel 35

Primzahl-Karos

Für viele der aus Primzahlen erzeugten Muster interessieren sich nicht nur Künstler, sondern auch Mathematiker und Informatiker[29]. Beispiele sind die attraktiven Muster aus den Gaußschen und Einsteinschen Primzahlen (d.h. Primzahlen, die in der Menge C der komplexen Zahlen definiert sind), die auch schon für Tischtücher und Fliesen verwendet wurden. Weitere Primzahlenmuster sind die Koprimalitätsfunktion (die auf Zahlen ohne gemeinsamen Teiler weist) und Ulams quadratische Spiral-Primzahlen (Stein et al., 1964). Ich möchte in diesem Kapitel ein weiteres Primzahlen-Muster vorstellen.

Gegeben sei die Primzahl p_i, $i = 0, 1, 2, 3,...$, für $p_0 = 2$, $p_1 = 3$, usw. Trägt man p_i gegen p_{i+1} für $p_i < 2000$ auf (nicht gezeigt), ergibt sich eine (genäherte) diagonale »Staub«-Gerade mit einer Steigung von etwa 1. Die Gerade entsteht durch die Lücken in der Primzahlenreihe. Sie verläuft ungefähr diagonal, da im dargestellten Bereich $p_i \sim p_{i+1}$.

Die untere Diagonalkante des Karomusters entspricht der Geraden p_i gegen p_{i+1}. Die Streifen sind Lücken in der Primzahlenreihe. Eine optisch interessante »Karo«-Struktur (Abbildung 35.1) erhält man mit einem Verschiebungsfaktor α, wenn man p_i gegen $p_{i+\alpha}$ für $\alpha = 1, 2, 3,...$, 200 für $p_i < 2000$ aufträgt. Mit größer werdenden ganzen Zahlen werden auch die Primzahlen immer seltener und deshalb das Karomuster immer schwächer. Ein recht guter Wert für die Zahl der Primzahlen unterhalb oder gleich einer gegebenen Zahl, normalerweise $\pi(x)$, ergibt sich mit der Formel

$$\pi(x) \sim \frac{x}{\ln x - 1{,}08366} \tag{35.1}$$

Diese Formel von Legendre aus dem Jahre 1778 ist auf einem Computer viel einfacher zu programmieren als das sogenannte Gauß-und-Riemannsche Verfahren. Allerdings sollte die Legendresche Formel nur für Primzahlen unter 5 Millionen verwendet werden. Darüber ist die Legendresche Formel nicht mehr genau.

---

29 Eine Primzahl ist eine positive ganze Zahl, die nicht als Produkt zweier kleinerer ganzer Zahlen geschrieben werden kann. Die Zahl 6 kann zum Beispiel aus 2 mal 3 gebildet werden, die 7 kann jedoch nicht als Faktorenprodukt geschrieben werden. Daher ist die Zahl 7 eine Primzahl Hier die ersten Primzahlen: 2, 3, 5, 7, 11, 13, 17, 19, 23, 29, 31, 37, 41, 43, 47, 53, 59.

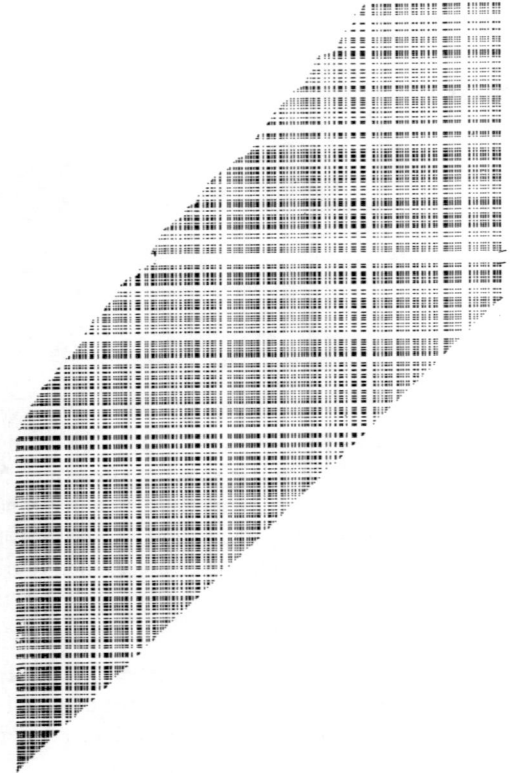

Abbildung 35.1. *Ein Karomuster aus Primzahlen.* Auf der x-Achse ist P_i, auf der y-Achse $P_{i+\alpha}$ getragen.

Die Primzahlen in diesem Kapitel wurden mit dem Sieb von Eratosthenes innerhalb von einer oder zwei Sekunden auf einem IBM RISC System/6000 berechnet. Spencer (1982) beschreibt das Programmlisting für dieses Verfahren (Siehe auch »Anmerkungen für den neugierigen Leser« auf Seite 407.)

35.1 Weiterführende Literatur

1. Schröder, M. (1986) *Number Theory in Science and Communication.* Springer: New York.

2. Spencer, D. (1982) *Computers in Number Theory.* Computer Science Press: Maryland.

3. Stein, M., Ulam, S., Wells, M. (1964) A visual display of some properties of the distribution of primes. *Mathematics Monthly,* 71(5): 516-520.

Kapitel 36

Unendliche Reihen zentriert-hexamorpher Zahlen

Vor vielen Jahren versammelten sich die Einwohner einer Wüstenstadt im Mittleren Osten um ihre neue Kriegsmaschine, eine Kanone. Diese war aus der heutigen Sicht ein recht primitives Gerät, für die damaligen Verhältnisse aber eine Waffe mit ungeheurer Zerstörungskraft. Schon am ersten Tag begann einer der bärtigen Männer, die neuen Kanonenkugeln sorgfältig im heißen Sand inmitten der vertrockneten Kakteen zusammenzulegen. Er ordnete die Kugeln in der Form konzentrischer Sechsecke an, wie in Abbildung 36.1 dargestellt. Nach einer Pause von einigen Minuten stöhnte der alte Mann, ließ sich auf die Knie nieder und begann, die Kugeln von der Mitte aus zu zählen. Die Kugel in der Mitte war von 6 Kugeln umgeben, diese wiederum von 12 Kugeln, usw. Noch am selben Tag hatte der weise Mann eine Formel für die Zahl der Kugeln in jedem weiteren Sechseck entwickelt. Versuchen Sie es einmal!

Die Folge, die der alte Krieger erstellte, lautete

$$H_c = 3n(n-1) + 1, \, n = 1,2,3,\ldots \tag{36.1}$$

Diese Zahlenfolge definiert die *zentriert-hexagonalen Zahlen*[30].

Wir gehen einen Schritt weiter und führen einen neuen Begriff ein. Eine zentrierte hexagonale Zahl wird *zentriert-hexamorph* genannt, wenn sie mit der zugehörigen zentrierten hexagonalen ganzen Zahl endet. Zum Beispiel ist $n = 7$ zentriert-hexamorph, da $H_c(7)$ gleich 127 ist. 17 ist ebenso zentriert-hexamorph, weil $H_c(17) = 817$. Die zentriert-hexamorphe Reihe ist ein

---

30 Auch das Kapitel »Oszillierende undekamorphe und oszillierende pseudofareymorphe ganze Zahlen« auf Seite 291 beschäftigt sich mit Zahlen, die auf der Anordnung der Kugeln beruhen.

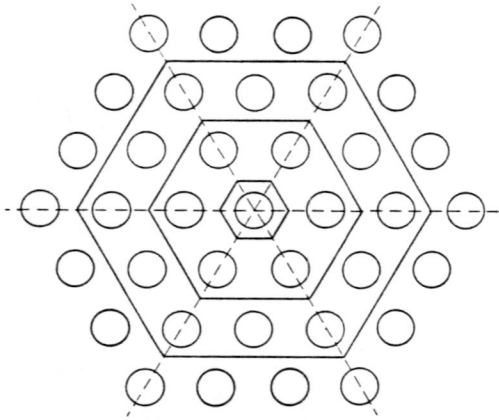

Abbildung 36.1. Abbildung 36.1. Zentriert-hexagonale Zahlen. Die zentriert-hexagonalen Zahlen sind definiert durch die Zahl der Elemente in einer Folge von umeinander gelegten Sechsecken. Die erste hexagonale Zahl ist 1, da in der Mitte der Figur nur eine »Kugel« Platz findet. Die folgende hexagonale Zahl ist 6, usw. Die Figur ist Wells (1986) entnommen.

faszinierende Studienobjekt! Abbildung 36.3 zeigt eine Liste der ersten 23 zentriert-hexamorphen ganzen Zahlen. Alle zentriert-hexamorphen Zahlen enden mit den Ziffern 1 oder 7.

Zur Vereinfachung möchte ich die folgende Schreibweise einführen. Dabei gibt der Index $a_5 = aaaaa$ die Anzahl aufeinanderfolgender indentischer Ziffern oder Zahlengruppen an. Ich habe die folgende interessante unendliche Folge entdeckt:

$$H_c(50_k1) = 750_{k-1}150_k1 \quad k = 0,1,2...$$ (36.2)

So erzeugt $k = 2$ die Folge $H_c(5001) = 75015001$ (siehe Abbildung 36.3). Die zentriert-hexagonalen Zahlen werden zwar nach einer anderen Formel als die normalen hexagonalen Zahlen $(H(n) = n(2n - 1))$ erzeugt, die unendlichen Folgen für hexamorphe und zentriert-hexamorphe Zahlen sind jedoch sehr ähnlich. Für hexamorphe Zahlen gilt

$$H(50_k1) = 50_k150_k1 \quad k = 0,1,2...$$ (36.3)

Abbildung 36.4 enthält eine Liste der hexamorphen Zahlen.

Weitere unendliche Folgen zentriert-hexamorpher Zahlen sind:

$$(16_k7) = 83_k16_k7 \quad k = 0,1,2...$$ (36.4)

und

$$H_c(6_k7) = 13_k26_k7 \quad k = 0,1,2,...$$ (36.5)

Hexamorphe Zahlen enden nie mit 7. Sie können aber mit »1« endende Zahlen enthalten und überlappen sich so mit den zentriert-hexamorphen Folgen. Trigg (1987) enthält viele interessante Beispiele für hexamorphe Zahlen.

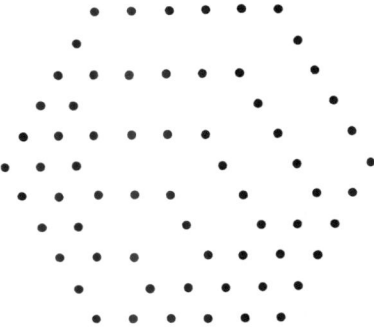

Abbildung 36.2. Hexagonale Zahlen. Hexagonale Zahlen werden aus der Anzahl der Punkte in verschiedengroßen Sechsecken abgeleitet. Hexagonale Zahlen können nach der Formel $H(n) = n(2n - 1)$ berechnet werden.

Leo A. Senneville und ich fanden, daß es zwischen zentriert-hexagonalen und hexagonalen Zahlen interessante Beziehungen gibt. Beispielsweise ist die zweite Differenz zwischen aufeinanderfolgenden zentriert-hexagonalen Zahlen immer 6. Die zweite Differenz zwischen aufeinanderfolgenden hexagonalen Zahlen ist immer 4. Die entsprechenden Formeln lauten:

$$H_c(n + 1) - 2H_c(n) + H_c(n - 1) = 6 \tag{36.6}$$

$$H(n + 1) - 2H(n) + H(n - 1) = 4 \tag{36.7}$$

Wir haben auch noch die folgende unendliche Folge gefunden:

$$H_c(n)/H(n) = 3(1/2 - 1/(4n) - 1/(8n^2) - 1/(16n^3) - \ldots) \tag{36.8}$$

Die Summe dieser Folgen konvergiert gegen den Grenzwert 3/2; diese Zahl ist auch gleich dem Verhältnis der zugehörigen zweiten Differenzen. Zeichnet man eine Kurve mit den natürlichen Zahlen auf der waagerechten Achse und den Werten der hexagonalen Funktionen auf der senkrechten Achse, beträgt die Höhendifferenz zwischen den beiden Kurven immer $(n - 1)^2$.

Finden Sie weitere Regelmäßigkeiten bei diesen Zahlen!

36.1 Weiterführende Literatur

1.   Wells, D. (1986) *The Penguin Dictionary of Curious and Interesting Numbers*. Penguin Books: New York.

2.   Trigg, C. (1987) Hexamorphic numbers. *Journal of Recreational Math.*, 19(1): 42-55.

n	H(n)(centered)	n	H(n)(centered)
1	1	1251	4691251
7	127	1667	8331667
17	817	5001	75015001
51	7651	5417	88015417
67	13267	6251	117206251
167	83167	6667	133326667
251	188251	10417	325510417
417	520417	16667	833316667
501	751501	50001	7500150001
667	1332667	56251	9492356251
751	1689751	60417	10950460417
917	2519917		

Abbildung 36.3. *Zentriert-hexamorphe Zahlen.*

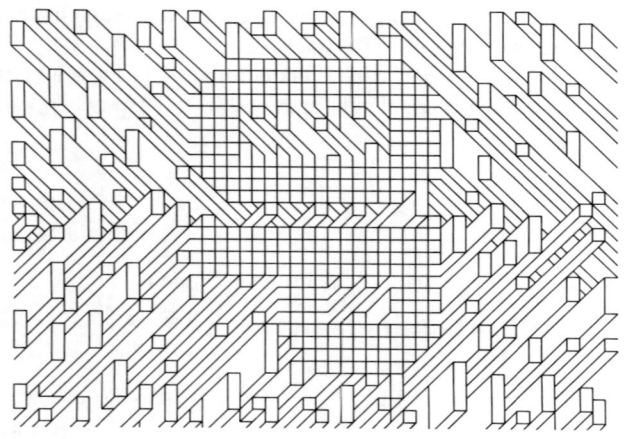

n	H(n)	n	H(n)
1	1	376	282376
5	45	500	499500
6	66	501	501501
25	1225	625	780625
26	1326	876	1533876
50	4950	4376	38294376
51	5151	5000	49995000
75	11175	5001	50015001
76	11476	5625	63275625
125	31125		

Abbildung 36.4. *Hexamorphe Zahlen.*

Kapitel 37

Über die Existenz tortenmorpher ganzer Zahlen

Tortenmorphe ganze Zahlen sind schmackhafte, kalorienarme Snacks für den gesundheitsbe-wußten Leser. Sie sind ganze Zahlen und lassen sich definieren als $Torte(n) = (n^2 + n + 2)/2$. Sie geben die größtmögliche Zahl der Stücke an, in die sich eine Torte mit n Schnitten zerlegen läßt. (Die Torte wird hier als flache Scheibe dargestellt). So kann eine Torte mit nur 2 geraden Schnitten in vier Stücke zerteilt werden. Bei 3 Schnitten entstehen 7 Tortenstücke. Die Reihe lautet 2, 4, 7, 11, 16, 22, 29, 37, ... (siehe Abbildung 37.1). Diese Reihe wurde auch schon zum Beispiel in Wells (1986) beschrieben.

Eine Tortenzahl heißt *tortenmorph*, wenn sie mit der zugehörigen Tortenzahl endet. Ist beispielsweise $n = 25$ und $T(n)$ gleich 1325, dann heißt n tortenmorph, da die Ausgangszahl in den letzten beiden Ziffern vorkommt.

Während man nachweisen kann, daß hexamorphe und auch quadratisch-pyramorphe Zahlen[31] recht häufig vorkommen (siehe Abildungen 37.2 bis 37.4), habe ich nicht eine einzige tortenmorphe ganze Zahl gefunden, obwohl alle Zahlen für $n \leq 10^7$ durchsucht wurden.

1989 entwickelte ich den Begriff der »tortenmorphen ganzen Zahl« und stellte die Hypothese auf, daß es keine tortenmorphen ganzen Zahlen gibt[32]. [[Mike Angelo von IBM hat dies wie folgt bewiesen. Wir untersuchen die möglichen letzten Ziffern der Gleichung $Torte(n) = (n^2 + n + 2)/2$. Wir erhalten dasselbe Ergebnis durch Berechnung von $Torte \bmod 10$. Ist n ein Vielfaches von 10, z.B. $n = 10x$, dann ist $Torte \bmod 10$: $(100x^2 + 10x + 2)/2 \bmod 10$, also $(5x + 1) \bmod 10$. Diese Gleichung erlaubt nur zwei x-Werte: 1 und 6. Wir schließen daraus, daß alle ganzen Zahlen, die ein Vielfaches von 10 sind (und damit mit 0 enden), Tortenzahlen ergeben, die mit 1 oder 6 enden. Nun wollen wir $Torte \bmod 10$ für die ganzen Zahlen 1 mod 10, 2 mod 10, ... 9 mod 10 berechnen. Im folgenden das Beispiel für 1 mod 10. $n = 10x + 1$ und $Torte = (100(x^2) + 20x + 1 + 10x + 1 + 2))/2 = 50x^2 + 15x + 2$. Somit ist $Torte \bmod 10 = 5x + 2$. Die einzigen möglichen Werte sind 2 und 7. Somit ergibt jede mit 1 endende Zahl (z.B.

---

31 Hexagonale Zahlen haben die Form $H(n) = n(2n - 1)$ (siehe vorheriges Kapitel). Eine Zahl ist hexamorph, wenn sie mit der zugehörigen hexagonalen Zahl endet (Trigg, 1980). Die Zahl 125 ist hexamorph, da $H(125) = 31125$. *Quadratisch-pyramidale Zahlen* gehören nicht zu ebenen Polygonen, sondern zu dreidimensionalen Objekten. Werden Kanonenkugeln gestapelt, so daß jede Ebene ein Quadrat bildet, dann sind in aufeinanderfolgenden Stapeln 1, 5, 14, 30,... $n(n + 1)(2n + 1)/6$ Kugeln vorhanden. Wie im Fall der hexamorphen Zahlen ist eine Zahl quadratisch-pyramorph, wenn sie mit der zugehörigen quadratisch-pyramidalen Zahl endet.

32 $Torte(n) = 1 + T_n$, mit T_n als n-te dreieckige Zahl.

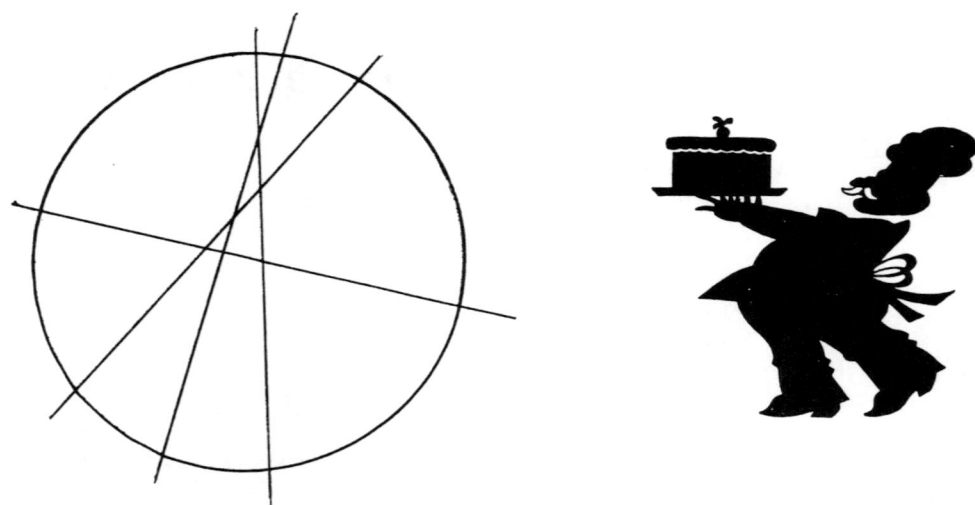

Abbildung 37.1. *Beispiel für eine Schnittführung in einer Torte bei n = 4.* Hier ist $T(n) = 11$. (Links) Draufsicht. (Rechts) Seitenansicht.

11, 21, 31 ...) eine mit 2 oder 7 endende Tortenzahl. Daher kann eine mit 1 endende ganze Zahl nie tortenmorph sein. Wir haben dieses Verfahren auch auf die anderen Fälle angewandt und fanden, daß jeder Wert von n eine Tortenzahl ergibt, die in einer ganzen Zahl endet, die sich von der mit n endenden Zahl unterscheidet. Es gibt also in der Tat keine tortenmorphen ganzen Zahlen.]]

37.1 Übungen

1. Gibt es ringkrapfenmorphe ganze Zahlen? Ringkrapfen-Zahlen werden ähnlich wie Tortenzahlen erzeugt, mit der Ausnahme, daß die runde Torte ein Loch aufweist und somit die Reihe $T(n)$ nicht $D(n)$ entspricht. Ich würde mich freuen, wenn Sie mir ihre Resultate mitteilen würden.

2. Gibt es brezelmorphe Zahlen? Brezelmorphe Zahlen beschreiben die Schnittführung bei brezelförmigen Objekten.

3. Unter »Anmerkungen für den neugierigen Leser« auf Seite 407 findet sich eine Gleichung, die die größten Stückzahlen angibt, die mit n gleichzeitigen ebenen Schnitten durch einen dreidimensionalen Ringkrapfen, eine Kugel und andere Formen erzielt werden können.

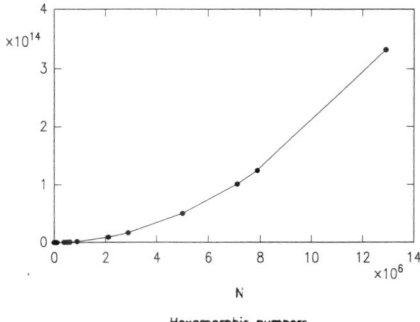

Abbildung 37.2. *Verteilung der hexamorphen Zahlen.*

37.2 Weiterführende Literatur

1. Wells, D. (1986) *The Penguin Dictionary of Curious and Interesting Numbers.* Penguin Books: New York.

2. Trigg, C. (1980-81) A matter of morphic nomenclature. *Journal of Recreational Math.*, 13(1): 48-49. Siehe auch: Trigg, C. (1987) Hexamorphic numbers. Journal of Recreational Math., 19(1): 42-55.

3. Pickover, C., Angelo, M. (1991) On the existence of cakemorphic integers. *Journal of Recreational Math.*, im Druck.

n	H(n)	n	H(n)
5625	63275625	609376	742677609376
9376	175809376	890625	1586424890625
40625	3300740625	2109376	8898932109376
50000	4999950000	2890625	16711422890625
50001	5000150001	5000000	49999995000000
59376	7050959376	5000001	50000015000001
90625	16425690625	7109376	101086447109376
109376	23926109376	7890625	124523917890625
390625	305175390625	12890625	332336412890625
500000	499999500000		
500001	500001500001		

Abbildung 37.3. *Große hexamorphe Zahlen.* Diese Tabelle ist die Fortsetzung der Tabelle aus dem vorangegangenen Kapitel für hexamorphe Zahlen unter 63.275.625. Diese Tabelle stellt vermutlich die umfangreichste Liste hexamorpher Zahlen überhaupt dar. Trigg suchte 1987 nur bis $n \leq 10^4$.

n	S(n)	n	S(n)
1	1	960	295372960
5	55	1185	555371185
25	5525	2560	5595682560
40	22140	2625	6032742625
65	93665	4000	21341334000
80	173880	5185	46478345185
160	1378160	6560	94121656560
225	3822225	6625	96947076625
385	19096385	8000	170698668000
400	21413400	9185	258337319185
560	58695560	9376	274790059376
625	81575625	10625	399877410625
785	161553785		
800	170986800		

Abbildung 37.4. *Quadratisch-pyramorphe Zahlen.*

Abbildung 37.5. *Pyramidale Zahlen und Kugelstapel.* Pyramidale Zahlen werden aus der Anzahl der Kugeln in jeder Ebene der Kugelpyramide abgeleitet.

Child Solenoid

Parent Solenoid

Kapitel 38

Zwischenspiel: Eine fraktale Gans

Olive Schreiner gibt in ihrem 1883 erstmals veröffentlichten Buch *The Story of an African Farm* eine treffende Beschreibung der fraktalen Geometrie der Natur:

> *»Ein Gänserich ertrank in unserem Stausee. Wir fischten ihn heraus, schnitten ihn am Ufer auf und knieten nieder, um ihn uns anzuschauen. Oben liegen die Organe, durch Gewebe unterteilt; unten windet sich der Darm in einer künstlerisch anmutenden Spirale; jede Windung ist von einem zarten Netz aus Blutgefäßen bedeckt, die sich rot gegen den blaßblauen Hintergrund abheben. Jeder Zweig der Blutgefäße besteht aus einem Stamm, der sich immer weiter in feinste haardünne, symmetrisch angeordnete Fäden verzweigt. Diese einzigartige Schönheit fasziniert uns. Und mehr noch – unser Staunen ist groß und wir müssen und hinsetzen –, plötzlich bemerken wir: die gleiche Form hat der Dornbusch vor dem stahlblauen Winterhimmel; die gleiche Form haben die feinen Metalladern im Gestein; den gleichen Weg nimmt Wasser, wenn es ohne künstliche Rinnen aus dem Stausee abgeleitet wird; die gleiche Form weist das Geweih des Hirschkäfers auf. Was für eine Beziehung besteht zwischen all diesen Dingen? Sehen wir hier den reinen Zufall? Oder sind wir nicht feine Zweige eines einzigen Stammes, dessen Saft in uns allen strömt? Das wäre eine Erklärung. Wir beugen uns über die Innereien des Gänserichs.«*

Kapitel 39

Alle bekannten rekursiven Fibonacci-Zahlen unter einer Milliarde

Sie gehen in eine Tierhandlung in der Nachbarschaft, kaufen zwei kleine Hunde und beginnen mit der Züchtung. Nach dem ersten Jahr gibt es ein Paar Junge, im zweiten Jahr ein weiteres. Die Eltern zeugen danach keinen Wurf mehr. Jedes neue Paar wirft wiederum jeweils nur zwei Paare. Wieviele neue Welpenpaare kommen in jedem Jahr zur Welt? Zur Beantwortung dieser Frage schreiben Sie die Anzahl der Paare in jeder Generation auf. Zuerst die Zahl 1 für das in der Tierhandlung gekaufte Paar. Danach die Zahl 1 für den Wurf dieses Paares nach einem Jahr. Im folgenden Jahr bekommen beide Paare Junge, also ist die nächste Zahl 2. Wir erhalten somit die Zahlenfolge: 1, 1, 2, 3, 5, 8, 13, 21, 34, 55, 89, 144, 233, 377,.... Diese nach dem italienischen Händler Leonardo Fibonacci da Pisa *Fibonacci-Folge* genannte Zahlenfolge spielt in der Mathematik und der Natur eine wichtige Rolle. In dieser Folge gilt (mit Ausnahme der ersten beiden Zahlen): Jede Zahl ist gleich der Summe ihrer beiden Vorgänger.

$$F_n = F_{n-1} + F_{n-2} \qquad\qquad (39.1)$$

In Pseudocode 39.1 ist das Programm zur Berechnung dieser Folge angegeben.

In diesem Kapitel möchte ich auf die Weltrekorde eingehen, die mit Verwandten der Fibonacci-Zahlen aufgestellt wurden, und Sie auffordern, die hier beschriebenen Rekorde zu brechen. 1989 entdeckte ich zwei neue rekursive Fibonacci-Zahlen (Definition im folgenden Abschnitt) im Bereich 100 Millionen bis 1 Milliarde (129.572.008 und 251.133.297). Ein Blick in ein Buch aus dem Jahre 1989, in dem alle bekannten achtstelligen *rekursiven Fibonacci-Zahlen* aufgeführt sind, zeigt, daß die von mir gefundenen Zahlen die größten heute bekannten rekursiven Fibonacci-Zahlen sein müssen (Ashbacher, 1989).

Eine rekursive Fibonacci-Zahl weist folgende bemerkenswerte Eigenschaften auf: Sie beginnt mit einer *n*-ziffrigen Zahl, die dann immer wieder gefolgt wird von der Summen der beiden vorangegangenen *n* Ziffern. Ein Beispiel hierzu: 47 ist eine rekursive Fibonacci-Zahl, da die Folge (4, 7, 11, 18, 29, 47) durch 47 geht. Ebenso ist 1.537 eine sich wiederholende Fibonacci-Zahl, da die Folge (1, 5, 3, 7, 16, 31, 57, 11, 215, 414, 797, 1.537) durch 1.537 geht.

```
Algorithmus: Berechnung von 30 Fibonacci-Zahlen.
Dimension Fib(30)
Fib(1) = 1
Fib(2) = 1
For n = 1 to 28
     Fib(n+2) = Fib(n+1) + Fib(n)
Next n
For x = 1 to 30
     Print fib(x)
end
```

Pseudocode 39.1. *Berechnung von 30 Fibonacci-Zahlen.*

Mathematisch läßt es sich auch folgendermaßen ausdrücken. Gegeben ist eine ganze Zahl N mit n Ziffern $d_1, d_2, ..., d_n$. Gegeben ist ferner die Folge

$$\alpha_k = d_k \quad (k = 1, 2,...,n) \tag{39.2}$$

und

$$\alpha_k = \sum_{i=1}^{n} \alpha_{k-i} \quad (k > n) \tag{39.3}$$

Ist $\alpha_k = N$ für jedes beliebige k, dann nennen wir N eine rekursive Fibonacci-Zahl.

1987 führte Michael Keith das Konzept der rekursiven Fibonacci-Zahlen ein. Zu diesem Zeitpunkt war die größte bekannte rekursive Fibonacci-Zahl die siebenstellige Zahl 7.9123.837. Im November 1989 wurden drei größere Zahlen gefunden; die größte rekursive Fibonacci-Zahl der Welt war seitdem 44.121.607.

Rekursive Fibonacci-Zahlen sind aus unterschiedlichen Gründen von großem Interesse. Zum einen ist die Frage, ob es unendliche viele davon gibt, noch immer nicht gelöst. Gibt es rekursive Fibonacci-Zahlen aus noch mehr Ziffern? Lassen sich mit numerischen Verfahren bestimmte Muster ausfindig machen? Ein Maß für die Leistungssteigerung von Computern war schon immer das Auffinden neuer Lösungen für wichtige mathematische Probleme (Wagon, 1985).

Abbildung 39.1 zeigt alle bis heute bekannten rekursiven Fibonacci-Zahlen. Die neuen Zahlen bewegen sich alle im Bereich zwischen 100 Millionen und 1 Milliarde. Um die zur Verfügung stehende leistungsfähige Computer-Hardware ausnützen zu können, wurden die Berechnungen in C und gleichzeitig auf mehreren Computern vorgenommen, und zwar zum Teil auf einem Silicon Graphics IRIS 4D/120GTX, der Rest auf einem Stellar GS1000 und zwei IBM RT. Für die Berechnung der ersten der beiden neunstelligen rekursiven Fibonacci-Zahlen, 129.572.008, benötigte der IRIS-Computer ungefähr drei Stunden. Während dieser Zeit arbeitete er nur an diesem Problem (andere Benutzer waren nicht zugelassen). Wären die Berechnungen nicht auf mehrere Computer aufgeteilt worden, hätte der IRIS-Computer allein für die Suche nach allen rekursiven Fibonacci-Zahlen im Bereich zwischen 100 Millionen und 1 Milliarde ungefähr eine Woche benötigt. Um einen Datenverlust aufgrund eines möglichen Systemausfalls zu vermeiden, wurde nach jeder erfolgreichen Suche der C-Befehl »fflush«

2	14 19 28 47 61 75
3	197 742
4	1104 1537 2208 2508 3684 4788 7385 7647 7909
5	31331 34285 34348 55604 62662 86935 93993
6	120284 129106 147640 156146 174680 183186 298320 355419 694280 925993
7	1084051 7913837
8	11436171 33445755 44121607
9	129572008 251133297

Abbildung 39.1. *Rekursive Fibonacci-Zahlen kleiner als eine Milliarde.* (In der ersten Spalte ist die Anzahl der Stellen angegeben.)

eingebaut, um die Daten auf Diskette zu schreiben. Bei allen Berechnungen wurden Variablen vom Typ LONG INTEGER verwendet.

Die Berechnungen von Gleichung (39.3) lassen sich beschleunigen, wenn man setzt:

$$\alpha_{k+1} = 2\alpha_k - \alpha_{k-n} \qquad (39.4)$$

Diese Formel kann eine Geschwindigkeitssteigerung

$$\delta = \frac{T_{1shift} + T_{1add}}{(n-1)T_{1add}} \qquad (39.5)$$

bewirken, wobei T die Zeit ist, die der Computer für die einzelnen Operationen benötigt. (Eine Multiplikation mit 2 ist in C durch eine Shift-Operation möglich.). Die potentielle Geschwindigkeitssteigerung ist also

$$\delta \sim \frac{2}{n-1} \qquad (39.6)$$

Abbildung 39.2 zeigt die von 251.133.297 erzeugte Folge.

39.1 Weiterführende Literatur

1. Ashbacher, C. (1989) Repfigit numbers. *Journal of Recreational Math.*, 21(4): 310-311.

2. Keith, M. Repfigit numbers. *Journal of Recreational Math.*, 19(1): 41-42.

3. Wagon, S. (1985) The Colatz problem. *Mathematical Intelligencer*, 7: 72-76.

4. Pickover, C. (1990) All known replicating Fibonacci-digits less than one billion. *Journal of Recreational Math.*, 22(3): 176-178.

2, 5, 1, 1, 3, 3, 2, 9, 7, 33, 64, 123, 245, 489, 975, 1947, 3892, 7775, 15543, 31053, 62042, 123961, 247677, 494865, 988755, 1975563, 3947234, 7886693, 15757843, 31484633, 62907224, 125690487, 251133297

Abbildung 39.2. *Folge für 251.133.297.* (Diese ist die größte bekannte rekursive Fibonacci-Zahl.)

Kapitel 40

Die Jongleur-Folge

Eines Morgens im Frühling beobachtete ich einen Jongleur, der in einem Zirkus farbige Bälle in die Luft warf. Daraus entwickelte ich eine einfache Zahlenfolge, die seitdem von vielen Freunden stundenlang analysiert wird. Wie ein Ball, der von einem Jongleur in die Luft geworfen und wieder aufgefangen wird, bewegt sich diese Folge in scheinbar willkürlichen Bewegungen auf und ab. Und genau wie der Ball des Jongleurs, scheint die Jongleur-Folge immer wieder in die Hände des Mathematikers zurückzufallen (hier mit der ganzen Zahl »1« bezeichnet).

Zuerst möchte ich das Problem mathematisch definieren und dann werde ich es in einfachen Worten erklären: Das *Jongleur-Problem*, das man auch $n^{(3/2)}$-Problem nennen könnte, ist durch die Funktion $j{:}N \to N$ in der Menge der positiven ganzen Zahlen definiert:

$$j(n) = \begin{cases} [n^{(1/2)}] & \textit{für gerade } n, \\ [n^{(3/2)}] & \textit{für ungerade } n \end{cases} \tag{40.1}$$

wo n die beliebige positive ganze Zahl ist. Die Klammern zeigen an, daß nichtganzzahlige Werte auf die größte ganze Zahl gleich oder kleiner der Zahl in Klammern gekürzt werden (d.h. 4,1 → 4). Man beginnt also mit einer beliebigen ganzen Zahl und erhebt sie – je nachdem, ob sie gerade oder ungerade ist – zur Potenz 1/2 bzw. 3/2. Diese Operation wird immer wieder wiederholt. Diese Folge, wie auch andere in diesem Buch beschriebene, entsteht mit Hilfe einer Iterationsregel, die, auf eine Zahl angewandt, die jeweils folgende erzeugt.

Dies läßt sich mathematisch schreiben als: $j^k(n)$ sei die k-te Iterierte von j(n). Eine Zahlenfolge wird erzeugt mit

$$j^k(n) = j(j^{k-1}(n)) \textit{ für } k \in N \tag{40.2}$$

und kann mit der folgenden Formel dargestellt werden

$$J(n) = \{j^k(n)\} \quad k = 1,2,3,\dots \infty \tag{40.3}$$

Wie sieht das Verhalten von langen Folgen aus? Entsteht eine Schleife? Wenn ja, wie sieht diese Schleife aus? Wenn Sie Ihren Computer für die Berechnung gebrochener Exponenten programmieren können, können Sie sicher auch die Jongleur-Folge berechnen. Der Iterations-

n	J(n)
1	
2	1
3	5 11 36 6 2 1
4	2 1
5	11 36 6 2 1
6	2 1
7	18 4 2 1
8	2 1
9	27 140 11 36 6 2 1
10	3 5 11 36 6 2 1
11	36 6 2 1
12	3 5 11 36 6 2 1
13	46 6 2 1
14	3 5 11 36 6 2 1
15	58 7 18 4 2 1
16	4 2 1
17	70 8 2 1
18	4 2 1
19	82 9 27 140 11 36 6 2 1
20	4 2 1
21	96 9 27 140 11 36 6 2 1
22	4 2 1
23	110 10 3 5 11 36 6 2 1
24	4 2 1
25	125 1397 52214 228 15 58 7 18 4 2 1
26	5 11 36 6 2 1
27	140 11 36 6 2 1
28	5 11 36 6 2 1
29	156 12 3 5 11 36 6 2 1
30	5 11 36 6 2 1
31	172 13 46 6 2 1
32	5 11 36 6 2 1
33	189 2598 50 7 18 4 2 1
34	5 11 36 6 2 1
35	207 2978 54 7 18 4 2 1
36	6 2 1
37	225 3375 196069 86818724 9317 899319 852846071 24906114455136 4990602 2233 10 5519 34276462 5854 76 8 2 1
38	6 2 1
39	243 3787 233046 482 21 96 9 27 140 11 36 6 2 1
40	6 2 1
41	262 16 4 2 1
42	6 2 1
43	281 4710 68 8 2 1
44	6 2 1
45	301 5222 72 8 2 1
46	6 2 1
47	322 17 70 8 2 1
48	6 2 1
49	343 6352 79 702 26 5 11 36 6 2 1
50	7 18 4 2 1

Abbildung 40.1. *Verhalten der Iterierten von j(n).* Jede Zeile dieser Tabelle ist eine Jongleur-Folge $J(n)$ für die Startzahl in der linken Spalte.

n	J'(n)
1	
2	1
3	5 11 36 6 2 1
4	2 1
5	11 36 6 2 1
6	2 1
7	19 83 756 27 140 12 3 5 11 36 6 2 1
8	3 5 11 36 6 2 1
9	27 140 12 3 5 11 36 6 2 1
10	3 5 11 36 6 2 1
11	36 6 2 1
12	3 5 11 36 6 2 1
13	47 322 18 4 2 1
14	4 2 1
15	58 8 3 5 11 36 6 2 1
16	4 2 1
17	70 8 3 5 11 36 6 2 1
18	4 2 1
19	83 756 27 140 12 3 5 11 36 6 2 1
20	4 2 1
21	96 10 3 5 11 36 6 2 1
22	5 11 36 6 2 1
23	110 10 3 5 11 36 6 2 1
24	5 11 36 6 2 1
25	125 1398 37 225 3375 196070 443 9324 97 955 29512 172 13 47 322 18 4 2 1
26	5 11 36 6 2 1
27	140 12 3 5 11 36 6 2 1
28	5 11 36 6 2 1
29	156 12 3 5 11 36 6 2 1
30	5 11 36 6 2 1
31	173 2275 108511 35744617 213705634112 462283 314312668 17729 2360622 1536 39 244 16 4 2 1
32	6 2 1
33	190 14 4 2 1
34	6 2 1
35	207 2978 55 408 20 4 2 1
36	6 2 1
37	225 3375 196070 443 9324 97 955 29512 172 13 47 322 18 4 2 1
38	6 2 1
39	244 16 4 2 1
40	6 2 1
41	263 4265 278534 528 23 110 10 3 5 11 36 6 2 1
42	6 2 1
43	282 17 70 8 3 5 11 36 6 2 1
44	7 19 83 756 27 140 12 3 5 11 36 6 2 1
45	302 17 70 8 3 5 11 36 6 2 1
46	7 19 83 756 27 140 12 3 5 11 36 6 2 1
47	322 18 4 2 1
48	7 19 83 756 27 140 12 3 5 11 36 6 2 1
49	343 6352 80 9 27 140 12 3 5 11 36 6 2 1
50	7 19 83 756 27 140 12 3 5 11 36 6 2 1

Abbildung 40.2. *Verhalten der Iterierten von j'(n).* (J' ist jeweils auf die nächstliegende ganze Zahl auf- oder abgerundet.) Jede Zeile dieser Tabelle ist eine Jongleur-Folge J'(n) für die Startzahl in der linken Spalte.

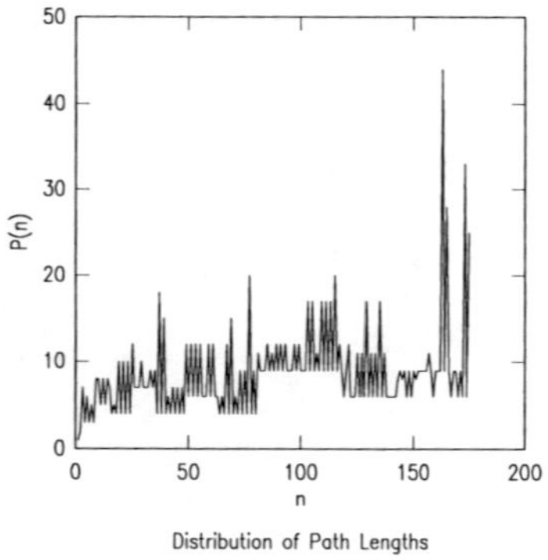

Distribution of Path Lengths

Abbildung 40.3. Weglängen für Startzahlen zwischen 0 und 175.

prozeß kann so oft wiederholt werden, bis die Jongleur-Zahl wieder zu 1 zurückkehrt (siehe Pseudocode 40.1). War es dumm von mir, die Schleife auf diese Art und Weise zu beenden? Was geschieht, wenn die Folge niemals wieder zu 1 zurückkehrt? Abgesehen von dieser lästigen Frage interessieren uns in erster Linie die entstehenden Muster. Angenommen, wir beginnen mit der Zahl 3: $J(3) = \{3, 5, 11, 36, 6, 2, 1\}$. Das Grundmuster ist eigentlich sehr einfach. Es steigt an und fällt wieder auf 1 zurück. Dann wiederholt sich die 1 immer wieder: 1, 1, 1, ... Das Jongleur-Problem ist eine interessante Erweiterung des bekannten $(3n + 1)$-Problems (auch Hailstone- oder Collatz-Problem genannt), das in der Vergangenheit ausgiebig analysiert wurde. Collatz-Folgen entwickeln sich nach der Vorschrift

ist x gerade
dann gilt x = x / 2
sonst gilt x = 3 x + 1

Bei den Jongleur-Folgen kommt eine analoge Regel zur Anwendung, jedoch mit Potenzen anstelle von Vielfachen. Wie die Collatz-Folge bewegt sich die Jongleur-Reihe in stellenweise recht chaotischen Mustern auf und ab. Im Gegensatz zur Collatz-Folge erreichen die Jongleur-Zahlen schon nach wenigen Iterationen sehr hohe Werte. Allerdings fallen diese großen Zahlen – so ist das neunte Glied der Jongleur-Folge für 37 $h^9(37) = 24.906.114.455.136$ – relativ schnell wieder auf 1 zurück. Vermutlich kehrt jede Folge, die von einer positiven ganzen Zahl ausgeht, irgendwann wieder zu 1 zurück. (Für den entsprechenden Beweis für die $(3n + 1)$-Folge wurden bereits Geldpreise ausgeschrieben.) Ich habe diese Hypothese für die Jongleur-Folge für n ($1 \le n \le 200$) geprüft. Abbildung 40.1 zeigt das Verhalten der Iterierten für $1 \le n \le 50$. Sie konvergieren alle. Mit dem Jongleur-Verfahren können jedoch relativ lange Folgen erzeugt werden, bevor die Werte wieder zu 1 zurückkehren. Prüfen Sie meine Hypothese für $n > 200$. Im folgenden ein Beispiel für 77.

```
Algorithmus: So werden Jongleur-Zahlen erzeugt.

Input eine positive ganze Zahl, x
 REPEAT
  if x is even then x = truncate (x ** 1/2)
  if x is odd  then x = truncate (x ** 3/2)
 UNTIL x = 1
```

Pseudocode 40.1. *So werden Jongleur-Zahlen erzeugt.*

$J(77)$ = 77 675 17.537 2.322.378 1.523 59.436 243 3.787 233.046 482 21 96 9 27 140 11 36 6 2 1

$J(77)$ hat eine Weglänge von 20. Das Verlaufsmuster ist etwas komplizierter als für die Zahl 3. Die Folge besteht aus sechs willkürlichen Auf- und Abwärtsbewegungen. Einige interessante Eigenschaften fallen jedoch ins Auge. Abbildung 40.3 zeigt die Weglänge der Folgen mit den Startzahlen zwischen 0 und 175. Die feinen zickzackförmigen Auf- und Abbewegungen sind die Hoch- und Tiefpunkte der aufeinanderfolgenden bei ungeraden bzw. geraden Startzahlen beginnenden Folgen. Normalerweise verhält sich die Reihe relativ unspektakulär, erreicht ihren Höchstwert bereits nach wenigen Schritten und kehrt dann innerhalb weniger als zehn Iterationen zur 1 zurück. Es gibt jedoch auch einige bemerkenswerte Ausnahmen: 37, 77, 103, 105, 109, 111, 113, 115, 129, 135, 163, 165, 173, 175, 183 und 193 bilden recht lange Folgen. Bei allen Zahlen

$$2^{2^n} \tag{40.4}$$

(z.B. 4 oder 16) kehrt die Reihe monoton zum Ausgangspunkt, der 1, zurück. Die Analyse der Abbildung 40.1 ergibt, daß mehrere Endsequenzen besonders häufig vorkommen; für die ersten 200 Startzahlen gibt es nur drei dreistellige Endsequenzen: (6 2 1), (4 2 1) und (8 2 1). Warum gibt es nur diese drei? Abbildung 40.4 zeigt monotone Zerfallspfade für die Endsequenzen der Startwerte unter 200.

40.1 Übungen

Suchen Sie nach noch längeren $J(n)$-Folgen! Darüber hinaus gibt es noch das Problem der $J'(n)$-Folgen, bei denen die Brüche nicht einfach auf die nächstniedrige ganze Zahl »gestutzt«, sondern auf- oder abgerundet werden (siehe Abbildung 40.2). Auch ist nicht bekannt, ob die Jongleur-Folge immer wieder zur 1 zurückkehrt oder nicht. Dieses Problem ist recht schwierig. Das Jongleur-Problem ist deshalb besonders interessant, weil es leicht zu definieren, aber nur sehr schwer zu lösen ist. (Siehe auch »Anmerkungen für den neugierigen Leser« auf Seite 407)

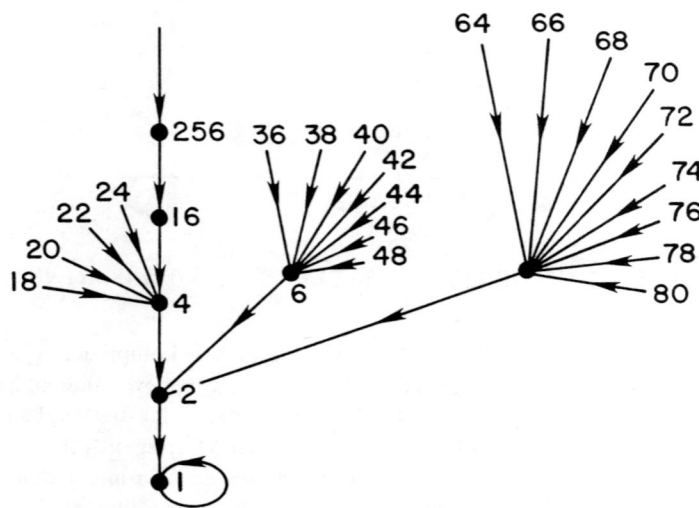

Abbildung 40.4. *Monotone Zerfallswege für die Endsequenzen der Startwerte unter 200.* Der zentrale Stamm besteht aus Zahlen der Form 2^{2^n}.

40.2 Weiterführende Literatur

1. Dodge, C. (1969) *Numbers and Mathematics.* Prindle, Weber and Schmidt: Boston.

2. Hayes, B. (1984) Computer recreations: on the ups and downs of hailstone numbers. *Scientific American, 250:* 10-16.

3. Legarias, J. (1985) The 3 x − 1 problem and its generalizations. *American Mathematics Monthly,* Januar: 3-23.

4. Wagon, S. (1985) The Collatz problem. *Mathematical Intelligencer,* 7: 72-76.

5. Garner, L. (1981) On the Collatz 3n + 1 problem. *Proceedings of the American Mathematics Society,* 82: 19-22.

6. Crandall, R. (1978) On the »3x -1« problem. *Mathematics of Computation,* 32: 1281-1292.

7. Pickover, C. (1989) Hailstone (3n + 1) number graphs. *Journal of Recreational Mathematics,* 21(2): 112-115.

8. Pickover, C. (1990) Juggler geometry and earthworm algebra. *Algorithm,* Nov. 1(7): 11-13.

Kapitel 41

Wurm-Algebra

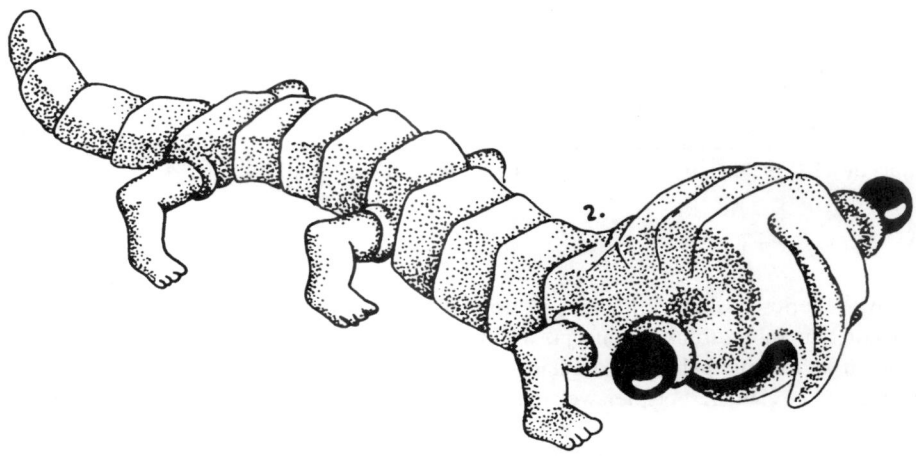

An einem kühlen Novembertag durchtrennte ich beim Umgraben meines Gartens unabsicht-lich einen Regenwurm. In dieser Jahreszeit schienen sich die Würmer in meinem Garten mit einer unglaublichen Geschwindigkeit zu vermehren. Dem Regenwurm wird eine bewunderns-werte Regenerationsfähigkeit zugeschrieben, weshalb sich meine Trauer in Grenzen hielt: Ich hatte gelernt, daß eine Hälfte des Wurms, vielleicht sogar beide, weiterleben, je nachdem, an welcher Stelle er durchtrennt wurde. Nach kurzer Meditation an der frischen Novemberluft ersann ich ein kleines Problem, die *Wurm-Algebra*. Bei diesem Problem geht es um Vermeh-rung und Teilung. Dazu werden ganze Zahlen immer wieder multipliziert und abgerundet. Man beginnt mit einer beliebigen zweistelligen Zahl zwischen 10 und 99. Diese wird mit 2 multipliziert; vom Ergebnis werden die beiden letzten Ziffern »abgeschnitten« und diese wieder mit 2 multipliziert. Dann beginnt die Prozedur von neuem. Das Programmlisting ist in Pseudocode 41.1 zu finden.

[[Für den mathematisch interessierten Leser: Das Problem ist durch die auf die Menge der positiven ganzen Zahlen angewandte Funktion $h{:}N \rightarrow N$ definiert:

$$h(N) = [2N] \qquad (41.1)$$

wo N eine beliebige zweistellige positive ganze Startzahl ist. Die Klammern in der Gleichung weisen darauf hin, daß die Zahlen nur aus den letzten beiden Ziffern des Vorgängers bestehen dürfen. (Dies wird auch als $(2N$ mod 100)) geschrieben.]] $h^k(N)$ ist die k-te Iterierte von $h(N)$. Eine Zahlenfolge wird erzeugt mit

$$h^k(N) = h(h^{k-1}(N)) \; \textit{für } k \in N \qquad (41.2)$$

und läßt sich schreiben als

Algorithmus: So werden Wurm-Zahlen erzeugt
Anmerkung: Die Funktion trunc2 schneidet eine Zahl bis auf die letzten beiden Ziffern ab. Dies kann erreicht werden, indem man x durch 100 teilt und mit dem Rest weiterrechnet.

Input x
 REPEAT
  x = 2 * x
  x = trunc2 (x)
  Output x
 UNTIL x = ein vorangegangenes x

Pseudocode 41.1. *Erzeugung der Erzeugung der Wurm-Zahlen.*

$$H(N) = \{h^k(N)\} \quad k = 1,2,3... \tag{41.3}$$

Vor dem Weiterlesen sollte folgendes in Betracht gezogen werden: Kehrt die Folge immer wieder zur Startzahl zurück? Wenn ja, wieviele Schritte sind dazu erforderlich? (Ungerade Startzahlen kehren niemals zum Ausgangspunkt zurück; wir betrachten deshalb nur gerade Startzahlen.) Die Zahl 12 beispielsweise kehrt nach 20 Schritten zum Ausgangspunkt zurück.

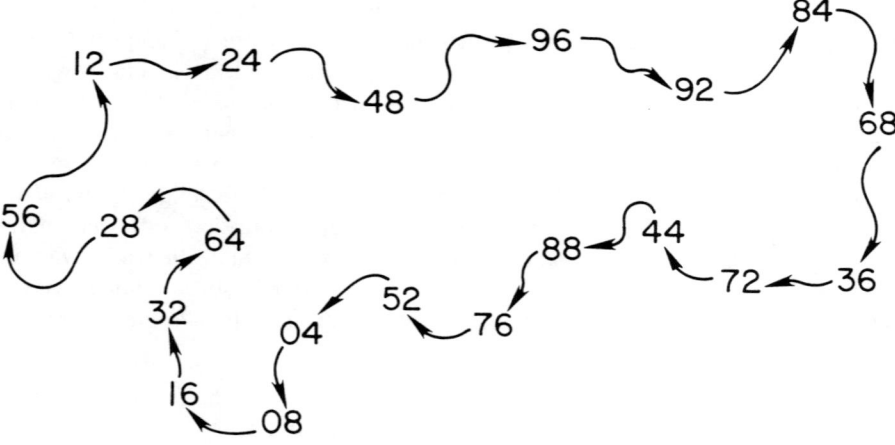

Jede Zahl in der oben dargestellten Folge kehrt wieder zu sich selbst zurück. Sie werden herausfinden, daß es bei geraden Startzahlen bemerkenswerterweise nur drei Möglichkeiten gibt:

1. der Weg kehrt nicht wieder zum Startpunkt zurück, sondern endet in einer sich wiederholenden Schleife, oder

2. der Weg hat die Länge 20, oder

3. der Weg hat die Länge 4.

Ist die Startzahl ein Vielfaches von 20, kehrt die Folge nach vier Iterationen zum Ausgangspunkt zurück; ist die Startzahl ein Vielfaches von vier, werden 20 Iterationen benötigt. In allen anderen Fällen endet die Iteration in einer unendlichen Schleife.

Die Kürzung auf zwei Stellen bedeutet die Addition von Modulo 100. Beginnen Sie nun mit der Analyse der Wurm-Algebra. Die Startzahl erhält den Buchstaben y. Nach n aufeinanderfolgenden Verdoppelungen erhält man $(2^n)y \bmod 100$. Damit sich die Folge wiederholt, muß diese Zahl bei irgendeinem n wieder gleich y sein. Für eine Schleife zum Ausgangspunkt muß also gelten $y[2^n - 1] \bmod 100 = 0$.

Die Wurm-Algebra ähnelt in gewisser Weise einer bestimmten Problemgruppe im Bereich der auf multiplikativ-kongruenten Verfahren basierenden Pseudozufallszahlengeneratoren (Knuth, 1981).

41.1 Übungen

Hier sind der Forschung und Analyse keine Grenzen gesetzt. Kehren Wurm-Folgen immer wieder zum Startpunkt zurück, wenn 3 anstelle von 2 als Multiplikator eingesetzt wird? Welche Grafikmuster können erstellt werden? Das Verhalten aller Fälle kann in einem aussagekräftigen Iterationsdiagramm zusammengefaßt werden. Die Startzahlen werden dabei auf der x-Achse und die Trajektorien auf der y-Achse aufgetragen.

41.2 Weiterführende Literatur

1. Knuth, D. (1981) *The Art of Computer Programming*. Band 2, 2. Auflage. Addison-Wesley: Massachusetts.

2. Pickover, C. (1990) Juggler geometry and earthworm algebra. *Algorithm,* Nov. 1(7): 11-13.

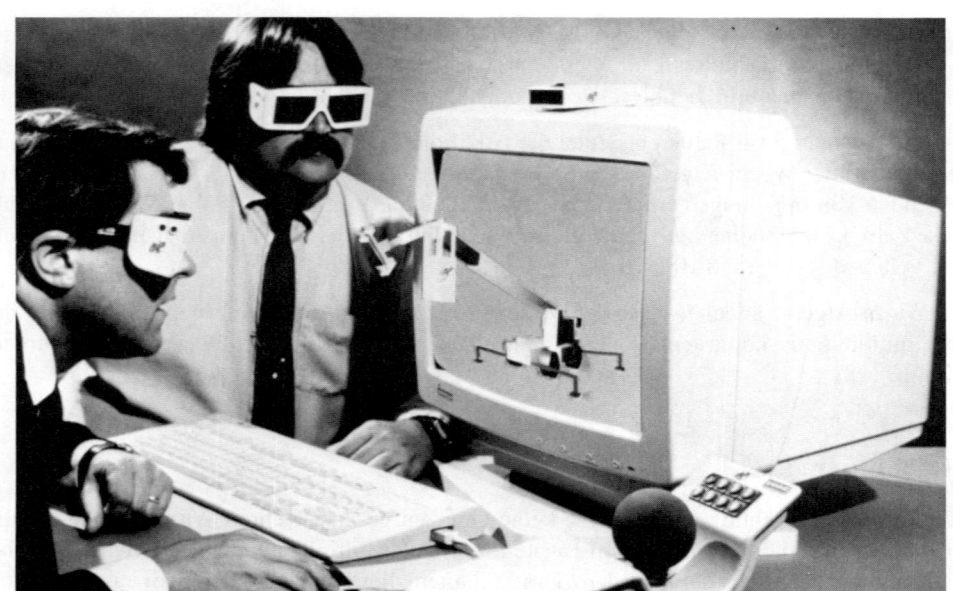

Kapitel 42

Zwischenspiel: Die Technik, unser Freund und Helfer

Heute können Wissenschaftler, die mit Computermodellen von Gebäuden, Molekülen und Bergen arbeiten, in ihren dreidimensionalen Strukturen »spazieren gehen«. Dazu sind spezielle Brillen erforderlich, die die vom Computer ausgesandten Infrarot-Signale empfangen können. Mit den im Foto links oben gezeigten Brillen erhält der Betrachter eines zweidimensionalen Computerbildes einen realistischen Eindruck der räumlichen Tiefe. Man kann so zum Beispiel auf einen imaginären Marsberg klettern oder in ein unendliches rotes Meer tauchen!

Seit kurzem können im Herzen jung gebliebene Computerbenutzer oder solche, die sich freundlicher aussehende PCs wünschen, diese mit einer besonderen »Software« verkleiden. Diese »Computerfiguren« sind plüschige, puppenähnliche Tiere, die am Monitor angebracht werden können. Es gibt sie in verschiedenen Ausführungen, so zum Beispiel als Drachen, Bulldoggen oder Hasen (siehe Bild links unten).

Auch können heute mit Hilfe von dreidimensionaler CAD und numerischer Steuerung ortopädische Prothesen nach Maß hergestellt werden. In der Zukunft wird man immer mehr Körperteile durch künstliche ersetzen können. Ein interessantes Beispiel ist ein künstliches, vollständiges Handgelenk. Das unten abgebildete wurde ursprünglich von Dr. Chr. Meuli konstruiert[33].

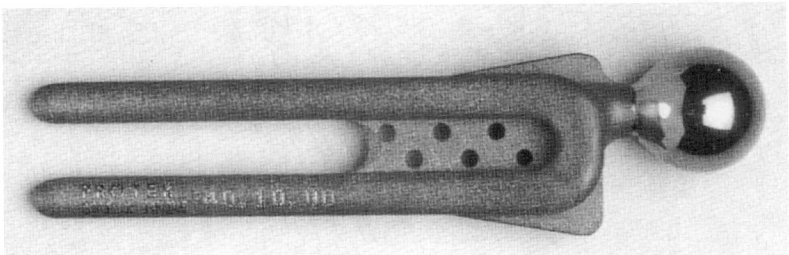

---

33 Das Bild mit den 3D-Brillen wurde mit freundlicher Genehmigung von Bechtel Software, 289 Great Road, Acton, MA 01720, abgedruckt. Die »Computerfiguren« wurden mit freundlicher Genehmigung von Celsus Designs, Box 5401, Hacienda Heights, CA 91745, abgedruckt. Die Handgelenkprothese besteht aus hochfestem Ti_6Al_7Nb-Schmiedestahl, sandgestrahlt mit reinem Korund. Der sphärische Kopf ist mit Titannitrit überzogen. Abdruck mit freundlicher Genehmigung des Herstellers, PROTEK, Stadtbachstraße 64, CH-3001 Bern.

Kapitel 43

Aufmarsch der Palindrome

Ein Palindrom ist in der Regel ein Wort, ein Satz oder eine Satzmenge, die vorwärts und rückwärts gelesen denselben Sinn ergeben. Beispiele sind »Anna« (Wortpalindrom) oder »Ein Neger mit Gazelle zagt im Regen nie« (Satzpalindrom). Das längste Wortpalindrom in einer der größeren Sprachen ist das finnische Wort *»saippuakauppaias«* für Seifenhändler. Ein interessantes Beispiel für einen Palindromsatz, in dem nicht Buchstaben, sondern Worte das Palindrom bilden, ist:

> *»You can cage a swallow, can't you, but you can't swallow a cage, can you?«*

Hier möchte ich jedoch *Palindromzahlen* und nicht Palindromworte oder -sätze beschreiben. Palindromzahlen sind positive ganze Zahlen, die rückwärts gelesen dieselbe Zahl ergeben. Palindromzahlen sind zum Beispiel 12.321, 11, 261.162 und 454. Zahlen dieser Form wurden schon oft diskutiert: siehe zum Beispiel viele Ausgaben von *The Journal of Recreational Mathematics* und die weiterführende Literatur am Ende dieses Kapitels. Dr. Akhlesh Lakhtakia (Universität von Pennsylvania) und ich begannen unsere Untersuchungen mit den Palindromzahlen kleiner oder gleich der ganzen Zahl P. Wir nennen diese Menge $W(P)$. So gilt zum Beispiel $W(3) = 3$, da 1, 2 und 3 Palindromzahlen sind. Abbildung 43.1 zeigt die Zahl der einstelligen Palindrome, der zweistelligen Palindrome, usw. (die Ziffer ganz links darf nicht 0 sein). Angesichts dieser Tabelle ist leicht zu erkennen, daß gilt

$$W(10^n) = 2\{10^{(n-1)/2} - 1\} + 9 \times 10^{(n-1)/2} \text{ für ungerade } n$$

$$W(10^n) = 2\{10^{(n/2)} - 1\} \text{ für gerade } n$$

Auch Schwartz erstellte eine ähnliche Formel für gerade n (Schwartz, 1976).

Wie weit wächst der Wert von $W(P)$ mit P? Mehrere Wissenschaftler beschäftigten sich mit dieser Frage. Wir fanden, daß eine doppelt logarithmisch aufgetragene Kurve das $W(P)$-Wachstum für die ersten zehn Millionen ganzen Zahlen sehr gut darstellt. In Abbildung 43.2 sind die ersten 200 Zahlen doppelt logarithmisch aufgetragen, in Abbildung 43.3 für die ersten 10 Millionen. Die schon in Abbildung 43.1 erkennbaren besonderen Eigenschaften tauchen auch in Abbildung 43.3 auf, in der die Kurve deutliche Wellen aufweist, die sich über jede zwei Dekaden von P erstrecken. Aus dieser Zeichnung läßt sich ableiten, daß

Digits		Form	W(P)
1 digit		a	9 (excluding 0)
2 digits		aa	9
3 digits		aba	9 x 10
4 digits		abba	9 x 10
5 digits		abcba	9 x 10 x 10
6 digits		abccba	9 x 10 x 10

Abbildung 43.1. *Palindrome.*

$$\lim_{P \to \infty} \frac{\log W(P)}{\log(P)} = \frac{1}{2} \tag{43.1}$$

Abbildung 43.4 zeigt ein interessantes Diagramm der Verteilung der ersten 200 Palindrom-zahlen nach Multiplikation mit einer Konstanten. Das Diagramm wird erzeugt, indem man von einer ganzen Zahl x zwischen 1 und 200 ausgeht, diese mit einer Konstanten α multipliziert und prüft, ob das Ergebnis ein Palindrom ist. Der »Multiplikator« α auf der y-Achse des Diagramms reicht von 1 bis 200. Jeder Punkt im Diagramm ist eine Palindromzahl. Schon beim flüchtigen Betrachten fallen einige Merkmale des Punktemusters ins Auge. Deutlich ist unterhalb einer »hyperbolischen« Grenzlinie eine dichtere Verteilung zu erkennen. Bei $x = 55$ gibt es eine vertikale Linie aus zehn aufeinanderfolgenden ungeraden, palindromerzeugenden α-Werten. Die Produkte sind: 55 x 91, 55 x 93, 55 x 95, 55 x 97, 55 x 99, 55 x 101, 55 x 103, 55 x 105, 55 x 107, 55 x 109. Wenn die x-Achse ein gerades Vielfaches von 5 ist, gibt es keine y-Werte. Ist der Wert der x-Achse ein gerades Vielfaches von 5, dann sind y-Werte selten. Ist x ein Palindrom, dann gibt es viele y-Punkte. Im übrigen ist das Diagramm symmetrisch: ist xy ein Palindrom, dann ist auch yx ein Palindrom.

Das Diagramm weist viele weitere interessante Regelmäßigkeiten auf, von denen Sie sicher zahlreiche bislang noch unentdeckte finden können. Die Arbeiten des IBM-Wissenschaftlers Shaiy Pilpel (1985) enthalten eine Liste der Zahlen, die in ihrer dezimalen und binären Schreibweise Palindromzahlen sind. So ist zum Beispiel die 313 eine solche »doppelte« Palindromzahl, da 313 binär ausgedrückt gleich 100111001 ist.

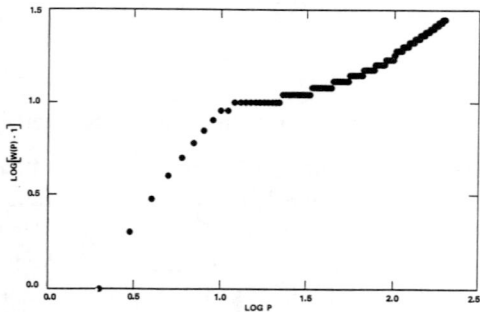

Abbildung 43.2. *Log W(P) gegen P für die ersten 200 ganzen Zahlen.*

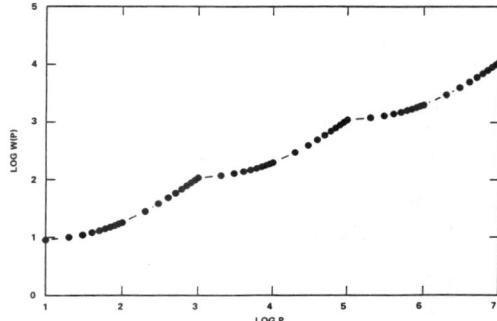

Abbildung 43.3. Wie Abbildung 43.2, nur ist hier $1 < P < 10.000.000$.

43.1 Weiterführende Literatur

1. Pilpel, S. (1085-86) Some more double palindromic integers. *Journal of Recreational Math.*, 18(3): 174-176. Siehe auch: Schmidt, H. (1988) Palindromes: density and divisibility. *Mathematics Magazine,* 61(5): 297-299.

2. Schwartz, B. (1986) Counting palindromes. *Journal of Recreational Math.*, 18(3): 177-179. Siehe auch: Calandra, M. (1986-86) Integers which are palindromic in both decimal and binary notation. *Journal of Recreational Math.*, 18(1) 47.

3. Gardner, M. (1979) *Mathematical Circus.* Alfred Knopf: New York. (Seite 242-252). Siehe auch: Peretti, A. (1985) Query 386C. *Notices of the American Mathematics Society*, Ausgabe Mai.

4. Lakhtakia, A., Pickover, C. (1990) Some observations on palindromic numbers. *Journal of Recreational Math.*, 222(1): 55-60.

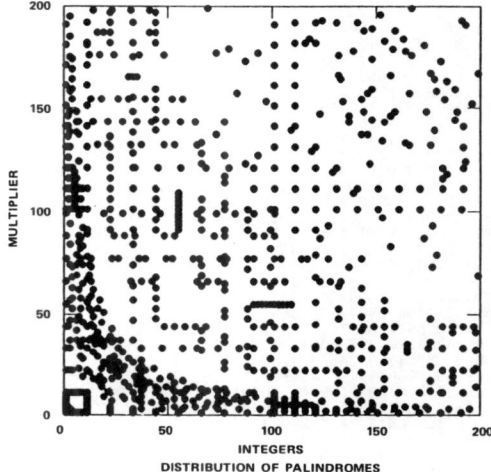

Abbildung 43.4. *Verteilung der Palindromzahlen.* Auf der horizontalen Achse liegen die ganzen Zahlen *x*, auf der vertikale Achse ist der ganzzahlige Multiplikator α aufgetragen. Ein Punkt im Diagramm zeigt an, daß α *x* ein Palindrom ist.

58084187652859752958584966023611738926743407113271198106707607694846726048012436
86395993241133608145900661194710537936696162381047214162218407706118955662921851
92796292802440421200633374453180267794916718196462487219088215872037259374524544
20374477147681918616288860669875627211275953922247689567681252489567623523283258
81441876560899947809648163436269878183682642677441611971110782139379031420666399
21471138473645134477507281172254824820223928019009123508725827419189838418792363
41825208368005058888725329509618996804174579690632672340114884279628784274637780
20456368171892958648157250651022516178126556227454553843828066066910437933468231
29482041799734648436018949062547344969237138904029647994108952559620268899919052
68448457383387486021300420555436631028483998997305905577901586452458663760308356
36239568498297208032278217189863008170174451227351461721173793968005827244691786
72865862473337030509552869899686360505554885852119851941472933925879156940402868
87738911009601962411308566164588882590734233609418009446201420595933328695809965
25490471818619920040126994641933227915885787398246543981974911078632745549202373
37027254799083317741081826777469806463316814605150039888375091714310186321684644
21228122894137423500837524500163350821331116681941121279315277992595088757929530
88847681501064944155632506925576723962688956926434307202366920480446763317585129
93658086438400082599290843963949697180993046928137643201205555008300497729718960
42931250550213964768300889339212746682259350438819437481383304843481531743926421
53170405217189047097163503583812715920535993001775605041475609764567505763620616
35954483560779461475882404043451174044055119997286322513605432720556456451284765 8
21504940557580565988515886827829813778332686434332641999138007835389453853118575
61707420144792945950051123924751925646269994215832785328113105893004909048
61641457084432581894468074585848144528938858846528493678917462534989724083632 14
90762753662455512724646521243344233409389057335146244127333685316156152650172130
16046342406367768918789304528684187141604386636525290325179326655198319503225668
35974124688131132705604386170415926457120951543806430680522269046344988809
88091785796437944153970293352546801407760710832138119320843292117819002399969289
27230684945029097337031315210707862154712329902128753903849459171991254687432985
05492050568822378735216901508301069316809493192899224349483969364760350854155357
02601281736217486408339731151484282873035125478972957640045680647740248066746391
26840922241370558915878044495678257017845350191543711675514291552123702890159709
83976595971493766406613183946473509650642204028304873288630339337198998156806329
57537622643042902551481841392140555433991767598852928871099661265437303713583969
17730099503538531202832117564763246875825816802639250137902890065220858473030447
37072036168372541795312309718553928406683817302948112610557100551766487838 4319
05218067858580280314360518051253620624042683498582718938175364632352535011045772
39355300979932521524785670506767415624045396074947910392546785684164601570411157
90133907204654097884257776982056733572683989594389430421101524237990114059392911
93841471736848658588850230998850097628768526397837533376895709339976699730501982
57321381470899534463335845899051366853617074692095060914860328252800705943505984
09384413178586205020481345467038005975193375026049280246480557720152382313512406
35570756476043811033238943455071554943340255013150901543674554722917626462663235942
24646617918427756504557830819165656376115781471804443006769810379493285200190351
80209152762791068235053039211021010130605272594211201270108763229292695718 5549
53798503254199893138806254941925843424361992389512486497958554636807010157839429
17318177040838790729395360200669321788578248189596556346256655070010709765286449
57930948624290292532170463051048959928342405955520077716571199380330473423989392
29960351848919123455430680631192491849167018995100935418268061334181358467210696
06971127637640824330617628135401004999196718491942021359869245543220188491540699
22289904133740330939020651562870014560603233829058950150363972235182103316850029 8
58446935668081100694566436555859829417867881228671019545840270878390308709237
09338387620097074645475980567430498329917442434851923945359783139899244241479 73
60035591660719288325790900831021124952616159210111021204043498600882583509119
82529920014932849741079676003444190641876205846565510181278653946578239188157564
22386433157364615819218555547663037303317433505550715543389423301073516746461855
35943043143832510168649747520720496294833025681906839666454319501951258578230439
03901552749508097263812068420695012964697153596640519985376433644250089750841226
63881150369076690428008583977332483780363585692580094890013194888869568377470641493
92191938614109898413262011240338943859903737353266502896777524888014564016104309
88611041750954723765877551841087505960345158807112962076112496658753512523999609255 40
41686401105242642265635707409073848052773404161153630507161633040829758587708215
08134947684666825500006561194929281738671481945570801262602358046273772 6301618
26441403638591214709892987419539253087075296776513763658212282911359452949900378
18703867018393834463165901167892588957780904235561402041371950462993392462268347
60335977607999027328330368833694929293022471568944836494802167135674050705856793
90168619882084212550934154672063462910535378196529865834507786189649740322300396
12035476707420477470765093676027087552153302973427613793379368482262629202962
96634624579539574749583948534318992814049186030700929051997026378731797849403054
94893436875520901620638439945782099973812158807112502147336700930538496929228
28928700041999178211823491229208401391061767032186451434029740503507246975872007
90078895536398622260771345984450500216546306139725845965928564973311307865204795
38665323148139025566228824145128879198674451288791896667745932447397396
19212819473505626035764437212140038221257401433134334216364543721555415744 72580
85222647943688943636363094929293022471568944836494802167135674050705856793
68399499299959042083358723851238997284993065665192465393211500486591874420148071
66747113594538945278098310002363334367633277328828729788505099895550757561385151
28458473295465650271354964042236936899214504404820443513932885840650869553953506
26201536761576535801657413951657710039953502950631837539043717007499808224941712
52246194362341953375132742836361794394406228663621304288909297746931205494932293
39599170268049809465551309134673192806412900827958504692390929061810037346907564
00205858232587439850296646191813434519758868368327686631871523655035056009429
91250287578914862908714139721320401767211331279532720051448380954138404092208321
24463772235701352709058278904000505016407723363607947467772818103772437898550 16317
33731913465723578110956819345642893787588618832329246389703093003025719165 19 44
15700075969333328605915191753909823916332243728896460565919114160205800 11 99
88692930496618786393391740501598012595784556149536869989969354915029743374 264691
66882964416296008584082722270541647220444819728002589916128722407028028047660415
36539129573669642535960987756185137997903740126734554942510311958478393649537
73499189886212606524891138768559294089406329705426463599489206239564369080411859
21327653288440086706320637379433290090982942202841745228208386947744414573639411 741
19035660243988384217811107020514477734617639179061744360846007848990556792440
78523297852877215984253177759956532183606721127155789670588925168201867506744730
24454254838637302785117909216951540182760850876198224448433600211305424 81936971
92471302575499206176939222505216510841615966408240184811660106408163311422906925
86342109496267475076958176008020172301793347629838205331669375969147959257681390 7 5

Kapitel 44

Invertierte Zahlen und Palindrome

Man nehme eine ganze Zahl, invertiere ihre Ziffernfolge, addiere die beiden Zahlen und wiederhole diesen Vorgang. Das Resultat ergibt mit ein wenig Glück ein Palindrom – das heißt, vor- und rückwärts gelesen ergibt sich immer wieder die gleiche Ziffernfolge (siehe vorangegangenes Kapitel). Bei einigen Zahlen läßt sich dies in nur einem Schritt erreichen, wie zum Beispiel bei

$$18 + 81 = 99; \qquad\qquad\qquad\qquad (44.1)$$

99 ist ein Palindrom. Bei anderen Zahlen sind eventuell mehr Schritte erforderlich. So ist beispielsweise $19 + 91 = 110$; $110 + 011 = 121$. Berücksichtigt man nur maximal 100 Schritte, dann bilden nur 249 der Zahlen unter 10.000 keine Palindrome. 1984 fand Grünberg, daß die kleinste Zahl, die scheinbar nie zu einem Palindrom wird, 196 ist. (Diese Behauptung wurde für 50.000 Schritte geprüft.) Ich habe die Startzahl 879 für über 19.000 Schritte berechnet und erhielt eine 7.841-stellige Zahl – aber kein Palindrom. Die 7.841-stellige Zahl beginnt mit der Folge 58084187... und endet mit ...139075 (siehe ganzseitige Abbildung am Beginn dieses Kapitels)! In dieser großen Zahl sind die Ziffern 0 bis 9 fast gleichmäßig verteilt. Ich habe auch die Zahl 1997 für über 8.000 Schritte überprüft und ebenfalls kein Palindrom gefunden.

Zeigen sich bei diesem Umkehr- und Additionsverfahren bestimmte Muster? Kann man Voraussagen machen? Die Anzahl der benötigten Schritte (»Weglänge« p genannt) liegt oft unter 5. Abbildung 44.1 zeigt alle Weglängen für Startzahlen mit n ($1 \le n \le 1.000$). Um eine überschaubare grafische Darstellung zu erhalten, wurde Abbildung 44.1 in der y-Richtung gekürzt (d.h. die Suche nach Palindromen wurde nach 25 Schritten abgebrochen). Das Diagramm zeigt eine auffällige und interessante Periodizität in den Weglängen. Aber auch diese Muster sind keineswegs perfekt oder regelmäßig. Ein mit der Fourier-Transformation erzeugtes Frequenzspektrum (Abbildung 44.2) zeigt deutlich den periodischen Verlauf (Näheres zur Fourier-Transformation siehe Bendat, 1963). Wie ein Prisma, das das weiße Licht in seine regenbogenfarbenen Bestandteile aufspaltet, offenbart das Frequenzspektrum im Diagramm versteckte Regelmäßigkeiten. Im Frequenzspektrum erzeugen Muster, die mit größerer Regelmäßigkeit und/oder Amplitude vorkommen, höhere Spitzen. Die Frequenzachse zeigt an, wie oft ein bestimmtes Muster im genannten Zahlenbereich ($1 \le n \le 1.000$) vorkommt. Auch hier wurden die großen Weglängen bei 25 abgeschnitten. Die erste große Spitze (niedrige Frequenz) entspricht den periodischen, ungefähr alle 100 ganze Zahlen

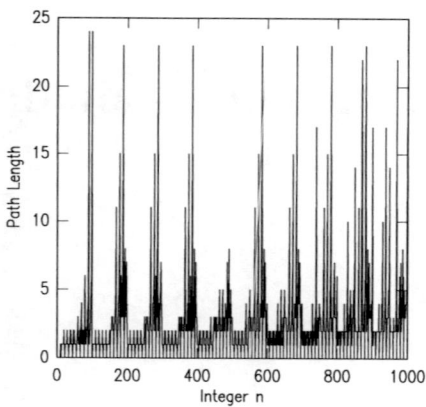

Abbildung 44.1. *Weglängen für die ersten 1.000 Startzahlen.* Für eine gut überschaubare grafische Darstellung ist die Abbildung in y-Richtung gekürzt (die Suche nach Palindromen wird nach 25 Schritten abgebrochen).

auftretenden Weglängen. Aber auch andere Periodizitäten sind deutlich erkennbar. So treten Wege der Länge 0 (entsprechend der Startzahlen, die selbst schon Palindrome sind) mit einer Periode von zehn ganzen Zahlen auf, z.B. 101, 111, 121, 131, 141. Dies ist durch die zweite hohe Spitze im Frequenzspektrum angezeigt. Die Spitzen zwischen den beiden ersten großen Maxima stehen für Ereignisse, die mit Perioden zwischen 10 und 1 in Schritten von ganzen Zahlen vorkommen.

[[Einige Beobachtungen ermöglichen eine gewisse Vorhersage über das Ergebnis des Invertierungs- und Additionsprozesses: d_n sei die n-te Ziffer einer Zahl und d_n^r ist die n-te Ziffer der invertierten Zahl. Die Weglänge ist p. Dann ist $p \leq 1$, wenn für alle Ziffern der Zahl $d_n \leq 4$ gilt. p ist größer 12, wenn es eine Ziffer gibt, für die gilt: $d_n + d_n^r \geq 10$.]]

44.1 Übungen

Die Diagramme werfen einige Fragen auf, die nur schwer zu beantworten sind. Warum gibt es im Bereich der ganzen Zahlen von 400 bis 500 keine großen periodischen Weglängen (Abbildung 44.1)? Eine Untersuchung der Palindromwerte für mittlere Weglängen ergibt ein vermehrtes Auftreten der Ziffer 8. Warum gerade 8? Abbildung 44.3 zeigt die palindromen Endpunkte für die ersten 300 Startzahlen mit einer mittleren Weglänge. Schließlich wollen wir die Muster der größeren Startzahlen betrachten. So sieht zum Beispiel das der Abbildung 44.1 entsprechende Diagramm für die Weglängen ($1.000 \leq n \leq 10.000$) trotz ähnlicher Periodizitäten gänzlich anders aus. Auffallend ist, daß die Weglänge 0 seltener vorkommt, da es weniger Start-Palindrome gibt. Man sieht verschiedene Lücken und Spitzen. Erzeugen Sie das Diagramm selbst. Näheres über dieses Palindrom-Problem findet sich bei Gardner und Trigg. Gardner diskutiert dieses Problem auch in bezug auf andere Zahlensysteme (z.B. Binärzahlen).

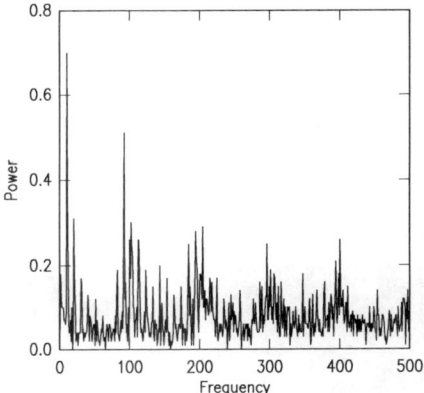

Abbildung 44.2. *Frequenzspektrum der Abbildung 44.1.*

44.2 Weiterführende Literatur

1. Pickover, C. (1991) Reversed numbers and palindromes. *Journal of Recreational Math.*, im Druck.

2. Ellis, K. (1987) *Number Power.* St. Martin's Press: New York. (Seite 122-123)

3. Grünberg, F. (1984) Computer Recreations. *Scientific American*, April: 19-26.

4. Bendat, J., Piersol, R. (1966) *Measurement and Analysis of Random Data.* John Wiley and Sons: New York.

5. Gardner, M. (1979) *Mathematical Circus.* Alfred Knopf: New York. (Seite 242-252)

6. Trigg, C. (1972) More on palindromes by reversal-addition. *Mathematics Magazine,* 45: 184-186. Siehe auch: Trigg, C. (1973) Versum sequences in the binary system. *Pacific Journal of Math.*, 47: 263-275.

n	Palindrome	Path Length
89	8813200023188	24
98	8813200023188	24
167	88555588	11
177	8836886388	15
187	8813200023188	23
266	88555588	11
276	8836886388	15
286	8813200023188	23

Abbildung 44.3. Palindrom-Endpunkte für einige mittlere Weglängen.

Kapitel 45

Zwischenspiel: Eine Schimpanse-Mensch-Chimäre

Wie würde wohl der hypothetische Nachkomme eines Schimpansen und eines Menschen aussehen? Das faszinierende Bild aus Schimpanse und Mensch (siehe gegenüberliegende Seite) wurde von der New Yorker Fotografin Nancy Burson mit einem von ihrem Ehemann David Kramlich entwickelten Computerprogramm erstellt. Nancy Burson kreierte auch andere interessante Hybrid- und Chimärenbilder, einschließlich eines Portraits des Universalmenschen, der sich entsprechend den neuesten Bevölkerungsstatistiken aus dem europiden, dem mongoliden und dem negriden Typ zusammensetzt. Die Fotografien von Nancy Burson sind die Weiterentwicklung ihrer ersten Experimente zur künstlichen Alterung von Gesichtern. Mit diesem Verfahren erhält man einen Eindruck davon, wie man in einigen Jahren möglicherweise aussehen wird. Ihre Arbeit findet auch in der Praxis Anwendung. So können zum Beispiel Behörden, Familien oder ganze Kommunen vermißte Kinder noch Jahre nach dem Verschwinden oder der Entführung anhand von »künstlich gealterten« Fotos suchen lassen. Näheres unter: Day, C. (1990) The Ultimate CEO. *PC/Computing*. Sept. 3(9):173-180. Die hier gezeigte Schimpanse-Mensch-Chimäre trägt den Titel »Evolution II« und wurde mit freundlicher Genehmigung der Jayne-Baum-Galerie abgedruckt.

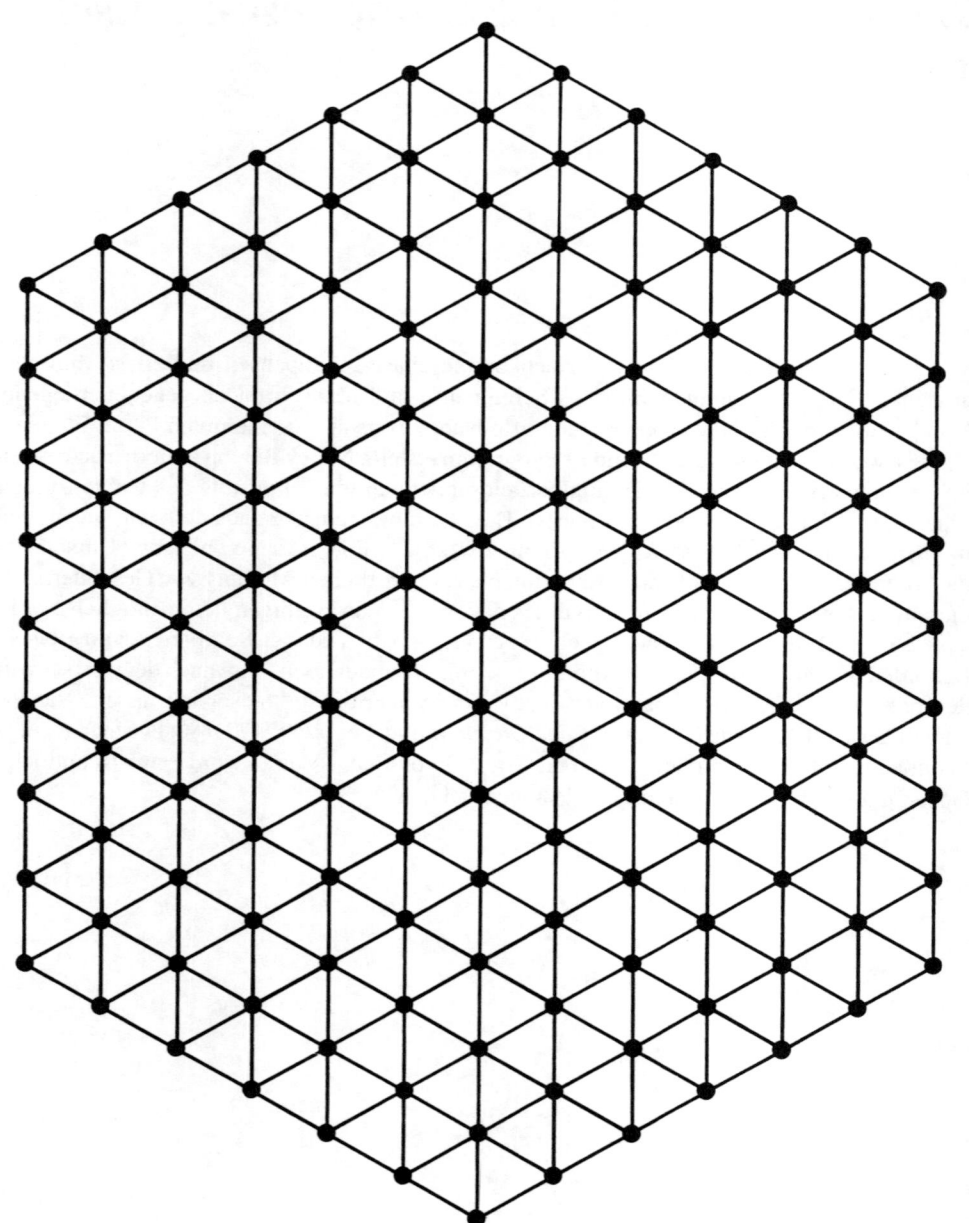

Kapitel 46

Unendliche Dreiecke

»Eine der treibenden Kräfte der Menschheit ist das Vergnügen. Auch wenn manche Mathematiker manchmal die Arbeit eines Kollegen als »Spielerei« bezeichnen, hat sich ein großer Teil der ernsten Mathematik aus Spielereien entwickelt, die die Logik auf die Probe stellen und das Verständnis mathematischer Probleme erleichtern.«

Ivar Peterson, Islands of Truth, 1990

Eine der berühmtesten Folgen ganzer Zahlen überhaupt ist das *Pascalsche Dreieck*. Blaise Pascal schrieb 1653 die erste Abhandlung über diese Zahlenfolge, die allerdings bereits im Jahre 1100 v.Chr. einem Mann namens Omar Khayyam bekannt war. Die ersten sieben Zeilen des Pascalschen Dreiecks lauten:

Jede Zahl im Dreieck ist die Summe der beiden über ihr stehenden Zahlen. Die Rolle des Pascalschen Dreiecks in der Wahrscheinlichkeitstheorie, bei der Erweiterung von Binomen der Form $(x + y)^N$ und in vielen anderen Anwendungen der Zahlentheorie wurde bereits ausgiebig diskutiert (siehe »Weiterführende Literatur«). Mit einer ähnlichen Erweiterung für $(x + y + z)^N$ für sukzessive Potenzen von N wird die *Pascalsche Pyramide* erzeugt. Liu Zhiqing aus der Volksrepublik China beschrieb im Jahre 1985 eine solche Pyramide, merkte aber an, daß diese aufgrund ihrer Dreidimensionalität nur schwer darstellbar sei. Hier bietet sich die Computergrafik an.

Zuerst möchte ich eine zweidimensionale Darstellung des Pascalschen Dreiecks betrachten. Abbildung 46.1 zeigt ein Pascalsches Dreieck Modulo 2; das heißt, für jede gerade Zahl im Dreieck wird ein Punkt eingezeichnet. Jeder Eintrag im Dreieck, das aus n Reihen und r Spalten besteht, läßt sich wie folgt schreiben:

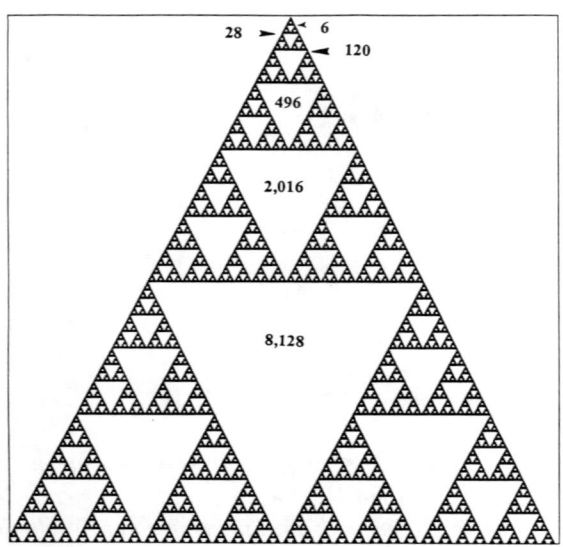

Abbildung 46.1. *Pascalsches Dreieck (mod 2).* Die Zahlen in der Figur geben die Anzahl der »fehlenden« Punkte im jeweiligen weißen Dreieck wieder.

$$\binom{n}{r} \tag{46.1}$$

So ist zum Beispiel

$$\binom{3}{2} = 3 \tag{46.2}$$

Diese Muster lassen sich auch für $n \geq 0$ und $0 \leq r \leq n$ in algebraischer Form definieren:

$$\binom{n}{r} = \frac{n!}{r!(n-r)!} \tag{46.3}$$

Andere Autoren haben das Dreieck auf negative Werte für n ausgeweitet (Bidwell, 1973). Mandelbrot diskutierte in seinem berühmten Buch aus dem Jahr 1983 die Klasse der in Abbildung 46.1 dargestellten dichtungsähnlichen (d.h. lochgefüllten) Strukturen.

Wenn man die »fehlenden« Einträge in den mittleren weißen Dreiecken von oben nach unten zählt, stellt man fest, daß es sich immer um gerade Zahlen handelt. Ganz oben an der Spitze des Dreiecks findet sich ein weißer Punkt, danach 6, 28, 120, 496 ... weiße Punkte. 6, 28 und 496 sind vollkommene Zahlen, da die Summe ihrer Teiler ausschließlich sie selbst sind (6 = 1+2+3). Die Formel für die Zahl l der Punkte im n-ten mittleren Dreieck von oben nach unten lautet

$$2^{n-1}(2^n - 1) \tag{46.4}$$

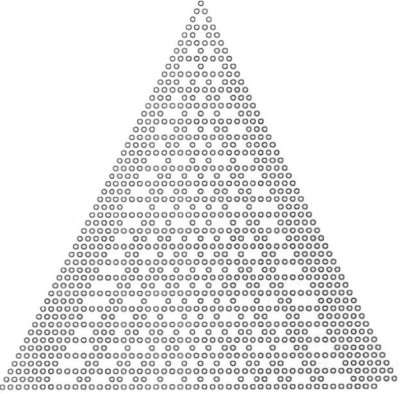

Abbildung 46.2. *Dudley-Dreieck (mod 2).*

Da jede Zahl der Form $2^{n-1}(2^n - 1)$, wo $(2^n - 1)$ eine Primzahl, eine vollkommene gerade Zahl ist, tauchen in den mittleren weißen Dreiecken von oben nach unten alle geraden vollkommenen Zahlen auf (siehe Abbildung 46.1.).

46.1 Das Dudley-Dreieck

Bevor wir zu der dreidimensionalen Erweiterung des Pascalschen Dreiecks übergehen, möchte ich zuerst das weniger bekannte und weniger verstandene *Dudley-Dreieck* betrachten, das 1987 beschrieben wurde:

```
                        2
                     2     2
                  2     1     2
               2     0     0     2
            2     6     5     6     2
         2     6     4     4     6     2
      2     6     3     2     3     6     2
   2     6     2     0     0     2     6     2
2     6     1     9     8     9     1     6     2
   2  6     0     8     6     6     8     0     6     2
2  6  12  7     4     3     4     7     12  6  2
2  6  12  6  2     0     0     2     6  12  6  2
2  6  12  5  0  12  11  12  0  5  12  6  2
```

Die Regeln für dieses Dreieck sind sicher sehr schwer herauszufinden. Versuchen Sie es einmal. Wie in Dudley (1987) beschrieben, kann die Lage jedes Elementes durch seine diagonalen Koordinaten (m, n) festgelegt werden, wobei m die m-te von oben links nach unten rechts verlaufende Diagonale und n die n-te von oben rechts nach unten links verlaufende Diagonale angibt. Jeder Wert in der Reihe liegt zwischen 0 und der Summe seiner Koordinaten $m + n$. Die Reihe kann zum Beispiel mit der folgenden Formel reproduziert werden

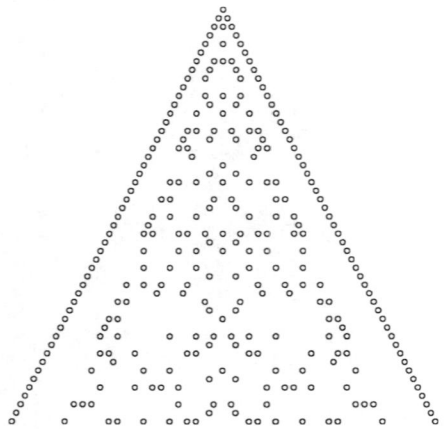

Abbildung 46.3. *Dudley-Dreieck, Primzahlen.*

$$m,n = (m^2 + mn + n^2 - 1) \ mod \ n + n + 1 \tag{46.5}$$

(Siehe Glossar für »mod«). Genau wie das Pascalsche Dreieck ist das Dudley-Dreieck achsensymmetrisch. Die Werte des Dudley-Dreiecks wachsen langsamer als die des Pascalschen Dreiecks. Außerdem hat es weniger ungeradzahlige Einträge. Abbildung 46.2 zeigt die Lage der geradzahligen Einträge. Elahe Khorasani und ich fanden heraus, daß sich mit Primzahlen interessante Muster erzielen lassen (Abbildung 46.3). Wir bemerkten auch, daß sich nach unten hin bestimmte geradzahlige Einträge, die an den Rändern auftreten, nicht mehr verändern. Diese Werte sind 2, 6, 12, 20, 30, 42, ... (Die Differenz zwischen diesen Zahlen beträgt 4, 6, 8, 10, ...) Diese an den Seiten des Dreiecks »wachsenden« unveränderlichen Zahlen erzeugen die dicker werdenden Seitenflügel in den Abbildungen 46.2 und 46.3.

46.2 Die Pascalsche Pyramide

Farbtafel 23 zeigt die Pascalsche Pyramide; die geradzahligen Einträge der Pyramide werden als kleine Bälle dargestellt. Die Pascalsche Pyramide hat eine sogenannte nicht-Standard-Skalensymmetrie oder Dilatationssymmetrie, d.h. die Symmetrie ist invariant gegenüber Maßstabsveränderungen. Die Dilatationssymmetrie läßt sich mit der Formel ($\vec{r} \rightarrow a\vec{r}$) beschreiben. Die wichtigste Eigenschaft der Pyramide ist, daß jede Zahl in ihr die Summe der drei direkt über ihr liegenden Zahlen ist. Mit leistungsfähigen Computergrafiksystemen läßt sich die Figur schnell rotieren. Damit erhält man einen besseren Eindruck von ihrer Struktur. Die abgebildete Pyramide wurde mit drei programmierten farbigen Lichtquellen beleuchtet, um ihre komplizierte räumliche Struktur besser sichtbar zu machen.

46.3 Übungen

Ich würde mich freuen, wenn Sie diese Einführung in unendliche Dreiecke zu weiteren Untersuchungen anregen würde. Unter »Weiterführende Literatur« sind zusätzliche Hintergrundinformationen über das Pascalsche Dreieck zu finden. Weitere interessante Dreiecke (z.B. das Bernouillische und das Vietasche Dreieck) werden bei Edwards (1988) beschrieben. Berechnen Sie $(x + y + z + w)^n$ und stellen Sie diese Folge als vierdimensionale Pascalsche Pyramide dar! Sie können die Pascalsche Pyramide auch mit einem höheren Modulo-Index (z.B. mod 3 statt mod 2) ausgeben. Dabei zeigen sich im allgemeinen komplexere Symmetrien.

46.4 Weiterführende Literatur

1. Pickover, C., Khorasani, E. (1991) Infinite triangular arrays. *Journal of Recreational Math.*, im Druck.

2. Bondarenko, B. (1990) *Patterns in Pascal's Triangle.* (Enthält viele Abbildungen und wurde erst kürzlich in Taschkent, UdSSR, herausgegeben. Eine Bibliographie umfaßt 406 Artikel über das Pascalsche Dreieck.) Weitere Informationen sind erhältlich bei Prof. B. A. Bondarenko, Institute of Cybernetics, Acad. Sci., Uzbek, Ul.F. Hodgaeva 34, Taschkent – 143, 700143, Usbekistan.

3. Zhiqing, L. (1985) Pascal's pyramid. *Mathematical Spectrum*, 17(1): 1-3.

4. Gardner, M. (1977) Pascal's triangle. In: *Mathematical Carnival*. Vintage Books: New York.

5. Dudley, U. (1987) An infinite triangular array. *Mathematics Magazine*, 61(5): 316-317.

6. Mandelbrot, B. (1983) *The Fractal Geometry of Nature*. Freeman: New York.

7. Spencer, D. (1982) *Computers in Number Theory*. Computer Science Press: Maryland.

8. Jansson, L. (1973) Spaces, functions, polygons, and Pascal's triangle. *Mathematics Teacher*, 66: 71-77.

9. Usiskin, Z. (1973) Perfect square patterns in the Pascal triangle. *Mathematics Magazine*, Sept./Okt.: 203-208.

10. Bidwell, J. (1973) Pascal's triangle revisited. *Mathematics Teacher,* 66: 448-452.

11. Holter, N., Lakhtakia, A., Varadan, V., Vasundara, V., Messier, R. (1986). On a new class of planar fractals: the Pascal-Sierpinski gaskets. *Journal of Physics*. A: Math. Gen., 19: 1753-1759.

12. Lakhtakia, A., Vasundara, V., Messier, R., Varadan, V. (1988). Fractal sequences derived from the self-similar extensions of the Sierpinski gasket. *Journal of Physics*. A: Math. Gen., 21: 1925-1928.

13. Gordon, J., Goldman, A. und Maps, J. (1986) Superconducting-normal phase boundary of a fractal network in a magnetic field. *Physical Review Letters*, 56: 2280-2283.

14. Edwards, A. (1988) Pascal's triangle – and Bernoulli's and Vieta's. *Mathematical Spectrum*, 33-37.

15. Peterson, I. (1990) I*slands of Truth*. Freeman: New York. (Das Zitat zu Beginn dieses Kapitels stammt aus diesem Buch.)

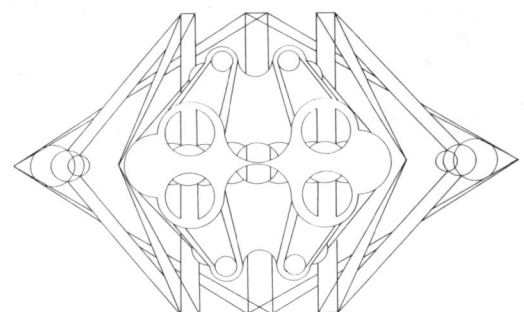

Stalk 27 $\longrightarrow$

Kapitel 47

Oszillierende undekamorphe und oszillierende pseudofareymorphe ganze Zahlen

Die exotischen *oszillierenden undekamorphen* und *oszillierenden pseudofareymorphen* Zahlen sind so interessante und faszinierende Zahlen, daß sie geradezu zu weiteren Computeranalysen auffordern. Auch im Bereich der Kurzweil-Zahlentheorie sind sie anzutreffen. Dieses Kapitel beschreibt Beobachtungen, Computerformeln und Nomenklatur und wirft mehrere Fragen zur weiteren Untersuchung auf. In den folgenden Abschnitten sollen auch die Polygonzahlen vorgestellt werden.

Schon die Mathematiker im antiken Griechenland versuchten, Zahlen durch eine entsprechende Anzahl von Punkten darzustellen und diese in regelmäßig, geometrischen Mustern anzuordnen.

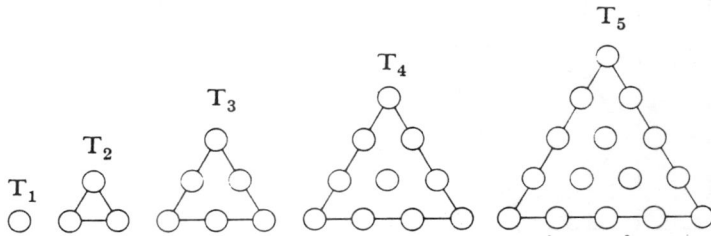

Da 1, 3, 6, 10 und 15 Punkte in Form eines Dreiecks angeordnet werden können, nennt man diese Zahlen auch Dreieckszahlen[34]. Bevor Sie fortfahren, lesen Sie bitte das Kapitel »Unendliche Reihen zentriert-hexamorpher Zahlen« auf Seite 247.

Abbildung 47.1 zeigt die ersten fünf *Ränge* (*r*) von Polygonzahlen, grafisch dargestellt als Polygone p_n^r, vom Dreieck ($n = 3$) bis zum Achteck ($n = 8$). p_n^r, läßt sich aus

$$\frac{r}{2}[(r-1)n - 2(r-2)] \tag{47.1}$$

berechnen (Beiler, 1964).

---

34 Polygonzahlen tauchen schon in Arithmetikbüchern des 15. Jahrhunderts auf und waren wahrscheinlich schon den alten Chinesen bekannt. Wegen ihrer mystischen Eigenschaften wurden sie besonders von Pythagoreern untersucht.

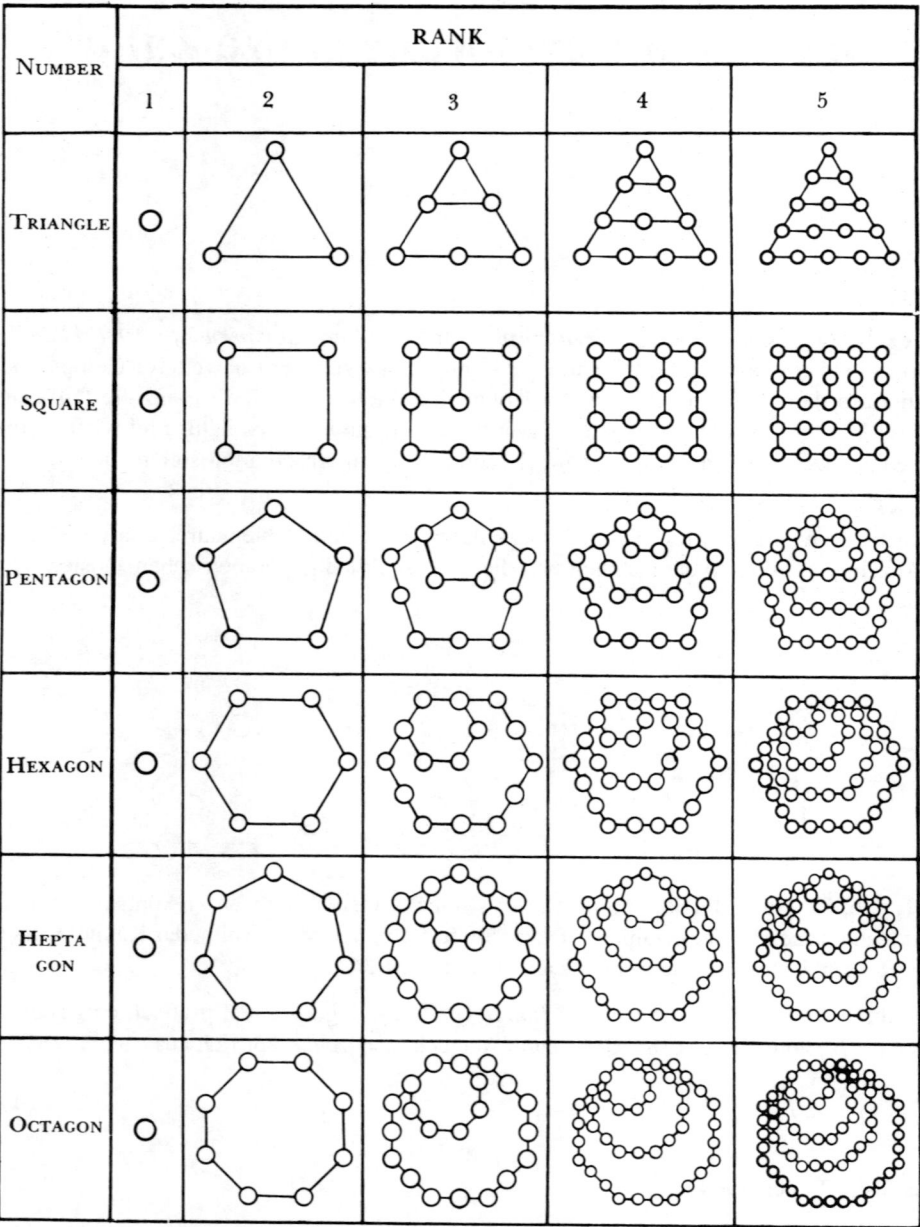

Abbildung 47.1. *Polygonzahlen-Diagramme.* (Diese Abbildung wurde entnommen aus Beiler, A. (1964) Recreations in the Theory of Numbers. Dover:New York.)

r	p(r)	
25	2725	
625	1755625	(r undulates, but p(r) "nearly undulates" due to consecutive 5's)
9376	395559376	(r undulates, but p(r) "nearly undulates" due to consecutive 5's)

Abbildung 47.2. *Oszillierende undekamorphe ganze Zahlen kleiner als 100.000.*

47.1 Oszillierende polymorphe ganze Zahlen

In diesem Kapitel möchte ich polymorphe Zahlen im allgemeinen und oszillierende polymorphe Zahlen im besonderen beschreiben. Professor Charles Trigg (1898 – 1989) definierte eine Zahl als *polymorph*, wenn diese mit der zugehörigen Polygonzahl endet. So haben zum Beispiel hexagonale Zahlen die Form $H(r) = r(2r - 1)$ (siehe auch »Unendliche Reihen zentriert-hexamorpher Zahlen« auf Seite 247). Die Zahl 125 ist hexamorph, da $H(125)$ $= 31.125$. Ich möchte nun einen weiteren mathematischen Ausdruck definieren. Der Ausdruck »gleichmäßig oszillierende ganze Zahlen« wurde von Trigg in einem Artikel über palidrome Oktagonzahlen eingeführt. Eine ganze Zahl gilt dann als gleichmäßig oszillierend, wenn zwei Ziffern oszillieren (zum Beispiel 79797979). Der Begriff »gleichmäßig« unterscheidet diese Zahlen von einer oszillierenden ganzen Zahl, bei der die wechselnden Ziffern konstant größer oder kleiner als ihre Nachbarn sind (zum Beispiel 4253612) (Trigg, 1982; Pickover, 1990). In diesem Kapitel möchte ich mich nur auf die oszillierenden polymorphen Zahlen beschränken, da die gleichmäßig oszillierenden so selten sind, daß sich sogar eine Suche mit dem Computer schwierig gestaltet.

Eine oszillierende polymorphe Zahl läßt sich über ihre Ziffern definieren als

$$[(d_\lambda - d_{\lambda-1})(d_{\lambda+1} - d_\lambda)] < 0, \lambda = 2,3,..., N - 1 \tag{47.2}$$

wo N die Anzahl der Ziffern ist. In meiner Definition oszilliert eine polymorphe Zahl sowohl in [ε] als auch in r. Dies bedeutet, daß sowohl der Rang als auch die zugehörige Polygonzahl oszillieren. Abbildung 47.2 zeigt als Beispiel die einzige oszillierende undekamorphe ganze Zahl, die für $r < 100.000$ gefunden wurde. (Entsprechend der Definition der hexamorphen Zahlen ist eine undekamorphe Zahl definiert durch die Zahl der Kugeln, mit denen sich ineinander geschachtelte gleichseitige Elfecke legen lassen.)

Bevor ich nach Mustern in oszillierenden polymorphen Zahlen suche, möchte ich zuerst die Anzahl der polymorphen Zahlen für eine gegebene *n*-seitige Figur bestimmen (ohne Berücksichtigung der Oszillation). Interessanterweise schwankt die Häufigkeit polymorpher Zahlen stark. Abbildung 47.3 zeigt die Zahl der für $2 < n < 30$ gefundenen polymorphen ganzen Zahlen α für alle Ränge kleiner als 10^4. Der kleinste und am häufigsten vorkommende Wert für α ist 5; der größte (α = 118) ist bei 22-morphen ganzen Zahlen zu finden. Abbildung 47.4 zeigt eine Erweiterung der Abbildung 47.3 für $2 < n \le 100$. Bei einer flüchtigen Prüfung der α-Werte auf einen Zusammenhang zwischen α- und r-Werten habe ich keine Auffälligkeiten festgestellt. Können Sie Regelmäßigkeiten entdecken?

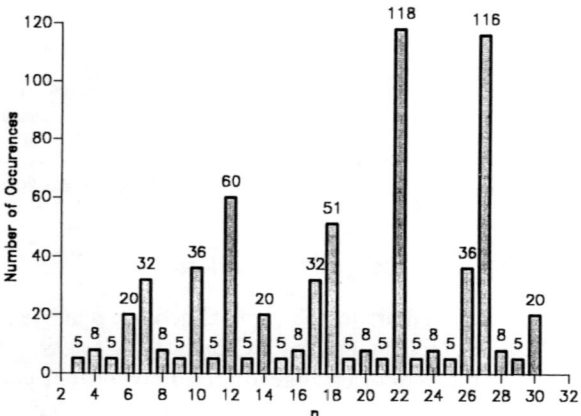

Abbildung 47.3. *Vorkommen polymorpher ganzer Zahlen.* Das Vorkommen α der polymorphen ganzen Zahlen für $2 < n \leq 30$ für alle Ränge kleiner als 10^4. Die Anzahl der ganzen Zahlen findet sich über jedem Balken.

47.2 Zwillings-27-morphe ganze Zahlen

Ich verwende den Ausdruck Zwillings-polymorphe ganze Zahlen für polymorphe ganze Zahlen mit aufeinanderfolgenden Rangwerten. 27-morphe ganze Zahlen weisen bemerkenswerte Regelmäßigkeiten auf (Abbildung 47.6). Diese zweistelligen Zahlen bilden jeweils im Abstand von sieben Zahlen Zwillingspaare: (16, 17), (24, 25), (32, 33), ... Auch die dreiziffrigen oszillierenden 27-morphen ganzen Zahlen bilden in regelmäßigen Abständen Zwillingsmuster, wobei sich die letzten Ziffern wiederholen: 5 0 1 6, 5 0 1 6, ... Suchen Sie weitere Beispiele für Zwillings-polymorphe Zahlen für $n \neq 27$.

47.3 Oszillation

Während polymorphe ganze Zahlen möglicherweise für alle Polygonzahlen existieren[35], sind ihre oszillierenden Gegenstücke viel seltener. Abbildung 47.5 zeigt die Zahl der oszillierenden polymorphen ganzen Zahlen α', die für $2 < n < 100$ gefunden wurden, wobei alle Ränge kleiner 10^4 durchsucht wurden. Die größte oszillierende polymorphe Zahl (für $2 \leq n \leq 100$) ist das 52-Eck mit 15 oszillierenden Ereignissen (siehe Abbildungen 47.7 und 47.5).

---

35 Diese Behauptung ist noch nicht bewiesen. Können Sie diese Hypothese beweisen oder widerlegen?

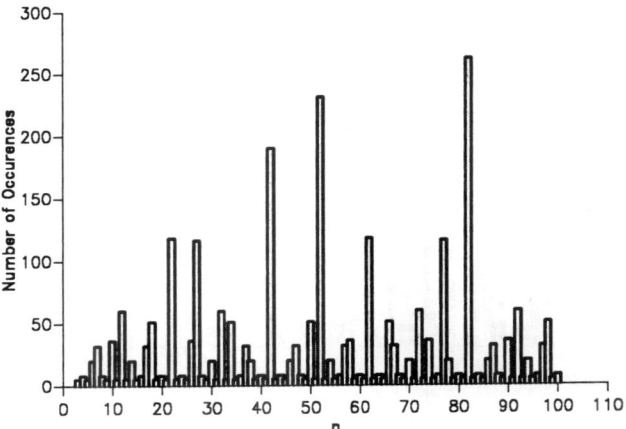

Abbildung 47.4. *Siehe Abbildung 47.3 (für 2 < n ≤ 100.)*

47.4 Oszillierende pseudofareymorphe ganze Zahlen

Wir möchten dieses Kapitel mit einer weiteren Klasse oszillierender ganzer Zahlen beschließen, den pseudofareymorphen ganzen Zahlen (Abbildung 47.8). Fareymorphe ganze Zahlen werden wie folgt definiert: Angenommen, wir zählen das kleinste Vielfache aller echten Brüche in der Reihenfolge ihrer Größe bis zu einer willkürlich gesetzten Grenze auf. Wenn wir nur solche Brüche betrachten, deren Nenner höchstens 7 ist, erhalten wir folgende Möglichkeiten: 1/7, 1/6, 1/5, 1/4, 2/7, 1/3, 2/5, 3/7, 1/2, 4/7, 3/5, 2/3, 5/7, 3/4, 4/5, 5/6, 6/7. β sei die Anzahl der Brüche in der Farey-Reihe der Ordnung n. Für das oben genannte Beispiel der Ordnung 7 ergibt sich somit $\beta_7 = 17$. Eine solche Folge wird nach John Farey, der zu Zeiten Napoleons lebte und mit diesen Zahlen arbeitete, Farey-Folge genannt. Es kann bewiesen werden (Beiler, 1964), daß β durch die Formel

$$\beta' = 3n^2/\pi^2 \tag{47.3}$$

näherungsweise bestimmt werden kann.

Die Annäherung wird dabei mit höheren Werten von n immer genauer. Da wir die Zahl π beliebig genau kennen, können wir auch die Zahl der Ausdrücke in einer Farey-Folge leicht annähern. Für $\beta_7 = 17$ ist $\beta'_7 = 14,90$, für $\beta_{500} = 76.115$ ist die Näherung $\beta'_{500} = 75.990,89$. Ich nenne die Folge $\beta' = [3n^2/\pi^2]$ eine Pseudofarey-Folge (da sich die Folge der Werte der Zahl der Ausdrücke in einer Farey-Reihe annähert). Die Klammern $[\varepsilon]$ stehen für die größte ganze Zahl kleiner oder größer gleich ε. Aus der Diskussion der oszillierenden polymorphen Zahlen dürfte sich die Bedeutung der oszillierenden pseudofareymorphen Zahlen leicht ableiten lassen. Die Frage nach dem Vorkommen pseudofareymorpher Zahlen läßt sich durch Berechnung auf dem Computer klären (Abbildung 47.8). Die Frage nach der Oszillation gestaltet sich schwieriger. Mit Ausnahme von $\beta'_{38} = 438$ habe ich keine größeren oszillierenden pseudofareymorphen ganzen Zahlen gefunden. Ich würde mich freuen, wenn Sie einen Beweis oder einen Gegenbeweis für die Existenz solcher Zahlen finden könnten.

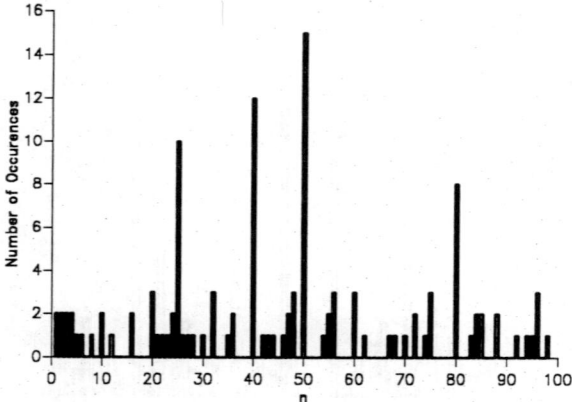

Abbildung 47.5. *Oszillierende polymorphe ganze Zahlen.* Das Vorkommen αder polymorphen ganzen Zahlen für $2 < n < 100$ für alle Ränge kleiner als 10^4.

47.5 Übungen

In diesem Kapitel wurden oszillierende Zahlen wie 19.283.764 und gleichmäßig oszillierende Zahlen wie 101.010.101 definiert, bei denen die nebeneinander liegenden Ziffern immer größer oder kleiner als ihre Nachbarn sind[36]. Für die weiteren Untersuchungen möchte ich regelmäßig umlaufende Zahlen als diejenigen ganzen Zahlen definieren, deren Ziffern sich wie eine Sinuswelle auf- und abbewegen. Die Art der Zahl wird definiert durch die Ziffern in einer Welle:

regelmäßig umlaufende Zahlen der ersten Art: 12121212 ...
regelmäßig umlaufende Zahlen der zweiten Art: 1232123212321 ...
regelmäßig umlaufende Zahlen der dritten Art: 1234321234321 ...

Eine zweifach regelmäßig umlaufende Zahl der n-ten Art ist eine Zahl, die mit zwei verschiedenen Basen (z.B. Base 10 und Base 3) umläuft.

1. Finden Sie eine zweifach regelmäßig umlaufende Zahl der dritten Art.

2. Gibt es Fibonacci-Zahlen, die regelmäßig umlaufen?

3. Finden Sie eine regelmäßig umlaufende Zahl, die bei Multiplikation mit einer anderen regelmäßig umlaufenden Zahl wiederum eine regelmäßig umlaufende Zahl ergibt.

---

36 Für zusätzliche Hintergrundinformationen siehe Pickover, C. (1990) Is there a double smoothly undulating integer? *Journal of Recreational Mathematics,* 22(1): 77-78. In diesem Artikel wurde eine doppelt regelmäßig oszillierende ganze Zahl definiert als eine ganze Zahl, die sowohl in ihrer dezimalen als auch in ihrer binären Darstellung oszilliert. Der Artikel schloß den Trivialfall der zweiziffrigen Dezimalzahlen aus, die bereits unter die Kategorie »regelmäßig oszillierend« fallen können. Zahlen wie 21 (10101) werden daher ausgeschlossen. Auch bei intensiver Computersuche wurde keine *doppelt* regelmäßig oszillierende ganze Zahl entsprechend der obigen Definition gefunden. Daraus wurde geschlossen, daß es eine solche Zahl nicht gebe. Charles Ashbacher wurde von diesem Artikel zur Suche nach solchen Zahlen inspiriert und fand inzwischen mehrere, die regelmäßig mit mehr als einer Basis oszillieren, z.B. $121_{10} = 171_8 = 232_7$, oder auch $546_{10} = 4.141_5 = 20.202_4 = 202.020_3$.

r	p(r)	r	p(r)
1	1 *	88	95788
4	154 *	89	97989 *
5	255	96	114096
8	708 *	97	116497
9	909 *	145	261145
16	3016	160	318160 * -
17	3417 *	161	322161 -
24	6924 *	176	385176
25	7525	225	630225
32	12432	240	717240 * -
33	13233	241	723241 * -
40	19540	256	816256
41	20541	305	1159305
48	28248	320	1276320 -
49	29449	321	1284321 -
56	38556	336	1407336
57	39957	385	1848385 *
64	50464	400	1995400 -
65	52065	401	2005401 -
72	63972	416	2158416
73	65773		
80	79080 *		
81	81081		

Abbildung 47.6. *Oszillierende 27-morphe ganze Zahlen.* * steht für Oszillation, – für dreiziffrige Zwillings-27-morphe Zahlen.

47.6 Weiterführende Literatur

1. Beiler, A. (1964) *Recreations in the Theory of Numbers.* Dover: New York.

2. Trigg, C. (1987) Hexamorphic Numbers. *Journal of Recreational Math.* 19(1): 42-55.

3. Trigg, C. (1982-83) Palindromic octagonal numerals. *Journal of Recreational Math.* 15(1): 41-46.

4. Pickover, C. (1990) *Computers, Pattern, Chaos, and Beauty.* St. Martin's Press: New York.

5. Pickover, C. (1991) Undulating undecamorphic and undulating pseudofareymorphic integers. *Journal of Recreational Math.* 23(2), im Druck.

r	p(r)
160	636160
240	1434240
265	1749265
281	1967281
376	3525376
401	4010401
480	5748480
505	6363505
560	7826560
616	9471616
801	16020801
856	18297856
1201	36031201
3601	324093601
6576	1080936576

Abbildung 47.7. *Alle bekannten oszillierenden 52-morphen ganzen Zahlen der Ränge unter 10.000.*

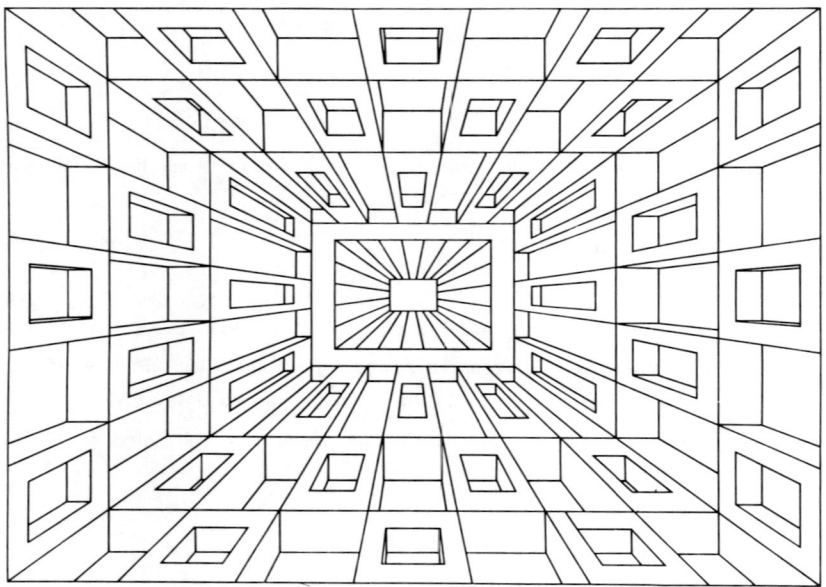

n	F(n)
4	4
38	438
53	853
245	18245
673	137673
7864	18797864
38861	459038861

Abbildung 47.8. *Alle bekannten pseudofareymorphen Zahlen unter 40.000.*

Kapitel 48

Ein Muster auf Grundlage
der Mandelbrot-Menge

»Ich frage mich, ob fraktale Bilder nicht das Innerste unserer Gehirne ansprechen. Gibt es in dem unendlich rekursiven Wesen dieser Bilder Hinweise auf unsere Wahrnehmung von Kunst? Könnte es sein, daß ein fraktales Bild so außergewöhnlich reichhaltig ist, daß es mit den Neuronen in unserem Gehirn im Gleichtakt schwingt und so das Wohlgefühl hervorruft, das wir beim Anblick dieses Bildes empfinden?«   *P. W. Atkins, 1990*

Seit Jahrzehnten schon wird die Iteration algebraischer Funktionen untersucht. Erst seit kurzem jedoch werden die bemerkenswerte Schönheit und Komplexität der Muster aus solchen Berechnungen im Detail erforscht. Möglich wurde dies erst mit der Entwicklung leistungsfähiger Computergrafikprogramme. Benoît Mandelbrot ist es zu verdanken, daß sich Theorie und grafische Darstellung iterierter Funktionen zu einem neuen Gebiet der Geometrie, der Fraktalgeometrie, entwickelt haben. Oft sind Fraktale »selbstähnliche« Objekte oder Muster; das heißt, ein vergrößerter Ausschnitt eines Fraktals ähnelt immer wieder dem Originalmuster.

Es gibt unzählige Algorithmen für die Berechnung der Mandelbrot-Menge. Die ersten wurden bereits im August 1985 im *Scientific American* vorgestellt. Für Hintergrundinformationen zur Mandelbrot-Menge siehe auch »Ein verdrehtes Universum« auf Seite 201. Ich änderte den Standard-Algorithmus etwas ab und erhielt interessante, die Menge umgebende Muster. Insbesondere Zeile 8 des Pseudocodes 48.1 wurde abgewandelt: Es wird nicht gemessen, wie weit sich ein Punkt vom Ursprung der komplexen Ebene entfernt, sondern wie groß sein Abstand zur Startposition ist.

In der Fraktalforschung wird oft versucht, die realen »zerklüfteten« Objekte, wie Wolken, die Linien eines Elektrokardiogramms, die Verzweigungen der Bronchien oder Ruß mathematisch zu beschreiben. 1989 wurden in den Fachzeitschriften der Welt ungefähr 1.500 Artikel mit dem Wort »Fraktal« im Titel veröffentlicht (Abbildung 48.2).

Abbildung 48.1. *Ein Muster auf Grundlage der Mandelbrot-Menge.*

48.1 Weiterführende Literatur

1. Mandelbrot, B. (1983) *The Fractal Geometry of Nature*. Freeman, San Francisco.
2. Dewdney, A. (1988) *The Armchair Universe. An Exploration of Computer Worlds*. Freeman: New York.

```
Algorithmus: Erzeugung der Mandelbrot-Menge
1 for x between -2 and 2 by 0.1 do
2    for y between -2 and 2 by 0.1 do
3        cr = x; ci = y; rx = 0; ry = 0;
4        for k between 0 and 60 do
5            newx = rx*rx - ry*ry + cr;
6            ry = 2*rx*ry  + ci;
7            rx = newx; k = k + 1;
8            if (( (rx-cr) + (ry-ci) ) > 4) break;
9        end /* für */
10           /* Punkt zeichnen wenn gerade Anzahl Iterationen */
11           if ((k % 2 ) == 0) PlotDotAt (x,y)
12    end
13 end
```

Pseudocode 48.1. *Erzeugung einer Variante der Mandelbrot-Menge.*

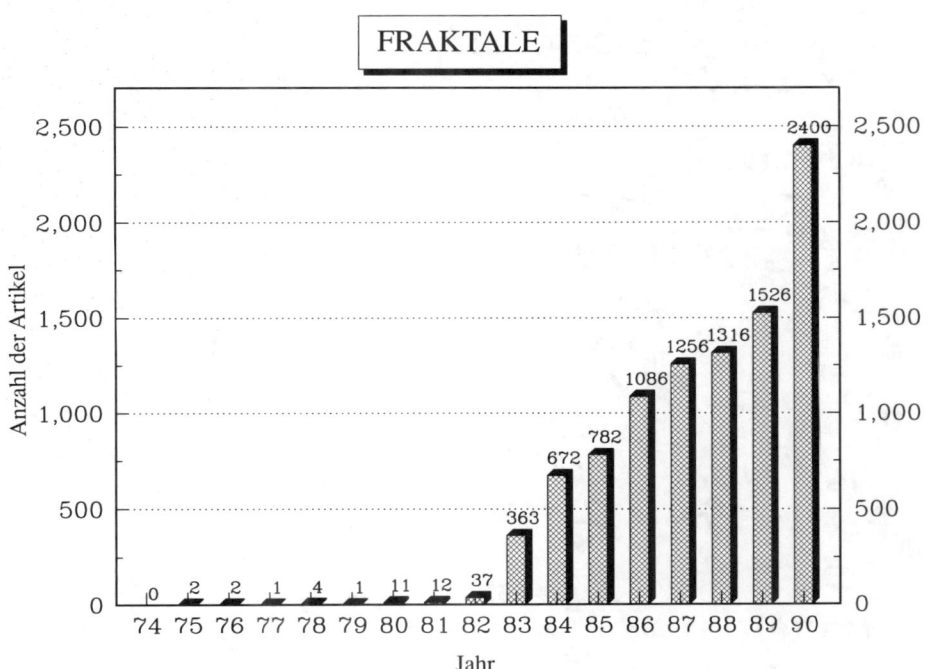

Abbildung 48.2. *Artikel über Fraktale.* Ein Überblick über die internationalen Fachzeitschriften zeigt für die Jahre 1980 bis 1989 einen drastischen Anstieg der Anzahl der Artikel über Fraktale.

$$1.37...^{\pi} = e \qquad e\sqrt{1+e\sqrt{1+e\sqrt{1+e\sqrt{1+e\sqrt{\cdots}}}}} = 1.37.. \qquad \frac{2.2222..}{\phi} = 1.37..$$

$$\frac{19^2}{\phi^2} = 137... \qquad \frac{\phi^2}{19} = .137.. \qquad \frac{12.3456789}{9} = 1.37...$$

$$(1.9)^{\frac{1}{2}} = 1.37.. \qquad 1.37..^e - 1.37... = 1. \qquad \left(\frac{111111}{9}\right)^2 = 1.37..\times 10^9$$

$$\pi^{-1.37\phi^2} = 1.37.. \qquad \frac{\sqrt{e+\sqrt{e+\sqrt{e}}+\cdots}}{\phi} = 1.37.. \qquad (111111)^3 = 1.37..\times 10^{15}$$

$$3.71^2 = 13.7.. \qquad (2\phi)^{1.37..} = 5. \qquad \frac{\sqrt[3]{11}}{\phi} = 1.37.. \qquad (1.1)^{\sqrt{11}} = 1.37...$$

$$\phi^{3.7^{-\frac{\pi}{\pi}}} = 1.37.. \qquad \frac{\pi}{\sqrt{2}\,\phi} = 1.37.. \qquad (\phi^2+1)^{\frac{1}{4}} = 1.37.. \qquad \phi^{1.111^{-4}} = 1.37...$$

$$37! = 1.37..\times 10^{43} \qquad (\pi-\phi)^{\frac{3}{4}} = 1.37.. \qquad \frac{1.37..}{\phi^2} = 1.37^{-2} \qquad \phi^{Ln\,\phi(1.37)} = 1.37..$$

$$.037037\times 37 = 1.37.. \qquad \qquad \qquad (1.37\phi^2)^{\frac{1}{4}} = 1.37..$$

$$1.37..^{-2\pi} = .137.. \qquad \left(\frac{1.37\sqrt{5}}{\phi}\right)^{\frac{1}{2}} = 1.37.. \qquad \frac{1.37}{\phi} = 1.37^{-\frac{1}{2}} \qquad (\pi\phi)^{\frac{1}{\pi\phi}} = 1.37..$$

$$\frac{\pi^{-\pi}}{.02} = 1.37.. \qquad \phi^{\frac{2}{3}} = 1.37.. \qquad \frac{137}{37} = (13.7)^{\frac{1}{2}} \qquad \pi^{.28} = 1.37..$$

$$1.37...^{\pi} = e \qquad \frac{137.0137}{73} = (1.37.)^2$$

$$(1.37...)^{\frac{\pi}{2}} = 1.37.. \qquad 1.37... = \frac{5}{3} \qquad \frac{\phi}{\phi} = (13.7.)^{\frac{1}{2}}$$

$$\frac{\phi}{\phi} = \frac{5}{3} \qquad \frac{1}{1.37\phi^2} \qquad Ln\left(\frac{137^3}{\phi^2}\right) = 13.7...$$

$$Log_{10}e^{3.17} = 1.37\sqrt{5} \qquad \frac{\phi^2}{5} = (1.37.)^{\frac{1}{2}} \qquad \pi^{\frac{1}{1.37\phi^2}} = 1.37.. \qquad \frac{\phi^4}{5} = 1.37...$$

$$\phi^{\left(\frac{\phi}{2}\right)^2} = 1.37.\sqrt{5} \qquad \frac{\phi^3}{5} = (1.37.)^2 \qquad \frac{40}{\phi^7} = 1.37.. \qquad e^{\frac{1}{\pi}} = 1.37... \qquad 2\phi^4 = 13.7..$$

$$\phi^{Ln\frac{\pi}{\phi}} = 1.37.\sqrt{5} \qquad \frac{\phi}{5} = (1.37.)^5 \qquad e^{\frac{1}{\sqrt{10}}} = 1.37.. \qquad e^{.317} = 1.37... \qquad$$

$$e^{\phi^2} = 13.7... \qquad Log_{10}e^{\sqrt{10}} = 1.37..$$

$$Log_{\phi}\frac{\pi}{\phi} = 1.37.. \qquad \frac{37}{27} = 1.37.. \qquad \phi^{1.37..} = \frac{\pi}{\phi};\, Log_{10}1.37 = .137...$$

$$\frac{20}{9\phi} = 1.37.. \qquad \phi^{1.37\,Ln\,\phi} = 1.37. \qquad \left(\frac{2\pi}{\phi^2}\right)^{\frac{1}{e}} = 1.37.. \qquad Log_{10}(2\phi e^2) = 1.37...$$

$$\phi^{-\frac{1}{e}\pi} = 1.37.. \qquad \pi^{1.37..^{-4}} = 1.37... \qquad 2^{7.1...} = 137. \qquad 2^{13.7..} = 1.37\times 10^4$$

$$\left(\frac{\pi^5}{\phi}\right)^{\frac{1}{2}} = 13.7.. \qquad \frac{Ln\,37}{\phi^2} = 1.37... \qquad 2^{37} = 1.37..\times 10^{11}$$

$$\pi^{1.5} = 1.37.. \qquad \qquad 36^{1.37...} = 137.$$

$$163^{\frac{1}{16}} = 1.37.. \qquad \frac{\phi}{\pi} + 1.37 = (1.37)^2 \qquad \frac{13.7^{1.37}}{\phi^2} = 13.7.. \qquad \frac{3.6}{\phi^2} = 1.37... \quad 3.6^{\frac{1}{\phi}} = 1.37..$$

$$\phi^{\frac{\phi}{4}} = 1.37.. \qquad \frac{20}{9\phi} = 1.37. \qquad \frac{7}{\pi\phi} = 1.37.. \qquad (Ln\,13.7)^{\frac{1}{3}} = 1.37... \qquad \frac{1}{3^6} = 1.37..\times 10^{-3}$$

$$e^{\phi^2} = 13.7.. \qquad \qquad (e\pi)^{-2} = .0137.. \qquad \frac{100^{\frac{1}{\pi}}}{\pi} = 1.37..$$

$$(73\pi\phi)^2 = 1.37..\times 10^5 \qquad \frac{\pi\phi}{37} = .137.. \qquad \qquad \left(\frac{13.7}{2}\right)^{\frac{1}{6}} = 1.37..$$

$$\frac{17\phi}{2} = 13.7.. \qquad 9(\pi-\phi) = 13.7.. \qquad \phi^{\frac{2}{3}} = 1.37.. \qquad \phi^{2^{(\pi-\phi)}} = (1.37.)\pi \qquad 5^{\frac{1}{5}} = 1.37..$$

$$(\pi-\phi)^{\frac{1}{\phi}} = (1.37..)^2 \qquad (3.71)^2 = 13.7.. \qquad \frac{10\phi}{e\pi} = (1.37.)^2 \qquad 18^{\frac{1}{7}} = 1.37.. \qquad 13^{\frac{1}{8}} = 1.37..$$

$$\phi^{\frac{1}{\pi-\phi}} = 1.37.. \qquad \phi^{\left(\frac{\phi^2}{4}\right)} = 1.37...$$

Kapitel 49

Zwischenspiel: 1/137

»[1/137] ist eines der größten Mysterien in der Physik: eine magische Zahl, die sich unserem Verständnis entzieht. Man kann schon fast sagen, 'Gott' erfand diese Zahl, und 'niemand weiß, was er sich dabei dachte'.«　　　　　　　*Richard Feynman, QED*

Die Zahl 1/137 ist eine dimensionslose physikalische Größe, die Feinstrukturkonstante. Sie spielt bei der Beschreibung verschiedener Eigenschaften atomarer und molekularer Systeme eine bedeutende Rolle. Es gibt zahlreiche erstaunliche und einfache numerische Zufälle oder Übereinstimmungen zwischen der Zahl 137 und anderen bekannten dimensionslosen mathematischen Konstanten wie zum Beispiel $\pi = 3,1415...$, $e = 2,718 ...$ oder dem Goldenen Schnitt $\varphi = 1,61803 ...$ (siehe »Die Laute des Pythagoras« auf Seite 235). Als Anregung möchte ich hier nur einige nennen[37]. Können Sie ein Computerprogramm schreiben, mit dessen Hilfe weitere Beziehungen aufgedeckt werden können? Kommt diesen Zusammenhängen irgendeine Bedeutung zu?

$$\varphi^{1,37...} = \pi/\varphi \qquad 2\varphi^4 = 13,7... \qquad \sqrt{10}\,^{\frac{2}{3}\sqrt{10}} = 1,37... \tag{49.1}$$

$$\varphi^{e/10^{1/\pi}} = 1,37... \qquad \frac{2\pi^{1/e}}{\varphi^2} = 1,37... \qquad \frac{13,7^{1,37}}{\varphi^2} = 13,7... \tag{49.2}$$

$$e^{1/\pi} = 1,37... \qquad \frac{1}{\varphi\,\pi - \varphi} = 1,37... \qquad \pi\,\varphi^{1/\pi\varphi} = 13,7... \tag{49.3}$$

$$\frac{\pi}{\varphi^2}^{\frac{\pi}{2\varphi}} = 1,37... \qquad \frac{\varphi}{\varphi\,e + \pi} = 1,37... \qquad \log\frac{10}{\pi - e} = 1,37... \tag{49.4}$$

$$\varphi^{\ln\frac{\pi}{\varphi}} = 1,37... \qquad \frac{\sqrt{e + \sqrt{e + \sqrt{e + ...}}}}{\varphi} = 1,37... \tag{49.5}$$

37　Diese Formeln stammen aus einer langen Liste mit über 200 mathematischen Zufällen um die Zahl 137. Sie wurde von Gary Adamson, PO Box 16329, San Diego, CA 92176-0329, USA, erstellt. Auf der gegenüberliegenden Seite ist ein Blatt aus Adamsons Notizbuch abgedruckt.

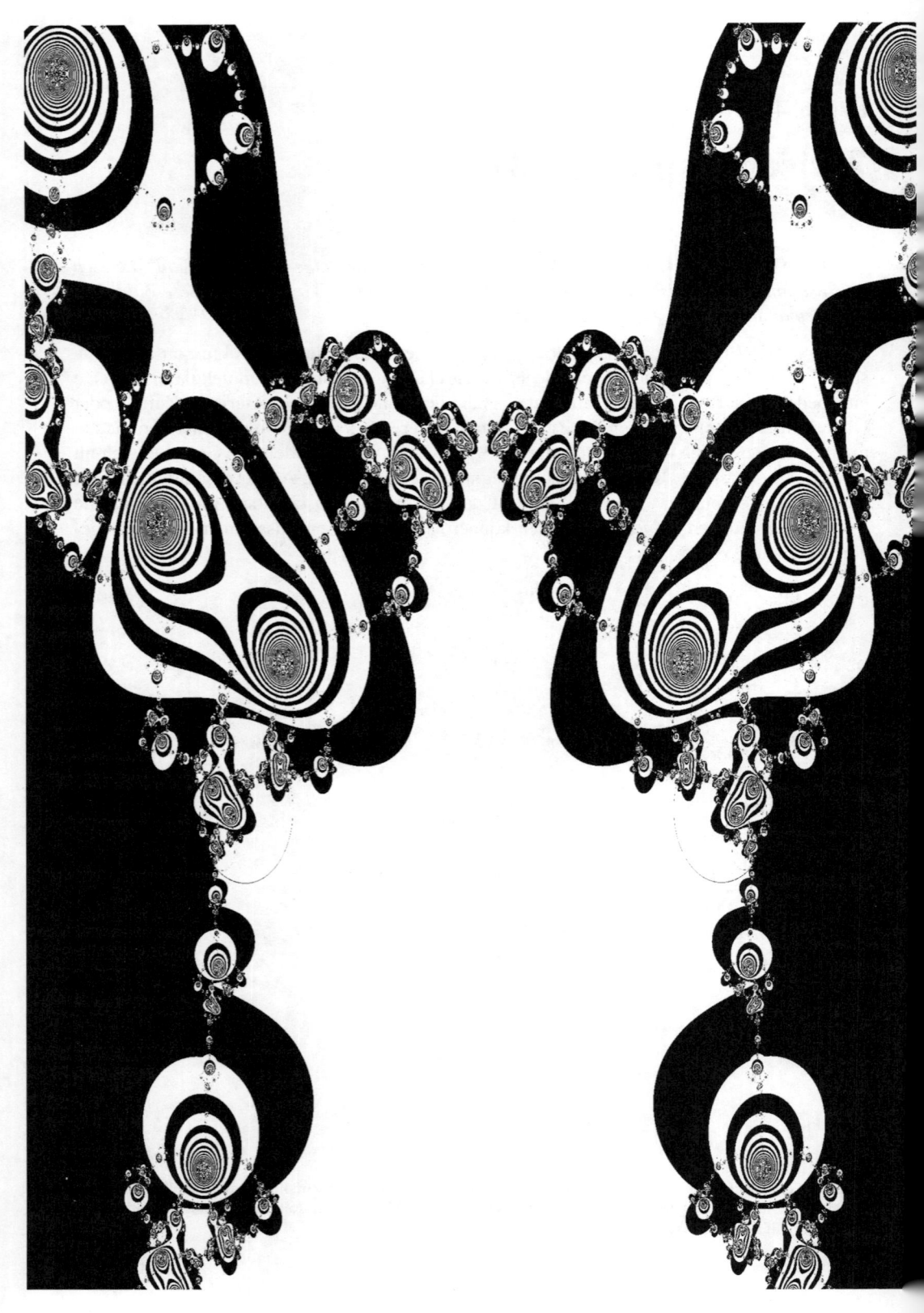

Kapitel 50

Ein Computer-Reigen

»Computeranwendungen, Computer und Mathematik bilden ein eng miteinander verflochtenes System, das einen nie zuvor erreichten Reichtum an Erkenntnissen zeitigt und nie zuvor gedachte Gedanken möglich macht.«   *Lynn Arthur Steen, Mathematiker*

»Die Nützlichkeit der Mathematik im Bereich der Naturwissenschaften grenzt ans Mysteriöse. Dafür gibt es auch keine rationale Erklärung. Es ist keineswegs natürlich, daß es 'Naturgesetze' gibt, und noch weniger, daß der Mensch sie entdecken kann. Die Tatsache, daß sich die Sprache der Mathematik zur Formulierung der physikalischen Gesetze eignet, ist ein wundervolles Geschenk, das wir weder verstehen noch verdienen.«

Eugene P. Wigner, Physiker

50.1 Die phantastische Fünf

Die Fünf ist eine bemerkenswerte Zahl. Die Fünf ist nicht nur die Hypotenuse des kleinsten Pythagoras-Dreiecks[38] und gleichzeitig die kleinste automorphe Zahl[39], sie ist wahrscheinlich die einzige ungerade »unberührbare« Zahl[40]. Es gibt auch fünf Platonische Körper[41].

Die Zahl Fünf kommt bemerkenswert oft in Biologie und Kunst vor. Fünfstrahlige Symmetrien sind in der Biologie relativ häufig anzutreffen, wie zum Beispiel bei vielen Tierarten wie Seestern und anderen Wirbellosen. Fünfstrahlige Symmetrien sind auch in der Mathematik anzutreffen, so in zahllosen einheitlichen Polyedern. In von Menschen geschaffenen Kunstwerken ist sie jedoch relativ selten zu finden. Eine mögliche Erklärung wäre, daß sich fünfeckige Motive nicht dicht in eine Ebene packen lassen. Und trotzdem gibt es einige Beispiele fünfeckiger Ornamente in künstlerischen Symbolen und Konstruktionen. Die ältesten und bedeutendsten Beispiele fünfstrahliger und anderer ungeradzahliger Symmetrien sind der fünfzackige Stern und das Dreieck, die erstmals in Höhlenzeichnungen und seit ca. 6000 v. Chr. im Nahen Osten auftauchen. Seit damals wurden diese beiden Figuren von den Kelten,

---

38 Ein Pythagoras-Dreieck ist ein rechtwinkliges Dreieck mit ganzzahligen Seitenlängen.

39 Eine automorphe Zahl endet, mit sich selbst multipliziert, wiederum mit sich selbst. Fünf und sechs sind die kleinsten automorphen Zahlen.

40 Erdös nannte eine Zahl unberührbar, wenn sie nie die Summe der echten Teiler einer beliebigen anderen Zahl ist. Die Folge der unberührbaren Zahlen beginnt mit 2, 5, 52, 88, 96, 120.

41 Die fünf Platonischen Festkörper sind Tetraeder, Würfel, Oktaeder, Dodekaeder und Ikosaeder.

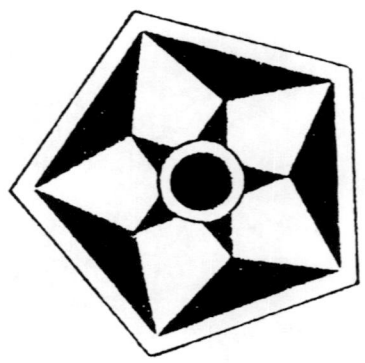 

Abbildung 50.1. *Terrakotta-Intarsien* (aus dem kleineren Kuppelzimmer des Masjid-i-Jami in Isfahan (1088 n.Chr.).

Hindus, Juden und Moslems in ihren heiligen Symbolen verwendet. Später (etwa im 10. Jahrhundert n. Chr.) wurde der fünfzackige Stern von Handwerkern des Mittelalters, wie Steinmetzen und Zimmermännern, übernommen. Im 12. Jahrhundert wurde der fünfzackige Stern Symbol der Magier und Alchemisten.

Zu Beginn dieses Bilder-Reigens möchte ich einige fünfeckige Symmetrien aus Persien vorstellen. Über Jahrhunderte hinweg wurde Persien (der heutige Iran) wiederholt von fremden Invasoren überfallen; in der Folge wurden immer neue Elemente der Kultur der Invasoren in die einheimische Kunst übernommen. In der persischen Kunst kommen fünfstrahlige Symmetrien in den Ornamenten von Seidenteppichen, bedruckten Stoffen, Teppichen, Keramik, Steinmetzarbeiten und in der Kalligraphie vor. Ab und zu findet sich eine fünffache Symmetrie auch in echt persischen Ornamenten. Abbildung 50.1 zeigt Terrakotta-Intarsien der kleineren Domkuppel des Masjid-i-Jami in Isfahan (1088 n. Chr.). Bei einigen Figuren kommt eine interessante Mischung aus fünf- und sechseckigen Formen vor.

 Auch religiöse Symbole weisen manchmal Fünfersymmetrie auf; ein Beispiel dafür ist der hier dargestelle fünfzackige Stern von Bethlehem. Unterschiedliche symmetrische Konstruktionen tauchen auch in Wappen auf. Im Mittelalter wiesen die Wappen auf Schildern, Umhängen und Helmen auf den Stammbaum oder die Familienzugehörigkeit des Trägers hin. Unter dem  fünfzackigen Stern von Bethlehem ist ein Wappen der Leicester-Familie dargestellt. Auch die Japaner benutzten ähnliche Symbole zur Darstellung der familiären Abstammung. Das Symbol der Familie, mon, war in Japan schon um 900 n. Chr. bekannt und wurde vornehmlich während der Feudalzeit verwendet. Abbildung 50.2 zeigt mehrere japanische Ornamente mit fünffacher Symmetrie. Sie finden sich auch auf vielen Haushaltsartikeln und auf Kleidungsstücken.

Als Abschluß dieses Bilder-Reigens möchte ich noch eine Dämonenmaske aus Bhutan aus dem 20. Jahrhundert vorstellen (Abbildung 50.3). Auch wenn hier der traditionellen Vorstellung einer fünffachen Symmetrie nicht entsprochen wird, spielt die Zahl »fünf« dennoch eine wichtige Rolle. Auf dem Kopf sitzen fünf Totenschädel, jede Augenbraue hat fünf Fortsätze und jede Wange fünf Kerben.

Abbildung 50.2. *Beispiele japanischer Wappen mit fünfstrahliger Symmetrie.*

Symmetrische Ornamente wie die hier beschriebenen sind aus uralten Zeiten überliefert und blieben bis heute erhalten. Die unterschiedlichen Symmetrien sind besonders augenfällig in der arabischen und maurischen Kunst und Bauweise. Den islamischen Künstlern späterer Zeiten war die Darstellung menschlicher Formen aus religiösen Gründen verboten; sie wandten sich deshalb hochentwickelten geometrischen Figuren zu. Gombrich (1979) beschreibt in seinem Werk die Symmetrie historischer Ornamente, diskutiert die Psychologie dekorativer Kunst und nennt weitere Beispiele fünfstrahliger Symmetrien.

Abbildung 50.3. *Dämonenmaske aus Bhutan (20. Jahrhundert).*

Weiterführende Literatur

1. Wenninger, M. (1971) *Polyhedral Models*. Cambridge University Press: New York.

2. Hargittai, I. (1991) *Fivefold Symmetry in Cultural Context*. World Scientific Singapore.

3. Dowlatshahi, A. (1979) *Persian Designs and Motifs*. Dover: New York.

4. Lehner, E. (1978) *Symbols, Signs and Signets*. Dover: New York (1969).

5. Lockwood, E., MacMillan, R. (1978) *Geometric Symmetry*. Cambridge: New York.

6. Gombrich, E. (1979) *The Sense of Order: A Study in the Psychology of Decorative Art*. Cornell University Press: New York.

7. Wigner, E. (1960) The unreasonable effectiveness of mathematics in the natural sciences. *Communications on Pure and Applied Mathematics*. 13: 1-14. (Das Zitat von Wigner zu Beginn dieses Kapitels stammt aus diesem Buch.)

50.2 Die Connell-Folge

1989 untersuchten Dr. Akhlesh Lakhtakia (Universität von Pennsylvania) und ich eine merkwürdige und wenig bekannte Zahlenreihe, die Connell-Folge. Sie können diesen Abschnitt überspringen, wenn Sie nicht an allzu komplizierter Mathematik interessiert sind. Für die ganz Mutigen, die es dennoch wagen: Wir beginnen mit u_n als n-tem Ausdruck in der Reihe 1, 2, 4, 5, 7, 9, 10, 12, 14, 16, ... Diese 1959 vorgeschlagene Folge wird konstruiert aus aufeinanderfolgenden natürlichen Zahlen, 1, 2, 3, 4, 5, ..., wobei die erste ungerade Zahl, die folgenden zwei geraden Zahlen, die folgenden drei ungeraden Zahlen, die folgenden vier geraden Zahlen usw. genommen werden. Die praktische Anwendung im Bereich der Strahlertheorie wird in einem Artikel von Lakhtakia et al. (1988) diskutiert.

In diesem Zusammenhang stellt sich eine interessante Frage: Wie schnell wächst die Folge? Wie stellt sich das Verhältnis u_n/n bei gegebenem n-ten Ausdruck dar? Hier eine Tabelle mit den ersten Einträgen:

n	u_n	u_n/n
1	1	1
2	2	1
3	4	1,3
4	5	1,25
5	7	1,4
6	9	1,5
7	10	1,43

Wird das Verhältnis allmählich größer oder gibt es einen Grenzwert? Die folgende interessante Erzeugungsformel für u_n (Lakhtakia et al., 1988) gibt einen Hinweis auf die Antwort:

$$u_n = 2n - \{(1 + \sqrt{8n - 7})/2\} \tag{50.1}$$

wo $\{\varepsilon\}$ die größte ganze Zahl kleiner als ε ist. Wenn $n \to \infty, u_n/n$, wird u_n/n fast $2 - [1/n - 0{,}5\sqrt{(8\ (n) - (7/n)(1/n)}]$. Da $(a/n), \to 0$ da $n \to \infty$, geht das Verhältnis u_n/n für große n-Werte gegen 2. So ist bei $n = 1000$ $u_n = 1.955$ und das Verhältnis $u_n/n = 1{,}955$. Tragen

Sie u_n gegen n auf und testen Sie andere Connell-ähnliche Folgen, zum Beispiel die Folge, die aus zwei ungeraden Zahlen, gefolgt von vier geraden, gefolgt von sechs ungeraden, usw. gebildet wird.

Hier nun eine detaillierte Erläuterung des im vorangegangenen Abschnitt beschriebenen Grenzverhaltens. Die Connell-Folge besteht aus Unterfolgen:

Nummer der Unterfolge	Unterfolge
1	1
2	2, 4
3	5, 7, 9
4	10, 12, 14, 16

Jede Unterfolge q enthält q Elemente. Das letzte Element jeder Unterfolge ist q^2, so daß der Wert des letzten Connell-Elements einer Unterfolge ausgedrückt werden kann als

$$u_{\frac{1}{2}q(q+1)} = q^2 \qquad (50.2)$$

Beispiel: Ist $q = 2$, dann ist $u_3 = 2^2$. Es gilt auch $u_{\frac{1}{2}q(q+1)} - p = q^2 - 2p$ $\{q = 1,2,3,..., p = 0,1,2, ...q-1\}$ wobei p q verschiedene Werte annehmen kann. Betrachten wir zum Beispiel das Verhältnis:

$$\frac{u_{\frac{1}{2}q(q+1)-p}}{\frac{1}{2}q(q+1)-p} = \frac{q^2 - 2p}{\frac{1}{2}(q^2 + q - 2p)} \qquad (50.3)$$

$$= 2\left[\frac{1}{1 + \dfrac{q}{q^2 - 2p}}\right] \qquad (50.4)$$

Da $0 \leq p \leq q - 1$, ist der Grenzwert für $q \to \infty$ gleich 2

Bei hohen q-Werten konvergiert die Summe der ersten $\frac{1}{2}q(q + 1)$ Connell-Zahlen, geteilt durch die Summer der ersten $\frac{1}{2}q(q + 1)$ ganzen Zahlen, ebenfalls gegen 2. Präziser ausgedrückt heißt das

$$\sum_{n=1}^{n=\frac{1}{2}q(q+1)} u_n = \frac{1}{12}q(q+1)(3q^2 - q + 4) \qquad (50.5)$$

Es sei $S_q = 1 + 2 + 3 + ... + \frac{1}{2}q(q + 1)$, d.h. S_q ist die Summe aller ganzen Zahlen von 1 bis $\frac{1}{2}q(q + 1)$. Dann gilt

$$S_q = \frac{1}{2}\left[\frac{1}{2}q(q+1)\right]\left[\frac{1}{2}q(q+1) + 1\right] \qquad (50.6)$$

$$= \frac{1}{8}q(q+1)(q^2 + q + 2) \qquad (50.7)$$

Daher ist

$$\frac{\sum_{n=1}^{n=\frac{1}{2}q(q+1)} u_n}{S_q} = \frac{2}{3}\frac{3q^2 - q + 4}{q^2 + q + 2} \tag{50.8}$$

$$= \frac{2}{3}\left[3 - \frac{2(2q+1)}{q^2 + q + 2}\right] \tag{50.9}$$

Für den Grenzwert $q \to \infty$ konvergiert dieses Verhältnis ebenfalls gegen 2.

Weiterführende Literatur

1.   Lakhtakia, A., Pickover, C. (1990) The Connell number sequence. *Journal of Recreational Math.*, im Druck.

2.   Lakhtakia, A., Varandan, V. K., Varandan, V. V. (1988) On Connell Arrays. In: *Archiv für Elektronische Übertragung*. Hirzel-Verlag: Stuttgart, S. 186-189.

3.   Connell, I. (1960) An unusual sequence. *American Math. Monthly.* 67: 380.

50.3 Quadratzahlenpaare

Zahlen wie 4, 9 und 25 sind sogenannte Quadratzahlen, da sie sich als $2^2 = 4$, $3^2 = 9$ und $5^2 = 25$ schreiben lassen. Es gibt nun Zahlenpaare, die sowohl bei Addition als auch bei Subtraktion eine Quadratzahl ergeben. 10 und 26 bilden ein solches Quadratzahlenpaar, da $10 + 26 = 36$ (eine Quadratzahl) und $26 - 10 = 16$ (Quadratzahl). n und p sind Quadratzahlenpaare, wenn

$$n - p = \alpha^2 \tag{50.10}$$

und

$$n + p = \beta^2 \tag{50.11}$$

wo α und β ganze Zahlen sind. In diesem Abschnitt möchte ich interessante Regelmäßigkeiten in der Menge der Quadratzahlenpaare beschreiben und ein Computerprogramm zu ihrer Berechnung vorstellen.

Wie sieht die Verteilung der Quadratzahlenpaare aus? Abbildung 50.4 zeigt einige Quadratzahlenpaare N und P. Sie wurden mit dem Programm in Pseudocode 50.1 erzeugt. Abbildung 50.5 zeigt Quadratzahlenpaare für ($0 \le n, p \le 1.000$). Die Verteilung ist entlang der Geraden $n = p$ symmetrisch; der Teil unterhalb der Geraden ist nicht dargestellt. Die Gerade $n = p$ entspricht

$$n = \frac{\beta^2}{2} \tag{50.12}$$

n	p		n	p
4	5		22	122
6	10		24	25
8	17		24	40
10	26		24	145
12	13		26	170
12	37		28	53
14	50		28	197
16	20		30	34
16	65			
18	82			
20	29			
20	101			

Abbildung 50.4. *Quadratzahlenpaare.*

Andere in der Zeichnung erkennbare Kurven lassen sich z.B. als $n^2 - p^2 = \alpha^2 \beta^2$ schreiben.

[[Das Programm in Pseudocode 50.1 ist ein relativ altes Verfahren zum Auffinden von Quadratzahlenpaaren (siehe auch Spencer (1982)). Der Suchbereich und die Rechenzeit können jedoch wesentlich reduziert werden, wenn die Gleichungen nach n und p aufgelöst werden und nur solche ganzzahligen Paare untersucht werden, deren Differenz eine gerade Zahl ergibt.

$$n = \frac{\alpha^2 + \beta^2}{2} \tag{50.13}$$

$$\text{und} \quad p = \frac{-\alpha^2 + \beta^2}{2} \tag{50.14}$$

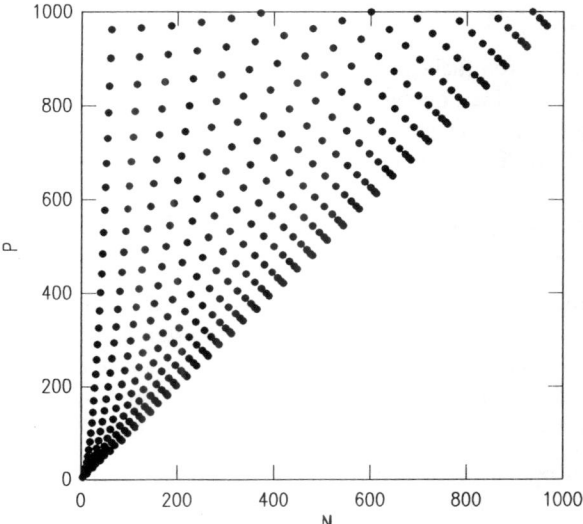

Abbildung 50.5. *Quadratzahlenpaare für ($0 \leq n, p \leq 1000$).* Die Verteilung ist symmetrisch zur der Geraden $n = p$; der untere Teil ist nicht eingezeichnet.

```
Algorithmus: Erzeugung von Quadratzahlenpaaren unter 1.000
do p = 0 to 1000
  do n = p+1 to 1000
    root1 = sqrt(n+p)
    root2 = sqrt(n-p)
    if (root 1 = trunc(root1) ) & (root2 = trunc(root2)) then
        say p n
  end;
end;
```

Pseudocode 50.1. *Erzeugung von Quadratzahlenpaaren unter 1.000.*

Die Differenz $\beta^2 - \alpha^2 = 2p$ muß gerade sein. Auch die Differenz $\beta - \alpha$ muß eine gerade Zahl sein. (Wäre $\beta - \alpha$ ungerade, so wäre auch $\beta^2 - \alpha^2$ ungerade.) Daher können wir aus α- und δ-Werten (mit $\beta = \alpha + 2\delta$) Wertepaare für n und p berechnen. Ein schnelleres Programm zur Berechnung aller n, p mit $n \leq 1000$ wird in Pseudocode 50.1 vorgestellt. Es wurde von M. Gursky entwickelt.]]

Weiterführende Literatur

1. Spencer, D. (1982) *Computers in Number Theory,* Computer Science Press: Maryland.

2. Pickover, C., Gursky, M. (1991) Pair square numbers. *Journal of Recreational Math.*, im Druck.

50.4 Partitionsdiagramm für fortlaufende Summen ganzer Zahlen

»Mathematische Ästhetik scheint mehr mit Tanz als mit zeitinvarianten Medien zu tun zu haben.«
                                                      Clem Padin, Science News

In diesem Abschnitt soll ein einfaches Grafikprogramm zur Darstellung von Partitionen ganzer Zahlen vorgestellt werden. Sie können diesen Abschnitt auch überspringen. Wir gehen von einer ganzen Zahl, zum Beispiel 4, aus. Partitionenn von 4 geben die Anzahl der Möglichkeiten an, mit der die Zahl 4 als Summe ganzer Zahlen geschrieben werden kann. So gilt $p(4) = 5$, da $(4 = 4)$, $(4 = 1 + 3)$, $(4 = 1 + 1 + 2)$, $(4 = 1 + 1 + 1 + 1)$ und $(4 = 2 + 2)$. Dieses Problem ist gleich dem Problem der Anordnungsmöglichkeiten für vier Objekte in einer Reihe (Abbildung 50.6).

Sei α eine ganze Zahl. Dann ist eine Folge positiver ganzer Zahlen n_1, n_2,..., n_r, $n_1 \leq n_2 \leq$ .. $\leq n_r$, eine Partition von α, wenn $\alpha = n_1 + n_2 + ... + n_r$. $p(\alpha)$ steht für die Anzahl der Partitionen von n. Im vorangegangenen Abschnitt habe ich gezeigt, warum $p(4) = 5$ ist. Ich möchte nun alle Folgen fortlaufender positiver ganzer Zahlen finden, deren Summe eine positive ganze Zahl α ist. (Ich suche eine Partition von α in fortlaufenden ganzen Zahlen.)

Zur Zahl 10.000 gibt es beispielsweise folgende Partitionen fortlaufender ganzer Zahlen: $[18 + 19 + ... + 142]$, $[297 + 298 + ... + 328]$, $[388 + 389 + ... + 412]$ und $[1.998 + 1.999 + ...$

```
Algorithmus: Schnelles Erzeugen von Quadratzahlenpaaren unter
1.000
```

```
Die Grenzwerte 31 und 22 lassen sich allgemeiner ausdrücken als:
a = trunc(√1000), d = trunc(√1000/2).
```

```
do a=0 to 31
   do d=0 to 22
      b = a + 2*d
      n = (b*b + a*a)/2
      if n > 1000 then leave loop d
      p = (b*b - a*a)2
      say p n
   end
end
```

Pseudocode 50.2. *Schnelle Erzeugung von Quadratzahlenpaaren unter 1.000.*

+ 2.002]. $P_c(\alpha) = 4$. Abbildung 50.7 zeigt die Verteilung aller Folgen für $1 \le \alpha \le 200$. Die α-Werte sind auf der x-Achse aufgetragen; die in y-Richtung aufgetragenen Punkte sind die Partitionen der entsprechenden α-Werte. (Anmerkung: Dies ist kein Graph von α gegen $P_c(\alpha)$,

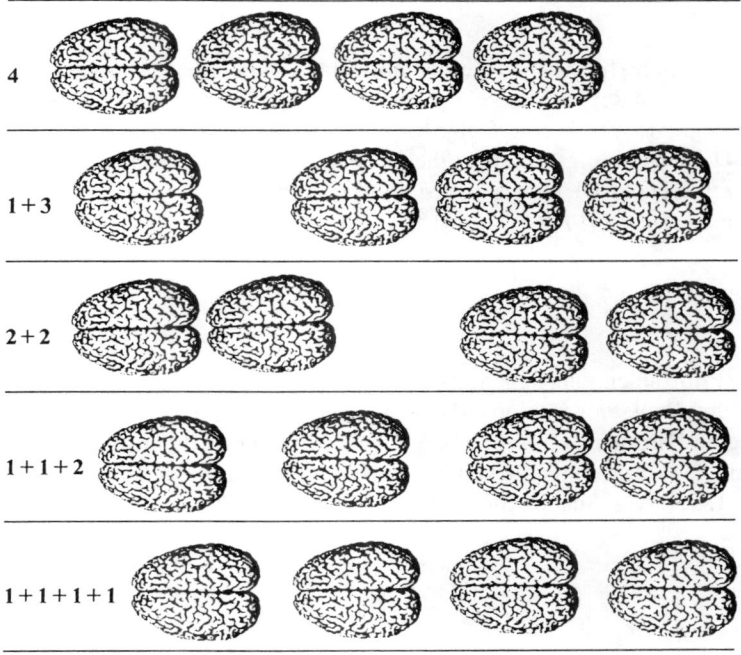

Abbildung 50.6. *Die Partitionsfunktion.* Die Partitionsfunktion $p(n)$ gibt die Anzahl der unterschiedlichen Möglichkeiten an, die Zahl n als Summe kleinerer oder gleich großer ganzer Zahlen zu schreiben. Die Zahl »4« zum Beispiel kann als fünf verschiedene Summen geschrieben werden. Somit ist $p(4) = 5$.

```
Algorithmus: Berechnung eines Partitionsdiagramms für aufeinander-
folgende Integersummen.
```
```
Eingabe: Start -  Der kleinste auf der x-Achse aufgetragene
                  alpha-Wert
         Stop- Der größte auf der x-Achse aufgetragene alpha-Wert
```
```
scale = 100/stop; /* Hier wird der Maßstab für die x-Achse festgelegt*/
DO alpha=start to stop;    /*Alpha-Werte durchlaufen*/
  looptop=alpha/2+1; /*braucht nur bis alpha/2 durchlaufen zu werden*/
  DO i = 1 to looptop; /*suche nachfolgende Partitionen für*/
    sum=0; top=i;          /* einen bestimmten alpha-Wert */
    again: sum = sum + top;
    top = top + 1;
    if sum < alpha then goto again;
    if sum = alpha then do;
     /*unteren und oberen Wert ausgeben*/
     PrintNumbers(alpha, i, top-1);
     DO k = i to top-1;
      PlotDotAt(alpha*scale,k*scale); /*Zeichne Punkt bei (x,y)*/
     END;   /* k */
  END;   /* i */
END;   /*Schleife erneut durchlaufen*/
```

Pseudocode 50.3. *Berechnung eines Partitionsdiagramms.*

sondern ein Diagramm für α gegen die zugehörigen fortlaufenden Partitionen.) Das Diagramm zeigt eine Anzahl von Regelmäßigkeiten. Wie erwartet gehen die Punkte nie über $\alpha + 1$ hinaus, da der größtmögliche Wert in einer Folge fortlaufender positiver ganzer Zahlen mit der Summe $\alpha/2 + 1$ ist. Der augenfälligste Aspekt dieses Diagramms ist wahrscheinlich die ansteigende (diagonale) Zwei-Punkt-Diagonale im oberen Abschnitt. Diese Punkte sind ungerade α-Werte, die immer eine Partition $[\frac{1}{2}(\alpha + 1)] + [\frac{1}{2}(\alpha + 1) - 1]$ aufweisen. Beispiel:

$$21 = \sum_{10}^{11} n \qquad (50.15)$$

α-Werte, die Primzahlen sind, haben ausnahmslos nur eine zwei-Punkte-Partition. Die schräge Linie aus je drei Punkten wird von α-Werten erzeugt, die ohne Rest durch 3 teilbar sind und die immer eine Partition $(n/3 - 1) + n/3 + (n/3 + 1)$ haben. Interessanterweise zeigt eine Vergrößerung des Diagramms Lücken, in denen es keine Partitionen gibt. Diese kommen bei $\alpha = 2^m$, $m = 1, 2, \ldots$ vor. Suchen Sie im Diagramm nach weiteren interessanten Regelmäßigkeiten von α.

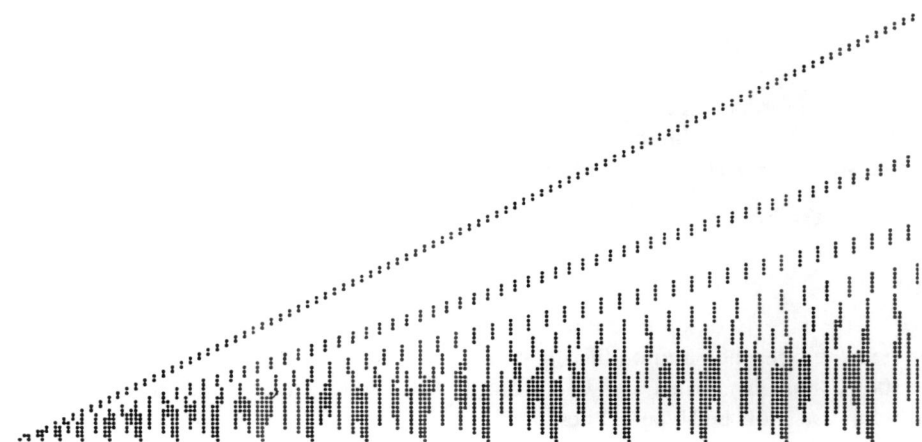

Abbildung 50.7. *Partition von alpha in fortlaufende ganze Zahlen.* Das Diagramm zeigt die Partitionen für $1 \leq \alpha \leq 200$ auf der *x*-Achse. Die *y*-Achse reicht von 0 bis 100.

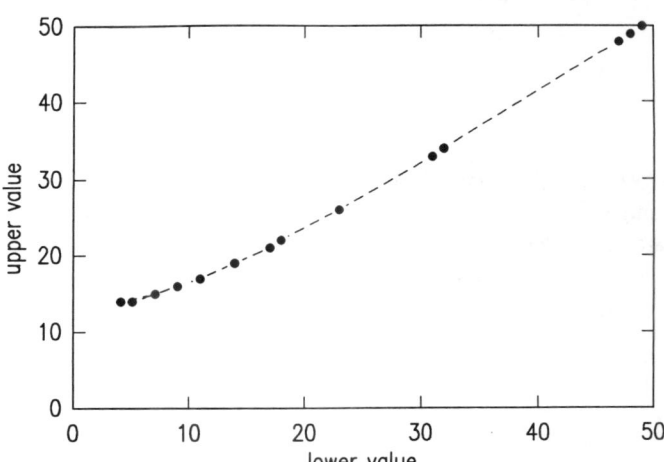

Abbildung 50.8. Hyperbolische Verteilung für größte und kleinste Summenzahlen (für naheliegende α-Werte ($95 \leq \alpha \leq 100$)).

Abschließend möchte ich anmerken, daß man, da

$$\sum_1^t n = \frac{t(t+1)}{2} \qquad (50.16)$$

Partitionen von fortlaufenden ganzen Zahlen durch Angabe der kleinsten (k) und der größten (g) Zahl in der Summe schreiben kann: $\frac{1}{2} g(g+1) - \frac{1}{2}k(k+1) + k = \alpha$. Die k- und g-Werte müssen also auf einer Hyperbel der Form

$$g^2 - k^2 + g + k = 2\alpha \qquad (50.17)$$

liegen.

Für $\alpha = 21 = 11 + 10$ erhält man beispielsweise $121 - 100 + 11 + 10 = 42$. Abbildung 50.8 zeigt die hyperbolische Partition für alle größten und kleinsten Zahlen für die α-Werte ($95 \leq \alpha \leq 100$). Durch Umformen der Gleichung (50.17) wird deutlich, daß sie eine in x- und y-Richtung verschobene Hyperbel beschreibt

$$\frac{(g + \frac{1}{2})^2}{2\alpha} - \frac{(k - \frac{1}{2})^2}{2\alpha} = 1 \qquad (50.18)$$

Der Abstand zwischen dem Zentrum und dem Fokus ist gleich $\sqrt{4}\,\alpha$, und die Steigung der Asymptote ist gleich 1.

Erzeugen Sie ähnliche Diagramme fortlaufend multiplizierter ganzer Zahlen. Ist zum Beispiel $\alpha = 30$, dann ist ein solches Produkt

$$\prod_5^6 n = 30 \qquad (50.19)$$

Ein Pseudocode (50.3) beschreibt das Programm zur Berechnung des Partitionsdiagramms in Abbildung 50.7 und der Partition von α in fortlaufende ganze Zahlen. An dieser Stelle möchte ich Dr. Pratap Pattnaik (IBM) für seine hilfreichen Diskussionsbeiträge danken.

Weiterführende Literatur

1. Herstein, I. (1975) *Topics in Algebra, 2nd Edition.* John Wiley: New York. Siehe auch: Andrews, G. (1976) The theory of partitions. (Band 2 der *Encyclopedia of Mathematics and its Applications.* Hrsg. Turan, P.) Addison-Wesley: Massachusetts.

2. Pickover, C. (1991) Partition graphs for consecutive integer sums. *Journal of Recreational Math.*, im Druck.

Kapitel 51

Eine-Million-Punkte-Skulpturen

»Würde Leonardo da Vinci, wenn er heute lebte, Pinsel und Leinwand gegen einen Computer eintauschen?«   *Bob Berger, 1990*

Würde sich Leonardo da Vinci heute mit fraktaler und chaotischer Grafik beschäftigen? Ich meine, ja. Und zwar im besonderen mit den Grafiken, die skulpturenähnliche Formen erzeugen. In diesem Kapitel möchte ich Ihnen aufzeigen, wie Sie eigene pointillistische »Skulpturen« erzeugen können. Ich nenne diese Formen Eine-Million-Punkte-Skulpturen, da sie aus genau einer Million kleiner Punkte bestehen – nicht mehr und nicht weniger.

Ich möchte auch einige neue Algorithmen erklären, mit denen sich künstlerische chaotische Muster darstellen lassen. Diese computererzeugten Skulpturen stellen mathematische Objekte, die *Attraktoren*, dar. Viele der ganzseitigen Abbildungen am Beginn einiger Kapitel bestehen aus genau einer Million Punkte. In einigen Kapiteln dieses Buchs finden Sie Hintergrundinformationen zu Attraktoren und Chaos (zum Beispiel »Der Ikeda-Attraktor« auf Seite 145).

Nach Testberechnungen habe ich die in diesem Kapitel beschriebenen Algorithmen ausgewählt, da ihr Verhalten zwar komplex ist, ihre Programmierung jedoch nur einfache numerische Operationen erfordert. Diese beiden Eigenschaften sind bei den Funktionen zweier reeller diskreter Variablen gegeben, die durch die Rekursionsgleichungen

$$x_{m+1} = F(x_m, y_m) \quad m = 1,2,3,... \tag{51.1}$$

$$y_{m+1} = G(x_m, y_m) \quad m = 1,2,3,... \tag{51.2}$$

definiert sind.

Die obigen Gleichungen können als Abbildung einer Fläche auf sich selbst interpretiert werden. Ausgehend von einem einzigen Startpunkt (x_0, y_0) werden alle weiteren Iterierten (x_m, y_m) berechnet.

Die folgenden rekursiven Definitionen erzeugen typische Muster für zwei einfache Funktionen F und G:

$$X_{m+1} = \sum_{n+1}^{\infty} \sin^n \beta_n f_n(x,y) \tag{51.3}$$

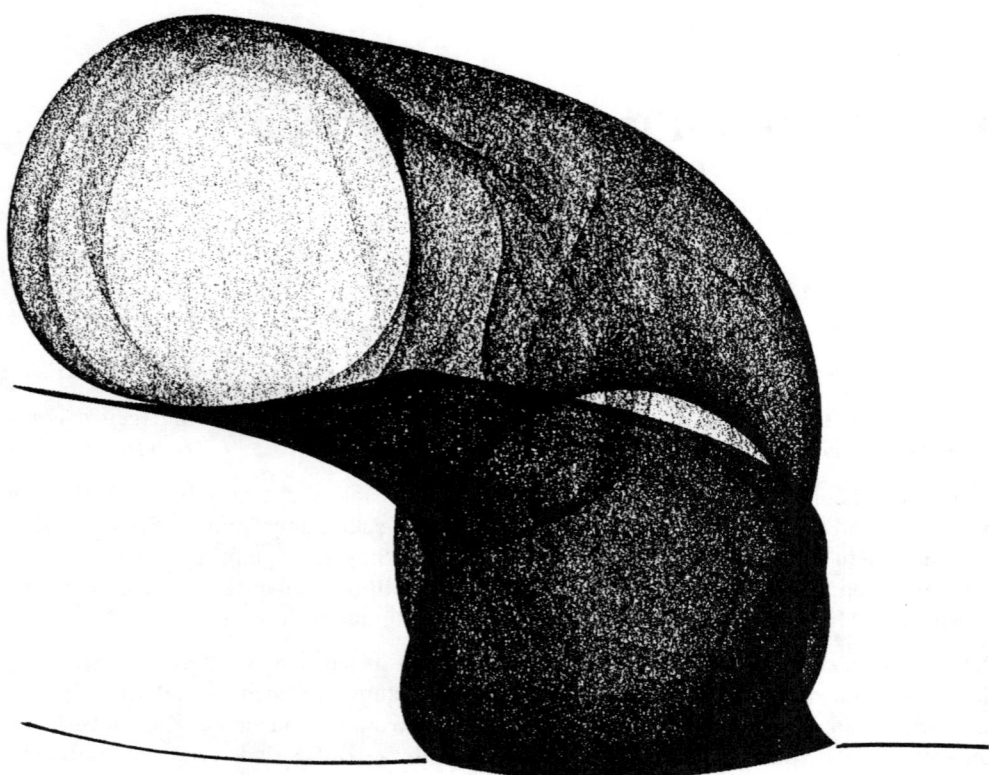

Abbildung 51.1. *Eine-Million-Punkte-Skulptur.* Weitere Skulpturen, die mit dem hier beschriebenen Verfahren erzeugt wurden, sind den größeren Kapiteln dieses Buches vorangestellt.

$$Y_{m+1} = \sum_{n+1}^{\infty} \sin^n \alpha_n f_n(y,x) \tag{51.4}$$

wo $f(u,v) = lu + (1 - l)v$ und l entweder 0 oder 1 ist. Zur Vereinfachung können (α_n, β_n) ganzzahlige Konstanten sein. Die Indizes für α und β können somit gestrichen werden. Für die Figuren in diesem Kapitel wurden nur einige Termini der Summationsreihen verwendet. Ich möchte die obige Gleichung etwas näher erläutern. Im folgenden sind die Ausdrücke ausgeschrieben:

$$x_{m+1} = \sin(y_m \beta) + \sin^2(x_m \beta),$$
$$y_{m+1} = \sin(x_m \alpha) + \sin^2(y_m \alpha) \tag{51.5}$$

$$x_{m+1} = sin(y_m \beta) + \sin^2(x_m \beta) + \sin^3(x_m \beta),$$
$$y_{m+1} = sin(x_m \alpha) + \sin^2(y_m \alpha) + \sin^3(y_m \beta) \tag{51.6}$$

$$x_{m+1} = \sin(y_m \beta) + \sin^2(x_m \beta) + \sin^3(x_m \beta),$$
$$y_{m+1} = \sin(x_m \alpha) + \sin^2(y_m \alpha) + \sin^3(y_m \alpha) \tag{51.7}$$

$$x_{m+1} = \sin(y_m\beta) + \sin^2(x_m\beta) + \sin^3(x_m\beta),$$
$$y_{m+1} = \sin(x_m\alpha) + \sin^2(y_m\beta) + \sin^3(y_m\beta) \tag{51.8}$$

Ich finde diese einfachen Abbildungen einer Fläche auf sich selbst besonders praktisch zum Nachweis von Chaos. Mit ihnen lassen sich auch skulpturähnliche Formen erzeugen. Wir beginnen mit der Wahl eines Startpunktes, zum Beispiel (20, 30) und iterieren die Gleichung eine Millionmal. Bei jeder Iteration wird ein Punkt auf den Bildschirm gezeichnet. Würde das dynamische System, das die Figuren erzeugt, Zufallszahlen ausgeben, wäre auf dem ebenen Bildschirm eine verschwommene Zufallsverteilung von Punkten zu sehen. Wäre das System vollständig periodisch (z.B. eine Sinusfunktion), würde nur eine schmale, ebene Kurve erzeugt. Meine Kurven liegen irgendwo zwischen diesen beiden Extremen und können theoretisch unendlich viele Werte annehmen. Die Wahl des Startpunktes ist nicht entscheidend für das Verhalten. Dies bedeutet, daß die erzeugten Figuren Attraktoren für das dynamische Verhalten sind. Das System nähert sich dem Attraktor sehr schnell an, so daß Bilder aus den ersten 1.000 Punkten wie leichte und luftige Versionen der hier dargestellten Skulpturen aussehen. Der Punkt $(x_0, y_0 = 0)$ ist ein Fixpunkt.[[Für $\alpha = \beta = 1$ werden die Punkte der Form

$$(x_0, y_0 = m\pi, m = 0,1,2,...) \tag{51.9}$$

auf Null abgebildet, so daß sie keine interessanten Muster bilden. Bei $\alpha = \beta$ ergibt sich die interessante Abbildungssymmetrie:

$$M(x,y) = M\left(x + \frac{2i\pi}{\beta}, y + \frac{2j\pi}{\beta}\right), i = 0,1,2,..., j = 0,1,2,... \tag{51.10}$$

Der Punkt (0,1, 0,4) wird also auf denselben Punkt abgebildet wie der Punkt (0,1 + $2i\pi$, 0,4 + $2i\pi$). Würden wir die kartesische Ebene durch ein Schachbrett mit Quadraten der Seitenlänge $2\pi/\beta$ darstellen, dann würden alle Felder des Schachbretts auf dasselbe Gebiet abgebildet.]]

Einfache rationale Verhältnisse von α zu β (wie 2/1 oder 1/1) erzeugen ästhetische Darstellungen. Die Rechenzeit schwankte zwischen acht Sekunden (IBM RISC System/6000) und einer bis zwei Minuten (Stellar GS 2000 oder Silicon Graphics IRIS 4D/120GTX).

51.1 Weiterführende Literatur

1. Gleick, J. (1987) *Chaos: Making a New Science.* Viking: New York.

2. Moon, F. (1987) *Chaotic Vibrations.* John Wiley and Sons, New York. (F. Moon beschreibt viele praktische Beispiele für Chaos in realen physikalischen Systemen).

3. Shaw, A. (1984) *The Dripping Faucet as a Model Chaotic System.* Aerial Press: Kalifornien.

4. Chossat, P., Golubitsky, M. (1988) Symmetry-increasing bifurcations of chaotic attractors. *Physica* D 32: 423-426.

5. Pickover, C. (1991) Million point sculptures. *Algorithm.* Ausgabe Januar, S. 11-12.

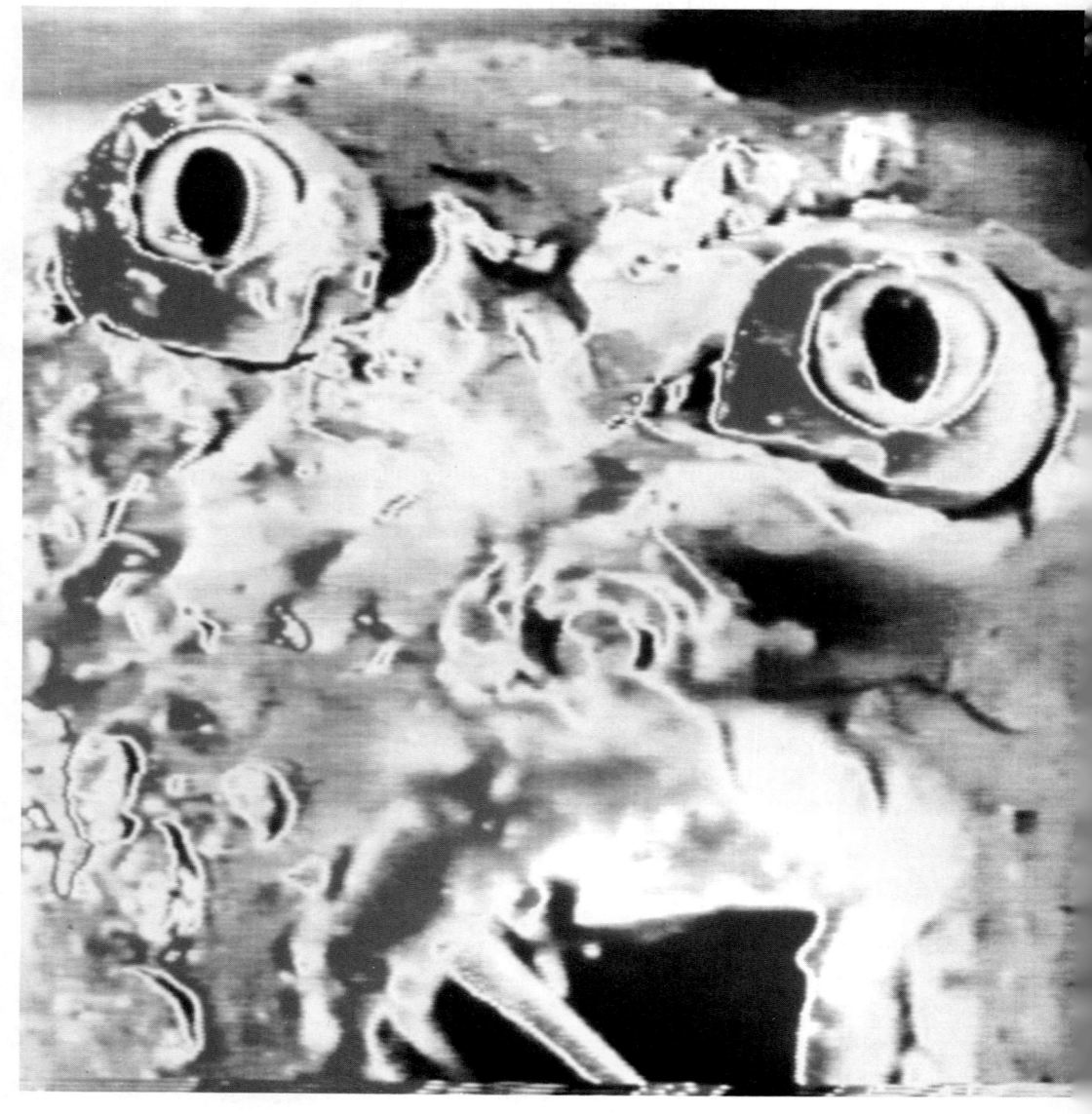

Kapitel 52

Kettenwurzeln in einer komplexen Ebene

»Unsere Geschichte hat einen stummen und unbeweglichen Held: den Computer. Erst der Computer hat die Fraktale aus den dunklen Winkeln der abstrakten Mathematik befreit und ihre geometrische Komplexität ans helle Tageslicht gebracht.«

Manfred Schröder, 1989

In mehreren Kapiteln dieses Buches (wie zum Beispiel in »Ein Muster auf Grundlage der Mandelbrot-Menge« auf Seite 299) wurde die außerordentliche Schönheit und Komplexität der iterativ berechneten Fraktale behandelt. Bei der Berechnung solcher Muster wiederholt das Computerprogramm immer wieder eine bestimmte mathematische Operation. In der Literatur beschriebene einfache Iterationsfunktionen wecken natürlich das Interesse an dem Verhalten noch komplizierterer und verrückterer Funktionen. Eine Erklärung der in diesem Kapitel verwandten Fachausdrücke und Begriffe findet sich im Glossar. Dr. Lakhtakia und ich untersuchten besonders die optisch attraktiven Stabilitätsdiagramme für

$$z \rightarrow sin(z + f^{\,n}(z)) \tag{52.1}$$

wo z eine komplexe Variable, $f^{\,n}(z)$ eine Kettenwurzel und n die Zahl der Ausdrücke in der Schachtelung sind. Auch diese Gleichung ist eine mathematische Rückkopplungs-Schleife. Dabei wird von einem Startwert z ausgegangen, ein neuer Wert berechnet und dieser wieder in die Gleichung eingesetzt usw. Hier einige Hintergrundinformationen zum besseren Verständnis von Gleichung (52.1). Unendlich geschachtelte Quadratwurzeln, Kettenquadratwurzeln, werden folgendermaßen ausgedrückt:

$$\sqrt{x_1 + \sqrt{x_2 + \sqrt{x_3 + \ldots}}} \tag{52.2}$$

Eine ähnliche Formel wurde von Ramanujan im *Indian Journal of Mathematics* veröffentlicht:

$$3 = \sqrt{1 + 2\sqrt{1 + 3\sqrt{1 + 4\sqrt{1 + \ldots}}}} \tag{52.3}$$

Im besonderen möchte ich auf die folgende Funktion eingehen, die rekursiv definiert ist durch

$$f^{\,n+1} = \sqrt{z + f^{\,n}(z)} \, , \, n > 1 \tag{52.4}$$

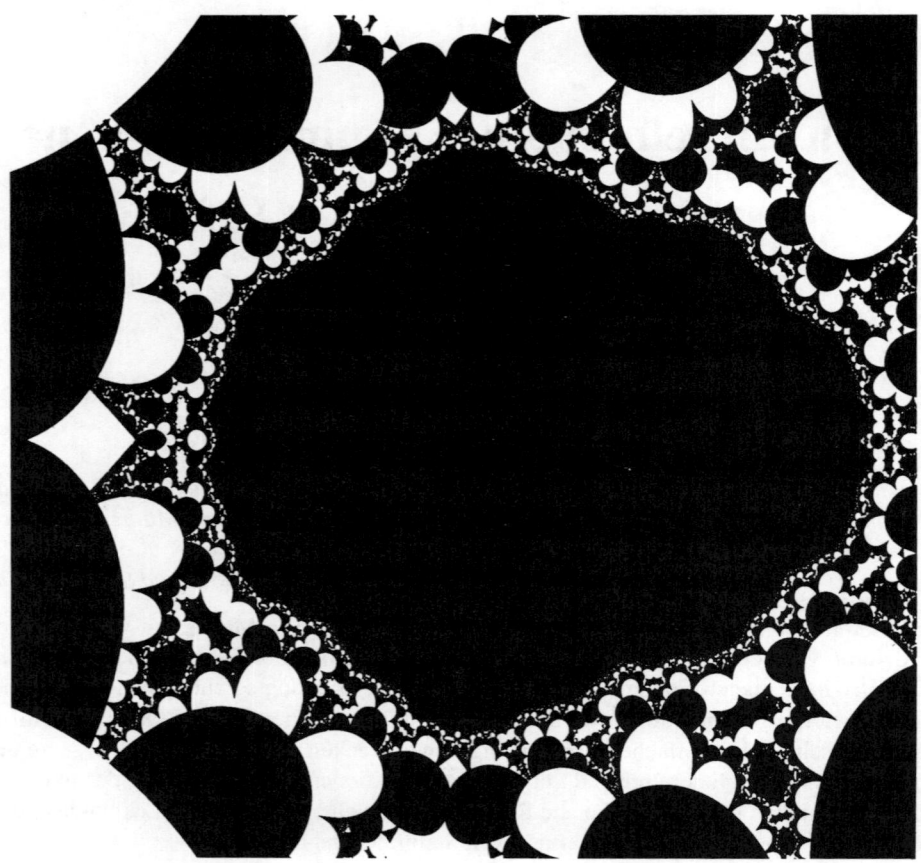

Abbildung 52.1. *Kettenwurzel-Fraktal.* Ein herkömmliches Stabilitätsdiagramm für die komplexe Ebene mit $f^n(z)$ als Kettenquadratwurzel und $n = 1$.

mit dem Initiator

$$f^1(z) = \sqrt{z} \tag{52.5}$$

(Siehe Zeile 5 des Pseudocodes 52.1.) Im Grenzwert $n \rightarrow \infty$, $f^n(z)$ ist $f^n(z)$ die Lösung der quadratischen Gleichung $(f^\infty)^2 - f^\infty - z = 0$.

Ich möchte Julia-Mengen für die Gleichung (52.1) vorstellen. Hintergrundinformationen über Julia-Mengen finden Sie in anderen Kapiteln dieses Buches. Abbildung 52.1 zeigt ein herkömmliches Stabilitätsdiagramm für die komplexe Ebene mit $f^n(z)$ als Kettenquadratwurzel und für $n = 1$. Die Explosionsgeschwindigkeit der Iteration ist durch abwechselnde schwarze und weiße Konturen angedeutet. Die Bildgrenzen sind (-0,67, 2, -1,2, 1,2) (ausgedrückt als Minimum und Maximum von Real- und Imaginärteil). Abbildung 52.2 entspricht Abbildung 52.1, nur ist hier $n = 3$. Die schwarze Fläche in der Mitte (also diejenigen Startpunkte, deren Trajektorien geschlossen sind) wird mit wachsendem n kleiner. Das dynamische System hat ein besonders interessantes Verhalten: Abbildung 52.3 zeigt die Strömungslinien für das

Abbildung 52.2. *Ein weiteres Kettenwurzel-Fraktal.* Wie Abbildung 52.1, nur ist hier $n = 3$.

Strömungsfeld bei $n = 1$. (Das Strömungsfeld besteht aus einem von jedem Startpunkt ausgehenden Vektor, der in die Richtung der folgenden Iteration weist.) Die Bildgrenzen sind (-8, 8, -8, 8). Anziehende und abstoßende Startpunkte sind deutlich zu erkennen. Abseits der realen Achse sind zwei instabile Zentren erkennbar. Die reale Achse ist eine invariante Mannigfaltigkeit (die Punkte auf der realen Achse bleiben auf dieser). Der Ursprung ist ein Fixpunkt, da $\sin(0) = 0$. Diese »wohlerzogenen« Strömungslinien strafen die chaotischen Trajektorien in diesem diskreten System Lügen.

Experimentieren Sie mit weiteren Beispielen:

$$f^{n+1}(z,m) = [\alpha_{n+1} + f^{n}(z,m)]^{1/m}, \; n > 1 \tag{52.6}$$

$$f^{1}(z,m) = [\alpha_{1}z]^{1/m} \tag{52.7}$$

mit alpha als komplexer Zahl. Eine weitere Verallgemeinerung lautet

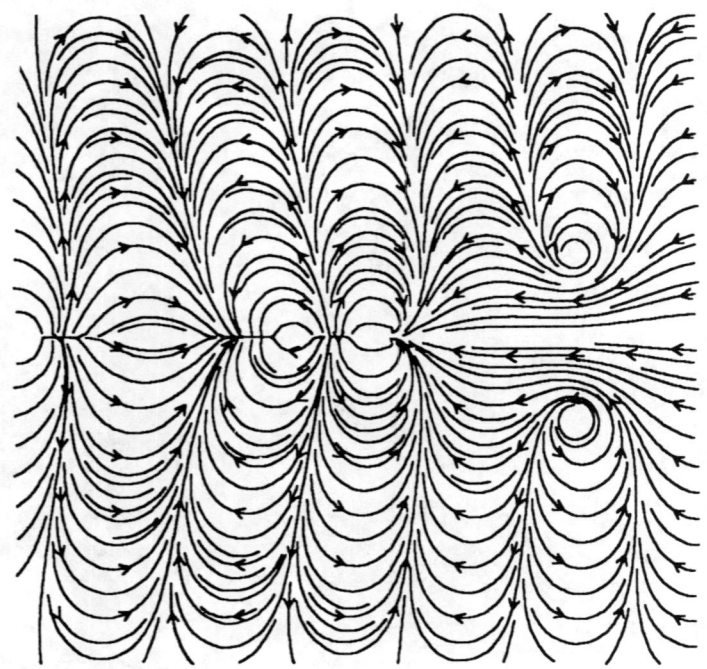

Abbildung 52.3. *Kettenwurzel-Fraktal.* Eine Stromliniendarstellung der Strömungsfelder für $n = 1$.

$$f^{n+1}(z,m) = [P_{n+1}(z) + f^n(z,m)]^{1/m}, \, n > 1 \tag{52.8}$$

$$f^1(z,m) = [P_1(z)]^{1/m} \tag{52.9}$$

bei der die Polynome $P_n(z)$ von beliebiger Ordnung sein können.

52.1 Rezept

Pseudocode 52.1 zeigt ein interessantes Programmierbeispiel. Die typischen Parameterkonstanten sind im Programmlisting angegeben. Modifizieren Sie die Gleichungen, um eigene Muster zu erzeugen. Für jedes Bild sind ungefähr 400 Millionen Quadratoperationen (2.000 x 2.000 x 100 Iterationen) erforderlich. Eine interessante und optisch ansprechende Abbildung kann man jedoch bereits mit geringer Auflösung und Iterationsrate erzeugen. Divergenztests folgen bei Iterationen der Funktion im allgemeinen dem z-Wert. Die Lage von z in der z-Ebene nach N Iterationen bestimmt, ob ein Punkt in der mittleren Fläche auf dem Grafikbildschirm ausgegeben wird. Wird z sehr groß, stuft man das Ergebnis als divergent ein und der Punkt wird nicht eingezeichnet. Mit Zeile 9 des Pseudocodes lassen sich interessante Streifen erzeugen.

```
Algorithmus: Programm zur Berechnung eines Kettenwurzel-Fraktals.
/* Pseudocode für die Berechnung von Kettenwurzel-Julia-Mengen  */

/* Variablen: rz,   iz = Real- u. Imaginärteil der kompl. Zahl  */
/*                   i = Iterationszähler                        */
/*   u, z = komplexe Zahlen         */

/* Realachse wird in 2000 Pixel unterteilt         */
1 DO rz = -1 to 1 by .001;
/* Imaginärachse wird in 2000 Pixel unterteilt    */
2    DO iz = -1 to 1 by .001;
3      InnerLoop: DO i=1 to 100; /* Iterationsschleife        */
4        z = cplx(rz,iz);        /*cplx gibt komplexe Zahl zurück  */
/* Die folgende Zeile ist der Hauptrechenschritt; die Verschach-*/
/* telung ist 3 Ebenen tief. Versuchen Sie kleinere und größere */
/* Zahlen und beobachten Sie die Auswirkungen auf das Ergebnis  */
5      z = sin(z+sqrt(z+sqrt(z+sqrt(z))));
       /* In Imaginär- und Realteil umrechnen     */
6      rrz = real(z);  iiz = imag(z);
7      if sqrt(rrz**2 + iiz**2) > 10 then leave InnerLoop;
8      END;      /* InnerLoop    */
       /* Ist i ohne Rest durch 2 teilbar, schwarzen Punkt zeichnen */
       /* Dadurch entstehen die schwarz-weißen Konturlinien        */
9 if mod(i,2) = 0 then PrintDotAt(rz,iz);
10   END;                              /* iz-Schleife    */
11 END;                                /* rz-Schleife    */
```

Pseudokode 52.1. *Programm zur Berechnung eines Kettenwurzel-Fraktals*

52.2 Weiterführende Literatur

1. Julia, G. (1918) Memoire sur l'iteration des fonctions rationelles, *Journal of Math*. Pure Appl. 4, 47-245.

2. Mandelbrot, B (1983) *The Fractal Geometry of Nature*. Freeman: San Francisco.

3. Sizer, W. (1986) Continued Roots. *Mathematics Magazine*. 59(1): 23-27.

4. Hardy, G., Aiyar, S., Wilson, B. (1962) *Collected Papers of Srinivasa Ramanujan*, Chelsea Pub. Co., New York, S. 323.

5. Pickover, C., Lakthakia, A. (1991) Continued roots in the complex plane. *Journal of Recreational Math*., im Druck.

Kapitel 53

Darstellung sphärischer Lissajous-Figuren

Mit diesem Kapitel möchte ich Sie dazu anregen, faszinierende und elegante Computergrafiken, sogenannte sphärische Lissajous-Figuren, zu erzeugen. Im Jahre 1857 wurden diese sinusförmigen Figuren, die heute auf allen Oszilloskopen zu sehen sind, erstmals von dem französischen Mathematiker Jules A. Lissajous beschrieben. Eine Lissajous-Kurve wird auf dem Bildschirm von einem hellen Punkt durchlaufen, der zugleich auf und ab und nach rechts und nach links schwingt. Normalerweise kehrt er wieder zu seinem Startpunkt zurück. Die klassischen Lissajous-Figuren in der Physik werden erzeugt mit

$$x = A_x \cos(\omega_x t + \delta) \tag{53.1}$$

$$y = A_y \cos(\omega_x t + \alpha) \tag{53.2}$$

Dabei ist A die Amplitude und α und β die Phase der Sinuskurve. Die Kurve ist geschlossen und wiederholt sich in gleichen Zeitabständen, wenn ω_x/ω_y eine rationale Zahl ist. (Eine rationale Zahl läßt sich als Bruch zweier ganzer Zahlen schreiben. Beispiel: $\frac{1}{2}$. In diesem Fall sind die Winkelgeschwindigkeiten ω_x und ω_y kommensurabel, d.h. ohne Rest durch eine dritte Zahl teilbar.)

Meine Lieblingskurven sind die sphärischen Lissajous-Kurven. Sie besitzen dieselben Eigenschaften wie ihre zweidimensionalen Verwandten, liegen aber auf einer Kugelschale. Drei unabhängige Gleichungen sind zur Beschreibung dieser dreidimensionalen Kurven erforderlich:

$$x = r \sin(\theta t) \cos(\varphi t) \tag{53.3}$$

$$z = r \cos(\theta t) \tag{53.4}$$

$$y = r \sin(\theta t) \sin(\varphi t) \tag{53.5}$$

Die Kurven liegen auf der Oberfläche einer Kugel mit Radius r und sind geschlossen, wenn θ/φ rational ist. Ist θ/φ nicht rational, geht die Kurve im Laufe der Zeit durch jeden Punkt auf der Kugeloberfläche. In *Computers, Pattern, Chaos, and Beauty* habe ich einige schattierte 3D-Skulpturen gezeigt, die auf solchen Kurven basieren. Hier möchte ich einige einfache Linienzeichnungen vorstellen, die sich auf den meisten Personalcomputern einfacher erzeugen

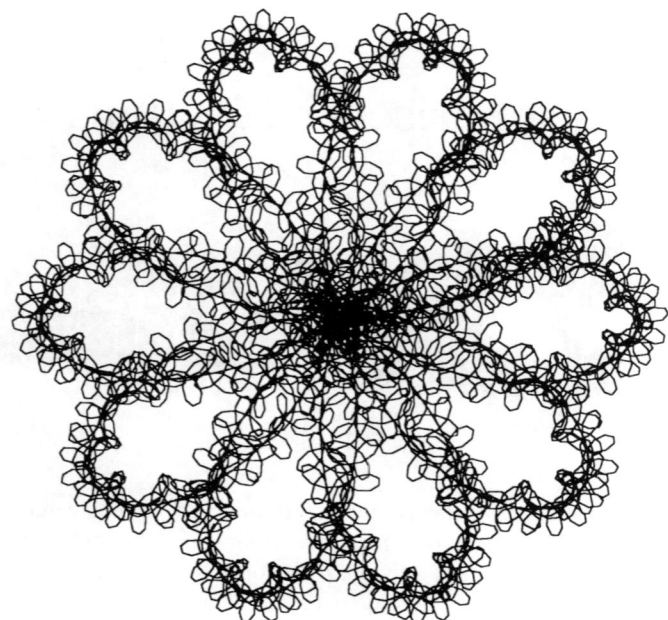

Abbildung 53.1. *Sphärische Lissajous-Figur mit Windungen.* Die Parameter für diese Abbildung sind in Pseudocode 53.1 angegeben.

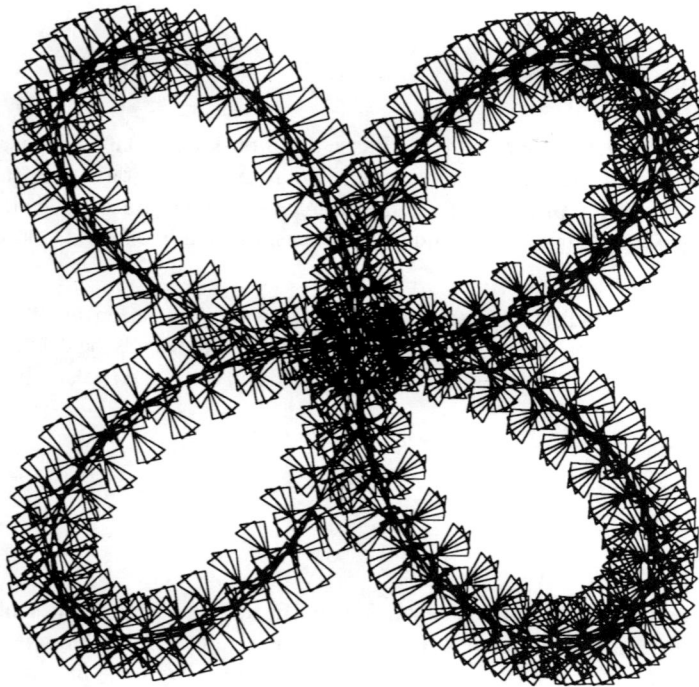

Abbildung 53.2. *Sphärische Lissajous-Figur mit Windungen.* Die Parameter für diese Abbildung sind in Pseudocode 53.1 angegeben.

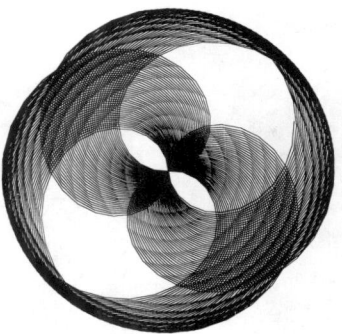

Abbildung 53.3. *Sphärische Lissajous-Figur mit Windungen.* Die Parameter für diese Abbildung sind in Pseudocode 53.1 angegeben.

lassen. Als Schmuck windet sich eine zweite Kurve mit höherer Frequenz um die Hauptfigur. Das Programm in Pseudocode 53.1 verdeutlicht, wie die Abbildungen 53.1, 53.2 und 53.3 erzeugt wurden. Versuchen Sie einmal, auf der Grundlage der Lissajous-Kurven das Wachstum der zu Beginn dieses Kapitels dargestellten Kürbis-Fortsätze nachzubilden.

```
Algorithmus: Sphärische Lissajous-Figuren mit Windungen.
pi=3.1415926;
/* typische Konstanten: */
theta = 30; phi = 12; rep = 20; r = 20; r2=2;
theta = 60; phi = 30; rep = 20; r = 20; r2=3;
/* Umwandlung von Grad in Radians */
theta = theta * (pi/180); phi = phi * (pi/180);

/* Hauptkurve, um die sich die Nebenkurve windet: */
do t = 0 to rep*pi by .01;
    x = r*sin(theta*t)*cos(phi*t) + 50;
    z = r*cos(theta*t) + 50;
    y = r*sin(theta*t)*sin(phi*t) + 50;
    if (t=0) then MovePen(x,y);
            else DrawPen(x,y);
end;

/* Jetzt wird die Nebenwindung berechnet: */
do t=0 to rep*pi by .01;
    x = r2*sin(100*theta*t)*cos(100*phi*t)
        + r*sin(theta*t)*cos(phi*t) + 50;
    z = r2*cos(100*theta*t)
        + r*cos(theta*t) + 50;
    y = r2*sin(100*theta*t)*sin(100*phi*t)
        + r*sin(theta*t)*sin(phi*t) + 50;
    if (t=0) then MovePen(x,y);
            else DrawPen(x,y);
end;
```

Pseudokode 53.1. *Erzeugung von sphärischen Lissajous-Figuren mit Windungen.* Die Figur wird auf die *xy*-Ebene abgebildet, da die *z*-Koordinate der bildlichen Darstellung unberücksichtigt bleibt. Der Bildschirm reicht sowohl in *x*- als auch in *y*-Richtung von 0 bis 100. Das Bild wird zentriert, indem man zu jeder Kurve 50 addiert.

Kapitel 54

Zwischenspiel: Fraktale Gesichter

Wie schon im Kapitel »Computer und das Unerwartete« auf Seite 25 erwähnt, lassen sich viele Grafikkünstler von Fraktalen, Skalierungen, Wiederholungen und Rekursionen inspirieren – auch wenn sie nicht mit Computern arbeiten. Die hier dargestellten fantastischen »Fraktalen Gesichter« von Warren Satter wurden in Lehm geformt oder als Holzschnitt gedruckt. Satters Kunstwerke zeigen häufig Gesichter in Gesichtern, von innen nach außen gekehrte Menschen, mehrfach rekursive Gesichter und immer kleiner werdende, Gesichtsöffnungen bevölkernde Menschen. Nähere Informationen sind erhältlich bei: Warren Satter, 7 Royal Place, Elberon, N. J. 07740, USA.

Teil VI

ERFINDUNGEN

I WISH WE HAD A COMPUTER
TO WORK THIS OUT FOR US.

Kapitel 55

Erfindungen: Eine Einführung

»Die Menschen denken, daß sie über das Monopol an kreativer Macht verfügen. Aber stellen wir uns nur einmal Wolkenformationen, die Spiralarme der Galaxien und die Wirbel und Strudel vor, die sich willkürlich um einen Felsen in einem Fluß bilden.«
Kathleen McAuliffe, Get Smart: Controlling Chaos, 1989

Die schöpferische Kraft ist eine der Stärken der Menschheit; der Computer gibt uns die Möglichkeit, unser kreatives Potential auf eine Art zu verwirklichen, von der wir vor 50 Jahren nicht einmal zu träumen wagten. Als Beispiel zeigt die ganzseitige Abbildung zu Beginn dieses Kapitels das »Silizium-Herz« eines meiner Lieblings-Schachcomputer. Der vollkonfiguierte 24-Prozessor-Rechner kann in nur einer Sekunde zehn Millionen Schachpositionen durchrechnen! Zum Vergleich: Das Programm Cray Blitz[43] prüft mögliche Spielzüge nur mit 1/40tel dieser Geschwindigkeit (250.000 Positionen pro Sekunde), wenn es auf dem »leistungsfähigsten« 8-Prozessor-Supercomputer Cray YMP installiert ist.

Ich selbst war an Hunderten von computer-bezogenen Erfindungen beteiligt und einige der farbenprächtigsten und verrücktesten möchte ich in diesem Teil des Buches kurz vorstellen[44]. Jahrelang hatte ich das große Glück, mit vielen kreativen Kollegen zusammenarbeiten zu können, von denen die Ideen zu vielen der hier vorgestellten Erfindungen stammen. Die Namen dieser Kollegen finden Sie in der Danksagung zu diesem Buch.

Ich möchte Sie mit einem Zitat von Mozart auf die nun folgenden Erfindungen einstimmen.

»Die Musik ist in meinem Kopf schon fast vollständig und vollendet, so daß ich sie betrachten kann wie ein schönes Bild oder eine schöne Statue. Dieses Schöpfen, dieses Erzeugen findet in einem angenehmen lebendigen Traum statt.« Mozart

---

43 »Cray Blitz« ist ein Programm, das Anfang bis Mitte der 80er Jahre die vierte und fünfte Computer-Schachwelt-meisterschaft gewann. (Die Abbildung zu Beginn dieses Kapitels wurde mit freundlicher Genehmigung von Feng-Hsiung Hsu, dem Entwickler des Computers, IBM Watson Research Center, abgedruckt.)
44 Siehe auch »Weitere ungewöhnliche Erfindungen« auf Seite 427.

A
B C D
E F G H
I J K L M
N O P Q R
S T U V
W X Y
Z

Kapitel 56

Selbstkorrigierende Schriften zur Therapie von Legasthenie

In diesem Kapitel möchte ich zwei Schriftarten beschreiben. Die erste hilft Menschen mit Lernschwierigkeiten und die zweite kann dynamisch an die besonderen Probleme von Legasthenikern angepaßt werden. Die Schriftarten wurden in Zusammenarbeit mit Miriam Masullo, IBM, entwickelt und sind noch ungetestet. Ich möchte jedoch auch anderen Forschern einen Anreiz zur Weiterentwicklung und Erprobung dieser Schriften bieten.

56.1 Hintergrund

In den USA sind zum Beispiel ungefähr fünf bis zehn Prozent aller Schulkinder Legastheniker. Diese neurologisch bedingte Leseschwäche zeigt sich zum Teil in der Unfähigkeit, bestimmte räumliche Beziehungen in den einzelnen Buchstaben zu unterscheiden. So werden Buchstaben wie »q« und »p«, »b« und »d«, »m« und »w« oder auch »Z« und »N« miteinander verwechselt. Diese Buchstaben können über Symmetrietransformationen wie Rotation oder Spiegelung ineinander übergeführt werden.

Unsere hier vorgestellte Erfindung arbeitet mit einer neuen Schriftart, in die bestimmte Asymmetrien zur besseren Unterscheidung der genannten Buchstaben eingebaut sind. Ich vermute, daß unsere modifizierten Buchstaben die Lese-Lernschwierigkeiten eines Legasthenikers entscheidend vermindern können. Wir entwickelten dazu neue Schriftzeichen und verändern sie so lange, bis sie vom betreffenden Legastheniker eindeutig erkannt werden. Einige Beispiele für Asymmetrien in unseren neuen Schriftzeichen sind

In bestimmten Bildschriften, wie dem Japanischen, gibt es keine Legasthenie. Dies mag teilweise darauf zurückzuführen sein, daß kein Zeichen über einfache Symmetrieoperationen in ein anderes umgewandelt werden kann.

56.2 Temporäre Schriftzeichen

Unsere Schriftzeichen »korrigieren« sich mit der Zeit selbst. Die Abweichungen von den normalen Schriftzeichen werden, während das Kind damit arbeitet, langsam zurückgenommen. So werden die dickeren Bestandteile der Buchstaben allmählich dünner. Auch können leicht zu verwechselnde Buchstaben unterschieden werden über die Farbgebung.

56.3 Übungen

Im Jahr 1990 zeigten Wissenschaftler, daß viele Legastheniker ihr Leseverständnis verbessern können, indem sie über die Seiten eine blaue oder graue Plastikfolie legen. Entwickeln Sie diesen Grundgedanken weiter. Kann man die Lesefähigkeit verbessern, indem man Text auf dem Computerbildschirm mit blauem Hintergrund oder als blaue Schrift ausgibt?

56.4 Weiterführende Literatur

1. Pickover, C., Massullo, M., Ennis, R. (1986) Self-correcting anti-dyslexic font. *IBM Technical Disclosure Bulletin*. November 32(6B): 131-132.

2. Pontius, A. (Harvard Medical School) Geometric figure-rotation task and face representations in dyslexia: role of spatial relations and orientation. *Perceptual and Motor Skills*. 1981, 53, 607-614.

3. Weiss, R. (1990) Dyslexics read better with the blue. *Science News*. Sept. 138(13): 196.

ABCD
EFGHIJKLM
NOPQRSTUV
WXYZ

Kapitel 57

Die Sprachsynthesegranate

Ein Dschungelkrieg in heißen, moskitoverseuchten Sümpfen ist eine äußerst unangenehme Angelegenheit. Die Soldaten müssen viel Zeit und Energie aufwenden, um den Feind zu überraschen, ihn zu verwirren oder sich selbst zu tarnen. In diesem Kapitel möchte ich eine Erfindung beschreiben, die nicht nur militärische, sondern auch friedliche Anwendungen hat. Die »*Sprachsynthesegranate*« (SSG) dient mehreren Zwecken. Abgesehen von ihrer primär militärischen Anwendung eignet sie sich zur Verbreitung von gesprochenen Informationen an schwer zugänglichen Orten. Meine Erfindung besteht aus einem Sprach-Synthesizer und einem Gehäuse. An das Gerät kann ein Wärme- und/oder Bewegungsmelder angeschlossen werden. Die Gründe hierfür werden weiter unten erläutert. Ich spreche von einer »Granate«, um darauf hinzuweisen, daß die SSG handgroß und robust ist und meistens geworfen wird.

Die SSG kann in vielen Situationen eingesetzt werden. Bei militärischen Operationen kann sie zur Verwirrung des Feindes eingesetzt werden. Soldaten können sie im Sturmgepäck bei sich tragen und bei Bedarf ins Unterholz werfen oder schießen. Wenn die SSG eine Bewegung detektiert, spricht sie laut einige Sätze. Dies kann den Feind über den tatsächlichen Standort der eigenen Truppen täuschen. Um den Feind zu verwirren und zu demoralisieren und für den Fall, daß sie gefunden wird, hat die SSG nur einen Ein-, aber keinen Ausschalter.

In Friedenszeiten kann die SSG wie folgt verwendet werden:

1. Zur Verbreitung von Informationen an unzugänglichen Orten, beispielsweise in Minenschächten.

2. Als »Wegmarkierung« für Camper, Wanderer, Bergsteiger und Felskletterer: die SSG wird programmiert und zurückgelassen (oder geworfen), um Informationen über den Besitzer zu übermitteln.

3. Zur Verbreitung von Propaganda und zur Krisenkontrolle. (Ein Einsatzteam kann eine SSG an unzugänglichen Orten auslegen oder dort abwerfen und so Kriminelle bei Straftaten überraschen.) Die Form der SSG hängt von ihrem jeweiligen Einsatzzweck ab.

4. Für kurze Anweisungen zur Montage von Geräten, usw. (sowohl im militärischen als auch im zivilen Bereich). Oft ist zuhören leichter als lesen, da dabei die Hände und Augen frei bleiben. Eine SSG wäre insbesondere im Dunkeln und für Analphabeten hilfreich.

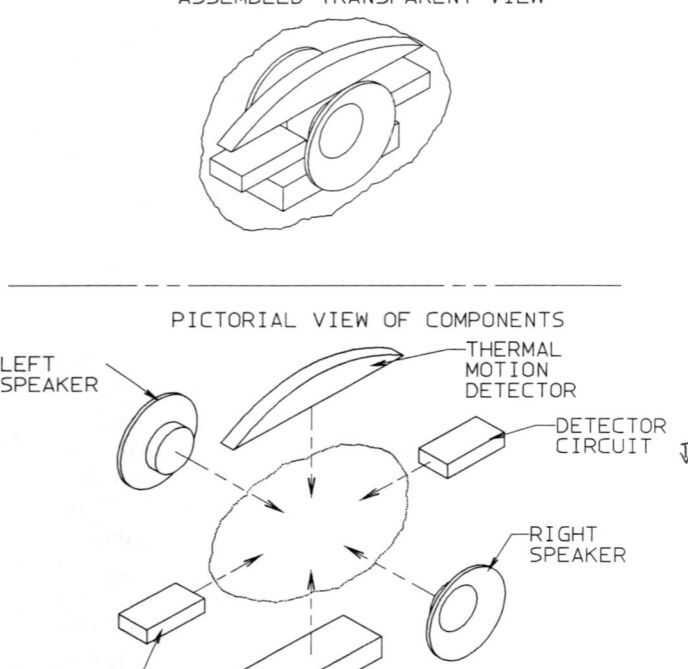

Abbildung 57.1. *Sprachsynthese-Granate.*

5. In einem Atomkrieg könnte die SSG für die Verbreitung von Informationen eingesetzt werden; durch eine Atomexplosion wird ihre Funktion nicht beeinträchtigt.

6. Die SSG könnte sich auch bei anderen Katastrophen als hilfreich erweisen. Menschen, die zum Beispiel unter den Trümmern von eingestürzten Gebäuden begraben sind, können vielleicht eine in einer Sonde vorgeschobene SSG hören und sich dann bemerkbar machen.

57.1 Anmerkungen zur militärischen Verwendung

Damit die Granate robuster und schwerer zu zerstören ist, wird der gesamte Schaltkreis in hochfesten Kunststoff eingegossen. Die äußere Form ähnelt der eines Felsens; die Granate ist somit schwer von ihrer Umgebung zu unterscheiden.

Ich habe Tests durchgeführt, bei denen nur Tonhöhe und Dauer von Sätzen herausgefiltert wurden und fand, daß sie der tatsächlichen Sprache recht nahe kommen. Mit zunehmender Entfernung nimmt die Sprachähnlichkeit sogar zu. Vielleicht genügt es, Sprachmelodien zu simulieren, ohne echte digitale Aufnahmen machen zu müssen. Dies reduziert die Anforderungen an Rechenleistung und Speicherplatz.

Wir benutzen zwei gegenüberliegende Lautsprecher und erzeugen veränderliche, phasenver-schobene (oder zeitverzögerte) Signale. Somit läßt sich die SSG nur schwer lokalisieren[44].

57.2 Weiterführende Literatur

1. Sclater, N. (1983) *Introduction to Electronic Speech Synthesis*. Howard W. Sams & Co., Inc.: Indiana.

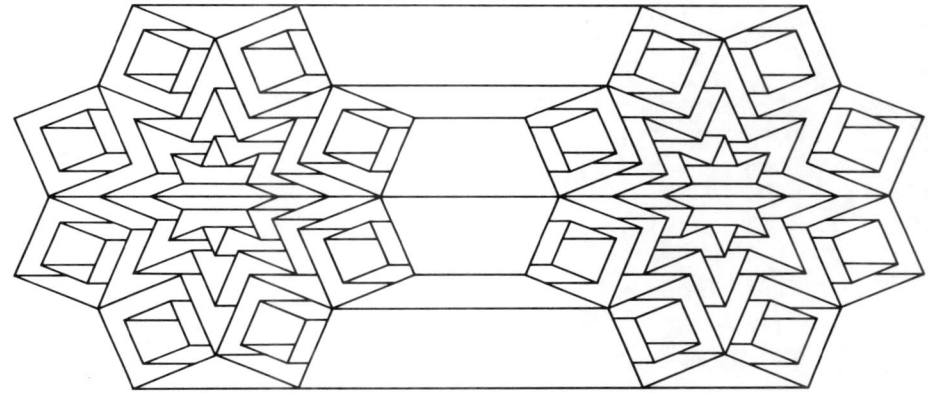

---

44. Aufbau. Sie können diese lange Fußnote auch überspringen, denn sie enthält unzählige technische Details über den Aufbau dieses Geräts. Abbildung 57.1 zeigt eine SSG, die aus zwei Lautsprechern, einer Batterie, einem Wärmebewegungsmelder, einem Meldeschaltkreis und einem Sprachsynthese-Schaltkreis besteht. Der Melder kann die Anwesenheit einer Person innerhalb eines bestimmten Umkreises detektieren. Der Meldeschaltkreis sendet ein Signal an den Sprachsynthese-Schaltkreis, der digital aufgenommene Geräusche an die Lautsprecher überträgt. Die Batterie stellt die Stromversorgung sicher. Der Wärmebewegungsmelder ist hier als Zylinderaus-schnitt gezeichnet. Bewegungsmeldungen werden von mehreren in diese Zylindersektion eingelassenen und nach außen weisenden kleinen zylindrischen Detektoren erfaßt. Der Meldeschaltkreis überträgt eine Spannung an diese Detektoren und wartet auf Veränderungen der zurückübermittelten Spannung. Wird ein Detektor durch Wärme im Erfassungsbereich ausgelöst, sendet der Schaltkreis ein Stromsignal zum Sprachsynthese-Schaltkreis. Der Meldeschaltkreis erfaßt die Anwesenheit eines wärmeabstrahlenden Körpers kontinuierlich und schaltet den Sprachsynthese-Schaltkreis je nach Bedarf an und aus. Der Sprachsynthese-Schaltkreis besteht aus einem EPROM mit den aufgenommenen Lauten und einem Audioprozessor. Empfängt dieser Schaltkreis ein Signal, lädt er die Daten vom EPROM, wandelt sie in hörbare Töne um und leitet sie an die Lautsprecher weiter. Der rechte und der linke Lautsprecher können Daten von unterschiedlichen Teilen des EPROM empfangen. Der Schaltkreis setzt die Speicheradresse für die Abfrage herauf und sendet Äußerungen an die Lautsprecher, solange sich ein warmer Körper in der Nähe befindet oder die Batterie reicht. Das Verkleidungsmaterial ist verrippt, um die Lautsprecher vor Beschädigung zu schützen. Die Batterie ist der schwerste Bestandteil; ihr Gewicht bewirkt, daß die SSG auch im Flug ausgerichtet bleibt. Auch eine Art Fallschirm oder ein ferngesteuerter Ballon eignen sich zur Lagekon-trolle. Somit ist sichergestellt, daß der Wärmemelder immer nach oben zeigt. Die doppelte Auslegung der Lautsprecher erhöht die Betriebssicherheit und gewährleistet Einsatzbereitschaft auch dann, wenn ein Lautspre-cher durch Bäume oder Steine verdeckt sein sollte. Eine weitere mögliche Anwendung der Sprachgranate liegt in der Unterstützung von Truppen bei der Auffindung feindlicher Truppen über die Geräusche, die letztere in der SSG auslösen. Bei dieser Anwendung wird allerdings die phasenverzögerte Geräuschübermittlung an die Laut-sprecher nicht benötigt.

Kapitel 58

Bilder als Paßwörter

Viele Computer erfordern die Eingabe eines geheimen Paßworts, nach der der Computer dann Zugang oder »log on« zu dem System gewährt. Das Paßwort besteht aus einer speziellen Folge einzugebender Zahlen oder Zeichen. Ich möchte eine Erfindung vorstellen, bei der auf eine Bildfolge zu zeigen ist, um Zugang zum Computer zu erhalten. Diese Bilder ersetzen die herkömmlichen Paßwörter und erfordern nicht einmal eine Tastatur. Ich möchte im folgenden ein Beispiel beschreiben. Auf dem Bildschirm ist ein komplexes Bild zur Eingabe eines Paßworts zu sehen. Der Benutzer zeigt dann in einer bestimmten Reihenfolge auf verschiedene Details. Ein Beispiel für eine solche Bild-Paßwort-Sequenz wäre die Brückenszene in der ganzseitigen Abbildung am Anfang oder die Fotografie mit den vielen Gesichtern am Ende dieses Kapitels. Die Zeigesequenz ist das Paßwort. Nehmen wir an, auf dem Bildschirm sind 20 verschiedene Gesichter zu sehen. Der Benutzer muß auf zehn von diesen zeigen, um Zugriff zum System zu erhalten. Zur Erhöhung der Sicherheit kann der Computer die zwanzig Porträts bei jedem Zugriff anders anordnen. Das Paßwort ist leicht zu merken, denn der Benutzer kennt ja die von ihm ausgewählten zehn Gesichter. Das gerade beschriebene System bietet ein hohes Maß an Sicherheit – es ist sogar schwierig, das Paßwort willentlich weiterzugeben. Auch wenn ein Spion den Benutzer bei der Eingabe des Paßworts heimlich beobachtet, könnte er kaum aus den angebotenen 20 Gesichtern die zehn richtigen herauspicken. Läßt sich mit einem geschriebenen Paßwort ein vergleichbares Maß an Sicherheit erzielen?

Bei einer weiteren Anwendung wird ein Bild zur Eingabe des Paßworts verwendet. Ein einziges komplexes Bild, aus dem der Benutzer bestimmte Teile auswählen muß (Hund, Mann, Scheune), genügt völlig. Oder der Benutzer muß auf eine bestimmte Farbfolge in einem Farbkreis zeigen. Kinder, Analphabeten, Lernbehinderte und Legastheniker können diese Erfindung nutzen. Querschnittsgelähmte können ihr Paßwort über eine im Mund gehaltene Zeigevorrichtung eingeben. Dies wäre wahrscheinlich einfacher als die Eingabe einzelner Zeichen. In vielen Fällen kann die Eingabe eines Bild-Paßworts sogar schneller und leichter sein als über die Tastatur. Ein Joystick oder ein anderes Zeigeinstrument ist leichter und schneller zu bedienen als eine Tastatur. Es gibt auch Anwendungen, bei denen eine Tastatur nicht zugänglich oder gar nicht verfügbar ist, so daß das Paßwort nur über ein Bild eingegeben werden kann. Dies könnte sich zum Beispiel in Operationssälen, in den Cockpits von Flugzeugen, in Kraftwerken, Fahrzeugen und in der Fertigung industrieller Produkte als nützlich erweisen. Bei vielen Vorführungen (z.B. bei Museumsausstellungen oder in Einkaufszentren) ist es ohnehin ratsamer, die Tastatur zu entfernen. Möglicherweise sind die gröberen, für die Eingabe eines Bild-Paßworts erforderlichen Bewegungen für Menschen, die unter Bewegungsschwächen leiden, leichter auszuführen als das Eintippen von Zeichen.

Die Bild-Paßwörter könnten auch als »versteckte Paßwörter« dienen, und zwar in den Fällen, in denen eine bestimmte Benutzergruppe nicht wissen soll, daß gewisse Anwendungen nur über das auf dem Monitor gezeigte Bild zur Verfügung stehen. Bei einem bestimmten Programm würde beispielsweise ein nicht eingeweihter Benutzer eine Option im Menü anwählen, diese mit der ENTER-Taste bestätigen, usw. Ein eingeweihter Benutzer dagegen könnte in der Reihenfolge der Paßwörter auf bestimmte Stellen auf dem Bildschirm zeigen und erhielte so Zugriff auf einen ganz anderen Teil der Anwendung. Auf diese Weise könnten unterschiedliche Benutzerkategorien voneinander unterschieden werden, wobei eine Benutzerkategorie von der Existenz der anderen gar nichts weiß.

58.1 Militärische Anwendungen und Landkarten

Eine weitere Anwendung dieser Erfindung wäre die militärische Abwehr. Das Programm könnte z.B. eine Karte des Kriegsschauplatzes zeigen. Der Benutzer kennt das Bild-Paßwort und zeigt in der richtigen Reihenfolge auf unterschiedliche Teile auf der Karte. Nach Eingabe des Paßworts wird die Karte aktualisiert und es erscheinen die Standorte der Truppen. Geriete die Diskette oder das Magnetband in Feindeshand und ließe man dort das Programm laufen, würde man annehmen, es handele sich um ein unfertiges oder nutzloses Programm. Man würde es wahrscheinlich wegwerfen, ohne auch nur den Versuch zu unternehmen, den Code zu knacken.

Für eine Person, die ein System nicht regelmäßig benutzt, wäre es leichter, sich ein Bild anstelle der willkürlichen Zeichen- und/oder Buchstabenfolge herkömmlicher Paßwörter zu merken. John Wilkins (IBM Crypto Competency Center, Manassas, Virginia) erklärt, daß sich bei der korrekten Wahl von zehn Teilbildern aus einem Bild mit einem Raster von 8 x 8 Teilbildern $P(64,10) = 64!/54! = 5,5 \times 10^{17} > 2^{58}$ geordnete Paßwort-Möglichkeiten ergeben.

Kapitel 59

Zwischenspiel: Die Computer-Evolution

Immer kleinere elektronische Bauteile ließen die Kosten der Rechenzeit in den vergangenen drei Jahrzehnten um jährlich 20 bis 30 Prozent sinken. Proportional zum Schrumpfen der Bauteile erhöhte sich die Geschwindigkeit der Rechenoperationen, die Dichte der Elemente pro Chipfläche wächst geometrisch. Das Diagramm zeigt die Geschwindigkeit von Computern, hochgerechnet für das Jahr 2020. Zu diesem Zeitpunkt werden Personalcomputer genauso schnell sein wie Großrechner. Jeder Streifen definiert einen Bereich der Rechenleistung in MIPS (Millionen Anweisungen pro Sekunde). Natürlich können wir nicht mit Sicherheit sagen, daß die gegenwärtige Geschwindigkeitssteigerungsrate beibehalten wird; die Miniaturisierung wird jedoch noch für ein weiteres Jahrzehnt mit dem gegenwärtigen Tempo fortschreiten. Die Geschwindigkeit vieler noch zu entwickelnder Anwendungen wird in Zukunft auch durch Parallelverarbeitung gesteigert werden können[45]. Die Angaben für dieses Diagramm wurden Peled, A. (1987) The next computer revolution. *Scientific American.* Okt. 257(4):57 entnommen.

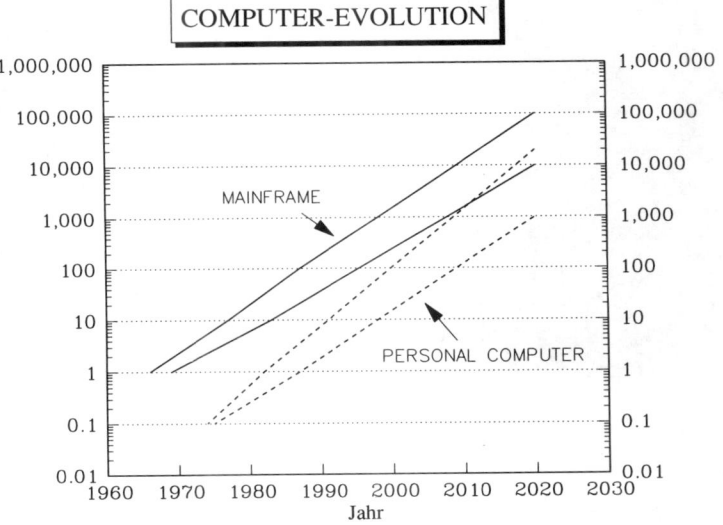

---

45 Anmerkung: Grobe Schätzungen ergaben, daß das Hirn eines durchschnittlich kleinen Nagetiers eine Datenverarbeitungsrate von etwa 1.000 MIPS pro Gramm seiner Hirnmasse hat.

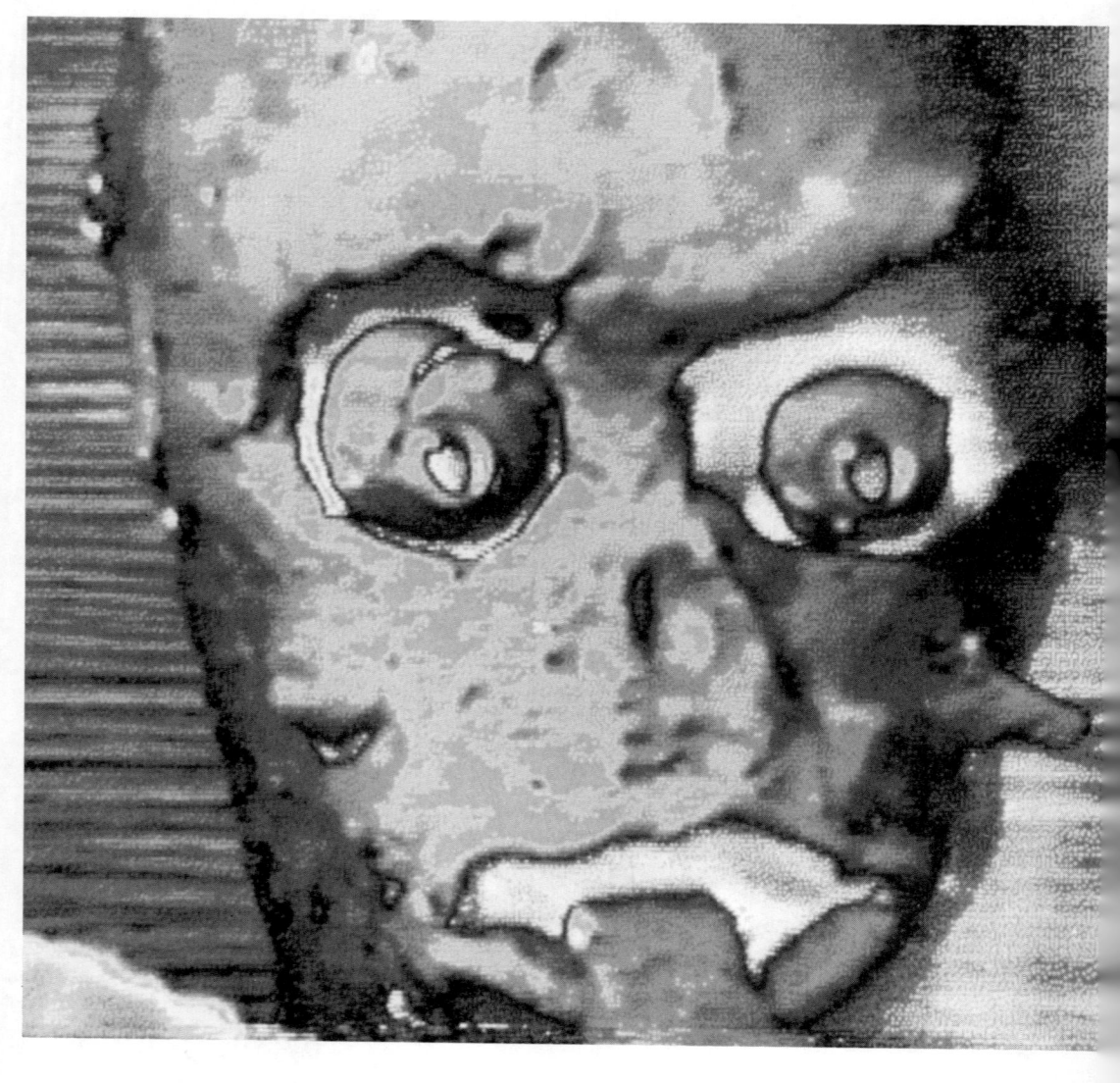

Teil VII

VORSTELLUNGSKRAFT

Kapitel 60

Computergenerierte Poesie

»Wichtig für mich ist die Unparteilichkeit einer Maschine. Dadurch kann der Betrachter den Assoziationen von Worten leichter eine eigene Bedeutung geben, da ihre Wahl, Größe und Lage allein vom Zufall bestimmt werden.«   *Marc Adrian, 1968*

»Die Künstliche Intelligenz untersucht, wie man einen Computer dazu bringt, Dinge zu tun, die der Mensch im Augenblick noch besser kann.«   *Elaine Rich*

Experimente mit computererzeugter Poesie, japanischem Haiku und Kurzgeschichten sind eine kreative Programmierübung für Anfänger und Fortgeschrittene. Computererzeugte Poesie und Texte bieten auch dem an künstlicher Intelligenz interessierten Wissenschaftler, der den Computer Schönheit und Bedeutung »lehren« möchte, einen faszinierenden Einstieg. Eine der ersten Arbeiten zu diesem Thema ist zum Beispiel Reichardts Buch *Cybernetic Serendipity*. Ein weiteres Werk ist *The Policeman's Beard is Half Constructed* – das erste Buch, das vollständig von einem Computer geschrieben wurde. Das Programm, das dieses Werk verfaßte, heißt RACTER und wurde von W. Chamberlain und T. Etter geschrieben[46]. Schließlich gibt es auch noch ein Computer-Poesie-Programm namens »Kurzweil Cybernetic Poet«, das Gedichte aus Wortsequenzen zusammensetzt, die es in von Menschen verfaßten Gedichten gelesen hat. Auch im direkten Vergleich lassen sich die Verse des Cybernetic Poet oft nicht von den von Menschen geschriebenen unterscheiden.

Wenn Sie selbst literarisch interessiert sind, werden Sie bemerken, daß computererzeugte Texte auch beim Schreiben eigener (nicht von Computern generierter) Geschichten, beim Ersinnen von neuen Ideen, Bildern und beim Schildern von Stimmungen hilfreich sein können. Für einen Künstler auf der Suche nach neuen Themen bieten computererzeugte Gedichte ein riesiges Repertoire an originellen Ideen. Ich möchte dieses kurze Kapitel mit der Beschreibung kurzer Poesie- Programme für die Generierung einfacher Poesie schließen. Wenn Sie anspruchsvollere Werke schaffen möchten, können Sie diese Programme auch erweitern. Die in den Abbildungen 60.1 und 60.2 gezeigten dreizeiligen Computergedichte bestehen aus zufällig gewählten Worten und Phrasen, die in ein »semantisches Schema« gebracht wurden. Das Programm Dreamscape wurde in der Programmiersprache PL/I geschrieben; jede andere

---

46 In *The Age of Thinking Machines* kommentiert Kurzweil das Buch des Programms RACTER wie folgt: »Die Prosa von RACTER hat ihren Charme, klingt jedoch recht verrückt, was wohl darauf zurückzuführen ist, daß das Programm nicht weiß, über was es spricht.«

A Lost Sapphire
A lost sapphire frowns at the thin kidney.
With a terrible shutter the sapphire runs.
The kidney squats in synchrony with a green unicorn.

A Hungry Wizard
A hungry wizard chatters far away from the dying tongue.
With great deliberation the wizard disintegrates.
The tongue oscillates above a milky limb.

A Glass Centipede
A glass centipede drools inches away from the shivering knuckle.
While feeding, the centipede regurgitates;
The knuckle shakes a million miles away from a buzzing flake.

A Robotoid Wizard
A robotoid wizard implodes on the back end of the blonde chasm.
While feeding, the wizard cries;
The chasm gyrates at the end of a crystalline prophet.

A Wavering Kidney
A wavering kidney disintegrates deep within the glistening wizard.
While shivering the kidney dances;
The wizard gesticulates at the tip of a dying avocado.

A Fairylike Knuckle
A fairylike knuckle yawns in harmony with the sensuous knuckle.
While waving its tentacles the knuckle runs;
The knuckle buzzes a million miles away from a black kidney.

A Blonde Wizard
A blonde wizard screams near the happy ellipse.
In mind-inflaming ecstasy, the wizard disintegrates;
The ellipse grows while grabbing at a lunar mountain.

A Religious Ocean
A religious ocean explodes far away from the percolating flame.
With great speed the ocean oscillates;
The flame phosphoresces while grabbing at a dying jello pudding.

A Flying Knuckle
A flying knuckle wanders on top of the glass unicorn.
With great speed the knuckle salivates;
The unicorn grasps while smoking a vibrating cow.

A Glowing Tongue
A glowing tongue laughs in spite of the wavering diamond.
Very slowly the tongue shines;
The diamond shines while crushing a frigid grasshopper.

Abbildung 60.1. *Computer-erzeugte Gedichte.* (Diese Gedichte wurden von meinem Programm *Dreamscape* erzeugt.

A Quivering Bone
A quivering bone chews while touching the golden intestine.
With a terrible shutter the bone regurgitates;
The intestine yawns close to a sexy ellipse.

A Glistening Web
A glistening web gyrates while touching the skinny vacuum tube.
Stubbornly the web smiles;
The vacuum tube screams above a frost-encrusted jello pudding.

A Half-Dead Avocado
A half-dead avocado oozes while puffing the fairylike ocean.
In a frenzy the avocado grasps;
The ocean breathes while dreaming about a frigid diamond.

A Sensuous Goose
A sensuous goose disintegrates below the hungry ocean.
Stubbornly the goose shakes;
The ocean drools far away from a glittering knuckle.

A Sexy Cloud
A sexy cloud collapses while smoking the moldy soul.
Heavily the cloud frowns;
The soul evaporates behind a chocolate mouth.

A Flawless Diamond
A flawless diamond burns in synchrony with the lost goose.
While waving its tentacles the diamond shakes;
The goose gyrates deep within a green ellipse.

A Religious Avocado
A religious avocado gesticulates in between the chocolate grasshopper.
Grotesquely the avocado burns;
The grasshopper yawns while making love to a magnetic centipede.

A Skinny Earthworm
A skinny earthworm wriggles before the glittering brain.
Heavily the earthworm oozes;
The brain evolves while making love to a robotoid earthworm.

Abbildung 60.2. *Computer-erzeugte Gedichte.*

Programmiersprache (z.B. BASIC) ist ebenso gut geeignet. Das Programm beginnt mit 30 unterschiedlichen Wörtern aus fünf unterschiedlichen Wortlisten (oder Kategorien); diese werden in den Speicherzeilen des Programms abgelegt. Die fünf Wortkategorien sind Adjektive, Substantive, Verben, Präpositionalphrasen und Adverbien. Das semantische Schema sieht wie folgt aus:

Titel des Gedichts: *A (Adjektiv) (Substantiv 1)*
A (Adjektiv) (Substantiv 1) (Verb) (Präposition) the (Adjektiv) (Substantiv 2)
(Adverb) the (Substantiv 1) (Verb).
The (Substantiv 1) (Verb) (Präp.) a (Adjektiv) (Substantiv 3).

»Substantiv 1« und »Substantiv 2« kommen je zweimal im Gedicht vor und schaffen so eine größere Korrelation (die kognitive Harmonie), wodurch dieses Bedeutung und Aussagekraft erhält.

60.1 Übungen

Wenn Sie auf Ihrem Computer einen Thesaurus (Lexikon der sinn- und sachverwandten Wörter) installiert haben, können Sie die künstliche Aussagekraft Ihres Gedichtes noch erhöhen. Mit dem Thesaurus lassen sich durch Eingrenzen der Bedeutungen zusätzliche Zusammenhänge schaffen, indem man festlegt, daß Substantiv 1, Substantiv 2 und Substantiv 3 im selben Thesaurus-Eintrag vorkommen müssen. Erstellen Sie ihre eigenen semantischen Schemata und benutzen Sie zusätzliche Wortlisten. Verwenden Sie eine Wahrscheinlichkeitsmatrix, die aus verschiedenen Feldern besteht, so daß das Programm bestimmte Wortkombinationen mit höherer Wahrscheinlichkeit auswählt. Einige Einträge in der Matrix können auch den Wert Null annehmen, um unmögliche Wortkombinationen auszuschließen.

Weiterführende Literatur

1. Reichardt, J. (1969) *Cybernetic Serendipity: The Computer and the Arts.* Prager: New York. (Dieses Buch beschreibt auch den japanischen Dreizeiler Haiku, Computer-Texte, hochentrope Essays, Märchen und falsche Physikabhandlungen.)

2. Kurzweil, R. (1990) *The Age of Intelligent Machines.* MIT Press: Cambridge, Massachusetts. (Dieses Buch enthält Informationen über Mustererkennung, die Wissenschaft der Kunst, computererzeugte Poesie und künstliche Intelligenz.)

60.2 Anhang: Verbessern Sie Ihre eigenen Geschichten

In den vorangegangenen Abschnitten habe ich gezeigt, wie das Erstellen von Poesie- und Textprogrammen eine hervorragende Programmierübung für Studenten und Fachleute sein kann. Zudem geben computererzeugte Texte und Wortlisten kreative Anregungen für Erzählungen und Bücher sowie für neue Methaphern. Sie helfen bei der Suche nach neuen Ideen, Bildern und Stimmungen. Im folgenden möchte ich einige Wortlisten vorstellen, mit denen Computerprogramme eigene Geschichten schreiben können.

60.2.1 Sprache und Wortlisten

Die Sprache ist das wichtigste Medium, mit dem wir denken und unsere Gedanken mitteilen. Beim Lesen werden Symbole dekodiert. Durch die Interaktion mit Symbolen erschaffen wir neue Welten, neue Bilder, neue Gedanken. Lange Zeit hinweg faszinierten mich farbenprächtige Symbole und Worte. Worte müssen gehätschelt werden. Sie gestatten uns, Raum und Zeit zu entfliehen und Visionen zu gestalten.

Dieser Abschnitt richtet sich an eine breitgefächerte Leserschaft und bietet umfangreiche Anwendungen. Er enhält über 1.000 leicht auffindbare Phrasen, »Schnörkel« genannt – kurze, einzeilige Wendungen, die den Unterschied zwischen einem nüchternen Tatsachenbericht und einer phantasievollen, pulsierenden Geschichte ausmachen. Hier ein Beispiel:

Ohne »Schnörkel«: Der Vogel flog der Sonne entgegen.

Mit »Schnörkel« : Mit ausgebreiteten Flügeln und bewegungslos schwebte ein einsamer Vogel der blutroten Scheibe der Sonne entgegen.

Die in den folgenden Listen aufgeführten Worte und Phrasen können Sie auch in das semantische Schema der Computergedichte einbauen.

Ich möchte nun näher darauf eingehen, wie Sie mit meiner Liste eigene Geschichten (ohne Zuhilfenahme eines Computers) schreiben können. Viele Schriftsteller lehnen vermutlich die Verwendung eines Kompendiums von phantasievollen Phrasen prinzipiell ab, weil sie dies für zu mechanisch, zu berechnend halten. Werden diese Schnörkel jedoch nur sporadisch und vorsichtig eingesetzt, um der Geschichte im richtigen Moment etwas Farbe zu geben – und ohne die Seiten damit zu übersäen –, können sie auch eine gute Geschichte noch lebendiger machen. Meine Liste ist daher nicht nur für den Anfänger, sondern auch für den erfahrenen Autor von großem Wert – auch erfahrene Schriftsteller haben Lieblingsworte oder -phrasen, mit denen sie Stimmungen erzeugen oder einen erzählerischen Rahmen schaffen. So beschreibt der bekannte Science-Fiction-Autor Harlon Ellison in seinem Buch *Partners in Wonder*, wie er in seinen ersten Arbeiten häufig großen Schmerz oder Schrecken dadurch beschrieb, daß er eine Person ihre Faust in den Mund stecken ließ. So benutzt auch S. R. Donaldson, Autor der Bestseller-Fantasy-Reihe «*Thomas Covenant*», häufig bestimmte Lieblingsworte. Zum Beispiel taucht das etwas obskure Wort «cynosure» in jedem der sechs Bücher dieser Reihe mindestens ein Mal, gewöhnlich sogar mehrmals auf.

Über die Jahre hinweg habe ich Phrasen aus den unterschiedlichsten Büchern gesammelt. Viele der Einträge stammen aus Science-Fiction- oder Fantasy-Büchern; die Metaphern können jedoch in allen Formen der n n Prosa verwendet werden. Dieses Kompendium beschreibender Phrasen kann beispielsweise »Auslöse«- oder »Start«-Punkte für den Aufbau farbenprächtiger Umgebungen und Kreaturen geben, ausdruckslosen Beschreibungen Sinn verleihen oder, ganz allgemein, kreative Ideen vermitteln. Seien Sie kreativ und erstellen Sie Ihre eigenen Schnörkel.

60.2.1.1 Die Sinne

60.2.1.2 Visuelle Empfindungen (einschließlich der Objekte, die Licht ausstrahlen)

Mächtige Lichtader; wandelnde Schleier einer Fata Morgana; rosafarbene Sonnenstrahlen; Feld der Weiße; wandernde Glanzschleier; vielfarbiges Licht, das von den Tausendfüßern auf dem See stammt; Fäden violetten Lichts; Pfad des Lichts; glitzerndes Wasser; lichtloses Loch; lichter, phosphoreszierender Glanz; Quecksilberschimmer; blaugrünes Glimmen; orange gesprenkelte Scheibe; Rand des Schimmers; rot-orangefarbenes Flackern; eisfarben; rotes Ne-

onlicht auf nassem Pflaster; loderndes Nordlicht; Himmels-
glühen; schwindendes Licht des letzten Sonnenuntergangs;
flackernde Zeichen; Sternenglanz; Straßen im Schein der
Laternen; Schimmer der aufgehenden Sonne; Auftreten von
Sonnenprotuberanzen; traumschwere Schatten; Vorhänge aus
Licht; mächtiger Strahl indigofarbenen Lichts; in kaltem Blau
und Weiß pulsierendes Nordlicht; purpurn bis tiefschwarz
gefärbter Himmel; Himmelsweiße; Farbenpracht des sich auf
Feuerdornbüschen widerspiegelnden Lichts; Sternenfunkeln;
die aufgehende Sonne pulsierte in blauem Licht; heller Schein
eines großen Sterns; dunkelrote Scheibe; Schatten über dem Mond; Boden im Sonnenschein;
Lichtwirbel; dunkelroter Lichtkreis; phosphoreszierender Halbmondschimmer; Schillern; my-
stische Visionen; ein goldener Punkt; gespenstischer smaragdgrüner Schimmer; düsterer
Blick; zinnoberroter Mondstrahl; schillerndes Grün; blinkende Lichter; kaltes Purpurrot;
Lichtflut; rotes Abendsonnenlicht; güldene Scheibe; Lichtball; dunkler Nadelbaum; grünes
Zeug; grelles, blauweißes Licht; große blau-weiße Sonne; staubiges Grün; diffuses Sonnen-
licht; grau, nebelig grau; lebendiges Licht; weißer Lichtdunst; lavendelblauer Strahl; stumpfes
Silberlicht; Lichtfinger erforschen die Dunkelheit; Wirrwarr goldener Spiegelungen; heiliges
Strahlen der Sonne; heiliges Licht; lebhaftes Orange; glänzend-weißer Streif; rostbraun; von
der Sonne geblendet; Halbdunkel; grüne Dämmerung; das Leuchten der Aasgeier; Wirbel
betäubenden Lichts; gelbes Sonnenlicht funkelte; das Blinken heller Lichter; eine leuchtende
Flut; die Unergründlichkeit der Dunkelheit; Visionen eines schon lange toten Planeten tröp-
felten; samtene Dunkelheit; ein Leuchten in der Dunkelheit; blutrote Farbtöne; tiefrote
Sonnenscheibe; schwachblauer Schimmer; blau-weißer Strahl; Seen unwirklichen Lichts;
fahlroter Schimmer; silberner Glanz; blendend weiße Mauer; schwaches Leuchten; Phospho-
reszenzstreifen; grelles Licht; seltsam anmutendes, goldenes Licht; blitzende Pailletten;
Schwaden weißen und gelben Rauchs; ferner Stern; diffuses Dämmerlicht schäumte in Weiß
und eisigem Blau; blauer Funke; Lichtermeer; metallischer Glanz; scharlachroter Streifen;
verschwommener scharlachroter Fleck; verschwommener roter Fleck; scharlachrotes Blitzen;
Schwall unheiligen blauen Lichts, das funkelte; eine sich wölbende phosphoreszierende Linie;
goldener Schimmer; leuchtende Winkelkonstellation; unglaubliches Sternenlicht; tanzender
Schimmer; undurchdringliche Düsterkeit; Polarlichter; blitzendes Neonrot; blendende Son-
nenflecken; Röhre der Finsternis; schwarz wie Ebenholz; tiefschwarz; türkis.

60.2.1.3 Feuer

Funkelndes Feuer; Glut im Feuer; Zwillingswolken aufflackernder, glühender Gewalt; Flamme; Ranken herrlicher Flammen; Scheiterhaufen; wilde Flammen; Lichtermeer; Flammenre-
gen; unerträgliche Flammen lebendigen Feuers; blaues Feuer pochte; fächerförmige Flammen,
von Rauchtropfen durchzogen; Feuer; schwarze Vipern schlängeln sich durch Scheiterhaufen;
Glut auf einem lebenden Opfer; purpurrotes Glimmen der letzten Glut; Feuer; heiliges Feuer;
blaue Flamme; lebendige flüssige Feuerzungen; dampfende Flamme; grüne Flamme; flam-
mengeblendeter Blick; Flamme ohne Ursprung.

60.2.1.4 Tast- und Geschmacksempfindungen

Fast flüssige Massen; übler Geruch lag schwer in der Luft; der Gestank vorbeiziehender Dämpfe; eine Flüssigkeit, die nach Absinth roch; stechend, nach Kreosol und Limone riechende Flüssigkeit; heiße, faulig riechender Brodem; liebliche Wohlgerüche; Schatten von Durst; sprudelnder Todestrank; ich nehme an, du hast eine einsatzbereite Pizza.

60.2.1.5 Akustische Empfindungen

Schrille elektronische Schreie; dumpfes Pochen; Fagottklang; alles Schluchzen verebbt im Wald der Nacht; schrecklich durchdringendes Todeswimmern von Insekten; äußerstes Schweigen; Schicksalsläuten; ein Feuerdonner; das letzte, was ich hörte, war ein Muhen, das in Abständen von einer Sekunde immer wieder ertönte; Klangsturm; sing' deinen Todespilzen ein Liedchen; Explosionen schrecklich hallenden Donners; das Surren von Helikoptern; seltsame Zauberformel; Kriegsschrei; Verkehrslärm; schreckliches Stöhnen; hämmernder Rhythmus; Grillen zirpten im hohen Gras; ein tiefes Grollen; wimmerndes Kichern; der Rhythmus einer stummen Weise; das Rumpeln des Verkehrs; voller Wohlgeruch und Rauschen; lautstarkes Bluten; schauerliches Knurren; ein hoher vogelähnlicher Schrei; das Lärmen der Flügel; der Bach sang; ein Flüstern drang in unsere Gräber; ein Vogel spielte Flöte in der winterlichen Morgendämmerung; eine geräuschlose Welt; Männerlieder; gellender Schrei; ungezähmte Stille; dumpfes Brausen; aschgraue Geschichten; ein schwaches Klagen erklang aus der Finsternis; stumme Lichtexplosion; irgendein Gesang; irres Kreischen; düstere Stille; zerschmetterte Stille; Seelengeflüster; gespenstische Gebete; gespenstische Flüche; Himmelsglocken; furchteinflößendes Gebrüll.

60.2.1.6 Tastempfindungen

Frösteln in der Abenddämmerung; prickelnder Reiz; wohlige Wärme; nadelspitz; jahrelanges Beben im Wald; Hitzeflimmern; Wärme strahlte aus; quälende Hitze; Hitzewelle; Fluß der Schmerzen; seltsames Gefühl; in den Klauen der Hölle; himmlische Hitze; eisige Ranken; sein langer grüner Halsfortsatz ergriff ihr Gesicht und hielt es sanft fest; der Atem des Pavians war feucht und warm.

60.2.1.7 Umwelt

60.2.1.8 Allgemeines

Von starren Augen erfüllter Himmel; die einst klaren Ströme waren nun Stätten der Gärung; chaotisches Reich des Menschen; halbgasförmiges Kuvert; Eishöhlen; dunkelblaue Insel; mit starren Augen gefüllter Frühlingsmatsch; die neblige Luft des New Yorker Himmels; winterdüstere Wildnis; Männerreiche; der Rand der nördlichen Welt; von leuchtenden Blüten umgeben; Spuren von Feuer und gebrochenen Knochen; diffuse Strahlen ferner Höhen; der

üppig wachsende Wald; verdammte Länder der Finsternis; riesige Blätterhaufen; immense Wildnis; Horizont des Sonnenuntergangs; Reiche des Menschen; Garten am Swimmingpool; Flecken weißen Pulvers; Mondsphäre; blutiger Eiszapfen; mitten im Erdinnern; leuchtender Weg; Schwefelschlund; stiller Staub; Riß in der Düsterkeit; blutroter Abgrund; moosbedeckte Höhle; schimmernder Baumstamm; blühende Büsche; blitzende Sandkörner; leuchtende Seen; dunkle Erde; dunkle Verlängerung des Felsens; nächtliches Lager; Ufer der Lagune; verwunschener Wald; Geisterwald; graue Asche; Decke aus Rauch; phantastisches Land; die rosafarbene Felsoberfläche; tiefste Urwälder; Berggipfel; hohe Bäume; die Dunkelheit, die sich gegen den Himmel abzeichnet; rote Steine; Meer aus Tränen; Binnenmeer; eine Welt des Nebels und der Urwälder; Diamantendunst; brennende Höllenfeuer; urzeitliche Pflanze; Urmeer; Welt im Dampf; Gashülle; dampfender Dschungelplanet; zerklüftete Welt; dunkle Luft; tanzende Felsen; von Monstern bewohnte Dschungel-Planeten; üppige Vegetation; höllenschwarze Nacht; tote Erde; fahler Strand; beginnende Fäulnis; in hellgelben Flammen stehende Berge; Dunkelheit der Insel; hohe See; verkohltes Holz und Asche; erloschenes Feuer; primitiver Schlupfwinkel; Scheibe der Sonne; silberner Mondschein; blaue Blumen; blaues Gewölbe; blaue Schatten; schwarzweißes Chaos; klauenerfüllte Düsternis; greller Schrei; Sonnenstrahlen; dunkle Erde; Spitzen von Federn; Morgendämmerung im Wald; drohender Himmel; finsterer Riß; Waldschatten; seltsame vielfarbige Blumen; Schwefelexplosion; Rand der Erde; die zinnoberrote Sonnenscheibe; Rauchwölkchen; glühendes Gas; glühende Gasmuscheln; Aschenautobahn; Schimmer der Abenddämmerung; schattenerfülltes Ödland; metallische Hölle; Malstrom; lebloser Felsbrocken; verhängnisvoller Riß; dräuende Nacht; Myriaden von Kristallen; herauswuchernde kristalline Strukturen; schwarze Tiefen; die allerschwärzeste der schwarzen Nächte; Nachglühen; Schatten des Verhängnisses; leuchtende Seen weißen Feuers; schwindelerregende Tiefen; gottverlassene Grüfte; glänzende Knoten; schwerer, tintenartiger Dampf; sich schlängelndes, nach oben drängendes Gas; eine elfenbeinfarbene Gaswolke; eine Wolke grün-weißen Rauchs; grünlich leuchtender Rauch; Feuerseen; gequälte Fetzen und Rauchwirbel; umgeben von einem glänzenden Lichtknoten; endlose Nacht; diffuse Lichtflecken glänzten kalt; Urschlamm; brennende Sonnen; in der Ferne leuchtende Fetzen; süße Luft; zerschmetterte goldene Sonne; Sonnensystem; verschwiegene Schrecken der Finsternis; Eislaken; weißer Sand; Stille des Waldes; dichter Wald; zerschmetterte Felsen; klammer Sumpf; Staubwirbel; Felskritzeleien; Ebenholzhimmel; dunkler Baum; Polareinöde; zerschmetterte, zinnoberrote Sonnenscheibe; kalte Sternenwolken; Nachtwald; Baumveteranen.

60.2.1.9 Wasser

Tiefsee; Meeresboden; breite Wasserläufe; glitzernde See; Tanz der Wellen; Kristallströme; sonnenlose See; geschrumpfte Meere; von einem in Nebel eingehüllten Sumpf aufsteigendes Gas; ein unendliches grünes Meer; träger Strom; grüne Wassertiefen; von Plankton wimmelnder Teich; leuchtendes Wasser; blaue Gewässer; ruhiges Gewässer; Brackwasser; fließende Ströme; silberne Teiche.

60.2.1.10 Wetter

Kristallwind; Kristallregen; lichtdurchlässig; bläuliche Wolke; kalter frostiger Winter; stürmische Sonne; flüssige Luft; Nebelzeit; dunkle Wattewolke; Todesregen; Frostwind; braune Wolke; ewiges Donnerplätschern; das Knallen schaurigen Donners; durch die Sonnenfinsternis entstandene Wirbelwinde; wirbelnder Nebel; faulige heiße Luft; mattroter Nebel der Düsternis; kalte Abenddämmerung; grauer Nebel; diffuse nie verschwindende Wolken; kühler Nebel; rotierende Gasmassen; leuchtende Nebelwirbel; unsichtbarer Wind.

60.2.1.11 Surrealistisches

60.2.1.12 Allgemeines

Quantenhimmel; Vergessen; Abgrund der Zeitalter; Reich des Dämmerlichts; man stelle sich eine Welt ohne Schatten, ohne Sonne vor; die Tore eines unbekannten Königreichs; eckige Unendlichkeit; schwaches blaues Glimmmen; eine Welt, in der man sich nicht bewegen muß und in der die Vögel ewig leben; unbiologisches Weihnachtsfest; scharlachrote Hölle; künstliche Hölle; metallische Hölle; Länder unter der Sonne; Feenland; Hölle auf Erden; Reich der Dämmerung; eine Welt weit weg von zu Hause; das Traumreich des Todes; auf dem besten Weg in den Himmel; eine dem Reich des Menschen ferne Welt.

60.2.1.13 Außerirdische Welten

Inselgalaxie; undurchdringliche Schwärze des interstellaren Raumes; Haufen rotierenden Eises; Hyperspace; Sternenhintergrund; Monduntergang; kosmische Leere; die unendliche Nacht im Weltraum; unendlich weit entfernte Sterne; Phantomsonnen explodierten; drei Milliarden Sonnen; Drei-Sterne-System; Sternenleere; Sternenansammlungen; abnehmender Stern; Weltenkreis; Sternenfleck; Zwillingsplanet; Tiefe des Raumes; dunkle Öde kosmischer Dämmerung; Raum-Zeit-Kontinuum; galaktische Unendlichkeit; eisige Monde; lodernde Sterne schrumpften; Silbermond; langsame Sternbilder drehten sich; unerreichbare Sterne; schwarzer Planet; Sternenteiche; funkelnde Sterne; translunare Gruben (oder) Golfe (oder) Brunnen; dunkles Universum; roter Stern; luftloser Planetoid; gewohnte Planeten; abgestandener Kosmos; raum-zeitlich; Himmelssterne; die dumpfe Leere des Hyperspace; eckige Unendlichkeit; leeres Universum.

60.2.1.14 Organismen (und Teile von Organismen)

Todessporen; Todespilze; schlaffer Staubbeutel; Nervenkomplex; grünes Blut; braune Kugelform; Rohzelluloid; unheimliche Riesenfrüchte; katzenartig; frisches Blut; gigantische gepanzerte Kreaturen; eine schwarze bucklige Gestalt; narbengesichtige Jäger; surrende Fliegen auf herausgewürgten Gedärmen; dichte schwarze Masse; starre Augen; weiche Kehle; Seesporen; seltsames Wachstum; trockenes Laub; stille Jäger; ein einzelner Seevogel; vier starre

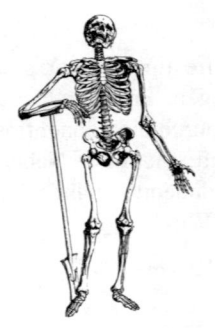

Augen; schwarzer Tropfen von Fliegen; einzelner Organismus; glitzernde Knoten des Lebens; pulsierendes Hirn; dämonische Gestalten; unerwartet blasse Blumen; Ranke; eigenartige, durch Mondstrahlen materialisierte Gestalt; Schlangending; Spinnennetzhaufen; dunkle wohlriechende Sträucher; fantastisch schillernde Vögel; wimmernde Insekten; die Stille des Waldes; schreckenerregende Echse; Menschaffe; runzlige Leichen; Höhlenbewohner; schwarzes schleimiges Wirrwarr einer Alptraumleiche; den Affen wird es nie schaudern; und blick' nie auf die schweigsamen Männer, die Knochen sein sollten; mehrere zerschmetterte Schlangen lagen zu Totos Füßen; oh, flüssiger König!; oh, du sanfter!; Natter, halte mich in deinen hauchdünnen Armen; sanftes Vieh; aus einem seiner Nasenlöcher wand sich eine lange, schlangenartige Ranke; mehrere dünne, miteinander verbundene Anhängsel sprangen unter ihren Augenhöhlen hervor; epizykloidale Monstrosität; eingefrorene Stalagmiten braunen Fleisches; roboterartiger Hirsch; ein Organ, das dem menschlichen Herzen gleicht, lag pulsierend auf dem staubigen Fußboden; die Spinne sprang durch die Luft und landete direkt in meinem offenen Mund; es sonderte eine milchige Flüssigkeit ab, die in meine Speiseröhre rann; leuchtende Knoten pflanzlichen Lebens; tausend goldene Mücken schillerten in der Hitze des frühen Abends; eine Kreatur mit unzähligen Fangarmen; schwarzes Blut zwischen den Zähnen; ein isolierter, mit den Resten einer tropfenden Zunge verbundener Nasenrachen; malvenfarbene Männer gießen Halbharlekine; mehrere Götter schließen die Augen; unter seinem dünnen, sabbernden Mund zuckten unregelmäßig Kehlenfortsätze hervor; seine zahlreichen Beine ähnelten hufeisenförmigen Krebsen; seine Zehen glichen Nacktschnecken; zwei gebrochen weiße Rüssel reckten sich schnüffelnd in die Luft; seine graugrünen Augenlider hingen herunter; pochendes Blut; kalter nebliger Karpfen; Doppelhorngebärmutter; graue Rüssel; aus seinem Nacken ragte ein dünner elastischer Stiel; am Ende des Stiels befand sich ein winziges, starr blickendes Auge; es setzte sich für immer an vier der Schädelnerven fest; gefrorene Gliedmaßen; kalte Skeletthand; früchtetragende Bäume; Gliedmaßen mit drei Fingern; Meereskreatur aus dem Silur; vergängliche Eierbehälter; Todesgeschwulst; ein besenstielförmiges Wesen; das äußerst verlängerte Hirn füllte den obszön dünnen Totenschädel; an der Basis befanden sich eine Reihe lebendiger giftiger Ranken; aus der haarigen Unterlage ragten zwei Fortpflanzungsorgane heraus, die weißen Seifenstücken glichen; Cembalo-Geister; magnetische Israeliten; ein Schwarm von Höllenfledermäusen; malvenfarbene Frauen; der Lindwurm ernährte sich von blaugrauem Schleim; die orangegesprenkelte Scheibe seiner Hitzerezeptoren; Fleischblume; sterbende Puppen; elektrische Superweibchen; herausgenommene Innereienreste; dampfende, auf den Boden gespiene Gedärme, die aussehen wie aus der Zellophanverpackung gefallene Aprikosen; Natriumchlorid-Würmer; sphärischer Kopf; ein Regenwurm steckte seinen Kopf aus der Erde und bellte wie ein Pudel; auf dem feuchten Waldboden ausgestreckt lagen mehrere tote Elfen; Neon-Hexe; dominante Rasse; Neon-Vögel an einer irdischen Kette; nackte rosige Stämme mit dunklen Streifen; sie war etwa kükengroß; achtzig hauchdünne Flügel zitterten auf einem kugelförmigen Körper; Teenager in seltsam zusammengestellter Kleidung; geschlossene grüne Augenlider; geschmeidiger Körper; halbmenschliche Wesen; große lautlose Katze; lebendige Flügel; weißer Satz Flügel; schillernde Flügel; Bein-Wurzeln; eine menschenähnliche Züchtung; fremdartige Flora und Fauna; bedeutende Rasse; Maschinenkultur;

kleines Wesen; erschreckt wirbelnde Flügel; eingesunkene Augen; nachtblaue Augen; wandelnde Leichen; verbogene Stiele; Espe; Milz; Denkschild; die Flüssigkeit in ihren Venen; vielflächige Augen; 1,80 m große Spermagestalt; Mandarinen essende Flötengottheiten; die milchig-rote Oberfläche seiner Netzhaut; sein Zwölffingerdarm und kleinere Gedärmeteile zerbarsten und flogen in die eckige Unendlichkeit; dunkle Venen schwollen an; Labyrinth aus Gliedmaßen; von sechs Venen durchzogene Membranenflügel; wilde Zwerge; ineinander verschlungene Bäume; schimmernde Membranen; im Miasmendampf aufsteigende Stechmückenwolken; Seesporen; winzige gewundene Rasse; Höllenhunde; große schwarze Flügel; die Gebeine der Toten; körperlose Menschen; hauchdünne Flügel; Nicht-Augen; blaues Saurierblut; wirbelnde gasförmige Anomalien; blitzende Augen; treibendes silberblondes Haar; Wurzelwirrwarr; seltsame vielfarbige Blumen; weise Männer mit feurigen Augen;

schwarze Stechmücke; ein Schwall Blut; parasitische Würmer; Tropfen kräftig leuchtenden Blutes; schlanke Schlangen; dunkle Prinzessin; Gruftbauer; heiße Taschen farbiger Innereien; leuchtende Stoßzähne; übernatürliches Wesen; verrottende Leiche; phosphoreszierende Kreaturen der Tiefe; Kadaver einer winzigen Rasse; Lebenszeichen; winzige, nicht flugfähige Monster; ineinander verwickelte Reben; fledermausartiges Wesen; kleine Skelette an öden Berghängen; blaugrauer Schleim; seelenlose Monster; an schwammartigen Wucherungen erstickter sumpfiger See; Alpträumen entsprungene Schreckenskreaturen; urzeitliches Reptil; Kriegsrat; Super-Tier; Tierblut; Silhouette ohne Eingeweide; untergegangene Rasse; glühende Augen; schmalköpfige Wesen; Sonnenkind; schwarze Beule; Stalagmiten braunen Fleisches; weißes Fleisch; Flügelmembran; purpurrote Kehlfortsätze zuckten nervös; körperlose Dämonen; oberster Herrscher der Träume; glitzernde, starr blickende Augen; Feuerschlucker; feuerfarbene Waffen; grauenerregende Trugbilder; gräßlich aussehender Mund, der krampfartig geschlossen wird; die furchteinflößenden Konturen starrender Augen; Schicksalsbote; Wolken kleiner Seekreaturen; zinnoberrote Tangwedel; sich windende Überbleibsel toter Ungeheuer; dichter Wald; in Wut geratenes Ungeheuer; knotige Dinge auf vier Pfoten; knochenlose Fleischmasse überzogen mit ...; trockene Spinnweben; dicke weiße dreckige Masse; kohlrabenschwarzes Blut; ein seit langer Zeit totes Wesen; eine harzige Substanz; riesige, grün gesprenkelte Blätter; langes weißes Haar; Panzertier; formlose Würmer; ursprüngliche (oder) primordiale (oder) urzeitliche Suppe (oder) Schlamm (oder) Schleim; fremdartiges Ding; Troll-Wesen; Seeschlangen; azurne Vene; silbergraue Menschenopfer; knorriger Körper; knorriges Pony; grüngeflügelt; rotäugig; Sternengeflecht; leuchtend blaue Augen; blutsaugend; Rauch ausspeiend; launisch; die leuchtende Ausstrahlung der Aasgeier; Körperglühen; gnomenhaft; blauweiße Narbe; von Menschen geboren; fremde Andersartigkeit; langschnäblig; gelartig; menschenaffenähnlich; australid; zinnoberrot gesprenkelt;

60.2.1.15 Künstliche Gegenstände

Lichtstrahl; glänzendes Metall; Pokal des Irrsinns; Trompeten des Schicksals; schwarze urväterliche Flöte; Königsflöte; Geisterstrahl; Zuckerstangen-Kruzifix; Durcheinander von Spulen und Drähten; Pferdetamburine; Kabel, die in Federklammern enden; von schweren Spulen umgeben; Reihen glänzender Ausrüstung; glitzernder Glaspfeil; Tische aus Milch; Kissen aus Rost; Geweihhelm; Kunststoffschaum-Flöten; schwarze, sich aufwickelnde Fragmente der menschlichen Welt; Ruinenquell; Trümmerstrom; menschenaffenähnliche Prismen; schwarze Steinbilder; atmendes Totenbett; frostüberzogene Urne; brennender Strahl; Luftblase im Nebel; das goldene Funkeln einer zerbrochenen Säule; Todesphiole; uraltes Öl; Feuertopf; Kriegs-Chemie; die Medizin der Vorfahren; das Buch der Träume; Todesstrahl; Schierlingsbecher; blaues Gewölbe.

60.2.1.16 Architektur

Leuchtender Korridor; dunkler Turm; fremdartige Kugel; stille Kammern einer uralten Gruft; innerster Tempelschrein; ein dreieckiger Steinthron auf zwei Ebenen; türkisfarbener Obelisk; die Krypta des dunklen Planeten; Vergnügenskuppel; in dem offenen Schlund des schwarzen Klosters; leere Hallen; gen Himmel strebende Turmspitze; riesige Glaskugeln; Palast der Weisheit; Schrägen von Trägern und Kabeln; glitzernde Smaragdwände; Stahlblumen; traumgequältes Mauerwerk; Gruft der Zeitalter; goldene Turmspitzen; eine ovale Form; kosmischer Thron; halbkugelförmige Gruft aus Glas; Kalkspatschlösser.

60.2.1.17 Zeit

Der Malstrom der Zeit; lunare Unendlichkeit; Wüsten der immensen Unendlichkeit; sanfte Säure der Zeit; tote Jahre; in alten Zeiten; Stundengläser; Zeit des Schicksals; Nicht-Zeit; ewiger Rhythmus; schaurige Unendlichkeit; einsame Phase der Zeitlosigkeit; steriles Kontinuum; Äonen vom Reich der Träume entfernt;

60.2.1.18 Handlungen

Glänzender Schwung; in die Todesflammen hineinrasen; Gemüseliebe; Plastilinliebe; seltsames Pilzschaumwachstum; das Kaninchen krümmte sich in der Glut des unheiligen Lichts; der Säugling krabbelte in seinen trockenen, versteinerten Rippenkäfig; vor ihren Gräbern geboren; Liebe in den Wellen; ultraviolette Elefantentänze; sich in der Feuerglut winden; blutrote Flüssigkeit spritzte; Blutbad; rituelle Jagd; das Zucken einer grauenerregenden Echse; Dunst wirbelte; Verehrung des bronzenen Todesgottes; Riten eines sadistischen Kults der Azteken; Todesriten einer Kleinstadt; kleidete ihn in Dunkelheit; sich winden und krümmen; bewegungslos, mit ausgebreiteten Flügeln; sie krümmte ihre Finger im Mondlicht; glänzte ölig; seltsamer Schlaf; Schimmern in der Hitze; purpurrote Liebe; die Lähmung der stillen Jäger; Krampf ihrer weichen Kehle; Anfall einer Schlange; ihren Tod zu ihrem Lebensziel machen; Tanz der Knoten; heftiges Schütteln; machten schwarze Liebe; Sternensprengung;

durch einen Akt der Dunkelheit erzeugt; blutiger Höhepunkt eines Todeskampfes; rituelles Trinken des Blutes; die Erosion dörrt aus; Abstieg in die Finsternis des Todes; ritueller Tod; häßliche Schatten zogen auf; Ritual des Irrsinns; Fest der Primitiven; Tanz der Drohnen.

60.2.1.19 Emotionen, Gefühle und Gemütszustände

Schreckensschauder; gemütserregende Ekstase; durch extremen Schrecken entstandener Wahnsinn; grüne Lichter der Übelkeit; unendliche Möglichkeit; Menschenträume; in einem letzten Schreckenskrampf; verletzliches Herz; Quell des Schlafes; Schreckenskrampf; Liebesfeuer; betäubende Ranken des Wahnsinns; Wirbel in einem rosigen Nebel des Vergnügens; elektrische Weihnachten; Folge einsamer Gedanken; die ursprünglichen Empfindlichkeiten des Menschen; eine Welle der im Sterben liegenden Ekstase; Gezeitenwogen der Massenemotion; Tränen kullerten; Gedächtnis des Menschen; Korridore der Erinnerung; Welle der Ehrfurcht; Teich des Bewußtseins; Gewässer unseres Wahnsinns; Scherben der Erinnerung; Wasser unserer Verzweiflung; Nacht der Verzweiflung; Visionen des Irrsinns pulsieren; Flammen der Leidenschaft; Traumschatten; Vergnügensträume; der Schlaf der Zeitalter; phantastischer Alptraum; Wasserträume verwirren den Schlaf; Traumwasser; Tisch der Träume; Nacht der Träume; böser Traum; Todesliebe; schwarze Omina; Gliedmaßen der Verzweiflung; irrsinniger Anfall der Leidenschaft; Lebenserinnerung; die Düsternis des Menschen Herz; amorpher Seelenstrom; benommene Lähmung; Seelenwanderung; Wellen des Todeskampfes; Ringe, Seelen, Gemüter des Wahnsinns; ein dunkler Gedanke; verzerrte Wahrnehmungen.

60.2.1.20 Fabelwesen

Kobold; Waldschrat; Satan; Sylphe; Gnom; Wicht; Najade; Wassergeist; Elfe; Satyr; Nymphe; Nachtmahr; Trollgestalt; ein Fast-Geist; die Geister unserer Kinder; die sanfte graue Stimme des Windes; Elektronenpriester; Schmetterlingsseelen; Urwald-Zwerg; Sandelfen tanzen zu Füßen einer Zyklopengottheit; alter Geist; Aschenbrödel starb schreiend inmitten von glänzenden Feldspulen; Wald der Ritter; schimmernde organische Fata Morgana; eine verschwommene Gestalt; zwei Geister im Dunkel; Königin des Todes; Wassergeister; Krebs-Pianisten; metallene Meerjungfrauen; eine Puppe kam auf ihrem Grab zum Vorschein; Luftgeister; Traumwesen; knorpelige Krieger; kleines braunes Bild; silberne Form; dunkler unendlicher Geist; schleimiger Besucher der irdischen Welt; müßiger grüner König; König der grauen Nebel; unbekannte Männer; eine schwarze pulsierende Kreatur; ein Fleck der Dunkelheit; Todesengel; Geist des Fleisches; Prinz der Dunkelheit; der Schöpfer des Chaos; Zwillingsseele; Ungeheuer der Tiefe; unheimliche Schatten; Wanderer der Nacht; der Geist des verlorenen Mannes; eine untergegangene Rasse; körperlose Geister; ektoplasmatische Geister; alptraumhafte Monstren; metallische Messinggottheit; mythisches Ungeheuer; Todesengel; immense Seelen; verzerrte Gestalt; nackte Schreckgespenster; verlängertes Bild; unvorstellbare Wesen.

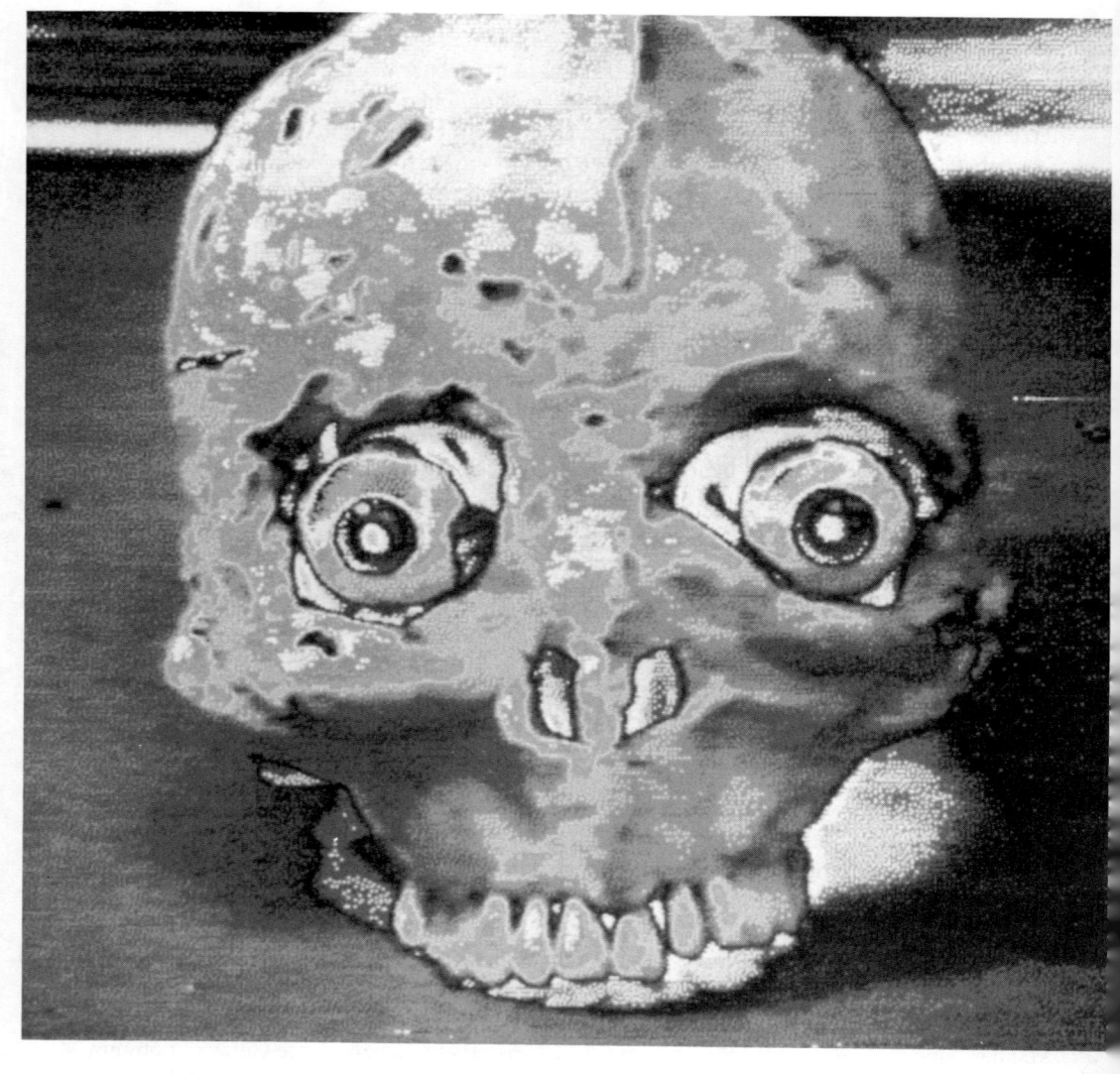

Teil VIII

FIKTION

Kapitel 61

Die vierundzwanzigste Jahrestagung der Chaos-Gesellschaft

Das amerikanische Institut für Physik war einer der Orte, an dem ich wohl am wenigsten mit etwas Aufregendem gerechnet hätte. Das Physikinstitut ist in dem von einem alten Glockenturm überragten Tribune-Gebäude in der Nassau Street untergebracht und in seiner Bibliothek steht die größte Sammlung der frühen Schriften Einsteins. Ich war oft in dieser Bibliothek zu Gast – in den letzten fünf Jahren fast jeden Samstagmorgen. Heute überlegte ich mir, meinen Bibliotheksbesuch auf Sonntag zu verschieben, denn es war Februar und bitterkalt. Dennoch setzte ich mich in meinen Wagen und fuhr die eine Meile bis zum Institut[47].

Als ich das Institut erreichte, fing es an zu schneien. Verschwommene Wolken zogen über meinem Kopf. Ich parkte vor einem hellblauen Cadillac. Schnell griff ich einen Stift aus meiner Tasche und rannte in das beheizte Gebäude. So früh am Morgen waren gewöhnlich nicht viele Leute anwesend. Ich klaute mir einige Heftklammern von der Information und hörte, wie Frau Wright, die einige Stockwerke unter mir im selben Apartmenthaus wohnte, sich bei einem anderen Physiker beschwerte. Frau Wright sah wie ein schwitzendes, übergewichtiges Kind aus. Über ihrem Arm hing eine schwarze Handtasche. Mit der freien Hand schlug sie eine Ausgabe von *Physics Today* auf.

Ich ging einen schmalen Gang entlang und kam dabei an einem Konferenzsaal vorbei, über dessen Tür ein großes »A« angebracht war. Ich steckte meinen Kopf durch die Tür und sah einen Mann im schwarzen Anzug, der vor ungefähr 50 Wissenschaftlern einen Vortrag hielt.

»Ich freue mich sehr, daß Sie alle zur vierundzwanzigsten Jahrestagung der Chaos-Gesellschaft kommen konnten. Heute möchte ich mich mit der Durchlässigkeit von vierdimensionalen transzendentalen Funktionen befassen.« Die illustre Zuhörerschaft, die ausnahmslos aus mathematischen Genies zu bestehen schien, wartete gespannt auf den Vortrag. Der Redner schrieb mehrere Symbole auf die Tafel:

$$\sum \sqrt{\xi} \times \pi$$

Er blickte beifallheischend in das Publikum. Als die Zuhörer enthusiastisch nickten, fuhr er fort:

---

47 Anmerkung: Mit Ausnahme dieser Geschichte, die als erste Erzählung in der Fachzeitschrift *Computers in Physics* (Sept./Okt. 4(5):566) veröffentlicht wurde, sind alle Geschichten im Abschnitt *Fiktion* einer unveröffentlichten Sammlung von 300 Kurzgeschichten unter dem Titel *Nachts kommen die Träume* entnommen.

$$\sum \sqrt{\xi \times \pi} \; (5\Psi) \frac{\chi_1}{\chi_2}$$

Die Zuschauer begannen, untereinander die Vorteile des Gleichungssystems auf der Tafel, gegenüber einem ähnlichen System, das ihnen auf der dreiundzwanzigsten Jahrestagung vorgestellt worden war, zu diskutieren. Der Redner fuhr fort.

$$\left\{ \sum \sqrt{\xi \times \pi} \; (5\Psi) \frac{\chi_1}{\chi_2} \int_0^1 \frac{\sqrt{32}}{\sqrt{\beta\pi}} \right\}$$

Die Zuhörer waren begeistert. Ihre Gesichter leuchteten. Ausrufe der Überraschung und des Lobes waren überall zu hören. Irgendwo im Hintergrund des staubigen Vortragsraums gab es eine gewisse Aufregung – eine Streitigkeit –, oder vielleicht war es auch nur eine Gruppe überschwenglicher Wissenschaftler, die in einer für sie untypischen Weise wild gestikulierten. In einer anderen Ecke des Saals, in der Nähe eines offenen Fensters, fiel eine vornehm aussehende Dame wie eine welke Blume in Ohnmacht. Ich wandte mich wieder dem Redner zu, der mit der Kreide so fest auf die Tafel schlug, daß weiße Splitter davonstoben und einen jungen Mann unter den Zuhörern trafen.

$$\left\{ \frac{\sum \sqrt{\xi \times \pi} \; (5\Psi) \frac{\chi_1}{\chi_2} \int_0^1 \frac{\sqrt{32}}{\sqrt{\beta\pi}}}{7\Omega^4 \sqrt{\pi^2} \lim_{N \to \infty} \aleph_N \left(\sum \kappa \cos \theta \right)} \right\}$$

Hier begannen die Zuhörer herzlich zu applaudieren. Der Redner stieg vom Podium und verbeugte sich. Er hielt inne und ließ seinen Blick langsam über das Publikum schweifen. Wollte er damit sicherstellen, daß die Zuhörer den folgenden Formeln ihre höchste Aufmerksamkeit schenkten, oder wollte er mögliche Dissidenten einschüchtern? Für einen Augenblick schien die Zeit stillzustehen, aber dann sprang er auf das Podium zurück und schrieb weiter.

$$\left\{ \frac{\sum \sqrt{\xi \times \pi} \; (5\Psi) \frac{\chi_1}{\chi_2} \int_0^1 \frac{\sqrt{32}}{\sqrt{\beta\pi}}}{7\Omega^4 \sqrt{\pi^2} \lim_{N \to \infty} \aleph_N \left(\sum \kappa \cos \theta \right)} \right\} \sum_0^1 \frac{\sec \tau \, |\lambda^2|}{\chi/\omega : 3\lambda}$$

Dann fügte er nur noch ein einziges Zeichen hinzu.

$$2 \left\{ \frac{\sum \sqrt{\xi \times \pi} \; (5\Psi) \frac{\chi_1}{\chi_2} \int_0^1 \frac{\sqrt{32}}{\sqrt{\beta\pi}}}{7\Omega^4 \sqrt{\pi^2} \lim_{N \to \infty} \aleph_N \left(\sum \kappa \cos \theta \right)} \right\} \sum_0^1 \frac{\sec \tau \, |\lambda^2|}{\chi/\omega : 3\lambda}$$

Die Zuhörer gerieten außer sich. Ihre Schreie jubelnder Begeisterung erreichten einen schrillen Höhepunkt. Das Herz des Redners raste und wild schrieb er weiter:

$$2 \left\{ \frac{\sum \sqrt{\xi \times \pi} \, (5\Psi) \frac{\chi_1}{\chi_2} \int_0^1 \frac{\sqrt{32}}{\sqrt{\beta\pi}}}{7\Omega^4 \sqrt{\pi^2} \lim_{N \to \infty} \aleph_N \left(\sum \kappa \cos \theta \right)} \right\} \xi^{11} + \pi^3 i \sum_0^1 \frac{\sec \tau \, |\lambda^2|}{\chi/\omega : 3\lambda}$$

$$\sum_\kappa \sum \sum \frac{\sqrt{\tilde{\pi}}}{\Psi^7} \xi_1 \int_0 \int_0 \frac{\chi_1 \omega / \omega_1 \left[\cos \beta_4 \pm 2\kappa^6 \right]}{\ddot{x} \mathcal{H} \cup Y}$$

Die Zuhörer tobten. Sie erhoben sich von ihren Sitzen und applaudierten wie wild. Einige der Mathematiker gratuliertem dem Redner herzlich und hoben ihn auf ihre Schultern. Pfiffe. Schreie. Klatschen. Der Applaus hielt an und verstärkte das Chaos noch. Moët Chandon wurde geöffnet. Eine Drei-Mann-Band wurde hereingebracht und ein großer, bärtiger Schlagzeuger schlug glücklich und unaufhörlich auf ein noch größeres Schlagzeug ein. Da fiel mir etwas merkwürdiges auf: Die kräftigen Arme des Schlagzeugers schienen mit zahllosen mathematischen Symbolen und fraktalen Kurven tätowiert zu sein. Ich konnte mir die Bedeutung dieser ungewöhnlichen Zeichnungen nicht erklären, aber ich bemerkte, daß sein unregelmäßiges Trommeln begann, bei einigen der normalerweise schwerfälligen Mathematiker Wirkung zu zeigen. Sie begannen, sich zur synkopen Musik hin- und herzuwiegen. Ich schaute nach vorne. Dunkelrote Bänder und klebriges Konfetti flogen durch die Luft, und einige junge Studenten liefen zur Tafel, um die wundervollen Gleichungen in ihren verschlissenen Notizbüchern festzuhalten, bevor die Putzfrauen die geniale Hinterlassenschaft des Redners beim nächtlichen Putzen der Vergangenheit überantworten würden.

Die Mathematiker konnten ihre Vorfreude auf die nächste Jahrestagung der Chaos-Gesellschaft kaum unterdrücken.

Kapitel 62

Der große schwarze Käfer

Wir hörten zum ersten Mal von dem außerirdischen Wesen, als es versuchte, einen Personalcomputer vom Typ Unidyne 400 zu begatten. Billy und ich saßen an den alten Eisenbahnschienen und aßen Sandwiches mit Fleischsoße und Senf, als ein alter Mann aus dem Nichts auftauchte und uns etwas zurief.

»Hey, Jungs, habt ihr noch nicht gehört, was in der Mulberry Street passiert? Da ist so ein merkwürdiges Tier, das sich an Tylers rostigen alten Computer ranmacht.«

Billy und ich schauten uns an. Was wollte uns dieser alte Kerl weismachen? Wir waren neugierig geworden, und da die Mulberry Street nicht weit weg war, standen wir auf und rannten in die Stadt.

Als wir dort ankamen, trauten wir unseren Augen nicht. Direkt oben auf dem alten Unidyne 400 saß ein riesiges Tier, das aussah wie eine Kreuzung aus einem schwarzen Hirschhornkäfer und einem Tintenfisch. Ich hatte noch nie einen Tintenfisch gesehen, aber Billy, und ich glaubte ihm.

»Schau dir nur mal das an!« flüsterte Billy mir zu.

Inzwischen waren viele der Einwohner unseres Ortes eingetroffen und starrten auf das Monster.

»Was glaubst du, ist das?« fragte ich Billy.

»Weiß nicht, vielleicht ist es vom Mars oder einem anderen Planeten.«

So etwas hatte ich noch nie in meinem Leben gesehen. Billy starrte auf das Monster.

»Sieht aus, als ob es Sex mit dem Computer machen würde!« lachte Billy.

»Du bist verrückt,« sagte ich zu Billy, obwohl er recht hatte.

Herr Harry und ein großer Mann in Jagdkleidung gingen etwas näher an das Monster heran. Inzwischen hatte das riesige Insekt das Glas des Bildschirms durchbrochen und einer seiner langen Arme schlängelte sich in das Diskettenlaufwerk.

»Ich würde keinen Schritt näher herangehen, Ned«, sagte die Schullehrerin, Frau Vega, zu dem Mann in der Jagdkleidung. »Vielleicht greift es dich an.«

»Nur keine Angst, ich will ja überhaupt nicht näher an das Ding ran.«

Billy und ich schlossen Wetten ab, was als nächstes passieren würde. Ich sagte, daß sich das Monster auf dem Computer langweilen und bald das Modem bearbeiten würde. Billy sagte, es würde sich einen von uns greifen.

»Wenn es uns angreifen wird, warum stehen wir dann noch hier rum, Billy?«

Darauf hatte auch Billy keine Antwort.

»Warum ruft denn niemand den Sheriff?« fragte jemand aus der Menge.

Wir warteten einige Minuten, und dann sah man auch schon die Blaulichter eines Streifenwagens herannahen.

»Okay, alle zurücktreten.« Es war Sheriff Sanson. Er schien darüber nachzudenken, was er als nächstes sagen sollte.

»Ich wette, er wird es erschießen!« rief Billy.

»Sei nicht blöd, Billy. Vielleicht hat das Monster gar keine bösen Absichten«, antwortete ich.

»Wie kann es ein nettes Monster sein? Schau doch nur, was es mit dem Computer macht.«

Jetzt hatte das Monster die hinteren Schaltkreise und die RS232-Schnittstellen entfernt. Die Tastatur war kaputt. Das Monster schien sich besonders für den roten Ein-/Ausschalter des Computers zu interessieren. Immer wieder berührte es ihn mit seinen haarigen Klauen. Unter dem sabbernden Maul erschienen unversehens einhundert Kehlglieder und zuckten krampfartig.

Drei andere Polizeiwagen trafen ein, als hölzerne Straßensperren errichtet wurden. In einem Hinterhof bellte ein kleiner brauner Hund und schnappte nach einigen Leuten. Immer mehr Menschen versammelten sich um die merkwürdige Szene. Der große Mann in Jagdkleidung schaute in Richtung Himmel und ging dann auf den Sheriff zu. Dunkle Quellwolken zogen sich über unseren Köpfen zusammen, und leichter Nebel senkte sich in der ganzen Stadt auf die grünen Rasen und Rhododendron-Büsche. Für Mitternacht war ein Sturm zu erwarten.

»Was werden Sie mit diesem übergroßen Käfer tun, Sheriff?«

»Wir haben die Universität hier angerufen. Sie schicken einen Wissenschaftler vorbei.«

»Was kann ein Wissenschaftler schon ausrichten! Bis der von der Universität hier ist, hat dieses Ding schon längst unsere Stadt in Schutt und Asche gelegt. Tötet es, solange ihr noch könnt.«

»Jetzt haltet mal die Luft an. Ich weiß, es sieht schrecklich aus, aber in der letzten Stunde hat es sich nicht vom Computer wegbewegt.«

Es wurde langsam dunkel. Grillen sangen im hohen Gras, und an der Elm Street beobachteten einige Kinder Glühwürmchen, die durch die Büsche schwebten. Zehn Minuten später wurde der Professor von der Universität durch die Straßensperren gelassen. Er fuhr mit seinem grünen Volkswagen langsam auf das Tier zu. Billy sagte »Oh«, als er sah, daß auf dem Rücksitz des Wagens ein Laptop-Computer lag. Das Monster blickte auf das glänzende Automobil und begann, durchdringende elektronische Schreie von sich zu geben. Dann war das Schlagen von

Flügeln zu vernehmen. Der Professor konnte sich gerade noch aus seinem Wagen retten, als das Monster schon in das Wageninnere und auf den Rücksitz stürzte. Aus dem Hals des Monsters ragte ein dünner, brauner Fortsatz, den es plötzlich in den Flüssigkristallbildschirm des Laptops stieß.

Der Himmel verdunkelte sich zu einem tiefen Schwarz. Die Bewegungen des Monsters wurden langsamer. Es vergingen zwei weitere Stunden und niemand, auch nicht der Professor, wußte, was zu tun war. Zu diesem Zeitpunkt schien das auch nicht mehr wichtig zu sein. Man konnte sehen, daß das Monster starb. Seine Haut wurde brüchig und es bewegte sich kaum noch. Glasierte Teile braunen Fleisches brachen von seinen mit Äderchen durchzogenen Flügeln ab. Billy wollte mit mir darum wetten, wann es endlich sterben würde. Bevor sich Billy endgültig entschieden hatte, starb das große Monster. Seine starren, blauen Augen wurden dunken-zinnoberrot. Aus den Poren seines Unterleibs floß eine stechend riechende Flüssigkeit, deren Geruch an Teeröl und Limone erinnerte. Es bewegte sich nicht mehr.

»Gut, ihr könnt jetzt alle nach Hause gehen. Wir werden dieses Ding morgen früh wegräumen.« Der Sheriff fuhr in seinem Wagen weg. Eine große Frau schaltete ein Taschenradio ein, das Benny Goodmans »One O'Clock Jump« spielte. Sie machte kleine Tanzschritte, als sie die dunkle Straße hinunter ging. Der große Mann in Jagdkleidung war einer der letzten, die gingen. Billy und ich gingen in Richtung Norden, die halberleuchteten Straßen hinunter nach Hause.

»Warte mal, Billy – hörst du nichts?«

Wir drehten uns um und hörten ein leises Wimmern in der Dunkelheit. Dann ein Summen, ein unaufhörliches Summen. Ich denke, der Mann in Jagdkleidung hatte recht, als er sagte, wir sollten es töten. Unter dem kaputten Computergehäuse auf dem Rücksitz des Volkswagens krochen Hunderte von kleinen Monstern hervor. Billy sagte nur »Mein Gott«. Wir schauten zu, wie sich die kleinen Monster mit ihren ledernen Flügeln in die Luft erhoben. Einige hatten Computerchips in ihren Mäulern. Andere vielfarbige Drähte. Ein furchtbarer Gestank erfüllte die Luft und der Himmel war bedeckt von glitzernden Lichtpunkten. Die Kreaturen schienen den hellen Lichtern von Manhattan entgegenzufliegen. Ich schluckte. Billy wollte wetten, was als nächstes geschehen würde. Zum ersten Mal boxte ich ihn auf den Arm.

Kapitel 63

Gelatine-Kühe

Ich erwachte inmitten einer riesigen Wiese, auf der Rinder grasten. Tiefe grollende Geräusche kamen aus allen Richtungen, und ich glaubte, das Knattern eines Hubschraubers zu hören. Ich lag einige Sekunden ganz still da und hoffte, meine Halluzination würde vergehen. Plötzlich wehten Hunderte weißer Hornstrauchblüten, die der Wind von einem nahegelegenen Baum herübertrug, über mein Gesicht.

Ich erhob mich langsam, streckte meine eingeschlafenen Beine und begann, meine merkwürdige Umgebung zu erforschen. Panisch blickte ich nach links und nach rechts, auf der Suche nach etwas auf der Wiese, das mir bekannt war. Ich wanderte stundenlang, aber zu meiner Enttäuschung und Verblüffung erstreckte sich die grasende Rinderherde bis zum Horizont über die scheinbar endlose grasbewachsene Ebene mit merkwürdig vielfarbigen Kräutern und einigen verkümmerten Bäumen. Ab und zu sah ich Gase aus einem nahegelegenen nebelbedeckten Sumpf aufsteigen; in einigen der kleineren Marschen erblickte ich auch einige Schilfrohre und Rohrgräser. In diesen planktonüberwucherten Pfützen standen Kühe verschiedener Größen und Farben. Über allem lag ein Verwesungsgeruch – die Ausdünstungen fast flüssiger Massen, die wie die verrotteten Überreste schon lange toter Kühe aussahen. Im Vergleich dazu duftete eine Jauchegrube wie das neue Parfüm von Chanel.

Wie kam ich hierher? Wo war ich? Was tut man, wenn einem etwas so Absurdes, so Ungewöhnliches passiert? Sicher, man kann darüber spekulieren, was man tun würde, wenn dies oder jenes geschieht, aber niemand kann genau sagen, was er wirklich tun würde, wenn das Gewebe der Realität tatsächlich reißt. Und als mir genau das an einem heißen Sommertag passierte, versuchte ich keineswegs, für all dies eine rationale, wissenschaftliche Erklärung zu finden. Die Situation wäre zum Lachen gewesen, wenn nicht gerade ich davon betroffen gewesen wäre.

Die folgenden Tage verbrachte ich damit, nach einem möglichen Ausweg aus dieser Herde warmer Rinderkörper, die mich von allen Seiten bedrängten, zu finden. Bald schon hatte ich herausgefunden, daß es in meiner neuen Welt zwei unterschiedliche Arten von Tieren gab. Die eine Art Rind schien aus einem weichen Material zu bestehen und konnte sich nicht von der Stelle bewegen. Ihr Gelatine-ähnliches Inneres steckte in einer lederähnlichen Haut, die ihnen den Anschein normaler Kühe gab. Diese »weiche« Kuh gab Milch und hat einen Kopf mit Augen und einem Maul, aus dem im Abstand von zehn Sekunden ein Muhen zu hören war.

Die zweite Kuhart schien ein Roboter zu sein. Vom linken Ohr jeder Roboter-Kuh hing ein winziger Computerchip mit der rätselhaften Aufschrift »seche vite.« Eine Entfernung dieses Chips zeigte keinerlei Veränderungen im Verhalten des Tieres oder seiner Lebhaftigkeit. Bei vorsichtigen anatomischen Untersuchungen entdeckte ich, daß das Innere dieser Kühe aus endlosen Reihen dunkler Schaltplatinen, dünner, langer, grüner Drähte und einigen rostigen Transformatoren bestand.

Glücklicherweise boten mir die Milch und das Fleisch der »weichen« Kühe ausreichend Nahrung, und ich glaubte jetzt, daß ich genug zu essen haben würde. Das Gras auf der Wiese war in kleinen Mengen genießbar. Ich hatte jedoch keine Verwendung für die Roboter-Kühe. Sie gaben weder Fleisch noch Milch.

Ungefähr einen Monat, nachdem ich auf der Wiese erwacht war und nach fast unerträglichen Enttäuschungen, trat ich eine der weichen Kühe so fest wie möglich mit dem Absatz meines Lederschuhs. Die Kuh brüllte in schierer Angst. Eine Roboter-Kuh sah mich an, als wollte sie mich warnen, daß so etwas nicht erlaubt sei. Offensichtlich war es gestattet, die weichen Kühe zum Nahrungserwerb zu verstümmeln, nicht jedoch aus reinem Spaß. Dies war das einzige Mal, daß eine Roboter-Kuh so etwas wie Agression mir gegenüber zeigte.

Jede Nacht wiegte mich der unendliche Rhythmus der muhenden Kühe in den Schlaf. Zuweilen juckten meine Hände und nach einigen Wochen begannen merkwürdige Pilze auf meinen Handrücken zu sprießen. Meine Nägel wurden langsam schwarz – das Schwarz der Hufe der Kühe um mich herum. Ich begann zu vermuten, daß ich ein Teil eines elektrogenetischen Experiments sei, und daß mein Körper sich langsam in eine Kuh verwandeln würde. Vielleicht hatten die Kühe um mich herum einmal menschliche Formen gehabt. Mit dem langsamen Verfall meines Körpers schwand auch meine Fähigkeit, logisch zu denken. Wie konnte ich diesem schrecklichen Alptraum entkommen?

Eines Morgens fühlte ich etwas Merkwürdiges in meinem Ohr. Ich zögerte, faßte an mein Ohr und zog einen Computerchip heraus, der aus meinem Hörkanal gewachsen war. Ich wollte schreien, aber mein Sprachapparat funktionierte nicht mehr. Eine Kuh in der Nähe starrte mir eindringlich in die Augen. Ohne nachzudenken sprang ich auf ihren Rücken. Zuerst befürchtete ich, daß sie sich gegen das zusätzliche Gewicht wehren würde, aber es schien ihr nichts auszumachen. Ich durfte sogar sitzenbleiben, während sie einige Stunden lang in eine bestimmte Richtung rannte. Je weiter wir liefen, desto bedrückter wurde ich. Die Kühe in diesem Bereich der Wiese waren mißgebildet. Eine Kuh hatte mehrere krabbenähnliche Füße. Aus dem Hals einer anderen ragten mehrere Geschlechtsorgane, die weißen Seifenstücken glichen. Rechts von mir liefen ungefähr zehn Kühe mit unzähligen Tentakeln und Klauen unter den Augen ziellos umher. Unaufhörlich flossen bernsteinfarbene Tropfen aus ihren Augen, als ob die Kühe um einen verlorenen Kameraden weinten. Die »Weinenden« blieben immer recht dicht beisammen. Ihre Tränen rochen nach Wermut. Plötzlich sah ich eine purpurrote Kuh, aus deren dreifachen Nüstern sich ein langer Tentakel schlängelte; ich fiel in Ohnmacht, als dieser fettige Tentakel wie ein Pudel bellte und auf mein Gesicht zuschoß.

Als ich erwachte, bemerkte ich, daß die Kuh mit den dreifachen Nüstern mehrere erdnußgroße biomechanische Geräte in meinen Gaumen implantiert hatte. Ich konnte fühlen, wie aus diesen Geräten dicke milchartige Sekrete in meine Speiseröhre flossen. Ich riß die kleinen Geräte aus meinem Gaumen heraus, zu spät jedoch: die merkwürdigen Absonderungen zeigten schon ihre einschläfernde Wirkung. Ich wurde mehrfach bewußtlos, träumte, schwamm auf einem Fluß der Schmerzen, verletzlich und geistlos, und wartete darauf, vor den Toren meines elektronischen Königreiches abgeholt zu werden, wo kleine dunkle Kühe tanzten wie Puppenkörper, und vorzeitliche, verdrehte, geflügelte Kreaturen in ihren Staubsärgen grinsten, als sie mich schaudern sahen und schließlich meine Schreie durch die todschwarze Nacht gellen hörten.

Nach zwei einsamen Monaten fand ich in einem träge dahinfließenden Bach eine große Holzrolle mit einem schmutzigem Seil. Über ihre Herkunft habe ich nie etwas erfahren, aber sie bildete den Grundstein zu einem Projekt, das ich später den »Weiche-Kuh-Berg« nannte. Ein Anlaß für dieses Projekt war, daß die »Weinenden« mir nicht länger gestatten wollten, in eine bestimmte Richtung zu reisen: Sie verstellten mir den Weg. So faßte ich den Plan, einen riesigen Berg aus Kühen zu errichten, auf den ich klettern und von dem aus ich die Umgebung überblicken konnte. Ich hoffte, damit die Monotonie meines absurden und einsamen Lebens zu beenden und über die Ränder meiner begrenzten Rinderwelt hinausschauen zu können. Mit Hilfe des Seils konnte ich die Roboter-Kühe dazu bringen, die weichen Kühe zu einem Haufen zusammenzutreiben. Diese bildeten die Grundlage für den Berg weicher Kühe. Mit mehreren Seilen und unter großen Anstrengungen begann ich, die weichen Kühe auf der ursprünglichen rechteckigen Basis von 40 x 40 Kühen aufzuschichten. Monat für Monat arbeitete ich an diesem Projekt, stapelte eine Kuh nach der anderen, und allmählich entstand ein riesiger Berg aus weichen Kühen, der einer quadratischen Pyramide ähnelte. Die »Weinenden« standen daneben, schüttelten ihre Freßzangen und beobachteten mich mit ihren starren Augen. Ich bemerkte, daß die unteren Kühe zusammengedrückt wurden und in Fünf-Sekunden-Abständen zu muhen begannen. An ihren Flanken zeigten sich dicke Venen. Eine der Kühe platzte und spie ihre aprikot-farbenen, dampfenden Eingeweide auf den kalten Boden.

Eines Abends, beim Einbruch der Dämmerung, sprang ich auf den Rücken einer beweglichen elektronischen Kuh. Ich trieb sie den glitschigen Berg aus weichen Kühen bis hinauf zum Gipfel. Von dort aus konnte ich mein Königreich überblicken. Ich schaute in alle Richtungen: So weit mein müdes Auge reichte: nichts als Kühe. Ich schaute noch einmal. Vielleicht sah ich Wasser in der Ferne, ein Meer, die Mutter des Lebens, nun erstickt unter Pilzen und Dreck. In diesem Meer glaubte ich, eine Kuh zu sehen, die an grauen, glänzenden Felsflanken entlangrutschte und mit einem letzten Zucken in den übelriechenden Klüften leerer Luft verschwand. Welle um Welle schmerzhafter Ekstase schüttelten mein öliges Fleisch. Über mir zogen die Wolken langsam vorbei, während ich vor Lachen weinte. Würde die milde Säure der Zeit auch meinen Berg zersetzen?

Ich rutschte auf einem Kuhhuf aus, fiel an der Seite des Berges hinunter und schlug mit meinem Kopf auf dem harten Boden auf. Das letzte, was ich hörte, war ein Muhen in Abständen von einer halben Sekunde, und dann Stille.

Teil IX

Schlußbemerkungen

»Die beiden Titanen des menschlichen Geistes, die Kunst und die Wissenschaft, gehören untrennbar zusammen. Hätte ich jedoch den dominanten Partner zu benennen, würde ich ohne Zögern die Wissenschaft nennen. Die Wissenschaft ist die tiefgründigere und allgemeinere Geistesübung, da sie die Mechanismen der Welt beschreibt. Die Wissenschaft erfordert Kunst und Willen und wird beide eines Tages erklären.«   P.W. Atkins, 1990

Heute werden die Übergänge zwischen Wissenschaft und Kunst immer fließender. Computer und hochentwickelte Technologien werden in den kommenden zehn Jahren bei fast allen Fortschritten in Wissenschaft und Kunst eine Rolle spielen. Mehr noch, der Mensch wird nicht mehr nur auf ein einziges Wissensgebiet aufbauen können, um Fortschritte zu erzielen. Ich hoffe, Sie durch dieses Buch angeregt zu haben, Ihren Computer für Simulationen und Entdeckungsreisen einzusetzen. Es wäre sehr enttäuschend, wenn uns Menschen die wachsende Abhängigkeit vom Computer so träge machen würde, daß wir unsere Kreativität verkümmern ließen. In den 90er Jahren ist die Einstellung der Öffentlichkeit gegenüber der Wissenschaft recht gespalten. Man mißtraut der Wissenschaft, da man sie nicht versteht. Mit dem zunehmenden Verschmelzen von Wissenschaft, Kunst und Computerwesen können wir vielleicht das Interesse an der Wissenschaft neu beleben, indem wir schon Kinder auf neue, spielerische Weise mit ihr vertraut machen.

Bald schon werden Computer und Roboter eine noch größere Rolle im Leben der Menschen in den Industrieländern spielen[48]. Rodney Brooks, Elektroingenieur bei MIT, sagt:»Im Jahre 2000 werden Roboter in allen Bereichen unseres täglichen Lebens anzutreffen sein – schon heute machen Mikroprozessoren die modernen Spielzeuge zu intelligenten Maschinen. Gleich mehrere Roboter werden in Zukunft bei Ihnen zu Hause darauf warten, etwas für Sie tun zu können.« Ralph Gomory, ein ehemaliger leitender Wissenschaftler bei IBM, sagte bereits 1987 voraus, daß innerhalb von zehn Jahren die Prozessoren von Supercomputern auf 50 Kubikzentimeter geschrumpft sein werden. Noch in diesem Jahrzehnt wird das Herz des Supercomputers in einem Laptop Platz finden[49]. Die Verbesserungen der Rechenleistung und die dramatisch sinkenden Hardware-Preise lassen vermutlich schon bald Einzelheiten des Teils Spekulation Wirklichkeit werden. Der Computer des Jahres 2000 wird jeden Bereich unseres täglichen Lebens beeinflussen und unsere kreativen Fähigkeiten in allen Gebieten der Kunst und Wissenschaft entscheidend verbessern. Das Zitat zu Beginn des Kapitels »1-Million-Punkte-Skulpturen« auf Seite 319 stellt die entscheidende Frage, mit der ich dieses Buch abschließen möchte: »Würde Leonardo da Vinci, wenn er heute lebte, Pinsel und Leinwand gegen einen Computer eintauschen?« Auch wenn er keine Unterstützung von der Nationalen Wirtschaftsstiftung der USA oder dem US-amerikanischen Nationalen Kunstförderprogramm erhielte, könnte er bereits mit einem Personalcomputer ausgezeichnete Kunstwerke erschaffen, modifizieren und speichern. Ihm stünden Millionen unterschiedlicher Farben zur Verfü-

---

48 Auf Seite 379 ist ein Sulzer-Roboter abgebildet. Näheres siehe auch »Danksagung«.
49 Das Zitat von R. Gomory stammt von George Gilder in: Kurzweil, R. (1990) *The Age of Intelligent Machines*. MIT Press: Cambridge, Massachusetts. Das Zitat von R. Brooks stammt aus: Suplee, C. (1991) Artificial life: the new robotics. *Breakthroughs*. Februar 2(1): 42.

gung. Die Bildschirmauflösung könnte die Textur der Leinwand nachbilden. In der ganzen Welt könnten die Künstlerkollegen seine Bilder über das Telefon empfangen, sie kritisieren oder daran mitwirken. Wahrscheinlich würde Leonardo da Vinci sehr viel Zeit für die Entwicklung neuer Eingabegeräte, mit denen sich die heutige Maus ersetzen ließe (wie zum Beispiel das unten gezeigte Exoskelett), aufwenden. Mit solchen Eingabeverfahren könnte er dann seinen typischen kunstvollen Pinselstrich, die Viskosität und das Verlaufen nasser Farbe oder einen Meißel nachbilden, mit dem er imaginäre Stücke aus glänzendem Marmor brechen kann. In den kommenden zehn Jahren wird man am Personalcomputer erzeugte Bilder durch Antippen verändern können. Man wird imaginäre Gegenstände erfühlen können. Künstler wie Leonardo da Vinci werden in einer künstlichen Welt arbeiten, in der Computersensoren die Position des Kopfes messen und Augen- und Handbewegungen verfolgen. Mit Hilfe von Spracherkennungsprogrammen wird Leonardo da Vinci dem Computer Anweisungen geben. Durch Spezialbrillen wird er neue farbenprächtige Welten sehen, deren Grenzen nur durch den Computer gegeben sind – und durch die Vorstellungskraft des aktiven Betrachters.

»Mit offenen Augen sieht der Mensch die äußere Welt,
mit geschlossenen Augen die geistige.
Die Menschen verbringen Stunden damit, die Welt draußen zu betrachten,
der die innere Welt aber in nichts nachsteht. Die Welten unterscheiden sich voneinander,
ohne daß die eine aber mehr Wert hätte als die andere.«

Seeing with the Mind's Eye:
This History, Techniques, and Uses of Visualization.
Mike Samuels, M.D., und Nancy Samuels

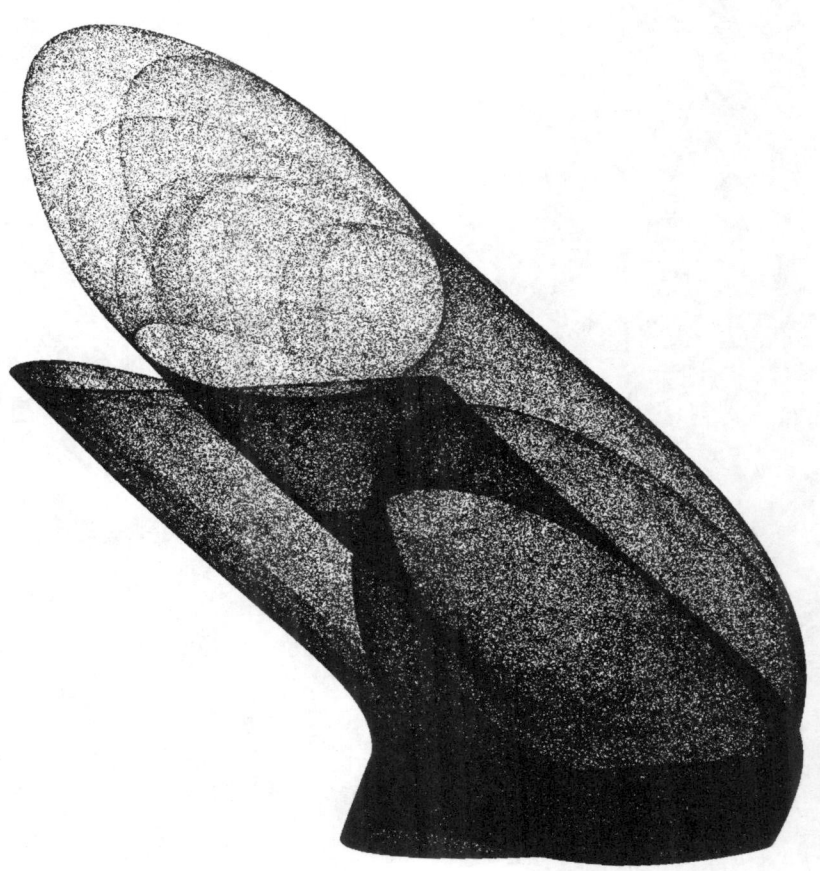

Teil X

ANHANG

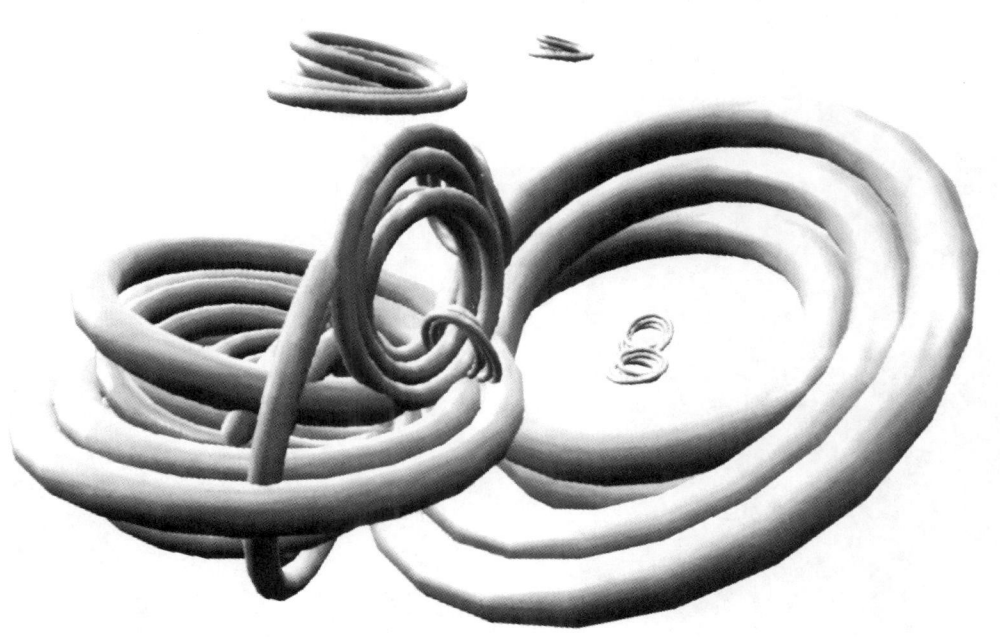

Schmidt

Anhang A

Übungen für Geist und Auge

»Da sich andere Planeten wahrscheinlich in ihrer Form und ihrem Aussehen von unserem unterscheiden, werden die Wissenschaftler dort auch eine andere, von der unsrigen abweichenden Mathematik verwenden. Ihre Geometrie könnte uns fremd sein, zum größten Teil topologisch, und eher auf flexible Strukturen als auf festgelegte Größen und Formen ausgerichtet.« Nicholas Rescher, 1985

A.1 Die Grashüpfer-Folgen

Das folgende Problem wurde als interessante Übung für phantasievolle Programmierer entwickelt. Die beschriebene Folge wird Grashüpfer-Folge genannt, da sie an die außerordentlich schnelle (exponentielle) Vermehrung der Grashüpfer in der Fortpflanzungszeit erinnert. Die Grashüpfer-Folgen werden durch die beiden folgenden Funktionen definiert, die auch als schnell wachsende binäre Baumstruktur dargestellt werden können.

$$\alpha \rightarrow 2\alpha + 2 \qquad\qquad (A.1)$$

$$\alpha \rightarrow 6\alpha + 6 \qquad\qquad (A.2)$$

wo α eine ganze Zahl ist. Die Abbildungen erzeugen die hier gezeigte binäre Baumstruktur. Wir beginnen mit $\alpha = 1$. Nach einer Generation entstehen die Zahlen 4 und 12 als »Kinder« des »Elternteils« 1. Die folgende Generation erzeugt 10, 30, 26, 78. Die bis jetzt aufgetretenen Zahlen lauten in numerischer Reihenfolge: 1, 4, 10, 12, 26, 30, 78, ... Keine Zahl scheint zweimal hintereinander aufzutreten, z.B. 1, 4, 10, 10, ... Tritt irgendwann eine Zahl doch einmal doppelt auf? Ich kenne die Antwort auf das Grashüpfer-Problem nicht; wenn jemand von Ihnen die Lösung finden sollte, so würde ich mich über eine Zuschrift freuen. Einer meiner Kollegen, Michael Clarke aus England, hat das Grashüpfer-Problem für den allgemeinen Fall

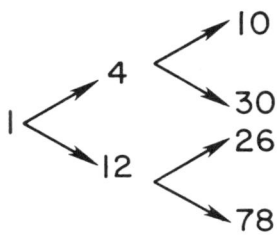

$$X = C_1X + C_1 \; und \; C_2X + C_2 \tag{A.3}$$

untersucht und fand heraus, daß einige Werte von C_1 und C_2 nach einigen Generationen Duplikate erzeugen.

```
      C1 :   1    2    3    4    5    6    7
C2 :    1   G2   G4   G5   G6   G7   G8   G9
        2   G4   G2   G5   --   G3   --   --
        3   G5   G5   G2   G7   --   --   --
        4   G6   --   G7   G2   --   --   --
        5   G7   G3   --   --   G2   --   --
        6   G8   --   --   --   --   G2   --
        7   G9   --   --   --   --   --   G2
```

Bei den Einträgen mit »--« wurden bei einer Suche über zehn Generationen hinweg mit dem Ausgangswert 1 keine doppelten Zahlen gefunden! »Gn« zeigt an, daß in Generation n Zahlen doppelt auftraten. Zwei Zahlen derselben Generation stimmen überein, wenn

$$c_1^i \, c_2^{(g-i)} = c_1^j \, c_2^{(g-j)} \tag{A.4}$$

wobei g die Generation und i und j Zahlen im Bereich 0 ... g sind.

Nach der Formulierung dieses Problems fand ich noch mehrere Probleme dieser Art in: Guy, R. (1983) Don't try to solve these problems! *American Mathematics Monthly*. Januar 90(1):35; Sie werden bestimmt Ihre Freude daran haben.

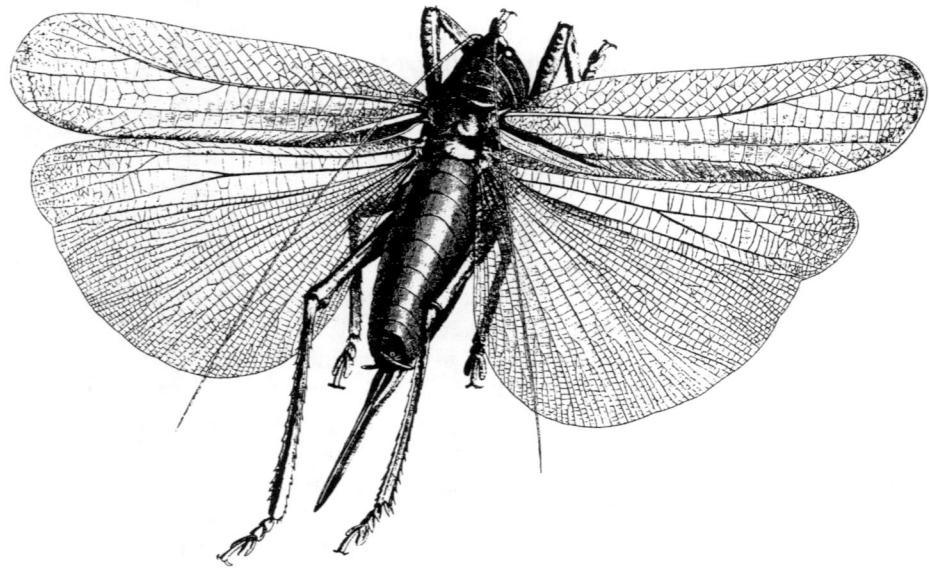

A.2 Das Amazonas-Schädelspiel

Einer meiner Freunde besuchte kürzlich Itaituba, eine Stadt im brasilianischen Regenwald, in der Nähe des Rio Tapajos, eines Nebenflusses des Amazonas. Im Regenwald wachsen riesige

Bäume mit fast undurchdringlichem Blätterdach. Mein Freund erzählte mir von einem Spiel, das einheimische Naturvölker dort entweder mit Steinen oder auch mit menschlichen Schädeln spielen. Wahrscheinlich hat mein Freund die ganze Geschichte nur erfunden oder zumindest etwas übertrieben. Ich möchte das Spiel aber dennoch beschreiben. Seine Regeln sind ganz einfach, so daß es leicht auf einem Computer programmiert oder auch auf dem Papier gespielt werden kann. Ich möchte zuerst die ursprüngliche Version der Amazonas-Stämme und danach die Computerprogrammierung schildern.

1. Suchen Sie einen langen Stock.

2. Zeichnen Sie ein in 5 x 6 Felder eingeteiltes Schachbrett in den Sand.

3. Sie und Ihr Gegenspieler legen abwechselnd Steine (oder Schädel) auf das Schachbrett.

4. Jeder Schädel muß neben einen anderen Schädel gelegt werden, so daß sich auf dem Schachbrett eine ununterbrochene Schädelreihe ergibt. Neue Schädel können an beide Enden der wachsenden Reihe angelegt werden.

5. Wenn ein Spieler nicht mehr weiter an die Reihe anlegen kann, hat er verloren. Das Diagramm in diesem Abschnitt zeigt ein typisches Spiel; der Spieler, der als nächster am Zug ist, hat verloren.

6. Der Verlierer stellt seinen Kopf als Spielstein zur Verfügung.

Ich nehme an, daß es viele moderne Versionen dieses Spiels gibt, die mit Papier und Bleistift gespielt werden können; ich habe jedoch noch keine sichere Gewinnstrategie gefunden.

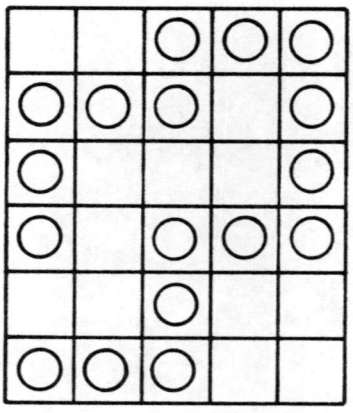

Das Schädelspiel kann problemlos auf einem Computer programmiert werden. Ich möchte hier ein Programm beschreiben, bei dem der Computer gegen sich selbst antritt. Sie können es natürlich auch so abändern, daß der Computer gegen einen menschlichen Gegenspieler antreten kann. Begonnen wird mit einem Gitter von fünf Einheiten in x-Richtung und sechs Einheiten in y-Richtung. Wählen Sie ein beliebiges Feld in diesem Gitter. Dieses Feld sei $A(i, j)$. Lassen Sie den Computer eine benachbarte Position wählen, wobei Bewegungen nach oben, unten, rechts oder links möglich sind, zum Beispiel $A(i + 1, j)$ usw. Ist das Feld schon belegt oder befindet es sich außerhalb des Spielbretts, so darf der Computer noch einmal wählen. Kann der Computer kein Feld mehr belegen, ist das Spiel zu Ende. Können Sie die durchschnittliche Anzahl der Zufallszüge berechnen, die erforderlich sind, um ein Spiel auf einem 5 x 6 Felder großen Brett oder einem Brett anderer Größe zu beenden? Sie können auch Spielbretter mit Aussparungen ausprobieren, letztere werden durch verbotene Felder dargestellt.

A.3 Skorpion-Geometrie

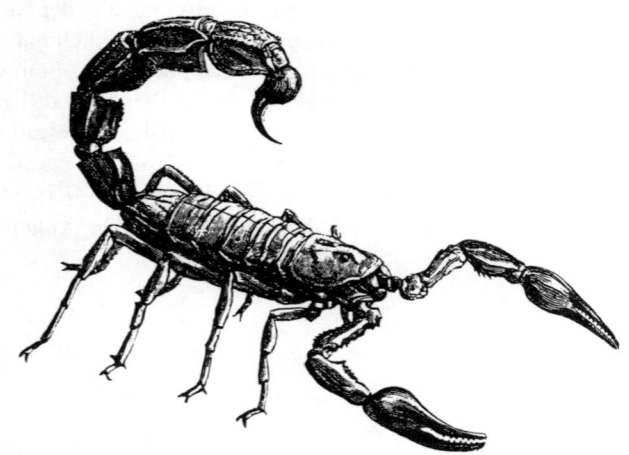

»Er liebte die Wüste, wo der Wind seine Fußspuren auslöschte wie die Flamme einer Kerze.«
Lawrence Durrel

Kaschan, eine Oasenstadt im Zentral-Iran, ist für vieles bekannt: seine lieblich duftenden Wildrosen, seine wundervollen Teppiche und seine unzähligen Wüstenskorpione. Das Skorpion-Spiel soll in der Dascht e Kawir-Salzwüste in und um Kaschan schon seit Jahrhunderten gespielt werden[50]. Das Spiel wird von zwei Spielern auf einem »Brett« mit einer Reihe von kleinen Knoten (Kreisen) gespielt:

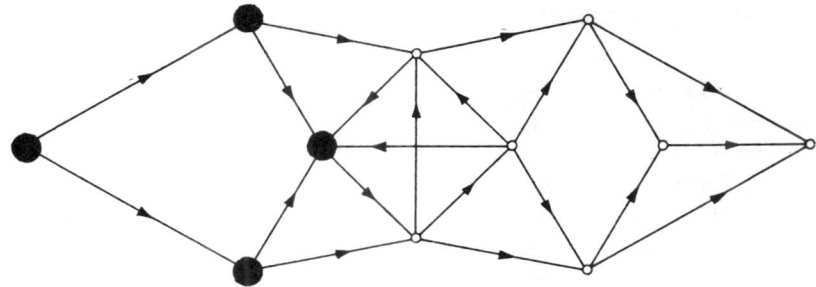

Einer der Spieler hat drei Spielsteine, Skorpione genannt. Sein Gegenspieler hat einen Spielstein, die Maus. Die Skorpione dürfen auf jeden der drei großen schwarzen Kreise in der obigen Abbildung gesetzt werden. Die Maus wird auf den (mit einem persischen Buchstaben bezeichneten) Kreis ganz rechts gelegt. Auf den ersten Zug eines Skorpions folgt der Zug der Maus. Die Skorpione können auf einen benachbarten freien Kreis gezogen werden, also auf einen Kreis, zu dem eine Linie führt. Die Skorpione können nur von links nach rechts verschoben werden, nie jedoch rückwärts. (Beachten Sie die Pfeile im Diagramm vorerst nicht.) Nach dem ersten Zug eines Skorpions zieht die Maus. Die Maus zieht nach denselben Regeln wie die Skorpione, nur darf sie sich nach Belieben vor- und rückwärts bewegen. Skorpione und Maus ziehen abwechselnd. Die Skorpione haben gewonnen, wenn sie die Maus gefangen haben, sie also auf dem mit dem Buchstaben markierten Kreis eingekesselt haben. In diesem Fall kann die Maus nicht mehr ziehen. (Sie können nun ausrufen: »Rafiq, aqrab-e' man tu rah shekast daad!«, was, wenn meine Kenntnisse der Farsi-Sprache mich nicht trügen, soviel bedeutet wie: »Mein Skorpion hat dich bezwungen, mein Freund!«) Die Maus hat gewonnen, wenn sie den Kreis ganz links erreicht hat oder wenn Skorpione und Maus immer dieselben Zugfolgen wiederholen.

Komplizierter wird das Spiel, wenn die Skorpione entsprechend den eingezeichneten Pfeilrichtungen ziehen dürfen. Wie würde Ihr Computerprogramm dazu aussehen? Zur Vereinfachung des Programms könnten Sie das Spiel zwar nach denselben Regeln, jedoch auf einem quadratischen Gitter, ähnlich dem des »Amazonas-Schädelspiels« spielen.

---

50 Wie schon beim Schädelspiel vermute ich, daß auch dieses Spiel nicht so alt und weniger schillernd ist. Das Spielbrett ähnelt einem Graphen, den ich in: Bondy, J., Murty, R. (1976) *Graph Theory*. North Holland: New York, gefunden habe.

A.4 Das Spiel der japanischen Wappen

> *»Es ist gut, den Verstand mit so vielen Geduldsspielen wie möglich zu beschäftigen, da sie denselben Zweck erfüllen wie Experimente in der Physik.«*
>
> Bertrand Russell, Philosoph und Mathematiker

Es gibt zahlreiche Geduldsspiele, bei denen zwischen mehreren auf einer Fläche verstreuten Elementen Geraden so eingezeichnet werden müssen, daß sie alle Elemente voneinander trennen. Das Spiel der japanischen Wappen wird mit kleinen runden Scheiben gespielt, die auf ein großes Blatt Reispapier geworfen werden. (Diese Wappen oder Scheiben sind die Elemente der japanischen Heraldik.) Können Sie drei gerade Linien zeichnen, die die Ebene so unterteilen, daß jedes Wappen in einem separaten Bereich liegt? Abbildung A.1 zeigt eine typische Anordnung. Wie könnte dieses Problem mit Hilfe eines Computer gelöst werden?

A.5 Hyperpotenz-Türme

> *»Ein Mathematiker ist eine Maschine, die aus Kaffee Theoreme kocht.«*   Paul Erdos

Hyperpotenzen der Form

$$x = g(z) = z^{z^z} \tag{A.5}$$

für reelle positive Zahlen z eignen sich für faszinierende Studien mit dem Computer. Die Folge $\{z_n\}$ läßt sich definieren durch

$$z_1 = z, z_{n+1} = z^{z_n}, n = 1,2,... \tag{A.6}$$

Sie können diese mathematische Rückkoppelungsschleife beliebig oft wiederholen. Konvergiert die Reihe $\{z(n)\}$, schreiben wir $g(z) = \lim_{n \to \infty} z(n)$.

Sie werden sehen, daß der Hyperpotenzturm bei Startwerten größer als

$$1^{1/e} \tag{A.7}$$

divergiert, also immer größer wird.

Abbildung A.1. *Japanische Wappen.* Können Sie in die Abbildung drei Geraden so einzeichnen, daß jedes Wappen von den anderen getrennt ist? Hinweis: Es ist möglich.

Bei Startwerten kleiner als

$$e^{-e} \tag{A.8}$$

werden Sie allerdings einige Überraschungen erleben.

Probieren Sie es einfach einmal aus!

A.6 Eine Polynomgleichung ohne reelle Wurzeln

Die Hartsche Gleichung ist unter anderem deshalb so interessant, weil sie eine Polynom-Gleichung ohne reelle Wurzeln ist.

$$1 + x + x^2/2! + x^3/3! + \ldots x^{2n}/(2n!) = 0 \tag{A.9}$$

Versuchen Sie, das Verhalten dieser Funktion in der komplexen Ebene mit dem Newtonschen Verfahren darzustellen (siehe Glossar).

A.7 Johnson-Funktionen

In seinem Artikel *Approximating* $\sqrt{n}$, der im 19. Band der Fachzeitschrift *Mathematical Spectrum* (Ausgabe 2, Seite 40) erschien, behauptet Johnson, daß die iterative Formel

$$z \rightarrow I(z) = \frac{z + n}{z^2 + 1} \tag{A.10},$$

angewandt auf die rationale Zahl z, gegen $n^{1/3}$ konvergiert. Später bewiesen Irving, Richards und Sowley, daß diese Iteration für $0 < n \le 2^{3/2}$ gegen $n^{1/3}$ konvergiert. Für $n > 2^{3/2}$ konvergiert diese Funktion jedoch nur für einige ungewöhnliche Startwerte von z. Erarbeiten Sie eine graphische Strategie zur Darstellung dieser ungewöhnlichen Werte.

A.8 Bestimmung der Anzahl der Nullen in der Zahl 500!

Ein Computerprogramm zur Berechnung der Anzahl der Nullen der Zahl Fakultät 500 ($500 \times 499 \times 498 \times 497 \dots \times 1$), ohne diese Zahl tatsächlich berechnen zu müssen, findet sich in: Meredith, D. (1988) Meeting the challenge. *Computer Language*. November 5(11): 7-8.

A.9 Catalansche Zahlen

Die Catalanschen Zahlen lassen sich über die folgenden Regeln definieren: Die ersten beiden Catalanschen Zahlen sind 1, sie können als $C(0) = 1$ und $C(1) = 1$ geschrieben werden. Die n-te Catalansche Zahl ist definiert als

$$C_n = \sum_{i=0}^{n-1} [C_i C_{n-i-1}] \tag{A.11}$$

Können Sie ein Programm schreiben, das die ersten zwanzig Catalanschen Zahlen berechnet? Die ersten vier Catalanschen Zahlen sind 1, 1, 2, 5. Eine Lösung dieses Problems in Form eines Computerprogramms ist dargestellt in: Chen, S. (1989) *The IBM Programmer's Challenge*. Tab Books: Blue Ridge, Pennsylvania.

A.10 Die raumfüllende Schönberg-Kurve

»Hier ist ein leicht erkennbares, wenn auch sehr kompliziertes Muster. Ästhetisch ist es nicht. Es scheint, als hätte I. J. Schönberg mit den Peano-Kurven das gemacht, was Arnold Schönberg mit der Musik getan hat.«   Hans Sagan, 1986

Die raumfüllende Schönberg-Kurve ist eine der komplexesten und exotischsten raumfüllenden Kurven, die je in der Fachliteratur beschrieben wurden. *Raumfüllende Kurven* sind interessante Figuren, die unendlich in der Länge wachsen und so den Bereich ausfüllen, in dem sie liegen. Die zwei bekanntesten Kurven sind die Hilbert- und die Sierpinski-Kurve. Eine neuere selbstähnliche Kurve, die von Mandelbrot entwickelt wurde, paßt exakt in eine Kochsche

Schneeflocke (siehe Deckblatt des *Scientific American* vom April 1978; Näheres über diese Kurven in: Hill, 1990). Die hier beschriebene Kurve wurde 1938 von I. J. Schönberg entdeckt und 1986 von Hans Sagan weiterentwickelt. Für Mathematiker, Programmierer und Computergrafik-Spezialisten stellt sie gewiß eine Herausforderung dar. Hans Sagan sagte einmal: »Das Zeichnen einer Schönberg-Kurve fünfter Ordnung, ohne einfaches Muster als Anleitung, würde selbst die handwerklichen Fähigkeiten eines Mathematikers des 17. Jahrhunderts auf eine harte Probe stellen. Allein der Gedanke, dies noch zu überbieten, übersteigt alle Vorstellungskraft.« In diesem Abschnitt möchte ich eine Formel für die Berechnung dieser Kurven vorstellen. Näheres zu den mörderischen Einzelheiten können Sie in Hans Sagans Artikel nachlesen. Zuerst ist eine Funktion $p(t)$ zu definieren, die an eine aus Geradenstücken bestehende, zerhackte Sinuskurve erinnert (einer Reihe von Trapezen ähnelnd):

$$p(t) = 0 \; \textit{für} \; 0 \leq t < 1/3$$
$$p(t) = 3t - 1 \; \textit{für} \; 1/3 \leq t < 2/3 \qquad\qquad\qquad\qquad\qquad \text{(A.12)}$$
$$p(t) = 1 \; \textit{für} \; 2/3 \leq t < 1$$

Diese Kurve läuft sowohl in $+t$- als auch in $-t$-Richtung ins Unendliche. Ebenso gilt $p(-t) = p(t)$, $p(t + 2) = p(t)$. Zur Erzeugung von monströsen Schönberg-Kurven unterschiedlicher Ordnungen ist jede Spitze über eine Gerade mit ihrer Vorgängerin zu verbinden. Dazu gelten die folgenden Gleichungen

$$x = f(t) = \sum_{k=1}^{\infty} p(3^{2k-2}t)/2^k \qquad\qquad\qquad\qquad\qquad \text{(A.13)}$$

$$y = g(t) = \sum_{k=1}^{\infty} p(3^{2k-2}t)/2^k \qquad\qquad\qquad\qquad\qquad \text{(A.14)}$$

Die Schönberg-Kurve besitzt Spitzen für $t_{m,m} = n/3^m$, für $m = 1, 2, 3,..., n = 0, 1, 2 ..., 3^m$, wobei

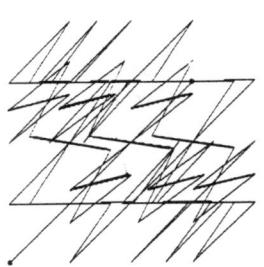

m die »Ordnung« der Kurve bezeichnet. Hier ist eine Kurve der vierten Ordnung abgebildet. Soweit ich mich erinnern kann, war die höchste Ordnung einer jemals in einer Fachzeitschrift veröffentlichten Schönberg-Kurve die siebente. Näheres über diese Kurve ist nachzulesen in: Schönberg, I. J. (1938) The Peano-curve of Lebesgue. *Bull. Amer. Math. Soc.*, 44: 519. Weitere Informationen enthält: Sagan, H. (1986) Approximating polygons for Lebesgue's and Schoenberg's space filling curves. *American Mathematics Monthly.* Mai 93(5):361. Hill, F. (1990) *Computer Graphics,* Macmillan: New York, enthält eine allgemeine Beschreibung raumfüllender Kurven.

A.11 Der Wither-Attraktor

Douglas Withers von der US-amerikanischen Marineakademie beschrieb einen interessanten Attraktor für

$$A(z) = z^2 - 2\overline{z} \qquad\qquad\qquad\qquad (A.15)$$

wo z eine komplexe Zahl und $\overline{z}$ die zugehörige komplexe konjugierte Zahl ist. (In den Kapiteln »Der Ikeda-Attraktor« auf Seite 145 und »Die Welt des Chaos« auf Seite 151 wird der Begriff der Attraktoren in der Mathematik definiert.) Ausgehend von einem Startwert

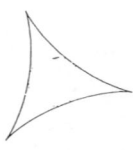

für z befindet man sich nach wiederholter Anwendung der Witherschen Formel in der mathematischen Rückkopplungsschleife irgendwo auf einem dreieckigen Objekt mit Spitzen bei (3, $-3/2\pm3\sqrt{3}$ /2. Der jeweils zuletzt errechnete z-Wert wird wieder in die Gleichung eingesetzt und die Abbildung wiederholt. Weitere Informationen über diese Kurve in: Withers, W. D. (1987) Folding polynomials and their dynamics. *American Mathematical Monthly*, 95(5): 399-407.

A.12 Fünfeckige Kaleidoskope

In diesem Abschnitt möchte ich die erstaunlichen Bilder vorstellen, die von symmetrischen dynamischen Systemen erzeugt werden. Die dynamischen Systeme sind auch in den Abschnitten »Der Ikeda-Attraktor« auf Seite 145, »Die Welt des Chaos« auf Seite 151 und »Der Wither-Attraktor« auf Seite 397 beschrieben. (Eine Warnung im voraus: Es folgen komplizierte mathematische Formeln.) Kaleidoskop-Formen können mit der Chossat-Golubitsky-Formel erzeugt werden:

$$f(\zeta,\lambda) = (\alpha u + \beta v + \lambda)\zeta + \gamma\overline{\zeta}^{m-1} \qquad\qquad (A.16)$$

wo

$$u = \zeta\overline{\zeta} \text{ und } v = (\zeta^m + \overline{\zeta}^m)/2 \qquad\qquad (A.17)$$

und ζ eine komplexe Zahl ist; α, β, γ, λ und ϕ sind Konstanten. $\overline{\zeta}$ ist die komplexe Konjugierte. Für diejenigen unter Ihnen, die sich in der Gruppentheorie auskennen: Die Abbildung $f{:}V \rightarrow V$ ist equivariant zur Wirkung der Gruppe Γ auf V, da $f(\gamma\,v) = \gamma\,f(y)$ (Chossat und Golubitsky, 1988). Ich erzeugte die Abbildungen A.2, A.3 und A.4 mit $m = 5$. λ hat die Funktion eines Gabelungsparameters und kleinere λ-Werte entsprechen im allgemeinen kleineren Attraktoren mit niedrigen Symmetrien als die hier gezeigten Formen. Die Abbildungen A.2, A.3 und A.4 wurden entsprechend der diskreten Dynamik von

$$f(\zeta,\lambda) = (\alpha u + \beta v + \lambda)\zeta + \gamma\overline{\zeta}^{m-1} + \varphi \qquad\qquad (A.18)$$

erzeugt, wobei φ ein von mir eingeführter symmetriebrechender Ausdruck ist, der zu interessanten Dynamiken führt. Nähere Informationen siehe auch: Pickover, C. (1991) Pentagonal chaos. In: *Five-Fold Symmetrie*. I. Hargittai, ed. World Scientific: NY. Und: Chossat, P., Golubitsky, M. (1988) Symmetrie-increasing bifurcations of chaotic attractors. *Physica D*. 32: 423-426.

Abbildung A.2. *Fünfeckiger chaotischer Attraktor.* Die Formel hierfür lautet $f(\zeta,\lambda) = (\alpha\mu + \beta\nu + \lambda)\zeta + \gamma\bar{z}^{\,m-1} + \phi$ ($\gamma = 1$, $\lambda = -2.6$, $m = 9$, $\alpha = 4$, $\beta = 2$, $\phi = 0$). Mit anderen Parametern ergeben sich weitere schöne Muster. Dieses Muster, wie auch die folgenden, stellt die Bahn eines einzelnen Teilchens in der Ebene dar. Die Gleichung wird eine Million Mal iteriert.

A.13 Grafikdesign in der Werbung

Firmen benutzen oft kreative Grafiken zum Vergleich zweier Mengen oder Produkte. Die Abbildungen A.5, A.6 und A.7 sind Anzeigen aus unterschiedlichen Zeitschriften. Die Werbedesigner setzten unterschiedliche Verfahren ein, um einfache numerische Vergleiche für den Betrachter klar erkennbar zu machen. Sie können weitere Beispiele dafür suchen, wie Grafiker Informationen durch die gleichzeitige Darstellung von Wort, Zahl und Bild vermitteln. Warum sind einige Grafiken besser als andere? Versuchen Sie einmal, das Design zu verändern oder zu verbessern. Die hier dargestellten Abbildung wurden von Hand gezeichnet. Können diese Zeichnungen auch automatisch auf einem Computer erstellt werden? Kann man visuelle oder emotionale Assoziationen wecken?

A.14 Die Scherksche Fläche

Die im Jahre 1835 entdeckte Scherksche Fläche läßt sich mit folgender Formel definieren:

$$z = \ln\left(\frac{\cos y}{\cos x}\right) \tag{A.19}$$

Abbildung A.3. *Fünfeckiger chaotischer Attraktor.* Wie Abb. A.2, nur mit φ = 0,1 + 0,1*i*. φ bricht die Symmetrie des Musters der vorangegangenen Abbildung.

mit $-2\pi < x < 2\pi$ und $-2\pi < y < 2\pi$. Können Sie ein Programm schreiben, das diese merkwürdige Fläche zeichnen kann? Stewart Dickson hat ein dreidimensionales physikalisches Modell dieser seltsamen Fläche unter Verwendung eines neuen Verfahrens, der Stereolithographie, hergestellt. Bei der Stereolithographie wird ein photosensitives Flüssigharz mit Laserlicht beschienen, wobei es von oben nach unten zum dreidimensionalen Objekt aushärtet. In der Einführung zu diesem Buch ist dieses Verfahren näher beschrieben[51]. Weitere Informationen siehe auch: Dickson, S. (1990) Minimal surfaces. *The Mathematica Journal*. 1(1):38.

A.15 Xenogramme: Komprimierte Welten

Der gesamte mathematische Raum von $-\infty$ bis $+\infty$ kann zu einem Würfel von -1 bis 1 komprimiert werden. Eine Funktion, die dies bewerkstelligt, ist die hyperbolische Tangensfunktion

---

[51] Interessanterweise ist die Scherksche Fläche ein plausibles Modell für die Struktur interagierender Polymere, die den gegenseitigen Kontakt zu minimieren versuchen.

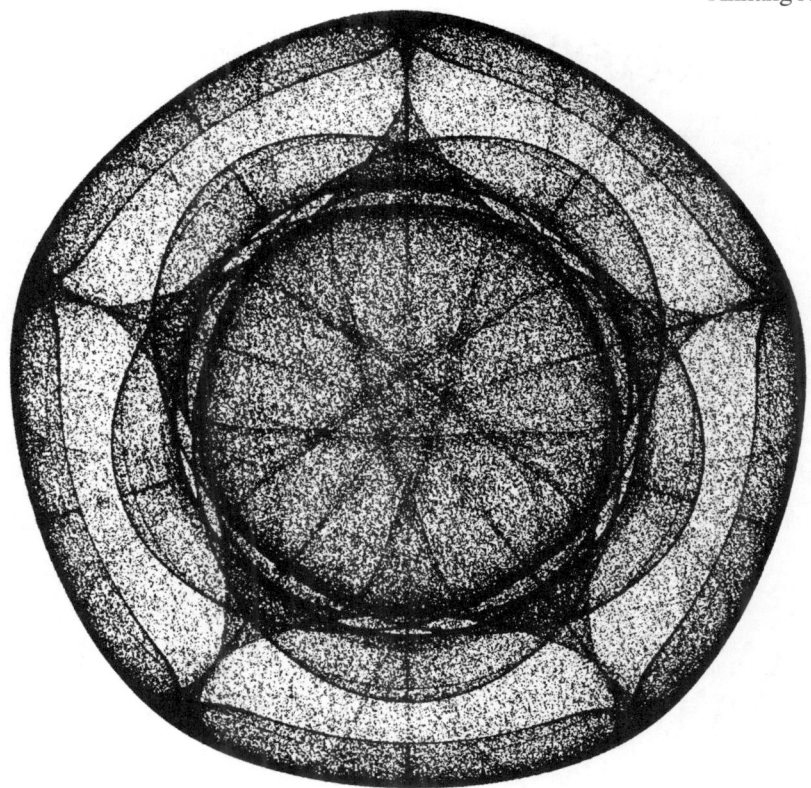

Abbildung A.4. *Fünfeckiger chaotischer Attraktor.* Wie Abb. A.3, nur mit ($\gamma = 0{,}5$, $\lambda = -1{,}804$, $m = 3$, $\alpha = 1$, $\beta = 0$, $\varphi = 0$)

$$\tanh x = \frac{e^x - e^{-x}}{e^x + e^{-x}} \qquad\qquad\qquad (A.20)$$

Ich möchte diese Darstellung nach dem griechischen Philosophen Xenokrates benennen, der die Eigenschaften des Unendlichen erforschte. Mit dem von mir entwickelten Grafikprogramm, Xenospace, läßt sich diese seltsam komprimierte Welt computergrafisch erforschen. Unabhängig von der Größe der eingegebenen Zahlen hat die tanh-Funktion höchstens den Wert +1 (der kleinstmögliche Wert ist –1). Hier einige Beobachtungen aus diesem merkwürdigen Raum. In einem Xenogramm sind die diagonal-parallelen Ebenen gekrümmt und treffen im Unendlichen zusammen (sie sind die Seiten des Würfels). Paraboloide ($(z = x^n + y^n, n = 2)$) werden bei Annäherung an eine Seitenfläche des Würfels auf höchst interessante Weise gestaucht. (Was geschieht, wenn n vergrößert wird?). Kugeln verformen sich, wenn man sie vergrößert oder zur Seite des Würfels verschiebt. Abbildung A.8 zeigt ein Xenogramm einer Kugel, die gegen die Wand des Würfels (nach plus unendlich) gedrückt wird. Wie verändert sich die Form einer Kugel, die im Ursprung verbleibt und deren Radius ins Unendliche wächst?

Abbildung A.5. *Pfannkuchenwerbung.* (Die Abbildung wurde einer Broschüre des International House of Pancakes, Inc., entnommen. Copyright 1988. IHOP, alle Rechte vorbehalten.)

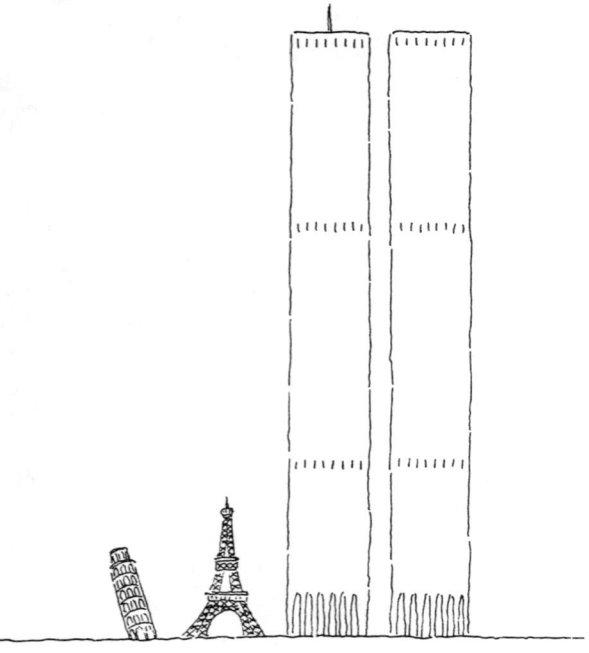

Abbildung A.6. *World Trade Center.* (Die Abbildung wurde einer Broschüre des World Trade Centers entnommen. Port Authority, New York und New Jersey.)

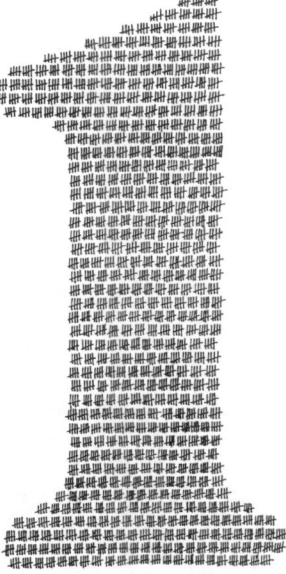

SCIENCE has 153,192*
good reasons for being
number one.

Number 2 has 35,192†
reasons for coming
in second.

Abbildung A.7. *Zeitschriftenwerbung.* (Die Abbildung wurde einer Werbung für die Zeitschrift Science entnommen. Band 242, Seite 1727, vom 23. Dezember 1988. Werbeagentur: Scherago Associates, Inc. Copyright 1988, alle Rechte vorbehalten.)

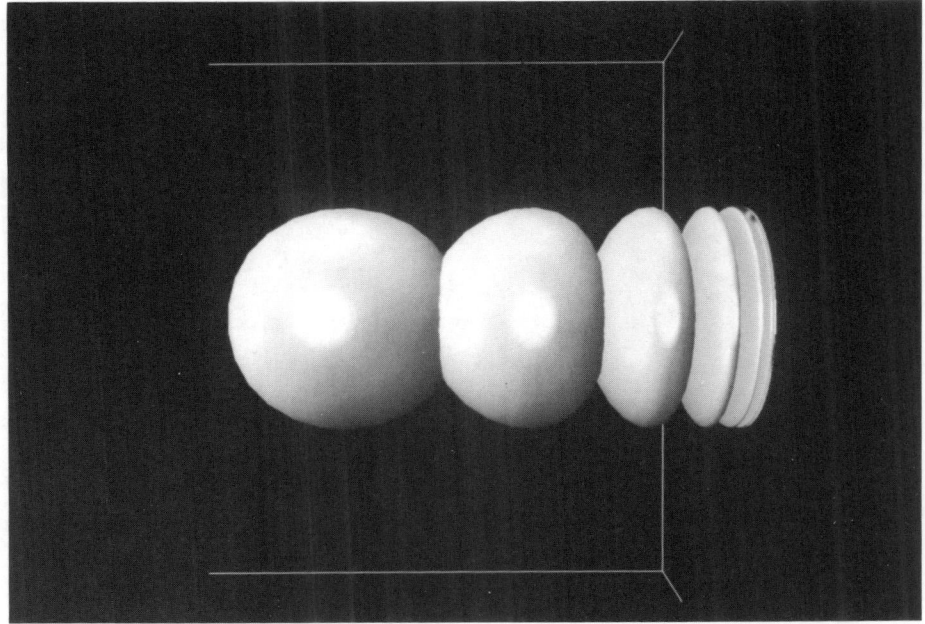

Abbildung A.8. *Xenogramm.*

Anhang B

Zwischenspiel: Fraktale Höhlen

»Von der riesigen Haupthöhle zweigen hier und da kleinere Höhlen ab – genau wie Kapellen vom Mittelschiff einer großen Kathedrale, sagte Sir Henry. Einige waren groß, aber eine oder zwei jedoch waren klein – ein wundervolles Beispiel dafür, wie die Natur ihr Handwerk unabhängig von der Größenordnung nach denselben Regeln ausübt. Eine kleine Nische war zum Beispiel nicht größer als ein überdimensionales Puppenhaus und hätte doch ein Modell für die gesamte Höhle sein können, denn auch hier tropfte Wasser, hingen Stalaktiten von der Decke und bildeten sich Stalagmiten auf dem Boden, genau wie im Großen.«   *H. Rider Haggard, 1885*

132113213221133112132123123112111311222112132113311213211231232112311311222112111311221131112311332211213211321223112111311222112113
211321322112312323112311321322112311321232112311311322112111311221131211321113211231132122211213211321322113312211
223113112221121111311321111311321112111311221121113211231231112112221111311321312132211213113221123122112113211222113
112311332111213213211311121111311321111311321112111311221122231131112112312312312312213211321121113211211311221231112111321111311221131221111311
131112311211231221211213211311321321222112311312132122131121113211232211132111311221321131211311311221213211311311231111331111121
232221123113112221111331132221123112111311222112132121113211221121123322112311311222112113112213311311221311312211331121321
112211131113221123321321131211322112112321232211121222311311321121131211213211311221131221121131121311131121312121131211321123113
2132113113122121111311221121121121322212223122112112123221121122321111311221121113221121113211321122121131221213221122121322112
112111211323212111131311321112111311321111321113112211321111321112112321131211211131122122111111131113112112211132213
2211123231321112313211112221111131132221123113112213211121311111311221121123221123221123113112211321111132111321321132112112321
211211131113122112111331112131132221231211131132211132112111311311132312131131211213221132113232221121131321112222121313211231
131212211323113132111311311321111321112111121122131131211311221211312312312312312312312312312312312312312312312312312312312312312
112232211211131122112211323211121112231211132211121211311321112111321322321121213211122111321121111321211311132211321211321212212121
231211311321311311321113112311121311321111131211311321121112221213221131122113212231221312222112221121212121213132112213112121213
112332211211311221131211322123221121311321112321121131321113211212113211211321123212121212321231231231313131221321132213221321223
11211321121312312312312312312312312312312312312312312312312312312312312312312312312312312312312312312312312312312312312312312
211211131122112211131113112112122213131221111312122113322113211131212121113211121312121232112211131222112321132121323221121
131123112112113321111231311321131121321112111131212212312312312312312312312312312312312312312312312312312312312312312312312312312
213221121121131311211312112321121221222121321231132211121321311112221311213211132112111311221231112132112231122132211311221223321112
111211311312121121211113122121231132112211112231311131113132121211131211211311221111321111321112211132121121312131131112221122123
213221211211311231113122111321113132213121131121321121112131121321113221311112221321112131222311122211311131211131211221131113122132
311221231311121121213221132112111111321111121322112311221213132113211231231231231231231231231231231231231231231231231231231231231
132121231231211131131211322112121221211121113211211132211311321112113231111311221131121321131112112311121121113212131211
111231132211132112132111321121212312312312312312312312312312312312312312312312312312312312312312312312312312312312312312312
311311222112111311322112132321321321311132113121131221311211321321123211121112221121112311231231231231231231231231231231231231231
112131312121131121213222111311321113212121231231231231231231231231231231231231231231231231231231231231231231231231231231231231
131121321112222121212212311321113211221131221111312112113132131211311311311321121311211131122113122211231211321231231231231231
322221213121231231231231231231231231231231231231231231231231231231231231231231231231231231231231231231231231231231231231231231
111123132211132112113211131112221213213111321112311221112311131111311231121213121211111311321112211121131112122211131211321113
322211311322131122211311222112131111313221322212131321322123123112311321231232211123211121131221132113112111111311221131112111
121122112321312322221121131221113222112131321213121111311211112312312312312312312312312312312312312312312312312312312312312312
131121311321112322112211132211213211231131221131312231123211121131113132211213211311132311131112321213211111311221121221131211321123
311311121221112231131112211132311122212312123231322113121321321312312312312312312312312312312312312312312312312312312312312312
121113212212311211311122211132113122121121213211221132112211312112112232112311321123131211321211311211231231231231231231231231
3121131121112221113131131121132231311131121121111321111321111321321113123121131311111322112111331111212121222132221313131312312312
112113211322112111131132211213221212312312312312312312312312312312312312312312312312312312312312312312312312312312312312312312
21131121131121321313131131311131311131131131131131131131131131131131131131131131131131131131131131131131131131131131131131131131131
31222113112211

Anhang C

Anmerkungen für den neugierigen Leser

Dieser Abschnitt enthält zusätzliche Informationen zu einigen der in diesem Buch vorgestellten Themen.

In »Darstellung des Gleichniszahlen-Reihen-Monsters« auf Seite 213 wurde eine ungewöhnliche Zahlenfolge beschrieben. Für diejenigen, die von dieser Monster-Folge begeistert waren, zeigt die hier abgebildete ganzseitige Darstellung eine Wahrscheinlichkeitsfolge für die Reihe 33!

Der Abschnitt »Unregelmäßig oszillierende fossile Seemuscheln« auf Seite 159 beschreibt die Forschungsarbeiten im Bereich der grafischen Darstellung ungewöhnlicher Wachstumsformen von bizarren fossilen Seemuscheln. Es gibt sogar noch verrücktere fossile Formen als die

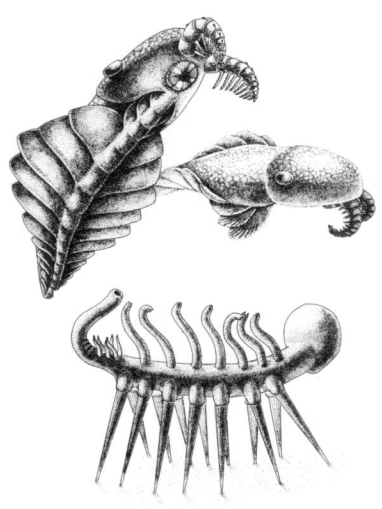

in diesem Abschnitt beschriebenen verdrehten Schalen der *Nipponites*. Müßte ich die verrückteste unter den vielen ungewöhnlichen Formen der fossilen Wirbellosen aussuchen, würde ich *Anomalocaris* wählen. Dieses im Aussehen mit keinem anderen Tier vergleichbare, sich von Trilobiten (fossilen Krebsen) ernährende Wesen ist etwa 50 cm lang und besitzt einen Mund, der an einen Tintenfisch erinnert. Seine vorderen Extremitäten ähneln denen von Garnelen. Ein anderes seltsam gestaltetes fossiles Tier ist *Hallucigenia*, die sich auf sieben Beinpaaren fortbewegte. Weitere Details über diese und andere merkwürdige Fossilien finden sich in: *Wonderful Life* von Stephen J. Gould (Norton, 1989). Die Abbildung in diesem Abschnitt (oben Anomalocaris, unten Hallucigenia) stammen aus Stephen Goulds Buch. Die Zeichnungen stammen von Marianne Collins (1989, Norton; alle Rechte vorbehalten).

Hier nun ein Pseudocode, mit dem die seltsamen Wachstumsformen von Nipponites erzeugt werden können. Er läßt sich problemlos auf einem Personalcomputer verarbeiten.

PI = 3,14159; alpha = 0,1; beta = 0,1; eps = 0,2;
gam = 3,0; f = 0,3
for(theta = –PI; theta <= 2*PI; theta=theta+PI/30,1)

$x = exp(alpha*theta) * (1+eps * cos(2*gam*theta))$
   $* cos(theta–f*sin(2*gam*theta));$
$y = exp(alpha*theta) * (1+eps * cos(2*gam*theta))$
   $* sin(theta–f*sin(2*gam*theta));$
$z = exp(beta*theta) * sin(gam*theta);$
$PlotPointAt(x, z):$

In »Spinnen Sie Ihr eigenes künstliches Spinnennetz« auf Seite 61 wurden natürliche und künstliche Spinnennetze beschrieben. Wissenschaftler erforschen die chemische Zusammensetzung der Spinnenfäden, um damit neue künstliche Sehnen, Nähte und kugelsichere Westen

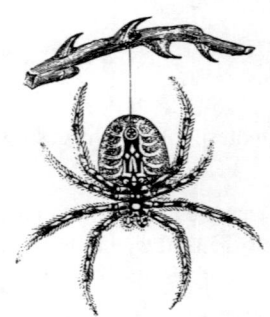

herstellen zu können. Die Fäden der Spinnennetze können Gewichte tragen, unter denen Drahtseile desselben Durchmessers sofort zerreißen würden. Spinnennetze bestehen aus Proteinen, deren Basensequenzen zum Teil bereits dekodiert worden sind. Die bemerkenswerten physikalischen Eigenschaften sind auf die besondere Anordnung der Aminosäuren zurückzuführen. Der wissenschaftliche Name für Spinnen lautet *Arachnidae*. Diese Bezeichnung wird von dem Namen Arachne, einer Gestalt der griechischen Mythologie abgeleitet, die in eine Spinne verwandelt wurde, weil sie Athena in einem Wettbewerb der Webkunst besiegt hatte.

Im Abschnitt »Fußballmoleküle!« auf Seite 198 wurde ein seltsames, fast kugelförmiges polyedrisches Molekül vorgestellt, bekannt unter seiner chemischen Bezeichnung C_{60}, »*Buckminsterfulleren*« oder ('Fußballmolekül'). Die 60 Kohlenstoffatome in diesem Molekül sind an den Spitzen eines abgeschnittenen Zwanzigflächners angeordnet, dadurch entsteht eine fußballähnliche Form, die von Buckminster Fuller für den Bau geodäsischer Kuppeln vorgeschlagen wurde. Am 27. September 1990 verkündeten mehrere Wissenschaftler in der Fachzeitschrift Nature, sie könnten nun verhältnismäßig große Mengen C_{60} in fester Form synthetisieren. Vermutlich ist C_{60} ist ein gutes Schmiermittel, da seine Käfigstruktur sehr stabil ist und nur langsam mit anderen Substanzen reagiert. Einige Wissenschaftler halten diese Substanz für einen guten Katalysator; andere wiederum glauben, daß man aus ihr neue Batterien entwickeln könne.

Im Abschnitt »Die Laute des Pythagoras« auf Seite 235 wurden Kettenbrüche diskutiert. Hier nun ein Kettenbruch für π

$$\pi/4 = \cfrac{1}{1 + \cfrac{1^2}{2 + \cfrac{3^2}{\cdots}}} \tag{C.1}$$

Die Zähler lauten: $(1, 1^2, 3^2, 5^2, 7^2, 9^2, ...)$. Die Nenner sind: $(1, 2, 2, 2, 2, 2, 2, ...)$. Für die meisten Zwecke genügt es, den Wert von π auf zwei Dezimalstellen genau zu kennen[52]. In

---

52 Ivars Peterson führte aus, daß neununddreißig Dezimalstellen von pi ausreichend für die Berechnung des Kreisumfangs des uns bekannten Universums ist, wobei der Fehler nicht größer ist als der Durchmesser eines Wasserstoffatoms!

einem kürzlich erschienenen Artikel wurde der Einsatz von Kettenbrüchen bei »Leiter«-Schaltkreisen, Fraktalen, optischen Resonatoren und bei der Charakterisierung grober Oberflächen diskutiert. Ein Kettenbruch hat eine endliche Größe, wenn er eine rationale Zahl darstellt (siehe Glossar). Andererseits lassen sich aber auch irrationale Zahlen als Kettenbrüche schreiben, die dann unendlich groß sind. Ein Beispiel für solche irrationalen Zahlen sind die sich aus einer quadratischen Gleichung ergebenden *irrationalen quadratischen* Zahlen, in deren Kettenbrüchen sich bestimmte Zahlen wiederholen: $\sqrt{15} = [3,1,6,1,6,1,6,...]$ (siehe auch Anmerkungen unter »Die Laute des Pythagoras« auf Seite 235). Weitere Informationen bieten: Lakhtakia, A., Messier, R., Vasandara, V., Varadan, V. (1988) Incommensurate numbers, continued fractions, and fractal immittances. *Z. Naturforsch.* 43A: 943-955, und: Peterson, I. (1990) *Islands of Truth*. Freeman: New York.

In »Die Laute des Pythagoras« auf Seite 235 wurde der Goldene Schnitt, phi = 1,618... diskutiert. Frank Lonc aus New York führte Messungen durch und fand in Untersuchungen heraus, daß im Durchschnitt das Verhältnis zwischen der Größe einer Frau und der Höhe ihres Nabels 1,618 beträgt. David Johnson von der Philco Corporation hat φ bis auf 2.878 Dezimalstellen berechnet. Die ungewöhnliche Folge 177111777 ist unter den ersten 500 Dezimalstellen zu finden. Nähere Informationen siehe auch: Gardner, M. (1961) *The Second Scientific American Book of Mathematical Puzzles and Diversions.* University of Chicago Press: Chicago.

Unter »Die Evolution im Computer« auf Seite 71 wurde die chemische Evolution des Lebens vorgestellt. Erst kürzlich fand der Chemiker Jules Rebek vom MIT ein sich selbst reproduzie-

rendes Molekül. Rebek hält dieses Molekül für eine primitive Lebensform. Ob dieses Molekül nun wirklich zu den Lebewesen zu zählen ist oder nicht: Es stellt auf alle Fälle keine uns bekannte Lebensform dar. Das J-förmige Molekül wird von denselben chemischen Bindungen zusammengehalten wie Proteine, DNS und RNS, reproduziert sich jedoch in einer Chloroformlösung! (Das Leben auf der Erde hat sich wahrscheinlich im Wasser entwickelt.) Für die Chemiker unter den Lesern: Diese primitive Lebensform besteht aus einem dreisäurigen Aminoadenosinester. In Lösung vermehren sich Rebeks Moleküle millionenfach in einer einzigen Sekunde! Weitere Informationen siehe auch: Daviss, B. (1990) Yikes! It's alive. *Discover*, 11(12): 28.

Im »Zwischenspiel: Computer-Exoskelette« auf Seite 229 und in »Schlußbemerkungen« auf Seite 379 wird die immer enger werdende Verbindung zwischen Computer und Mensch angesprochen. Das Ames-Forschungszentrum der NASA in Mountainview, Kalifornien, hat eine neue Computerschnittfläche namens »Covolvotron« entwickelt. Dieses integrierte Computer-Kopfhörersystem arbeitet mit dem räumlichen Hörempfinden. Die durch den Kopfhörer wahrgenommenen Töne scheinen von einer bestimmten Stelle im Raum zu kommen, unabhängig davon, in welche Richtung der Kopf gedreht wird. Näheres siehe auch: Wright, K. (1990) An earful of 3-D music. *Discover*, 11(12): 34.

Im Abschnitt »Über die Existenz tortenmorpher ganzer Zahlen« auf Seite 251 wurde eine Gleichung für die maximale Zahl von Kuchenstücken vorgestellt, die mit *n* Schnitten durch einen Kreis erzielbar sind. Martin Gardner schickte mir vor kurzem ähnliche

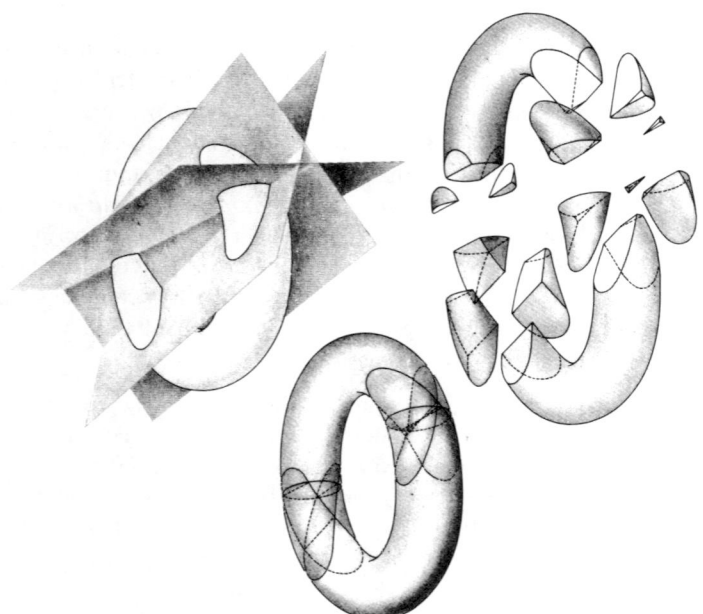

Abbildung C.1. *Wie man einen Ringkrapfen mit nur drei ebenen Schnitten in 13 Einzelstücke schneidet. Aus: The Second Scientific American Book of Mathematical Puzzles and Diversions.* Copyright 1987 Scientific American. Alle Rechte vorbehalten. Farbtafel 27 zeigt einen Schnitt durch eine Doughnut, der von mir berechnet wurde.

Formeln für einen Ringkrapfen und eine Kugel. Bei einem Krapfen können mit n Schnitten $(n^3 + 3n^2 + 8n)/6$ Stücke erhalten werden. Mit drei ebenen Schnitten läßt sich ein solcher Ringkrapfen also in 13 Stücke zerlegen (siehe Abbildung C.1). Für eine Kugel lautet die Gleichung $(n^3 + 5n)/6 + 1$; für einen zweidimensionalen Halbmond $(n^2 + 3n)/2 + 1$. Weitere Informationen siehe: Gardner, M. (1961) The Second Scientific American Book of Mathematical Puzzles and Diversions. University of Chicago Press: Chicago. Gardner, M. (1983) *New Mathematical Diversions from Scientific American.* University of Chicago Press: Chicago.

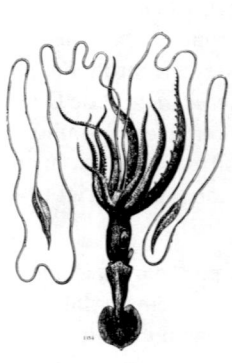

Unter »Spinnen Sie Ihr eigenes künstliches Spinnennetz« auf Seite 61 und »Unregelmäßig oszillierende fossile Seemuscheln« auf Seite 159 stellte ich einige ungewöhnliche Tierarten vor. Wie viele Spezies leben heute auf der Erde? Überraschenderweise ist dies eine sehr schwierige Frage. So gehört der hier abgebildete Kopffüßer zum 80.000 Arten umfassenden Stamm der Weichtiere. Susan Gilbert faßt im April 1986 in einem Artikel in Science Digest (S. 23) die Erkenntnisse des Biologen Edward O. Wilson von der Harvard-Universität in folgendem Zitat zusammen: *»Wir wissen, daß es in einem kleinen Virus zehn Gene und ungefähr 100 Milliarden Sterne in unserer Galaxie gibt. Aber wir wissen nicht, wieviele Tier- und Pflanzenarten auf der Erde leben.«*

Unter »Ein Verdrahtungsproblem« auf Seite 67 wurde die Verbindung von Objekten besprochen. Dies ist ein Problem aus der Graphentheorie, dem Studium der Verbindung von Punkten.

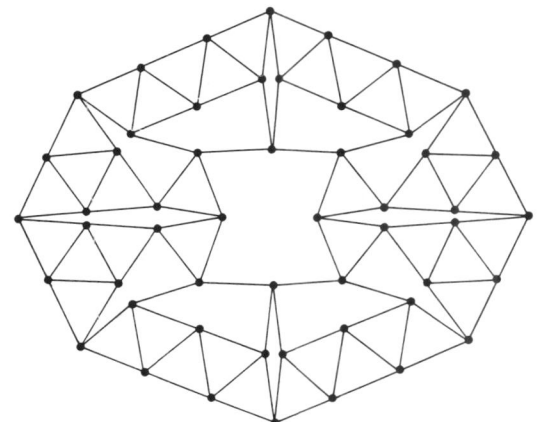

Solche Graphen spielen beim Entwurf von Schaltungen eine wichtige Rolle. Hier eine weitere Aufgabe: Wie kann man Hölzchen auf einer Ebene mit einem Punktmuster so anordnen, daß sich an jedem Punkt vier Hölzchen berühren, ohne sich dabei zu überkreuzen? In dem hier dargestellten Diagramm treffen vier Hölzchen an jeder Spitze aufeinander. Dies ist die kleinste bekannte Anordnung. Können Sie eine noch kleinere finden? (Muster von Heiko Harborth, Diagramm aus: Peterson, I. (1990) Islands of Truth. Freeman: New York.)

In »Computer und das Unerwartete« auf Seite 25 beschrieb ich Werke von Mathematikern, die gleichzeitig Künstler sind. Helaman Ferguson schuf kürzlich eine knapp 70 cm hohe, in Bronze gegossene Skulptur mit dem Titel *»Umbilic Torus NC«*. Mit einer computergesteuerten Fräse schnitt er fraktale Muster in die Oberfläche seiner Skulptur. Genau wie ein Möbius-Band hat die Skulptur nur eine einzige Kante. Mit dem Finger kann man an der Kante entlang insgesamt drei Windungen des Torus nachfahren, bevor man an den Ausgangspunkt zurückkehrt. Der einfach aussehende gewundene Torus wird mit einer relativ komplizierten Formel berechnet, von der ich nur einen Ausschnitt zeigen möchte:

$$\begin{pmatrix} \alpha\beta \\ \gamma\delta \end{pmatrix} : \sum_{0 \le j \le 3} A_j x^{3-j} y^j \to \sum_{0 \le j \le 3} A_j (\alpha x + \beta y)^{3-j} (\gamma y + \delta y)^j \tag{C.2}$$

(Näheres siehe »A feel for math« in: *Breakthroughs*, Februar 2(1): 75-76.)

Die »Jongleur-Folge« auf Seite 263 beschreibt eine unregelmäßige Folge von ganzen Zahlen. Abbildung C.2 zeigt die ersten Ziffern der Jongleur-Folge für 193, die erst nach 74 Schritten zu 1 zurückkehrt. Cornelius Groenewoud aus Bartow, Florida, schrieb mir folgendes:

Sehr geehrter Herr Pickover,

Sie definierten die Jongleur-Folge im wesentlichen mit

falls x gerade, dann x ← [x^f]
sonst x ← [x^g]
bis x = 1

mit f = 0,5 und g = 1,50. Ich halte es für außerordentlich schwierig, zu beweisen, daß jede solche Folge mit einer 1 endet. Der Endpunkt hängt stark von der Wahl von f und g ab. Ich

```
193 2681 138817 51720650 7191 609795 476185085
10391151638843 33496198677403032405
1938622664401768140007399774971
85357154459746972731761066262612011066679467
78860566577787233394147987499403577675976938427376583215958884 5286
88803472104297382249518660744 6955
264633560309716104220858647037719228740400480 88677
13613424264339848176586061663777975134464630363265809937314784150750 5327119
1588367781976112247424522832142385725387192827585531883810890396 59...
    (continued) 51368912244700870554670974835075813052013972 18
```

Abbildung C.2. Die ersten Terme einer riesigen Jongleur-Folge für 193. Ich führte die Berechnungen mit einer Spezialsoftware auf einem IBM 3090 aus. Zur Berechnung der Quadratwurzeln einer Zahl x mit mehreren Ziffern iterierte ich den Computerbefehl: *answer = 0,5* (x/answer + answer)* mehrere Hunderte Mal.

habe als Beispiel für den Startwert von x immer 5 und unterschiedliche Werte für f und g in der Nähe des von Ihnen gewählten Wertes (f = 0,50 und g = 1,50) eingesetzt. Es passiert folgendes:

f	g	Elemente der Folge
0,55	1,45	*5, 10, 3, 4, 2, 1*
0,54	1,46	*5, 10, 3, 4, 3, 1*
0,53	1,47	*5, 10, 3, 5, wiederholt sich*
0,52	1,58	*5, 10, 3, 5, wiederholt sich*
0,511	1,489	*5, 10, 3, 5, wiederholt sich*
0,510	1,490	*5, 11, 35, 199, 2.662,...*
		insgesamt 18 Schritte, die mit ... 4, 2, 1 enden
0,50	1,50	*5, 11, 36, 6, 2, 1, wiederholt sich*
0,49	1,51	*5, 11, 37, 233, 3.755, 24.9839, 141.405.711, usw.*
0,48	1,52	*5, 11, 28, 5, wiederholt sich*
0,473	1,527	*5, 11, 38, 5, wiederholt sich*
0,472	1,528	*5, 11, 39, 269, 5.160, 56, 6, 2, 1*
0,471	1,529	*5, 11, 39, 270, 13, 50, 6, 2, 1*
0,47	1,53	*5, 11, 39, 271, 5.277, 495.738, 475, 12.454, 84, 8, 2, 1*
0,46	1,54	*5, 11, 40, 5, wiederholt sich*
0,45	1,55	*5, 12, 3, 5, wiederholt sich*

Zeichnen Sie ein dreidimensionales Diagramm des Verhältnisses zwischen f, g und der Anzahl der zur Rückkehr zu 1 benötigten Schritte. Andere Zuschriften betrafen die Jongleur-Folge. James Beauchamp aus Quebec (Kanada) schrieb mir, daß in BASIC der Befehl $x = INT$ $(36**(1/2))$ das falsche Ergebnis 5 ergibt. Er schlug vor, eher SQR als die Potenzen 1/2 oder 0,5 zu verwenden.

Das Kapitel »Primzahl-Karos« auf Seite 245 behandelt Primzahlen wie 11, 13 und 17, die sich nur durch sich selbst und 1 teilen lassen. Arjen Lenstraa von der Firma Bellcore und Mark Manasse von der Digital Equipment Corporation fanden kürzlich die drei Primfaktoren einer 155stelligen Zahl, der neunten Fermat-Zahl. Der im 17. Jh. lebende französische Mathematiker Pierre de Fermat vermutete, daß Primzahlen Zahlen der Form $2^m + 1$ (mit $m = 2^n$ und $n = 0$

oder eine positive ganze Zahl) seien. Wie sich zeigte, gilt dies für $n < 5$, nicht aber für Fermat-Zahlen mit größeren Werten von n. Im Jahre 1990 wurde die neunte Fermat-Zahl in 2.424.833 (eine Primzahl) sowie in eine 99stellige und eine 49stellige Primzahl zerlegt. Für diese Berechnung waren 200 Freiwillige und fast 1.000 Computer erforderlich! (Näheres siehe: »Long, long division« in: *Breakthroughs*, Februar 2(1): 74-75.)

Die neunte Fermat-Zahl:
Die Zahl 13.407.807.929.942.597.099.574.024.998.204.846.127.
497.365.820.592.393.377.723.561.443.721.764.030.073.546.
976.801.874.298.166.903.427.690.031.858.186.486.050.
853.753.882.811.946.569.946.433.649.006.084.097
ist gleich
2.424.833
mal
7.455.602.825.647.884.208.337.395.736.
200.454.918.783.366.342.657
mal
741.640.062.627.530.801.524.787.141.901.937.474.059.
940.781.097.519.023.905.821.316.144.415.759.
504.705.008.092.818.711.693.940.737.

Unter »Rausch-Sphären zur Darstellung von Zufälligkeiten« auf Seite 167 besprach ich die Verwendung von Computergrafiken zur Darstellung von verrauschten Daten. Bei einem weiteren Verfahren wird ein Muster des niederländischen Künstlers M. C. Escher als Grundmuster mit willkürlicher Orientierung auf eine Fliese gezeichnet und diese in die Ecke eines großen quadratischen Gitters gesetzt. Nun wird das Gitter Reihe für Reihe mit diesen Fliesen belegt. Ein nahtloses, ebenenfüllendes Muster entsteht. Ich probierte zwei Orientierungen für

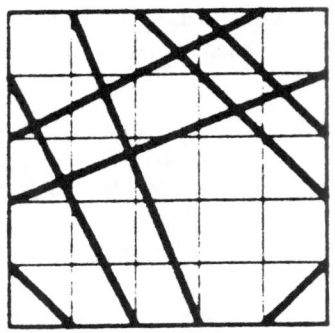

meine Anfangsfliesen aus. Das erzeugte Muster zeigt einige diamantförmige Objekte. Je stärker die Fliesen geordnet werden, desto weniger Diamanten tauchen auf. Eine vollständig willkürliche Parkettierung erzeugt die meisten Diamanten; im abgebildeten Fall macht der Anteil der Diamanten etwa 5% aus (Anzahl der Diamanten im Muster geteilt durch die Gesamtzahl der Fliesen). Versuchen Sie, mit der Grundfliese die genetische Sequenz in Abbildung C.4 zu legen. Die aus den vier Basen G, C, A und T bestehende Sequenz läßt sich durch Muster mit vier Ausrichtungen darstellen. Was sagt das erzeugte Muster (»Eschergramm«) über die Muster und mögliche Zufallsfolgen unter den ersten 1.000 Basen des Aids-Virus aus (Abbildung C.4)? Näheres über Escher-Muster siehe: Schattschneider, D. (1990) *Visions of Symmetry*, Freeman: New York. Näheres über Muster zur Darstellung von Geräusch-Daten siehe: Pickover, C. (1989) Picturing randomness with Truchet tiles. *Journal of Recreational Math.* 21(4): 256-259, und Pickover, C. (1991) Mathematics and beauty: several short classroom experiments. *American Math Society* Notices. März 38(3): 191-195.

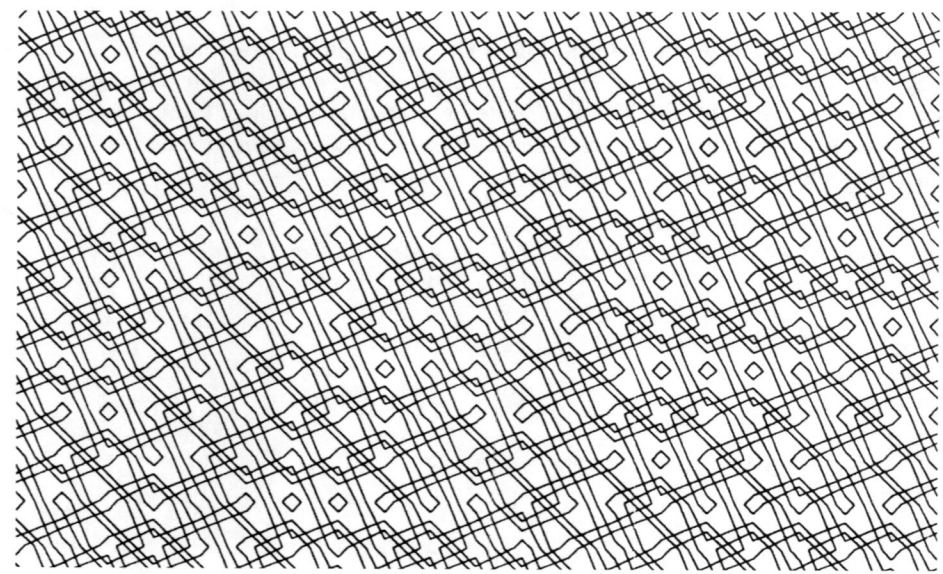

Abbildung C.3. *Escher-Parkettierung zur Darstellung von Zufallsinformationen.*

Unter »Die Evolution im Computer« auf Seite 71 wurden gefaltete Gensequenzen vorgestellt. Zwei Wissenschaftler aus den Niederlanden wandten kürzlich dieselben Berechnungsverfahren auf nichtbiologische Sequenzen an. Sie konstruierten Pseudo-RNS-Sequenzen auf der Grundlage einer Primzahl-Reihe und benutzten dann RNS-Faltungsprogramme zur Untersuchung der Primzahl-Muster! Das Diagramm links stellt eine Pseudo-RNS-Struktur aus den ersten 1.000 Primzahlpaaren dar. Ein biologisches RNS-Molekül mit dieser Basenfolge hätte eine freie Energie von –256,9 Kcal/Mol. Näheres über diesen neuen und faszinierenden Ansatz ist bei Mels Sluyser und Erik L. Sonnhammer, Krebsinstitut der Niederlande, 1066 CX Amsterdam, Niederlande, zu erfahren.

In »Ergebnisse des Wettbewerbs um die größte Zahl« auf Seite 239 beschrieb ich große Zahlen wie die Hamlet- oder die Schach-Zahl. Ich möchte hier weitere große Zahlen vorstellen, die

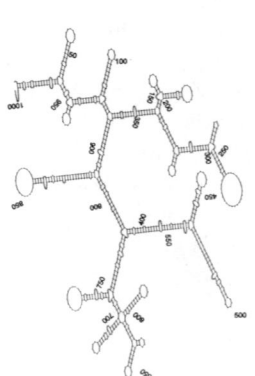

allerdings alle kleiner sind als Googol. Die *Eiszeit-Zahl* (10^{30}) gibt die Anzahl der Eiskristalle an, die für die Bildung der Eiszeit erforderlich sind. Die *Coney-Island-Zahl* (10^{20}) steht für die Zahl der Sandkörner am Strand von Coney Island. Die *Sprech-Zahl* (10^{16}) ist die Zahl der von Menschen von Anbeginn an gesprochenen Wörter, einschließlich der Lautäußerungen von Babies, aller Liebeslieder und Parlamentsdebatten. Diese Zahl entspricht ungefähr der Zahl der seit der Gutenberg-Bibel gedruckten Wörter. In Deutschland waren während der Inflation ungefähr 496.585.346.000.000.000.000 Reichsmark in Umlauf. Diese Zahl entspricht in etwa der Coney-Island-Zahl. Die Zahl der Sauerstoffatome in einem Fingerhut ist deutlich größer: 1.000.000.000.000.000.000.000.000. In einer einzigen Mi-

```
   1 TGTAGTGGGT GGAAGGGCTA ATTCACTCCC AACGAAGACA AGATATCCTT
  51 GATCTGTGGA TCTACCACAC ACAAGGCTAC TTCCCTGATT GGCAGAACTA
 101 CACACCAGGA CCAGGGATCA GATATCCACT GACCTTTGGA TGGTGCTACA
 151 AGCTAGTACC AGTTGAGCCA GATAAGGTAG AAGAGGCCAA CAAAGGAGAG
 201 AACACCAGCT TGTTACACCC TGTGAGCCTG CATGGAATGG ATGACCCGGA
 251 GAGAGAAGTG TTAGAGTGGA GGTTTGACAG CCGCCTAGCA TTTCATCACG
 301 TGGCCCGAGA GCTGCATCCG GAGTACTTCA AGAACTGCTG ATATCGAGCT
 351 TGCTACAAGG GACTTTCCGC TGGGGACTTT CCAGGGAGGC GTGGCCTGGG
 401 CGGGACTGGG GAGTGGCGAG CCCTCAGATG CTGCATATAA GCAGCTGCTT
 451 TTTGCCTGTA CTGGGTCTCT CTGGTTAGAC CAGATCTGAG CCTGGGAGCT
 501 CTCTGGCTAA CTAGGGAACC CACTGCTTAA GCCTCAATAA AGCTTGCCTT
 551 GAGTGCTTCA AGTAGTGTGT GCCCGTCTGT TGTGTGACTC TGGTAACTAG
 601 AGATCCCTCA GACCCTTTTA GTCAGTGTGG AAAATCTCTA GCAGTGGCGC
 651 CCGAACAGGG ACTTGAAAGC GAAAGGGAAA CCAGAGGAGC TCTCTCGACG
 701 CAGGACTCGG CTTGCTGAAG CGCGCACGGC AAGAGGCGAG GGGCGGCGAC
 751 TGGTGAGTAC GCCAAAAATT TTGACTAGCG GAGGCTAGAA GGAGAGAGAT
 801 GGGTGCGAGA GCGTCAGTAT TAAGCGGGGG AGAATTAGAT CGATGGGAAA
 851 AAATTCGGTT AAGGCCAGGG GGAAAGAAAA AATATAAATT AAAACATATA
 901 GTATGGGCAA GCAGGGAGCT AGAACGATTC GCAGTTAATC CTGGCCTGTT
 951 AGAAACATCA GAAGGCTGTA GACAAATACT GGGACAGCTA CAACCATCCC
1001 TTCAGACAGG ATCAGAAGAA CTTAGATCAT TATATAATAC AGTAGCAACC
```

Abbildung C.4. *Sequenz eines Aids-Virus.* Hier sind die ersten 1.000 Basen des Immundefizienz-Virus Typ 1 gezeigt. Verwenden Sie diese Daten als Eingabe für die im Text beschriebene Escher-Parkettierung. (Quelle: Muesing, M. A., Smith, D. H., Cabradilla, C. D., Benton, C. V., Lasky, L. A. und Capon, D. J. (1985) Nucleic acid structures and expression of the human AIDS/lymphadenopathy retrovirus. *Nature*, 313: 450-458.)

nute fließen so viele Elektronen durch die Wendel einer Glühbirne wie Wassertropfen über die Klippen der Niagara-Fälle. Die Zahl der Elektronen in einem einzigen Blatt ist größer als die Anzahl der Poren aller Blätter aller Bäume auf der ganzen Welt. Die Anzahl der Atome in diesem Buch ist kleiner als Googol. Die Wahrscheinlichkeit, daß dieses Buch vom Tisch in Ihre Hände springt, ist nicht gleich Null. Unter Anwendung der Gesetze der statistischen Mechanik wird dies wahrscheinlich irgendwann einmal in nicht ganz googolplex Jahren geschehen.

Wettbewerbe, freie Zeitschriften usw.: Hiermit schreibe ich einen Preis von 50 Dollar für den Einsender der phantasievollsten und ästhetischsten Laute des Pythagoras aus. Lauten mit einem hohen Rekursivitätsgrad werden bevorzugt. Der Preis wird voraussichtlich im September 1993 verliehen und die Laute möglichst in einer der nachfolgenden Auflagen dieses Buchs veröffentlicht. Alle Vorschläge sind zu richten an: Pickover, P.O. Box 549, Millwood, New York 10546-0549, USA. Unter der gleichen Anschrift sind auch Fotokopien aller eingereichten Lauten erhältlich. *Juggernaut* ist eine informelle Zeitschrift des Juggler Geometry Clubs. Darin werden viele Briefe von Studenten und Wissenschaftlern über Programme für die Jongleur-Geometrie und die Wurm-Algebra sowie über die Theorie selbst veröffentlicht. Anfragen sind an obige Anschrift zu richten. Ein Preis von 50 Dollar ist vom Verleger der Zeitschrift für die längste Jongleur-Zahl ausgeschrieben worden. Auch dieser wird etwa im September 1993 verliehen; die Zahl wird im *Juggernaut* veröffentlicht. Im Augenblick ist die längste Jongleur-Zahl eine 45.391stellige Zahl für die Startzahl 30.817. Sie wurde von Harry

J. Smith mit seinem eigenen Programm für die hochpräzise Multiplikation von ganzen Zahlen berechnet. Dieses Programm ist in der objektorientierten Programmiersprache Turbo Pascal 5.5 von Borland International geschrieben. Sein Jongleur-Programm ist Teil seines Superpräzisionsprogrammpakets, mit dem transzendentale Funktionen bis auf Tausende von Dezimalstellen berechnet werden können. Sie können ihn um die Zusendung des Programms bitten; seine Anschrift lautet: Harry J. Smith, 19628 Via Monte Drive, Saratoga, CA 95070, USA. Der Verleger setzt einen weiteren Preis von 50 Dollar für die längste, von Lesern berechnete Wahrscheinlichkeitsreihe aus. Der Preis wird voraussichtlich im September 1993 verliehen. Eine weitere Zeitschrift zum Thema Mathematik und Kunst ist *The Journal of Chaos and Graphics*. Anfragen sind an die anfangs genannte Adresse zu richten.

Das Foto zeigt den Chemiker Jules Rebek vom MIT, der zu Beginn der 90er Jahre ein organisches Molekül konstruierte, das sich selbst reproduziert. Nach Ansicht Rebeks ist dies eine primitive Lebensform. Näheres siehe Seite 409.

Anhang D

Zwischenspiel: Künstlerisch begabte Androiden und Elefanten

Die Roboter der Zukunft werden Bilder malen können, deren künstlerische Qualität an Picassos Werke heranreicht. Unten links ist ein Porträt des Autors zu sehen, das von einem 1985 auf der Internationalen Wissenschaftsausstellung in Tskuba, Japan, erstmals gezeigten Zeichenroboter geschaffen wurde. Der Roboter erkennt die Konturen des Gesichts, die Augen, die Nase und andere Gesichtszüge und erzeugt daraus eine abstrakte Linienzeichnung. Der Robotorarm taucht den Pinsel in die Farbe und zeichnet dann das Bild auf eine Leinwand – fast wie ein Mensch! Dies ist der Beginn der Roboterkunst, die in den 90er Jahren große Fortschritte machen wird.[53].

Können Tiere Kunstwerke schaffen? Verschiedene Wissenschaftler und Künstler sind davon überzeugt. Unten rechts die von mir angefertigte Skizze einer Farbzeichnung eines Elefanten. Ich habe nur einige der Muster kopiert. Wenn der Elefant sein Bild für fertig hält, streckt er seinen Rüssel in die Höhe. Kenner abstrakter expressionistischer Kunst brachen in Begeisterung aus und einige der Elefanten-Kunstwerke werden für mehrere hundert Dollar gehandelt. Der Science-Fiction-Autor J. Diamond fragte: »Falls Tiere wirklich über einen Sinn für Kunst verfügen, welche Auswirkungen hat dies für uns?«[54]

Die Rechtsanwälte können sich dann die Köpfe darüber zerbrechen, wem das Copyright für von Robotern und Tieren geschaffene Kunstwerke zusteht.

---

53 Die Zeichenroboter werden von einem Hochgeschwindigkeits-Bildprozessor (Panasight 8X1) und einem NEC PC-9801-Computer gesteuert.
54 Näheres zur Elefanten-Kunst siehe: Gucwa, D., Ehmann, J. (1985) *The Art of Elephants*, W.W. Norton: New York, und: Diamond, J. (1991) Art of the Wild. *Discover*, Febr. 12(2): 78-83.

Anhang E

Bibliographie: Computer in Kunst und Wissenschaft

»Die großen Revolutionen in der Wissenschaft sind fast immer das Ergebnis intuitiver Eingebungen. Wissenschaft ist schließlich nichts anderes als die Beschäftigung mit den schwierigen Rätseln, vor die uns das Universum stellt. Mutter Natur macht etwas Interessantes, und der Wissenschaftler muß es enträtseln.«   *Martin Gardner, 1978*

E.1 Filme

»Dem Menschen werden von der Physik die wenigsten Grenzen gesetzt.«
John Fowles, The Magus

1. *Atoms Dance in the Amorphous World* (VHS-Video, in dem eine Computersimulation von Atomen in Glas gezeigt wird), 3-2-12 Hongo, Bunkyo-ku, Tokio 113 Japan.

2. *A Non-Euclidean Universe* (1978; 25 min; Farbe). University Media, 118 South Acacia, Box 881, Solana Beach, CA 92075, USA.

3. *Circle Circus* (1979; 7 min; Farbe). International Film Bureau, 332 South Michigan Ave., Chicago. IL 60604, USA.

4. *Complex Numbers* (1978; 25 min; Farbe). University Media, 118, South Acacia, Box 881, Solana Beach, CA 92075, USA.

5. *Cycloidal Curves, or Tales from the Wanklenberg Woods* (1974; 22 min; Farbe). Modern Film Rentals, 2323 New Hyde Park Road, New Hyde Park, NY 11040, USA.

6. *Dihedral Kaleidoscopes* (1966; 13 min; Farbe). International Film Bureau, 332 South Michigan Ave., Chicago, IL 60604, USA.

7. *Dragon Fold, and other Ways to Fill Space* (1979; 7,5 min; Farbe). International Film Bureau, 332 South Michigan Ave., Chicago, IL 60604, USA.

8. *Geodesic Domes: Math Raises the Roof* (1979; 20 min; Farbe). David Nulsen Enterprises, 3211 Pico Blvd., Santa Monica, CA 90405, USA.

9. *Inversion* (12 min; Farbe). International Film Bureau, 332 South Michigan Ave., Chicago, IL 60604, USA.

10. *Sets, Crows and Infinity* (12 min; Farbe). BFA Educational Media, 2211 Michigan Ave., P O Box 1795, Santa Monica, CA 90406, USA.

E.2 Verschiedene Verkaufsartikel, Lehrmaterial, Kunst, Spiele, Händler

»Es gibt kein Problem, das keine neue Erkenntnis in sich birgt. Man befaßt sich mit Problemen, weil man die ihnen innewohnenden Erkenntnisse benötigt.«   Richard Bach

Zu Beginn der 90er Jahre entstanden zahlreiche Computerkunst-Werke, und es entwickelte sich ein umfassendes Vertriebsnetz. Im Foto oben sehen wir Gregory Sams, den Inhaber des Geschäfts *Strange Attractions*. Er hat sich ausschließlich auf den Verkauf von Computerkunst, Chaos und Fraktale spezialisiert. Seiner Ansicht nach ist sein Geschäft das erste, das sich voll und ganz der Chaos-Theorie verschrieben hat. Zum Sortiment gehören: Kaffeebecher, Poster, Ansichtskarten, Anstecker, T-Shirts und Puzzles. Obwohl an der Geschäftsfassade kein Name angebracht ist, wird man die fraktalen grünen und roten Ornamente an der Fassade kaum übersehen. Nähere Informationen bei: *Strange Attractions*, 204 Kensington Park Road, London W11 INR England. (Foto von Pete Addis.)

1. *Fractal Music.* (Cassette, CD). Adresse: Botanica, Sanford Ponder, 756 S. Spring Street, 13th Floor West, Los Angeles, Kalifornien, 90014, USA.

2. *Amber Lotus.* (Computerkunst, -mathematik, Kalender und Karten). Adresse: Amber Lotus, 1241 21st Street, Oakland, CA 94607, USA.

3. Fraktalkunst, handsignierte (limitierte Auflage) Farbposter und Katalog. Adresse: Fractal Generation, 2895 Biscayne Blvd. #285, Miami, Florida 33137, USA.

4. Mathematische Metallskulpturen und Wandbehänge von John Robinson. (Knoten, DNA, Bündel, wunderschöne ovale Formen. Katalog kann angefordert werden.) Kontaktadresse: c/o Mrs. Anna Coyle, Trusco Management, P.O. Box 725 Carouge-Genf, Schweiz. Oder: Mathematics and Knots, University of Wales, Bangor, LL57 1UT, Großbritannien. Oder: »Agecroft«, Galhampton, Yeovil BA22 7AY, Somerset, Großbritannien.

5. *Mathematics and Knots* von der »Mathematics and Knots Exhibition Group«. (Als Buch erhältlich.) Kontaktadresse: Mathematics and Knots, School of Mathematics, University of Wales, Dean Street, Bangor, Gwynedd LL57 1UT, Wales, Großbritannien. Fax: (0248) 361 429

6. Fraktal-Software. (Mandelbrot-Menge, Newtonsches Verfahren, willkürliche Wege, Julia-Mengen, Diffusion, dynamische Systeme.) Kenelm W. Philip, 1590 North Becker Ridge Road, Fairbanks, Alaska 99709.

7. *Das Chaos-Glockenspiel.* Das Chaos-Glockenspiel ist das elektromechanische Gegenstück zum klassischen Windspiel, wird jedoch nicht vom Wind aktiviert. Der Glockenspielklöppel wird von einem chaotischen, nichtlinearen elektromechanischen Antrieb gesteuert. Das Arbeitsprinzip ändert sich schon bei geringfügiger Änderung der Ausgangsbedingungen. Kontaktadresse: John Christensen, Christensen Designs, P.O. Box 1551 Manteca, CA 95336, USA.

8. *POLY. (*Software zur Erzeugung von Platonischen und Archimedischen Körpern und Prismen). Kontaktadresse: POLY, P.O. Box 893, Woden, ACT, Australien 2606.

9. *Art, Science, and Technology Institute.* (Dies ist eine kleine, gemeinnützig tätige Gruppe osteuropäischer Fachleute, die Hologramme verkaufen und Schulungen zu diesem Thema durchführen.) ASTI, 2018 R. St. NW, Washington, DC 2009, USA.

10. *BrainMaker* 2.0 (Software für neurale Netzwerke) California Scientific Software, 160 Montecito #E, Sierra Madre, CA 91024, USA.

11. Fraktal-Software. Ian Adam, 4425 West 12 th Ave., Vancouver, BC, Kanada, V6R 2R3, USA.

12. *Hallucinations* 2.0 (Software zur Erzeugung nicht-rekursiver Muster.) Polymath Systems, P.O. Box 795, Berkeley, CA 94701, USA.

13. Generator komplizierter Muster. (Software und Handbuch mit Abbildungen, 132 S.) Pixel Pathways, 405 W. Washington St. #67, San Diego, CA 92103, USA.

14. *General Symmetrics* (Puzzles, Spiele, Bücher, Engel-Kurven) General Symmetrics, 2935 W Chengano, Englewood, CO 80110, USA.

15. *Blackholes in the Mandelbrot set* (Software) Ken Hooper, 1561 Alta Vista Drive, Vista, Kalifornien 92084, USA.

16. *The Brain* (Software, die Gehirnbereiche wirklichkeitsgetreu darstellt.) HyperCraft, P.O. Box 4582, University Park, NM 88003, USA.

17. Koyn-Software (Fraktale Clip-Art, Mengen iterierter Funktion.) Software, 1754 Sprucedale, St. Louis, MO 63146, USA.

18. Orbitalsimulation (Software zur Mandelbrot-Menge.) Randy Soderstrom, 7987 Altair, Anaheim, Kalifornien 92808, USA.

19. Präzisionsrechner (Software zur Berechnung von transzendentalen Funktionen bis auf tausend Dezimalstellen genau.) Harry J. Smith, 19628 Via Monte Drive, Saratoga, CA 95070, USA.

20. Bilder, Puzzles, Fonts (Software) Kontaktadresse: Letterforms and Illusions, W.H. Freeman, 41 Madison Ave, New York, NY 10010, USA.

21. Fraktalkunst (Software und Animation.) FractalPro, MegageM, 1903 Adria, Santa Maria, CA 93454, USA.

22. Puzzles, Anagramme (Software) RecRoom RecWare, P.O. Box 307, Pacific Grove, CA 93950, USA.

23. Schachbrettwelten, Computergeschichten. B. V. Firner, 415 Lancaster Ct., Pisacataway, NY 08854, USA.

24. Strahlmarkierte Facettensteine (Dias). Jim Gemology, Box 172, Louisville, Ohio 44641, USA.

25. *Ariel Press* (Bücher über Chaos) P.O. Box 1360, Santa Cruz CA 95061, USA.

26. *Mysterious Mandelbrot-Skelette.* (Software). Jim Gemology, Box 172, Louisville, Ohio 44641, USA.

27. *Supermind* (hochauflösende Software für Mandelbrot- und Julia-Mengen); Guy Cos, Box 206, Wentworth Building, University of Sydney, NSW 2006 Australien.

28. *Ami-FX, Amiga Fractal Exchange.* Kostenlose Zeitschrift zu Animation, Kunst und Software. Cade Roux, Gonville and Caius College, Cambridge CB 1TA, Großbritannien.

29. Autodidaktisches Raumfahrzeug (Software) Cognitech, P.O. Box 5034, Station F, Ottawa, Kanada K2C 3H3.

30. *Moby Worlds* (530.000 englische Wörter plus Software); Illumind, 571 Belden St. Ste A., Montery, Kalifornien 93940-1307, USA.

31. Mandelbrot und Life Software. SpeedGraoh Tiistilankuja 1 E 50, SF-02230, Espoo, Finnland.

32. Minimal-Kunst durch Mosaikbildung (Software) Christopher Computer, 28 Anderson St., Boston, MA 02114-3648, USA.

33. Zelluläre Automaten. (Software). Charles Platt, P.O. Box 556, Chelsea Station, New York, USA.

34. Software zu neuronalen Netzen. California Scientific Software. 160 Montecito #E, Sierra Madre, CA 91024, USA.

35. *CrystalEyes* (Brillen zur Erzeugung eines 3D-Effekts bei zweidimensionalen Bildschirmen.) Stereo-Graphics, 2171-H E. Francisco Blvd., San Rafael, CA 94901, USA.

36. Fraktalprogramme. Für 10^{72} Vergrößerungen der Fraktale. Andromeda Research, 6441 Enterprise Lane, Madison, WI 53719, USA.

37. *Expor-I* (Chaosprogramme zur Berechnung von biomorphen Zahlen, Termiten und Dünen.) Turing Omnibus, P.O. Box 1456, London, Ontario, Kanada N6A 5M2, USA.

38. Kryptographische Programme für den PC. Alex J. Smith, #12419-3240-66 Ave. SW, Calgary, Alberta, Kanada T3E 6M5, USA.

39. Fraktale Ansammlung. (Software) Fractal Recreations, 21 Wichard Blvd., Commack, NY 11725-1706, USA.

40. *CHAOS* (Software) EduTech, 1927 Culver Road, Rochester, NY 14609, USA.

41. *Everglade.* (Computerlyrik) Hyperion Softworld, 535 Divernay, Sherbrooke, QC, Kanada J1L 1Y8.

42. Fraktale Software. Ian Adam, 4425 West 12th Ave., Vancouver, British Columbia, Kanada V6R 2R3.

43. *Boston Computer Museum.* 300 Congress Street, Museum Wharf, Boston, MA 02210, USA.

44. *ART COM.* (Computerkunst-Publikationen, Videos, Ungewöhnliches und Kataloge.) Anschrift: ART COM / Contemporary Arts Press, P.O. Box 193123 Rincon Center, San Francisco, CA 94119-3123, USA, USA.

45. Fraktalbildkompression. Kontaktadresse: Iterated Systems, Inc., 5550 Peachtree Parkway, Building A, Suite 545, Norcross, GA 30092, USA.

46. *Lascaux Graphics.* (Vertrieb von Computer-, Mathematik- und Grafikbüchern, Fraktal-Videos, Themen zur vierten Dimension und Software.) Lascaux Graphics, 3220 Steuben Ave., Bronx, New York 10467, USA.

47. Kreativität/Kurzweil (Software und Katalog). Rosemary West, P.O. Box 8059, Mission Hills, CA 91346, USA.

48. *Visual Music.* (Video) Informationen über Musikanimationsmaschine, 1850 Arch Street #5, Berkeley, CA 94709, USA.

49. *Annual Symposia on Electronic Arts.* Anschrift: SISEA, Westerhavenstraat 13, 9718 AJ Groningen, Niederlande.

50. *The Math Group.* (Bemerkenswerte Rätsel und mathematische Spiele.) The Math Group, 396 East 79th Street, Minneapolis, MN 55420, USA.

51. *Lano Company.* (Mathematische optische Hilfen. Körper, Transparenzen, graphische Hilfen.) Anschrift: Lano Company, 9001 Gross Road, Dexter, MI 48130, USA.

52. *Creative Publications.* (Mathematikbücher, Modelle, Spiele, Poster und Katalog.) Creative Publications, 3977 East Bayshore Road, Box 10328, Palo Alto, CA 94303, USA.

53. *Rite Item.* (Programme für Mustererzeugung aus einem Artikel im »Scientific American«.) Rite Item, 1622 N. Xerxes Ave. Minneapolis, MN 55411, USA.

54 Astronomische Software. Neutronensterne. Anschrift: Koen Vyverman, Leopold 1-Straat 480, 1090 Brüssel, Belgien.

55. *Math Shop.* (Spiele, mathematische Rätsel.) Anschrift: Math Shop, 5 Bridge St. Watertown, MA 02172, USA.

56. Maßgeschneidertes Chaos. FracTools-Grafiksoftware. Auch FracTunes (in Musik). Anschrift: Bourbaki, P. O. Box 2867, Boise, Idaho 83701, USA.

57. *FraChaos.* (Fraktale Kunst.) Higher, Tengrove, Constantine, Falmouth, Cornwall TR11 5 QR.

58. *Fractal Attraction.* (Fraktal-Software unter Verwendung von Iterationen.) Sandpiper Software, P.O. Box 8012, St. Paul, MN 55108, USA.

59. *CSSRBB Project.* (Computersimulationen und wissenschaftliche Computer-Kurzweilprojekt.) CSSRBB Project, P.O. Box 20714, Seattle, WA 98102, USA.

60. *Computer Go.* (Zeitschrift über künstliche Intelligenz bei dem Spiel »Go«.) 71 Brixford Crescent, Winnipeg, Manitoba, R2N 1E1, Kanada.

61. *Just Puzzles.* (Mechanische Rätsel, Rubik-Würfel.) Just Puzzles, Dept. A, 54 Richwood Place, Denville, New Jersey 07834, USA.

62. *Math Workhorse.* (Software für Geometrie, komplexe Zahlen, große Zahlen.) Spence Barnshaw, Box 35032, Vancouver, B.C., Kanada V6M 4G1.

63. *Mandelbrot Magic.* (Fraktal-Software.) Steve Wagner, Left Coast Software, P.O. Box 160601, Cupertino, CA 95016-0601, USA.

64. *Fractal Magic and Cell Master.* (Software für schöne Fraktalgrafiken.) Sintar Software, 1001 4th Ave., Suite 3200, Seattle, Washington 98154, USA.

65. *VGAMBROT.* (Software für Fraktale.) Michael Freeman, 4777 Hoskins Road North, Vancouver, B.C., Kanada V7K 2R3.

66. *Mathematical Farrago.* (Software für Computer-Kurzweil: Primzahlen, Paradoxon, Spiele, Fraktale.) Mike Ecker, 909 Violet Terrace, Clarks Summit, PA 18411, USA.

67. *Magic Math Plus.* (Software: Fibonacci-Zahlen, Gedankenlesen, Spiele.) Mike Ecker 909 Violet Terrace, Clarks Summit, PA 18411, USA.

68. *Mandelbrot Microscope.* (Fraktal-Software.) Public Software Library. P.O. Box 35705, Houston, TX 77235-5705, USA.

69. *Thinking Software.* (Software für Künstliche Intelligenz, neuronale Netze.) Thinking Software, 46-16 65th Place, Woodside, NY 11377, USA.

70. *Camelot Publishing.* Hervorragende Bücher, Lehrbücher und Informatik-Materialien, Computergrafik und Mathematikbücher. Camelot Publishing, P.O. Box 1357, Ormond Beach, FL 32175, USA.

71. *MEDIA MAGIC:* The Fractal Universe Catalog, P.O. Box 507, Nicasio, CA 94946, USA. Sehr gute Bücher, Videos, Drucke und Kalender.

72. *ART MATRIX.* Schöne Postkarten und Videos mit aufregenden mathematischen Figuren. ART MATRIX, P.O. Box 880, Ithaca, New York 14851, USA.

73. *Cellular Automata Laboratory,* von Dr. Rudy Rucker. Diese Programme gestatten dem Benutzer die Erzeugung erstaunlicher animierter Computergrafiken sowie die Simulation physikalischer und biologischer Modelle. Anschrift: Autodesk, Inc. 2320 Marinship Way, Sausalito, CA 94965, USA.

74. Generator für Mandelbrot- und Julia-Mengen. (Fraktal-Software) Charles Platt, P.O. Box 556, Chelsea Station, New York, NY 10013, USA.

75. *Desktop Fractal Design System.* (Fraktal-Software.) Academic Press, 1250 Sixth Ave., San Diego, CA 92101-9665, USA.

76. *Fractal Programming in C.* (Fraktal-Software mit Handbuch.) M & T Publishing, 501 Galveston Drive, Redwood City, CA 94063, USA.

77. *ARTPACK.* (Fraktal-Software.) Zephyr Services, 1900 Murray Ave., Pittsburgh, PA 15217, USA.

78. *Fractal GRAPHICS.* (Fraktal-Software zur interaktiven Konstruktion von Fraktalen.) R 1 Box 5140, Morrisville, VT 05661, USA.

79. *Fractal Illumination.* (Videokassetten, fraktale Animation nach Musik.) Rock Art Video, 20 Sunneyside, #304 Mill Valley, CA 94941,USA.

80. *Fractal Calender.* Kontaktadresse: J. Loyless, 5185 Ashford Court, Lilburn, Georgia 30247, USA.

81. *Math Products Plus* (Mathematik-Bücher, T-Shirts, Rätsel, Skulpturen, Spiele und Katalog.) Kontaktadresse: Math Producs Plus. P.O. Box, San Carlos, CA 94070, USA.

82. *Glimpses of a Future Universe.* (Fraktal-Dias und Cibachrome-Poster mit einer Auflösung von 2.046 x 1.366.) AMYGDALA, Box 219, San Christobal, New Mexico 87564, USA.

E.3 Zeitungen, Zeitungsrubriken, Vereine

> *»Kein lebender Organismus kann lange Zeit unter den Bedingungen der absoluten Wirklichkeit existieren, ohne krank zu werden. Sogar von Lerchen und Heuschrecken nimmt man an, daß sie träumen.«*
>
> *Shirley Jackson*

1. *Amphotographer.* Eine achtmal pro Jahr erscheinende Zeitung, die sich mit dekorativen Kachelmustern und anderer Kunst, die M.C. Escher nachempfunden ist, beschäftigt. John Osborne, 250 Donegal Way, Martinez, Kalifornien 94553, USA.

2. *Fractal Report,* eine Fraktal-Zeitung. Herausgeber: J. de Rivaz, Reeves Telecommunications Lab. West Towan House, Porthtowan, Cornwall TR4 8AX, Großbritannien.

3. *AMYGDALA*, eine faszinierende Fraktal-Zeitung. Kontaktadresse: AMYGDALA, Box 219, San Cristobal, New Mexico 87564, USA.

4. *The Cellular Automatiste,* eine Zeitung über zelluläre Automaten. Kontaktadresse: AMYGDALA, Box 219, San Cristobal, New Mexico 87564, USA.

5. *Computer-Kurzweil,* Rubrik von A. K. Dewdney in *Spektrum der Wissenschaft.*

6. *Algorith – The Personal Computer Newsletter.* P.O. Box 29237, Westmount Postal Outlet, 785 Wonderland Road S., London, Ontario, Kanada, N6K 1M6. Beschäftigt sich auch mit Fraktalen und Freizeitmathematik.

7. *The Journal of Chaos and Graphics,* eine informelle Zeitung zu ästhetischen und ungewöhnlichen Grafiken, die sich mathematisch ableiten lassen (wenden Sie sich diesbezüglich an mich).

8. I. Petersons interessante Rubrik in *Spektrum der Wissenschaft,* die sich häufig mit Mathematik und Grafiken befaßt.

9. *Recreational and Educational Computing Newsletter.* Dr. Michael Ecker, 909 Violet Terrace, Clarks Summit, PA 18411, USA.

10. *Quantum Quarterly.* Diese Zeitung druckt Aufstellungen von Büchern zu Fraktalen, Freizeitmathematik usw. ab. Kontaktadresse: Quantum Books, One Kendall Square, Cambridge, MA 02139, USA.

11. *YLEM – Artists using science and technology.* Diese Zeitung wird von einer Gruppe von Künstlern herausgegeben, die mit Videos, ionisierten Gasen, Computern, Lasern, Hologrammen, Robotik und anderen unkonventionellen Medien arbeiten. Zur Gruppe gehören auch Künstler, die traditionelle Medien nutzen, sich aber von Bildern elektromagnetischer Phänomene, biologischer Replikation (der DNS usw.) und Fraktalen inspirieren lassen. Kontaktadresse: YLEM, Box 749, Orinda, CA 94563, USA.

12. *Powell's Technical Bookstore Newsletter.* (Großartige Zeitung für Berechnungen, Elektronik, Fraktale, Technik); 33 NW Park Ave., Portland, OR 97209, USA.

13. *John's Picks.* Eine sehr interessante, 30-seitige Publikation, die Bücher beschreibt und vertreibt; hinzu kommt eine ganze Palette anderer Artikel zu Fraktalen, Chaos, neuronalen Netzwerken, mathematischen Puzzles, Computergrafiken, zellulären Automaten, Escher, Computerphysik, Spielen, Kuriositäten etc. Sie erscheint dreimal im Jahr. Kontaktadresse: Microcomputer Applications, P.O. Box E. Suisun City, Kalifornien 94585-1050, USA.

E.4 Fachzeitschriften, Bibliographien, Skripte

»Das Auge ist das Fenster des Geistes; wir müssen lernen, durch das Auge in beide Richtungen zu blicken, auch wenn Gott uns dafür kein dem Gesichtssinn entsprechendes Organ mitgegeben hat.«   Alan Mackay, In the Mind's Eye

1. Reference list for complex systems. Prof. Ali Bulent Cambel, 6155 Kellogg Drive, McLean, Virginia 22101, USA.

2. Computerized bibliography on chaos. Frau Zhang Shu-yu. The Institute of Physics, Group 201, P.O. Box 603, Peking 100080, Volksrepublik China.

3. *Factsheet Five.* (Ungewöhnliches Magazin/Buchbesprechungen.) Diese Zeitschrift verfügt über kein Copyright und daher kann alles abgedruckt werden. Anschrift: Factsheet Five, 6 Arizona Ave., Rensselaer, New York 12144-4502, USA.

4. *The American Journal of Computer Art in Education.* Anschrift: 258 Pelican Ave., Daytona Beach, Florida 32118, USA.

5. *Idealistic Studies.* Eine internationale Philosophiezeitschrift. Dept. of Philosophy, Clark University, Worcester, MA 01610, USA.

6. »Hindu Temples: Models of a Fractal Universe.« Ein faszinierender und lehrreicher Artikel. Kontaktadresse: Kirti Trivedi, Industrial Design Center, Indian Institute of Technology, Powai, Bombay 400 076, Indien.

7. *Cryptologie Journal.* Computersicherheit, Codes. Dr. Brian Winkel, Rose-Hulman Institute of Technology, Terre Haute, IN 47803, USA.

8. »The Fractal Structure of Evolution.« Lehrreicher Zeitschriftenartikel. Kontaktadresse: Gerd Binnig, IBM-Forschungsabteilung, Physikgruppe München, c/o Abteilung für Physik der Universität, Schelllingstraße 4, 8000 München 40, Deutschland.

9. Die Computerkunst von Herbert W. Franke und Horst Helbig. Eine 26 Seiten umfassende Farbbroschüre (ISBN 0-387-15633-X). Springer-Verlag, Postfach 105280, Tiergartenstraße 17, 6900 Heidelberg 1, Deutschland.

10. *The Yates Collection.* Taschenbücher mit Titeln wie *Repunits and Reptends.* Inhalt: mathematische Kuriositäten. Die Bücher werden nur Fortgeschrittenen empfohlen. Kontaktadresse: Samuel Yates, 157 Capri-D, Kings Point, Delray Beach, Florida 33445, USA.

11. *Fractals, and the Cat in the Hat.* Dies ist ein wissenschaftlicher Artikel, der im *Journal of Recreational Mathematics* veröffentlicht werden soll. Beschreibt die Skalierungsgesetze und die rekursive Struktur unendlich ineinander verschachtelter Katzen in einem Buch von Dr. Seuss. Vorabexemplare sind erhältlich bei: Dr. A. Lakhtakia, Pennsylvania State University, 227 Hammond Bldg., University Park, PA 16802, USA.

12. *Leonardo*, Herausgeber: Pergamon Press, Headington Hill Hall, Oxford OX3 0BW, Großbritannien. Diese faszinierende, interdisziplinäre Zeitschrift vereint Kunst, Wissenschaft und Technologie.

13. *Computer Music Journal,* herausgegeben von MIT Press, 28 Carleton Street, Cambridge, MA 01242, USA.

14. *Complex Systems,* herausgegeben von Complex Systems Press, P.O. Box 6149, Champaign, IL 61821-8149, USA. Diese Mathematikzeitschrift befaßt sich im wesentlichen mit zellulären Automaten.

15. Die Rubrik »Chaos und Grafik« der Zeitschrift *Computers and Graphics,* herausgegeben von Pergamon Press, Headington Hill Hall, Oxford OX3 0BW, Großbritannien.

16. *Journal of Recreational Mathematics,* herausgegeben von Baywood Publishing Co., 26 Austin Ave., P.O. Box 337, Amityville, NY 11701, USA. Diese Zeitschrift ist ein Muß für die an mathematischen Kuriositäten Interessierten.

17. *Journal of the British-American Scientific Research Association.* Avant-Garde-Wissenschaft und Spekulationen. BASRA, 13 Durwood Place, Madison, NJ 07940, USA.

18. *Speculations in Science and Technology*. Eine Zeitschrift mit interessanten spekulativen Artikeln über Physik, Mathematik, Biologie, Medizin und Technik. Science and Technology Letters, P.O. Box 81, Northwood, Middlesex HA6 3DN, Großbritannien.

19. *21st Century Science and Technology*. Eine Zeitschrift mit Informationen über neue Technologien und Wissenschaftsbereiche. 21st Century Science, 60 Sycolin Road, Suite 203, Leesburg, A 22075, USA.

E.5 Weitere ungewöhnliche Literatur

»Denken Sie einmal darüber nach, was wir hier treiben. Stellen Sie sich Myriaden winziger Blasen vor, die aus einem riesigen schwarzen Meer emporsteigen. Wir steuern einige der Blasen. Vom Wasser allerdings wissen wir rein gar nichts ...«

Niven und Pournelle, The Mote in God's Eye

1. Schattschneider, D. (1990) *Visions of Symmetry*. Freeman: New York. (Wahrscheinlich das beste Buch über die Mathematik, auf der Eschers Arbeiten basieren.)

2. Briggs, J. (1990) *Fire in the Crucible*. Tarcher: New York. (Ein interessantes Buch über Kreativität, Genius und wissenschaftlicher Entdeckungen.)

3. Rothman, T. (1988) God takes a nap. *Scientific American*, Oktober, 259:20. (Beschreibt Plutos chaotischen Orbit.)

4. Denes, A. (1989) *The Book of Dust*. Visual Studies Workshop: New York. (Ein Buch über Kunst, Evolution, Computergrafik, Staub und außerirdisches Leben.) Kontaktadresse: Visual Studies Workshop, 595 Broadway, New York, NY 10012, USA.

5. *The Planiverse*. (Ein Buch über zweidimensionale Figuren.) A. K. Dewdney, 42 Askin Street, London, Ontario, Kanada N6C 3E4.

6. Grossman, S., Mayer-Kress, G. (1989) Chaos in the international arms race. *Nature*. Februar 337(4): 701.

7. MacKinnon, N. (1989/1990) Modelling Monopoly. *Math Spectrum*, 22(2): 39. (Beschreibt Computersimulationen des Spiels »Monopoly«.)

8. Olsen, L., Schaffer, W. (1990) Chaos versus noisy periodicity: alternative hypotheses for childhood epidemics. *Science*, August 249: 499-503. (Diskutiert das chaotische Auftreten von Krankheiten wie Masern.)

9. Lipton, L. (1982) *Foundations of Stereoscopic Cinema*. Von Nostrand: New York. (Themen: 3D-Kino, Psychologie der Erkennung von Tiefe, etc.)

10. Reid, W.(1967) Weight of an hourglass. *American Journal of Physics*, April 35(4): 351-352.

11. Mackay, A. (1990) A time quasi-crystal. *Modern Physics Letters B*, 4(15): 989-991.

12. Tennenbaum, J. (1990) The metaphysics of complex numbers. *21st Century Science*. Frühjahr 3(2): 60.

13. Keller, J., Chen, S. (1989) Texture discrimination and segmentation through fractal geometry. *Computer Vision, Graphics, and Image Processing*, 45: 150-166.

14. Villiers, J., Robinson, P. (1987) The interval of convergence and limiting functions of a hyperpower sequence. *Am. Math. Monthly*. Januar 93(1): 13.

15. Schröder, M. (1989) Self-similarity and fractals in science and art. *J. Audio. Eng. Soc.*, Oktober 37(19): 795-808.

16. West, B. (19990) *Fractal Physiology and Chaos in Medicine*. World Scientific: Singapore.

17. Briggs, J., Peat, F. (1989) *The Turbulent Mirror: An Illustrated Guide to Chaos Theory and the Science of Wholeness*. Harper and Row: New York.

18. Basar, E. (1990) *Chaos in Brain Function*. Springer: New York.

19. Devlin, K. (1988) *Mathematics: The New Golden Age*. Penguin: New York.

20. Pool, R. (1990) Fractal Fracas. *Science*, 27. Juli, 249: 363-364. (»Die Mathematiker streiten sich darüber, ob Fraktale einfach nur schöne Bilder oder wichtige Werkzeuge sind.«)

21. Barrow, J., Tippler, F. (1986) *The Anthropic Cosmological Principle.* Oxford University Press: New York. (Diskutiert die Feinstrukturkonstante 1/137.)

22. Scott, R., Bernstein, R. (1990) *Discovering.* Harvard University Press: Cambridge, Massachusetts. (Beschreibt die Denkprozesse bei wissenschaftlichen Entdeckungen.)

23. *Exquisite Corpse,* 1990. Surrealistische Computercollage auf Diskette. Beiträge sind willkommen. Beverly Resier, 6979 Exeter Drive, Oakland, CA 94611, USA.

24. Batty, M., Longley, P., Fotheringham, A. (1989) Urban growth and form: scaling, fractal geometry and diffusion-limited aggregation. *Environment and Planning* A. 21: 1447-1472.

25. Hsu, K., Hsu, A. (1990) Fractal geometry of music. *Proceedings of the National Academy of Science.* 87(3): 938-941.

26. Schaffer, W., Kot, M. (1985) Do strange attractors govern ecological systems? *BioScience,* 35: 342-350.

27. Schreiben im *New Scientist,* 6. Oktober 1990, Seite 66, daß die Illustration von Beardsley zu Rape of the Lock von Pope (1896) an eine Mandelbrot-Menge erinnert.

28. Batty, M. (1985) Fractals: Geometry between dimensions. *New Scientist,* 105(1450): 31-35.

29. Batty, M. und Longley, P. (1986) The fractal simulation of urban structure. *Environment and Planning* A. I:1143-1179.

30. Batty, M. und Longley, P. (1987) Fractal description of urban form. *Environment and Planning* B. 14: 123-134.

31. Batty, M. und Longley, P. (1987) Urban shapes as fractals. *Area,* 19: 215-221, 1987.

32. Lonley, P. und Batty, M. (1987) Using fractal geometry to measure maps and simulate cities. *Computer Education,* 56: 15-19.

33. Longley, P. und Batty, M. (1989) Fractal measurement and line generalization. *Computers and Geosciences,* 15: 167-183.

34. Longley, P. und Batty, M. (1989) On the fractal measurement of geographical boundaries. *Geographical Analysis,* 21: 47-67.

35. Batty, M. (1990) Cities as fractals: simulating growth and form. In: R. A. Earnshaw und T. Crilly (Herausgeber) *Fractals and Chaos.* Springer-Verlag: New York, im Druck.

E.6 Weitere ungewöhnliche Erfindungen

Um das Buch nicht ins Unendliche wachsen zu lassen, habe ich einige meiner Computer-Er-findungen ausgelassen. Im folgenden möchte ich diese nun kurz vorstellen. *ITDB* ist die Abkürzung für das IBM Technical Disclosure Bulletin, RD für Research Disclosure. Nähere Informationen sind bei mir erhältlich.

1. Chess, D., Peevers, A., Pickover, C., Reed, A. (1989) Car radio scanner differentiating music from speech. ITDB, Oktober 32(5B): 12-13.

2. Pickover, C., Keithley, D. und Reed, A. (1988) Triangular toggle keys for touch-tone phones. *ITDB,* Juni 31(1): 47-49. (Zusammenfassung: Standardmäßig besteht die amerikanische Telefontastatur aus zwölf Tasten. Acht davon (2-9) tragen je drei Buchstaben. Diese drei-auf-eins-Abbildung stellt ein ernsthaftes Problem für die Verwendung des Telefons als Texteingabegerät dar. Computer-Telefonbücher erfordern, daß der Nachname des gewünschten Teilnehmers eingegeben wird. Bei den heutigen amerikanischen Telefonen steht für die Buchstaben A, B und C nur eine Taste zur Verfügung. Das Tonwahlsystem zur Kodierung der Tasten ist eine vier-mal-vier-Palette verschieden hoher Töne. Im Augenblick werden also 12 der 16 möglichen Töne zur Kodierung der Tasten genutzt. Wir haben das Buchstabenproblem mit dreieckigen Tasten gelöst. Somit kann der Benutzer mit einer Taste vier unterschiedliche Eingaben machen. Die mittlere Position ist die bislang übliche Zahl.)

3. Capek, P., Hanthorn, D., Johnson, F., Pickover, C., Rogers, J. (1989) Maus mit geodäsischer Kugel. RD (K. Mason Publications, Ltd., Großbritannien) Juli, Nr. 3003. (30357). (Zusammenfassung: Diese Erfindung umfaßt ein analoges Eingabegerät für Computer, eine Maus. Eine Maus dient der Bewegung des Cursors oder eines anderen Objekts über den Bildschirm. Mauseingabegeräte erfassen die Position normalerweise mit einer kleinen Kugel. Im Jahre 1989 habe ich eine geodäsische Mauskugel mit vielen flachen Seiten (einem Fußball ähnelnd) beschrieben, mit der diskrete (anstelle der bisherigen analogen) Positionsinformationen erzeugt werden. Die Kugel erzeugt beim Rollen einen spürbaren Klick, so daß der Benutzer weiß, daß sie sich bewegt. Dadurch könnten möglicherweise auch Blinde diese Maus bedienen.)

4. Kugel, L., Marks, L., Pickover, C., Reed, A. (1989) Mund-Übersetzer über optische Fasern und Infrarotverbindungen. *ITDB*, Sept. 32(4B): 10-13. (Zusammenfassung:»Hast du aber ein großes Maul!«, ruft Ihr Freund, als er Ihr Büro betritt. Und damit hat er Recht. Sie haben einen »künstlichen Mund« angelegt, der Mund- und Lippenbewegungen in elektrische Signale umwandelt. Durch Steuerung dieser Bewegungen kann der künstliche Mund auch zur Spracherkennung in geräuschvollen Umgebungen eingesetzt werden. Viele andere Anwendungen sind natürlich ebenfalls vorstellbar.)

5. Kesling, D., Marks, L., Pickover, C., Reed, A. (1989) Uhr mit Mustern für Sehbehinderte. *ITDB*, Aug. 32(3A): 218-220.

6. Pickover, C., Reed, A., Keithley, D., Kesling, D. (1988) Austausch persönlicher Datenbankinformationen. ITDB, November 31(6): 231-235. (Zusammenfassung: In dieser Erfindung beschreibe ich eine Schnittstelle für den Austausch von Informationen zwischen zwei digitalen Armbanduhren. Diese könnte sich als nützlich erweisen für Datenaustausch zwischen den in letzter Zeit aufkommenden »Datenbankuhren«, in denen zahllose Seiten alphanumerischer Daten, wie z.B. Telefonnummern und Namen gespeichert werden können. Die begrenzte Zahl der Tasten auf einer Uhr erschwert augenblicklich noch die Eingabe. Diese Erfindung gestattet die Verbindung zweier Uhren, so daß Informationen von der einen an die andere Uhr gesandt werden können. Die Daten werden dabei entweder über elektrische Verbindungen oder leuchtende LEDs übertragen. Zukünftige Datenbankuhren können vielleicht nicht nur alphanumerische Daten, sondern auch Landkarten und Zeichnungen speichern. Dann kann es erforderlich werden, Informationen auszutauschen, ohne sie erneut eingeben zu müssen.)

7. Pickover, C., Ditlow, G. und Keithly, D. (1987) Paßwörter für Computersysteme und Ziffernschlösser mit Rhythmusmustern. *IDTB*, 30(5): 258.

8. Pickover, C. und Ditlow, G. (1988) Selbstregulierende Lautsprecher. ITDB, Februar 30(9): 460-462.

9. Pickover, C., McLean, J., Reed, A. (1989) Variable Rasterpads für optische Mauskontaktflächen. ITDB, Jan. 31(8): 237-240.

10. Grossman, B., McLean, J., Pickover, C., Reed, A. (1989) Eine rollende Leertaste.ITDB, Aug. 32(3B): 122-123.

11. Pickover, C., Reed. A. (1988) Tasten mit antistatischer Abdeckung. ITDB, Sept. 32(4B): 109-110.

12. Marks, L., Pickover, C., Reed, A. (1989) Etiketten mit leitender Tinte. ITDB, Aug. 32(3A): 306-308.

13. Pickover, C., McLean, J., Reed, A. (1990) Dreidimensionaler Joystick über Aussparung. ITDB, Febr. 32(9B): 180-181.

14. McLean, J., Pickover, C., Reed, A. (1990) Eine Codierungseinheit mit Flüssigkristalldiodenleiste. ITDB, Dezember 33(7): 363-364.

15. Pickover, C., McLean, J., Reed, A. (1990) Recyclebare Tastaturen. ITDB, Febr. 32(9): 411-413.

16. Pickover, C., Reed, A., Segall, M. (1989) Computer und Racks für Peripheriegeräte. ITDB, Aug. 32(3B): 106.109. (Zusammenfassung: Schauen Sie sich nur einmal um: Computer, Tastatur, Drucker, Papier und Telefon sind überall verstreut! Die Kabel lassen sich nicht mehr unterscheiden. Die Erfindung in diesem Kapitel ist ein Ständer für Personalcomputer und Peripheriegeräte. Er gleicht einem Lampenfuß oder einer Blumenbank. Die Geräte ruhen auf Armen, während die Kabel in seinem Innern verlaufen. Ich gehe auch auf die zentrale Busarchitektur des Ständers ein.)

17. Pickover, C., Kugel, L., McLean, J., Reed, A. (1990) Optische Byte-Informationsschnittstelle für CRT-Monitore. ITDB, Febr. 32(9A): 443-445. (Zusammenfassung: Stellen Sie sich einen Patienten vor, der in einem kalten Operationssaal auf eine harte Bahre geschnallt ist. Zahlreiche Drähte zur Überwachung der Herzfunktion sind an seiner nackten Brust angebracht. Ich entwickelte diesen Gedanken mit einigen Kollegen weiter. Wir erfanden ein schnelles, kostengünstiges und vielseitiges Verfahren und die passende Hardware zur Datenübertragung von einem Computer oder Fernsehbildschirm. Der Computermonitor gleicht dem Krankenhauspatienten, nur gehen hier die Drähte von kleinen, auf dem Monitor angebrachten Saugnäpfen aus. Man setzt sie auf den Monitor und schon wird die Information »abgesaugt« und an ein anderes Gerät übertragen. Bei unserer Erfindung enthält jeder Saugnapf einen briefmarkengroßen Scanner. Zwei oder drei dieser Saugnäpfe werden an bestimmten Positionen auf der Monitorscheibe angebracht und lesen die Informationen ein. Aus jedem Saugnapf führt ein Draht, durch den die Daten zu einem anderen Gerät übertragen werden.

18. Jackman, T., Pickover, C. (1990) Neue dreidimensionale Ramachandran-Darstellung. ITDB, Aug. 33(3A): 165-166.

Anhang F

Beschreibung der Farbtafeln und ganzseitigen Abbildungen

»Unsere normale wache Wahrnehmungsfähigkeit ist nur eine Bewußtseinsebene, unter der, gleichsam verdeckt von einem dunklen Schleier, noch weitere, gänzlich andere Möglichkeiten der Wahrnehmung versteckt liegen. Keine Beschreibung des Universums kann vollständig sein, wenn sie diesem Bewußtsein nicht Rechnung trägt. Man kann Höhen messen, ohne Formeln zu liefern; man kann Gebiete eröffnen, ohne Landkarten zu zeichnen.«   *James, 1904*

F.1 Farbtafeln

Die Farbtafeln in diesem Buch wurden mit verschiedenen Computern erzeugt, einige davon auf einem IBM 5080-Grafikcomputer mit einer Auflösung von 1024 x 1024 Pixel. Die Programme wurden zum größten Teil in PL/I geschrieben; die Bilder entstanden meist auf einem IBM 3090-Großrechner. Für einige der dreidimensionalen Bilder wurde ein Stellar GS 1000 oder ein IBM Risc System/6000 verwendet; hier wurde in C programmiert. Viele der Farbtafeln können mit geringerer Auflösung auf einem PC schnell erzeugt werden. Im folgenden möchte ich die Farbtafeln in chronologischer Reihenfolge beschreiben:

1. Bearbeitetes Bild einer nicht-Newtonschen Flüssigkeit. Näheres siehe unter »Die Welt des Chaos« auf Seite 151.

2. Hier wird ein anderer Bereich der Flüssigkeit auf Farbtafel 1 gezeigt. Näheres siehe unter »Die Welt des Chaos« auf Seite 151.

3. *Eine fliegende Traumkreatur.* Diese besteht aus drei rekursiv ineinander verschachtelten, trigonometrischen Kurven. Näheres zu diesen Kurven unter »Darstellung sphärischer Lissajous-Figuren« auf Seite 329. Die »Wolken« im Hintergrund wurden ebenfalls auf einem Computer erzeugt.

4. *Digitales Monster.* Zuerst wurde meine Lehmskulptur auf Video aufgenommen. Aus dem Film wurde ein Bild digitalisiert und auf einem IBM AT mit MATROX MVP-Karte abgespeichert. Im Bildverarbeitungsschritt auf einem IBM 3090 entstanden die Farbeffekte und in einigen Fällen zusätzliche Spiegelsymmetrien.

5. Bahn eines unregelmäßig ausschlagenden konischen Pendels, dargestellt auf einem Grafikcomputer.

6. *Der Todeshelm,* erzeugt mit einfachen Formeln auf einem Grafikcomputer.

7. Lissajous-förmige Kurven. Diese Kurven werden unter »Darstellung sphärischer Lissajous-Figuren« auf Seite 329 näher erläutert.

8. Fußballmoleküle, ein Beispiel für einen chemischen Polyeder aus Kohlenstoffatomen; darin eine fossile Muschel. Siehe auch »Fußballmoleküle« auf Seite 198.

9. Lissajous-förmige Kurven. Diese Kurven werden unter »Darstellung sphärischer Lissajous-Figuren« auf Seite 329 näher erläutert.

10. Eine phönix-ähnliche Julia-Menge. Näheres siehe unter »Die Welt des Chaos« auf Seite 151.

11. Eine phönix-ähnliche Julia-Menge. Näheres siehe unter »Die Welt des Chaos« auf Seite 151.

12. Seltsame Sattelflächen. Näheres siehe unter »Schönheit aus mathematischen Formeln: Affenkurven und Spiralen« auf Seite 207.

13. Mandelbrot-Mengen für das Newtonsche Verfahren. Vor langer Zeit schlug Isaak Newton ein Verfahren für die Suche nach den Nullstellen einer Funktion durch einfache Iteration vor. Näheres über dieses und das Halleysche Verfahren in *Computers, Pattern, Chaos, and Beauty*. Das Bild wurde berechnet für $f(z) = z^3 - 0,75z + \lambda^2 - \lambda^2 z - 0,25$, wo z eine komplexer Zahl ist.

14. Anwendung des Halleyschen Verfahrens für $z^7 - 1 = 0$, mit z als komplexer Zahl. (siehe oben.)

15. *Cantor-Käse*. Näheres siehe unter »Darstellung von Cantor-Käse-Konstruktionen« auf Seite 171.

16. *Digitales Monster*. Siehe Beschreibung von Farbtafel 4.

17. *Digitales Monster*. Siehe Beschreibung von Farbtafel 4.

18. *Digitales Monster*. Siehe Beschreibung von Farbtafel 4.

19. Eine Computergrafiksimulation des unregelmäßigen und instabilen Wachstums einer ausgestorbenen Muschelart *(Nipponites mirabilis)*. Näheres siehe unter »Unregelmäßig oszillierende fossile Muscheln« auf Seite 159.

20. Grafiksimulation einer fossilen Muschelart *(Nipponites occidentalis)*. Näheres siehe unter »Unregelmäßig oszillierende fossile Muscheln« auf Seite 159.

21. Grafiksimulation einer fossilen Muschelart *(Madagascalites ryu)*. Näheres siehe unter »Unregelmäßig oszillierende fossile Muscheln« auf Seite 159.

22. Fraktaler Schaum. Näheres siehe unter »Oskulation« auf Seite 185.

23. Pascalsche Pyramide. Näheres siehe unter »Unendliche Dreiecke« auf Seite 285.

24. Polyeder inmitten digitaler Wolken. Näheres siehe unter »Polyedrische Paradiese« auf Seite 195.

25. Computergrafik einer Landschaft unter exotisch anmutendem Himmel. Das einfache mathematische Verfahren zur Erzeugung der Landschaft und des Himmels stammt aus *Computers, Pattern, Chaos, and Beauty*.

26. Simulation einer *Nipponites* im Jugendstadium. Näheres siehe unter »Unregelmäßig oszillierende fossile Muscheln« auf Seite 159.

27. Wie man einen Ringkrapfen mit nur drei ebenen Schnitten in 13 Einzelstücke zerteilt. (Computergrafik in Zusammenarbeit mit Dr. Mike Henderson.) Näheres siehe unter »Anmerkungen für den neugierigen Leser« auf Seite 407.

28. DNS-Tetragramm. Computergrafiken werden immer häufiger für die Charakterisierung informationstragender Sequenzen in der Biologie eingesetzt. Diese Darstellung wurde von mir durch Abbildung von Daten einer DNS-Sequenz auf eine dreidimensionale Anordnung miteinander verbundener Tetraeder erzeugt. Hier sind zwei krebserzeugende Virussequenzen dargestellt, aus denen sich Muster und Tendenzen in der genetischen Information erschließen lassen. Die beiden durchsichtigen Kugelschalen zeigen an, wo die Enden des Tetragramms lägen, wenn sie aus zufälligen DNS-Sequenzen bestünden. Nähere Informationen zum Thema zweidimensionale DNS-Darstellung siehe *Computers, Pattern, Chaos, and Beauty*.

29. Biomorphe Struktur aus einer Julia-Menge. Näheres siehe in *Computers, Pattern, Chaos, and Beauty*.

F.2 Ganzseitige Abbildungen

»Warum ist die Philosophie so kompliziert? Philosophie ist eigentlich ganz einfach. Sie zerschlägt die Knoten in unserem Denken, die wir hier und dort ganz unsinnigerweise eingebaut haben. Die dazu erforderlichen Bewegungen sind jedoch genauso kompliziert wie die Knoten selbst. Auch wenn die Erkenntnisse der Philosophie einfach sind, ihre

Methoden sind, sollen sie erfolgreich sein, kompliziert. Die Komplexität der Philosophie liegt nicht in der Komplexität des Gegenstandes, sondern in der verschrobenen Art unseres Erkennens.«　　　　　　　　　　　　　　　　　　　　　　*Ludwig Wittgenstein*

In diesem Abschnitt sollen einige der größeren Abbildungen zu Beginn der Kapitel kurz erläutert werden. Die pointillistischen Skulpturen aus einer Million Punkten sind im Kapitel »1-Million-Punkte-Skulpturen« auf Seite 319 beschrieben.

1. Die Computergrafik »Tubo Cochleato« auf der Widmungsseite ist eine phönix-ähnliche Julia-Menge. Näheres siehe unter »Die Welt des Chaos« auf Seite 151.

2. Die Abbildung auf der Widmungsseite ist eine Lissajous-ähnliche Kurve. Solche Kurven werden unter »Darstellung sphärischer Lissajous-Figuren« auf Seite 329 näher erläutert.

3. Die Abbildung auf der Rückseite des Goethe-Zitats ist ein *Digitales Monster*. Zuerst wurde meine Lehmskulptur auf Video aufgenommen. Aus dem Film wurde ein Bild digitalisiert und auf einem IBM AT mit MATROX MVP-Karte abgespeichert. Im Bildverarbeitungsschritt auf einem IBM 3090 wurden ungewöhnliche Effekte erzeugt und in einigen Fällen Spiegelsymmetrie eingebaut. Die Größe des Originals ist in den Abbildungen unten erkennbar.

4. Die Abbildung unten auf der letzten Seite des Inhaltsverzeichnisses zeigt eine Computer-Hand-Schnittstelle. Siehe auch »Zwischenspiel: Computer-Exoskelette« auf Seite 229.

5. Das nierenförmige baumgefüllte Objekt in der ganzseitigen Abbildung zu Teil I ist eine *Glynn-Funktion* für die Iteration von $z \to z^{1,5} - 0{,}2$, mit z als komplexer Zahl. Sie hat eine Auflösung von 2.000 x 2.000 Punkten. Näheres ist zu erfahren beim Glynn Function Study Center, Earl Glynn, 10808 West 105th St., Overland Park, KS 66214-3057, USA.

6. Die ganzseitige Abbildung zu Kapitel 1 ist eine 1-Million-Punkte-Skulptur. Siehe auch »1-Million-Punkte-Skulpturen« auf Seite 319.

7. Die letzte Seite des Kapitels 1 zeigt eine Julia-Menge für $z \to z^3 + \mu$, $\mu = (-0{,}745, 0{,}113)$.

8. Die ganzseitige Abbildung für das Kapitel »Simulation: Eine Einführung« zeigt eine Julia-Menge mit dreifacher Symmetrie für $z \to z^3 + \mu$, $\mu = (-0{,}574, 0{,}27)$.

9. Die Abbildung am Ende des Kapitels »Simulation: Eine Einführung« zeigt ein *Digitales Monster* (siehe auch Beschreibung 3.)

10. Für Kapitel 4 zeigt die Abbildung einen Schnitt durch das Pfortadersystem der menschlichen Leber mit allen Venen, die aus dem Magen-Darm-Trakt und anderen Organen in diese münden.

11. Die ganzseitige Abbildung für Kapitel 7 zeigt einen Seidenspinner aus Malaysia (*Nephila;* oben das männliche, unten das weibliche Tier).

12. Die Darstellung der keltischen Kunst in Kapitel 8 stammt aus: Bain, G. (1973) *Celtic Art*. Dover: New York.

13. Für Kapitel 11 zeigt das Titelbild eine Vergrößerung der ganzseitigen Abbildung des Teils »Simulation« (Julia-Menge für $z \rightarrow z^3 + \mu$, $\mu = (-0{,}574, 0{,}27)$.)

14. Die ganzseitige Abbildung für Kapitel 15 ist eine 1-Million-Punkte-Skulptur. Siehe auch »1-Million-Punkte-Skulpturen« auf Seite 319.

15. Die Abbildung auf der letzten Seite des Kapitels 15 zeigt ein elektronisch bearbeitetes Bild einer nicht-Newtonschen Flüssigkeit. Näheres siehe unter »Die Welt des Chaos« auf Seite 151.

16. Die Computergrafik der ganzseitigen Abbildung zu »Teil IV, Bildliche Darstellung« zeigt eine Phönix-ähnliche Julia-Menge. Siehe auch »Die Welt des Chaos« auf Seite 151.

17. Die ganzseitige Abbildung für Kapitel 18 ist eine 1-Million-Punkte-Skulptur. Siehe auch unter »1-Million-Punkte-Skulpturen« auf Seite 319.

18. Für Kapitel 22 zeigt die Abbildung verschiedene Meeresschnecken der Unterart Prosobranchia.

19. Das dreidimensionale Gemälde einer Mandelbrot-Menge für Kapitel 27 wurde von A. K. Dewdney gezeichnet. Es wurde veröffentlicht in seiner Zeitschrift *Algorithm – The Personal Computer Newsletter,* P.O. Box 29237, Westmount Postal Outlet, 785 Wonderland Road S., London, Ontario, Kanada N6K, 1M6.

20. Die Abbildung am Ende des Kapitels 29 ist eine modifizierte Halleysche Abbildung zur Suche nach den Nullstellen einer Funktion durch eine einfache Iteration. Mehr über das Halleysche Verfahren in Computers, Pattern, Chaos, and Beauty. Dieses Bild wurde berechnet für $z = z^7 - 1$, wo z eine komplexe Zahl ist.

21. Die ganzseitige Abbildung für Kapitel 32 zeigt eine *Goldene Julia-Menge*. Näheres siehe unter »Die Laute des Pythagoras« auf Seite 235. Die vorangehende Seite zeigt eine 1-Million-Punkte-Skulptur.

22. Bei der Abbildung für Kapitel 34 versuchte sich der Künstler Gustave Doré (1932-1883) an der Darstellung der unendlich vielen Leichen in der Hölle.

23. Die ganzseitige Abbildung für Kapitel 47 ist eine phönix-ähnliche Julia-Menge. Näheres siehe unter »Die Welt des Chaos« auf Seite 151.

24. Die Titelseite für Kapitel 51 zeigt ein bearbeitetes Bild einer nicht-Newtonschen Flüssigkeit. Näheres siehe unter »Die Welt des Chaos« auf Seite 151.

25. Die Abbildung auf der Seite vor Kapitel 52 ist ein *Digitales Monster*. (Siehe auch Beschreibung 3.)

26. Die ganzseitigen Abbildungen zu Beginn der Teile »Vorstellungskraft« und »Fiktion« sind *Digitale Monster*. (Siehe auch Beschreibung 3.)

27. Die ganzseitige Abbildung für »Teil IX: Schlußbemerkungen« zeigt eine Mandelbrot-Menge für das Newtonsche Verfahren. Vor langer Zeit schlug Isaak Newton ein einfaches iteratives Verfahren für die Suche nach den Nullstellen einer Funktion vor. Näheres über dieses und das Halleysche Verfahren in *Computers, Pattern, Chaos, and Beauty*. Das gezeigte Bild wurde berechnet für $f(z) = z^3 - 0{,}75z + \lambda^2 - \lambda^2 z - 0{,}25$, wo z eine komplexe Zahl ist.

28. Die ganzseitige Abbildung am Beginn des Textes von »Schlußbemerkungen« zeigt eine Julia-Menge für $z = z^2 + 0{,}05$. Einige der Konturen weisen auf Mindestwerte des Orbits hin. Ich habe die Graphik auf einem IBM 3090 mit einer Auflösung von 2.000 x 2.000 Punkten erzeugt. Das Muster erinnert an die sich wiederholenden hyperbolischen Muster von M. C. Escher. (Die Funktion wurde von James Loyless vorgeschlagen.)

29. Die Seite nach der Schlußbemerkung zeigt eine Mandelbrot-Menge.

30. Die Abbildung unter dem Zitat »Seeing with the Mind's Eye« ist eine 1-Million-Punkte-Skulptur. Näheres siehe unter »1-Million-Punkte-Skulpturen« auf Seite 319.

31. Die ganzseitige Abbildung für »Teil X: Anhang« zeigt persische Wandkacheln aus dem 13. und 14. Jahrhundert.

32. Die ganzseitige Abbildung für das »Glossar« zeigt eine Mandelbrot-Menge mit Stielen.

33. Die ganzseitige Abbildung für die »Mitwirkenden« zeigt eine Vergrößerung der Abbildung für das Kapitel »Schlußbemerkungen«.

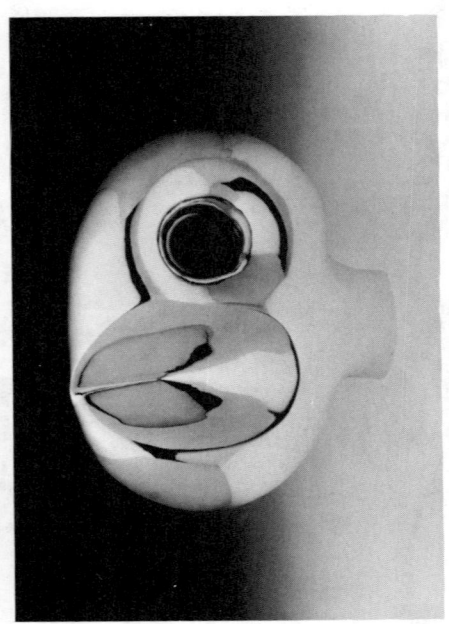
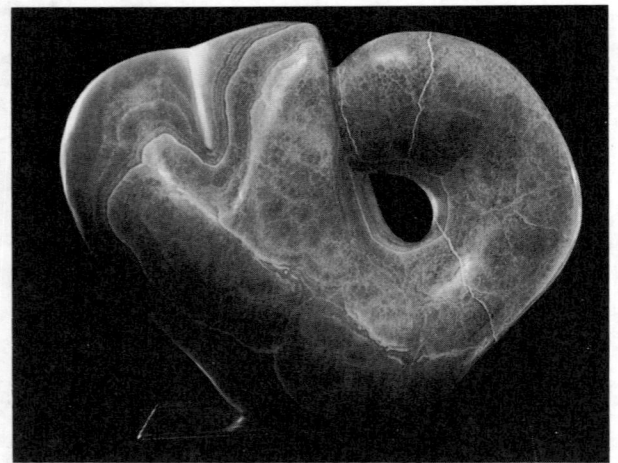

Anhang G

Zwischenspiel: Steinmathematik

»Farbpinsel, Augen, Finger und Neurone werden schon seit Jahrhunderten als Werkzeuge eingesetzt. Die Suche nach neuen Einsatzgebieten für bewährte Werkzeuge ist Teil der Arbeit eines Künstlers.« Mary Jane Kenton, 1990

Wie schon in der Einleitung erwähnt wurde, lassen sich viele moderne Künstler von der Mathematik inspirieren. Der Mathematiker Helaman Ferguson fertigt beispielsweise mathematisch inspirierte Stein- und Bronzeskulpturen, um die Schönheit der Theoreme sichtbar zu machen. Professor Ferguson hat eine interessante Vergangenheit. Im Alter von sechs Jahren wurde er von einem Steinmetz adoptiert; später studierte er an der Universität Malerei. Heute ist er an der Brigham-Young-Universität (Utah) Professor für Mathematik. In den Jahren 1988 und 1989 kam er in das *Guinness-Buch der Rekorde*, als er 80 Kilometer weit jonglierte. Seine Frau ist Künstlerin und behauptet, sie verstünde Mathematiker sehr gut: »Ich weiß, was ihr da tut. Ihr schießt erst den Pfeil und malt dann die Zielscheibe.«

Auf der gegenüberliegenden Seite sind einige der Skulpturen von Ferguson abgebildet. Oben links »Torus mit Kreuzkappe« aus Siliziumbronze, von der er sagt, daß sie »den Keim des fundamentalen Theorems der Topologie von Flächen enthalte«; oben links »Wilde Sphäre, sechs Gabelungsschritte, 127 Zweige« aus Siliziumbronze; und unten »Kleinsche Flasche mit Kreuzkappe« aus poliertem Onyx. Fergusons Anschrift lautet: 10512 Pilla Terra Court, Warfield's Range and Forest, Laurel, MA 20723-5728. Näheres siehe: Ferguson, H. (1990) Two theorems, two sculptures, two posters. *American Mathematical Monthly*, August-September 97(7): 589-610.

Glossar

Hier soll nur eine kurze Definition der wichtigsten Begriffe gegeben werden. Detaillierte Informationen sind in der Bibliographie zu finden.

Abakus Rechenbrett mit freibeweglichen oder in Schlitzen geführten Rechensteinen.

Aminosäure Der Baustein der Proteine.

Analog-Digital-Wandler Elektronisches Gerät zur Umwandlung von veränderlichen Signalen in solche mit diskreten Werten.

Attraktor Vorhersagbare Attraktoren sind Zustände, die ein System annimmmt, von denen es also »angezogen« wird (z.B. ein Punkt oder eine geschlossene Schleife). Die Struktur von vorhersagbaren Attraktoren ist einfach und leicht verständlich. Ein seltsamer Attraktor entwickelt auf eine unvorhersagbare Weise; schon eine geringfügige Änderung der Startpositionen zweier ursprünglich nahe beianderliegender Punkte kann später oder durch die mathematische Iteration zu völlig unterschiedlichen Zuständen führen, zwischen denen kein Zusammenhang mehr erkennbar ist. Die Struktur solcher Attraktoren ist äußerst kompliziert und häufig noch recht unverstanden.

Bifurkation Ein beliebiger Wert eines Parameters, bei dem sich die Zahl und/oder Stabilität eines Gleichgewichtszustandes oder Kreises ändert, heißt Bifurkationspunkt. Man sagt, das System gabelt sich.

Binomialkoeffizient Die Koeffizienten in der Erweiterung von $(x + y)^n$. So gilt $(x + y)^2 = x^2 + 2xy + y^2$. Die Binomialkoeffizienten der Ordnung 2 sind also: 1, 2 und 1.

CAD Rechnergestütztes Konstruieren (Computer-aided design). Computerunterstützte Entwurfspläne werden heute in zahlreichen Gebieten des Ingenieurwesens und der Architektur eingesetzt.

CAM Rechnergestützte Fertigung (Computer-aided manufacturing). Computer können 3D-Darstellungen eines Objekts speichern und die Herstellungsmaschinen vollautomatisch steuern.

Chaos Irreguläres Verhalten mit starker Abhängigkeit des Endzustandes von den Ausgangsbedingungen. Einige Physiker haben Chaos definiert als die scheinbar paradoxe Kombination von Zufälligkeit und Struktur in gewissen aperiodischen Lösungen dynamischer Systeme. Chaotisches Verhalten kann manchmal durch eine einfache Formel definiert werden. Einige Wissenschaftler sind der Ansicht, daß die Chaostheorie einen mathematischen Rahmen gibt, der zum Verständnis des in der experimentellen Wissenschaft so oft beobachteten Rauschens und zu Turbulenzen führt.

Chaotische Trajektorien Chaotische Trajektorien (Bahnen) weisen drei Merkmale auf: 1) die Bewegung bleibt auf einen begrenzten Bereich beschränkt, sie wächst also nicht ins Unendliche; 2) sie sind nie periodisch; 3) sie sind abhängig von der Ausgangsbedingung. Siehe auch Chaos.

CRT Beispiele für eine Kathodenstrahlröhre (CRT) sind der Fernseh-Bildschirm und der Computermonitor. Der Bildschirm wird von hinten mit Elektronen bombardiert.

Dichtung Ein Objekt, aus dem Segmente entfernt wurden. Mathematische Dichtungen (wie die Sierpinski-Dichtung) lassen sich durch Entfernen eines Ausschnitts anhand einer festen Regel erzeugen. Normalerweise erhält man nach dem Entfernen Stücke, die dem ursprünglichen Objekt ähneln, die Dichtungen lassen sich daher als rekursiv definieren.

Differentialgleichung
Gleichungen der Form $dx_i/dt = f_i(x)$, wobei $x_i(t)$ die i-te Variable ist und die Funktion $f_i(x)$ die zeitliche oder räumliche Entwicklung von $x_i(t)$ angibt. Mathematische Modelle in Physik und Biologie werden oft als Differentialgleichungen formuliert.

Dimension
Siehe »Fraktale Dimension«.

Dynamische Systeme
Modelle mit Regeln, die beschreiben, wie sich eine gegebene Größe mit der Zeit oder durch Iterationen verändert. So kann z.B. die Bewegung der Planeten um die Sonne als dynamisches System beschrieben werden, in dem sich die Planeten gemäß den Newtonschen Gesetzen bewegen. Ein diskretes dynamisches System kann mathematisch geschrieben werden als $x_{t+1} = f(x_t)$, ein kontinuierliches dynamisches System als $dx/dt = f(x,t)$.

EPROM
Wiederholt programmierbarer Lesespeicher (Erasable Programmable Read-Only Memory). Kann unter hochintensivem ultraviolettem Licht gelöscht und neu programmiert werden.

Fibonacci-Folge
Die Folge 1, 2, 3, 4, 5, 8, 13, ... ($F_n = F_{n-2} + F_{n-1}$). Sie ist bei vielen Mustern in der Pflanzenwelt zu finden.

Fixpunkt
Ein Punkt, der sich bei einer Abbildung nicht verändert (er ist invariant) (z.B. $x_i = x_i + 1$ für diskrete und $x = f(x)$ für kontinuierliche Systeme). Eine bestimmte Art von Fixpunkten ist das Zentrum. Bei einem Zentrum nähern sich weder nahe Trajektorien noch entfernen sie sich ihm. Bei einem hyperbolischen Fixpunkt nähern sich einige Trajektorien diesem und einige divergieren. Ein Sattelpunkt ist ein Beispiel für den hyperbolischen Fixpunkt. Ein Fixpunkt x einer Funktion ist instabil, wenn $f'(x) > 0$. Ein Fixpunkt x einer Funktion ist stabil, wenn $f'(x) < 0$. Bei $f'(x) = 0$ sind höhere Ableitungen erforderlich.

Fourier-Analyse
Die Unterteilung einer komplexen Welle in ihre Frequenzkomponenten.

Fraktale Dimension
Eine quantitative Eigenschaft einer Punktemenge, mit der gemessen wird, inwieweit die Punkte den Raum füllen. Eine Gerade ist eindimensional, eine Ebene zweidimensional. Eine sich windende Kurve unendlicher Länge (wie die Kochsche Schneeflocke) hat eine Dimension zwischen 1 und 2. Die Schneeflockenkurve füllt offensichtlich den Raum besser aus als eine gerade Kurve mit der Dimension 1.

Fraktale Objekte
(oder Punkte-, Kurven- oder Mustermengen), die bei Vergrößerung immer mehr Einzelheiten zeigen. Viele interessante Fraktale sind selbstähnlich. B. Mandelbrot definierte Fraktale als »Formen, bei denen jedes Detail genauso komplex ist wie die Gesamtform. Wird ein Teil eines Fraktals auf die Größe des ursprünglichen Bildes vergrößert, sollte es entweder sofort wie das Ganze aussehen, oder nach nur geringfügiger Entzerrung.«

Gabelung
Siehe Bifurkation.

Geoden
Konkretionen im Sedimentgestein

Grenzwert
Im allgemeinen der Wert, auf den sich eine Variable hin entwickelt.

Halleysches Verfahren
Siehe Newtonsches Verfahren.

IC
Integrierter Schaltkreis (integrated circuit). Ein komplexer elektronischer Schaltkreis, hergestellt aus einem Stück auf einem Silikon-Chip.

Iteration
Wiederholung einer Operation oder einem Satz von Operationen. In der Mathematik ist zum Beispiel die Funktion $f(f(x))$ eine Iteration. Die Berechnung von $x_i + 1$ bei gegebenem x_i heißt Iteration.

Julia-Menge
Die Menge aller Punkte, die bei wiederholter Abbildung nicht auf einen Fixpunkt oder einen endlichen anziehenden Orbit konvergieren. Viele Julia-Mengen sind Fraktale und weisen sich endlos wiederholende Muster auf. Alternative Definition: Die wiederholte Anwendung einer Funktion f definiert eine Bahn aufeinanderfolgender Standorte x, $f(x)$, $f(f(x))$, $f(f(f(x)))$, ... , durch die jeweils der Startpunkt x in der komplexen Ebene geht. Je nach Startpunkt ergeben sich zwei unterschiedliche Trajektorien: die eine Art von Bahn geht nach Unendlich und die zweite bewegt sich in einem geschlossenen Radius. Die Julia-Menge der Funktion f stellt die Grenzkurve zwischen diesen beiden Bereichen dar.

Kettenwurzel
Eine Wurzel der Form $\sqrt{x_1 + \sqrt{x_2 + \sqrt{x_3 + ...}}}$. Auch bekannt als Schachtelwurzel.

Komplexe Zahlen
Eine Zahl, die einen Real- und Imaginärteil aufweist. Sie hat die Form $a + bi$, mit $i = \sqrt{-1}$.

Konvergieren
Sich an etwas annähern. Zuweilen sagt man, daß eine Variable gegen ihren Grenzwert konvergiert.

LED
Lichtemittierende (Light Emitting) Diode, eine weitverbreitete kleine Leuchtdiode, die bei angelegter Spannung aufleuchtet.

Lyapunow-Exponent

Eine Menge, zuweilen dargestellt durch den griechischen Buchstaben LAMBDA, die die Divergenz der Trajektorien in einer chaotischen Strömung beschreibt. Für eine eindimensionale Formel wie die logistische Gleichung ist

$$\Delta = \lim_{N \to \infty} 1/N \sum_{n=1}^{N} \ln | dx_{n+1}/dx_n |.$$

Mandelbrot-Menge

Für jede komplexe Zahl μ ist $f_\mu(x)$ das Polynom $x^2 + \mu$. Die Mandelbrot-Menge ist definiert als die Menge der μ-Werte, für die wiederholte Iterationen von 0 unter f_μ nicht nach Unendlich konvergieren. Alternative Definition: Die Menge der komplexen Werte von μ, bei denen die Julia-Menge der iterierten Abbildung $z \to z^2 + \mu$ die Anziehungsbereiche gegeneinander abgrenzt. Liegt μ außerhalb dieser Menge, ist die entsprechende Julia-Menge fragmentiert. Die Bezeichnung »Mandelbrot-Menge« hängt ursprünglich mit dieser quadratischen Formel zusammen, auch wenn dieselbe Konstruktion eine (verallgemeinerte) Mandelbrot-Menge für jede beliebige iterierte Funktion mit einem komplexen Parameter ergibt.

Markow-Verfahren

Ein stochaistisches Verfahren, bei dem die »Zukunft« durch die »Gegenwart« festgelegt wird.

Maus

Ein Gerät zur Bewegung des Cursors oder eines anderen Objekts auf dem Bildschirm.

Michelson-Kontrast

Ein Verfahren zum Vergleich von Grauschattierungen, bei dem 1 einen vollen Kontrast (z.B. schwarze Streifen gegen einen reinweißen Hintergrund) und 0 keinen Kontrast (z.B. eine schwarze Linie auf einem schwarzen Hintergrund) darstellt.

Mod

Auch modulo. Eine mathematische Funktion, die nach Teilung den Rest ergibt. Eine Zahl x mod n ergibt den ganzzahligen Rest von x/n. Beispiel: 200 mod 47 = 200/47 = 12.

Newtonsches Verfahren

Ein Verfahren zur Näherung der Wurzeln einer Gleichung. Wenn die Gleichung $f(x) = 0$ und a_1 eine Näherung der Wurzeln, dann ergibt sich die folgende Näherung a_2 aus $a_2 = a_1 - f(a_1)/f'(a_1)$, wo f' die Ableitung von f ist. Das Halleysche Verfahren ist mit dem Newtonschen Verfahren verwandt, es findet die Wurzel einer Gleichung mit Hilfe der zweiten Ableitung.

Nichtlineare Gleichung

Eine Gleichung, bei der das Ergebnis nicht direkt proportional zu den eingesetzten Werten ist. Solche Gleichungen beschreiben das Verhalten der meisten Probleme der realen Welt. Die Antwort eines nichtlinearen Systems hängt entscheidend von den Ausgangsbedingungen ab.

NP-vollständig

Eine Gruppe von Entscheidungs- und Suchproblemen, die vom Computer kaum zu lösen sind, da sie sehr viel Zeit in Anspruch nehmen. Beispiel: das Problem des Handelsreisenden. Hier ist der kürzeste Weg zwischen einer gegebenen Zahl und der Verteilung von Städten. Mit steigender Zahl der Städte explodiert auch die Zahl der möglichen Wege ins Unendliche. Sogar die schnellsten Computer würden viele Jahre zur Berechnung der 10^{62} möglichen Wege zwischen 50 Städten benötigen.

Penrose-Muster

In den 70er Jahren verband Roger Penrose diamantenförmige Kacheln zu einem ebenfüllenden Muster, das sich aber nicht in regelmäßigen Abständen wiederholt. Seine Muster weisen eine fünffache Symmetrie auf.

Periode

Die Zeit zwischen zwei gleichen Schwingungszuständen einer Welle.

Periodisch

Sich in gleichen Zeitabständen wiederholend.

Phasenporträt

Das Gesamtbild aus allen möglichen Ausgangsbedingungen in der (x,x)-Ebene. Beispiel: Die Bewegung eines Pendels, das aufgrund des Luftwiderstands zur Ruhe kommt. Im abstrakten zweidimensionalen Zustandsraum (mit der Koordinate x und der Geschwindigkeit y) sind die Pendelbewegungen sich nicht schneidende Spiralen, die asymptotisch gegen den Ruhezustand konvergieren. Dieser wird Fixpunkt-Attraktor genannt, da alle Bewegungen auf ihn zulaufen.

Pixel

Ein Bild auf einem CRT-Monitor besteht aus winzigen Punkten, Pixel genannt. Aus der Zusammenziehung von picture element (Bildelement) entstanden.

Polygon

Eine ebene Figur, begrenzt von Geraden.

Polynom

Ein algebraischer Ausdruck der Form $a_0 x^n + a_1 x^{n-1} + \ldots + a_{n-1} x + a_n$. n ist der Grad des Polynom-Ausdrucks und $a_0 \neq 0$.

Quasiperiodizität

Informell definiert als eine mehrfache Periodizität. Beispiel: Die astronomische Lage eines Punktes auf der Erdoberfläche, da sich diese aus der Drehung der Erde um ihre Achse und dem Umlauf Erde um die Sonne ergibt.

Quaternion

Eine vierdimensionale »hyper«-komplexe Zahl der Form $Q = a_0 + a_1 i + a_2 j + a_3 k$.

Rationale Funktion   Eine Funktion, die sich als Quotient zweier Polynome ausdrücken läßt. Eine rationale Zahl kann als Verhältnis zweier ganzer Zahlen ausgedrückt werden.

Rekursiv   Ein Objekt ist rekursiv, wenn es teilweise aus sich selbst besteht oder durch sich selbst definiert werden kann. Eine rekursive Operation ruft sich selbst als Unterpartition auf.

ROM   Lesespeicher (Read-only memory). Ein Festkörper-Speicherchip, der bei der Herstellung programmiert wird und vom Benutzer nicht erneut programmiert werden kann.

Rückkopplung   Die Rückführung eines Teiles der Ausgabe eines Systems in die Eingabe.

Schriftart   Zeichen in gleicher Größe und gleichem Stil.

Seltsamer Attraktor   Siehe »Attraktor«

Sierpinski-Dichtung   Siehe »Dichtung«.

Stationärer Zustand   Auch Gleichgewichts- oder Fixpunkt. Eine Menge von Werten der Variablen eines Systems, für die sich das System nicht mit der Zeit ändert.

Trajektorien   Eine Punktefolge, bei der jeder Punkt entsprechend der mathematischen Formel den nachfolgenden Punkt erzeugt.

Transformation   Die Umwandlung (durch Drehung oder Abbildung) einer Figur oder eines Ausdrucks in einen anderen, entsprechend einer mathematischen Regel.

Transzendentale Funktion   Nicht-algebraische Funktionen, z.B. kreisförmige, exponentielle oder logarithmische Funktionen.

Vollkommene Zahlen   Eine ganze Zahl, die die Summe aller ihrer Teiler, außer sich selbst, ist. Beispiel: 6 ist eine vollkommene Zahl, da $6 = 1 + 2 + 3$.

Zelluläre Automaten   Einfache mathematische Systeme, die als wichtige Modelle für viele physikalische Prozesse dienen. Die zellulären Automaten basieren auf einfachen Regeln, erzeugen jedoch komplizierte und manchmal auch willkürliche Muster (zum Beispiel Strömungsbilder oder kryptografische Systeme). Im Gegensatz zu einem kontinuierlichen Medium wirken zelluläre Automaten auf einen diskreten Raum oder Raster.

Zyklus   Ein Zyklus beschreibt eine vorhersagbare periodische Bewegung, zum Beispiel eine kreisförmige Umlaufbahn. In ebenen Phasenbildern zeigen sich Zyklen oft als geschlossene Kurven.

... AND IN HERE IS THE PROGRAMMER
THAT JUST FOUND AN ERROR IN HIS PROGRAM.

Mitwirkende an diesem Buch

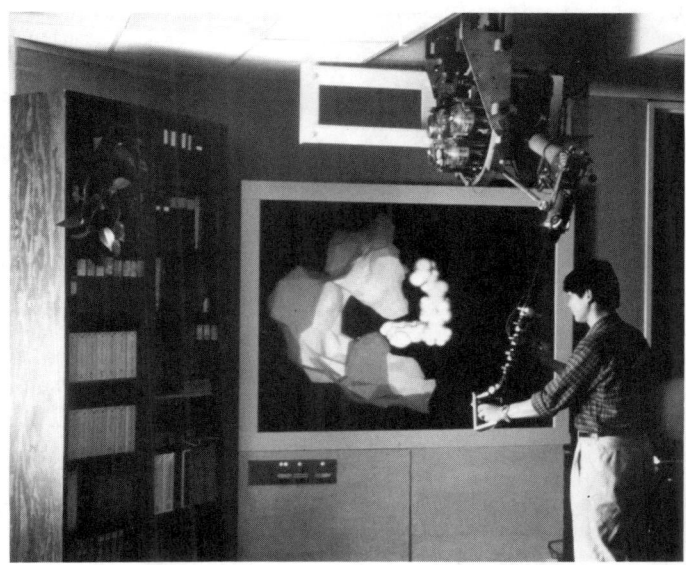

»Alles technische Wissen von heute macht nur einen Bruchteil des Wissens des Jahres 2050 aus.«   *Marvin Centron, Präsident, Forcasting International*

Mit Ausnahme der vier Abbildungen zu Beginn des Abschnitts »Visualisierung« stammen alle Computergrafiken in diesem Buch vom Autor selbst. Einige der Computergrafiken und Textmaterialien sind bereits in vom Autor veröffentlichten Artikeln erschienen. Ich möchte die Fachzeitschriften aufführen, um ihnen für die Mitarbeit und die Quellenpublikation zu danken.: *The Visual Computer, Communications of the ACM, Leonardo, The Journal of Recreational Mathematics, Computer Language Magazine, Computers and Graphics, Computers in Physics, IBM Technical Disclosure Bulletin, IBM Journal of Research and Development, Algorithm: The Personal Computing Newsletter, Technology Review, Supercomputing Review, Speculations in Science and Technology, IEEE Computer Graphics and Applications, The History and Social Science Teacher, IEEE Computer, American Mathematical Society Notices,* und *Symmetry.* Einige der Abbildungen wurden in *OMNI, Science News, Computer Graphics World* und *Scientific American* veröffentlicht.

Viele der interessanten Tierzeichnungen und andere schöne Abbildungen stammen aus dem *Dover Pictorial Archive,* Mineola, New York. Eine weitere hervorragende Quelle ist: Harter, J. (1979) *Animals.* Dover: New York. Zwei weitere: Appelbaum, S. (1974) *Fantastic Illustrations of Grandville,* und Horemis, S. (1973) *Visual Illusions Coloring Book.* Abbildung 1.2 zeigt eine von C. Costa im Jahre 1984 gefundene Fläche. Copyright David Hoffman, James Hoffman und Stewart Dickson. Das Foto vom Autor stammt von John Christin, Peekskill, New York.

Die Zitate im Buch wurden zahlreichen Quellen entnommen. Die Zitate von P. W. Atkins, Lincoln College, New York, stammen aus einem Artikel im *Daily Telegraph* (17. August 1990) mit dem Titel *Art as Science.* Die Zitate von Alan Watts wurden dem Buch *Nature, Man, and Woman* (1975, Vintage: New York) entnommen. Die Zitate von Bob Berger zu Beginn von »1-Million-Punkte-Skulpturen« auf Seite 319 stammen aus: Berger, B. (1990) Tracing the master's strokes: computer art by Lilian Schwartz, OMNI, Ausgabe Oktober, Seite 59. Das Zitat von Manfred Schröder zu Beginn von »Kettenbrüche in einer komplexen Ebene« auf Seite 323 stammt aus: Schröder, M. (1989) Self-similarity and fractals in science and art. *J. Audio. Eng. Soc.* Oktober 37(10): 795-808. Der Auszug »Eine fraktale Gans« wurde Schreiner, O. *The Story of an African Farm.* A. L. Burt: New York, Seite 138-139, erstmals 1883 in London veröffentlicht, entnommen. Das Zitat aus »Fraktale Höhlen« stammt aus einer Beschreibung der Höhle am Eingang des *Place of Death* in *King Solomon's Mines* von H. Rider Haggard. Ich möchte Ken Philip danken, der mich auf diese beiden Zitate aufmerksam machte. Die Zitate von Paul Rapp stammen aus einem Artikel aus der Februar-Ausgabe (1990) des OMNI-Magazins mit dem Titel »Get Smart: Controlling Chaos« (Seite 43). Die Autorin des Artikels ist Kathleen McAuliffe. Das Zitat von Clem Padin wurde Padin, C., The mathematical aesthetic. *Science News* 138(17): 259 entnommen. Das Zitat von Alan Mackay stammt aus: Mackay, A. (1989) In the mind's eye. In: *Computers in Art, Design and Animation*. Springer: New York. Das Zitat von David Larkin stammt aus: Larkin D. (1973) Fantastic Art. Das Zitat von Lynn Steen stammt aus: Peterson, I. (1990) *Islands of Truth*. Freeman: New York. Das Zitat über die Zahl 137 findet sich bei Feynman, R. (1985) *QED*, Princeton University Press: New Jersey, Seite 129). Das Zitat von Marvin Centron stammt aus: Centron, M. (1991) Retiring Baby Boomers, OMNI, Januar 13(4):8. Das Zitat von Mary Jean Kenton stammt von einem elektronischen 'Schwarzen Brett' namens *Fine Art Forum*, veröffentlicht von der Internationalen Gesellschaft für Kunst, Wissenschaft und Technik. Die Künstlerin M. J. Kenton arbeitet im Augenblick an zwei interessanten Projekten: *The Engineer's Notebook* und *The Geometry of Color*. Das erste Projekt sind Notizbücher mit Graphiken aus Tausenden von gemalten Punkten. *The Geometry of Color* ist eine Dauerlandwirt-schaftsausstellung mit natürlichen Materialien und Farben. Beschränkt ist *The Geometry of Color* nur durch die Grenzen der Farm, auf der Mary Jean Kenton lebt und arbeitet. Im Herbst 1990 wurden diese Arbeiten in einer Retrospektive am Allegheny College, Meadville, PA, USA gezeigt. Die Anschrift von M. J. Kenton lautet: Box 42, Merrittstown, PA 15463. Die Schätzungen der Rechenleistung des Gehirns eines Nagetiers stammen aus: Suplee,C. (1991) Artificial Life: the new robotics. *Breakthrough*, Februar 2(1): 42. Die *Eiszeitzahl*, *Coney-Island-Zahl* und andere Zahlen wurden Kasner, E. Newman, J. (1989) *Mathematics and the Imagination*, Tempus: Redmond, Washington, entnommen. Das Zitat von L. Frankowski findet sich in Frankowski, L. (1989) *Copernick's Rebellion*, Del Rey: New York. Die Abbildungen von Leonardo da Vinci, Grace Hopper, Pascal, der Pascaline und andere Zeichnungen stammen von Camelot Publishing, P.O. Box 1357, Ormond Beach, FL 32175, USA (siehe auch »Produkte, Lehrmaterial, Kunst, Spiele und Händler« auf Seite 420). Die Roboterfotografien zu Beginn einiger Kapitel verdanke ich B. Amman, Sulzer Robot Systems, CH-8401 Winterthur, Schweiz. Das Bild zu Beginn dieses Kapitels zeigt eine Vorrichtung zur Verbindung eines Medikaments mit einem Proteinmolekülrezeptor. Mit diesem Gerät kann der Benutzer die Bindungskräfte »erfühlen«. (Foto von Bo Strain, mit freundlicher Genehmigung von W. Wright, Department of Computer Science, University of North Carolina, Chapel Hill, USA.)

Danksagung

Einige der ungefähr 50 Artikel in diesem Buch entstanden in Zusammenarbeit mit anderen Wissenschaftlern, denen ich an dieser Stelle für ihre Genehmigung zum Abdruck danken möchte. So ist das Kapitel »Unregelmäßig oszillierende fossile Muscheln« auf Seite 159 ein gemeinsames Projekt mit Chis Illert, Science-Art Center, Department of Theoretical Conchology, 2 Tern Place, Semaphore Park, S.A. 5019, Australien. »Die Connell-Folge« auf Seite 308 und andere Kapitel entstanden in Zusammenarbeit mit Professor Akhlesh Lakhtakia, Engineering Dept., Pennsylvania State University, University Park, PA 16802, USA. Alvin E. Reed von IBM zeichnete die Diagramme für die Sprachgranate in »Erfindungen« und stellte viele Informationen über die Hardware zur Verfügung. Ich möchte ebenso Jim McLean aus Boca Raton, Florida, und George Runger danken, der mir hilfreiche Unterstützung bei der Wurm-Algebra bot. Andere Mitarbeiter sind in den entsprechenden Kapiteln genannt.

Besonderen Dank möchte ich Shirley Ulrich, Carl Reynolds und Dawn Friedman für ihre hilfreiche Mitarbeit an diesem Buch aussprechen. Mein Dank gilt auch A. K. Dewdney, M. Gardner, P. Longo. E. Khorasani, A. Lakhtakia, B. Grossman und J. Leonard, die mich über viele Jahre unterstützten.

Über den Autor

Clifford A. Pickover graduierte an der Yale University (Abteilung für Molekulare Biophysik und Biochemie). Das vierjährige Grundstudium am Franklin and Marshall College hatte er zuvor nach nur drei Jahren als Bester seines Jahrgangs abgeschlossen. C. Pickover ist der Autor des bekannten Buches *Computers, Pattern, Chaos, and Beauty* (St. Martin's Press, New York, 1990). Er verfaßte außerdem über 200 Artikel über Themen aus Wissenschaft, Kunst und Mathematik. C. Pickover ist zur Zeit Mitherausgeber der internationalen Fachzeitschrift *Computers and Graphics* und Mitglied der Redaktion von *Computers in Physics* und *Speculations in Science and Technology*. Er ist Gast-Editor für eine Sonderausgabe von *Computers in Physics* über Chaos, Gast-Editor für eine Sonderausgabe von *Speculations in Science and Technology* über die Zukunft der Computer und Mitglied des Lektorats von *Leonardo*, einer internationalen Fachzeitschrift für Kunst und Wissenschaft. Er ist Herausgeber der Bücher *The Pattern Book: Recipes for Beauty* (M&T Books, 1991) und *Future Watch: Art, Technology, and Computing in the Next Century* (Science and Technology Letters, 1991) und Mitherausgeber der Bücher *Spiral Symmetry* (World Scientific, 1991) und *Frontiers in Scientific Visualization* (Plenum, 1991). Dr. Pickover interessiert sich vornehmlich für Darstellungen in der Wissenschaft.

Im Jahre 1990 erhielt er den ersten Preis des Fotowettbewerbs über die »Schönheit der Physik« seines Physikinstituts. Seine Computergrafiken wurden auf der ersten Seite vieler bekannter Zeitschriften abgedruckt. Seine Forschungsarbeiten fanden in letzter Zeit große Aufmerksamkeit in den Medien, so zum Beispiel in der Sendung »Science and Technology Week» des amerikanischen Nachrichtensenders CNN, in *Science News* und der *Washington Post*. Seine Werke werden in internationalen Ausstellungen und Museen gezeigt. Das *OMNI*-Magazin beschrieb ihn kürzlich als den »Van Leuwenhoek des zwanzigsten Jahrhunderts«. In der Zeitschrift *Scientific American* vom Juli 1989 erschien ein Artikel über seine Arbeiten, sie werden »seltsam und schön, erstaunlich realistisch« genannt. C. Pickover erhielt mehrere Preise für seine Erfindungen im Bereich neuer Computer-Eingabegeräte und Darstellungsverfahren. Seine Kontaktadresse lautet: P.O. Box 549, Millwood, New York 10546-0549, USA.

Galerie der Computergrafiken

Auf den folgenden Seiten finden Sie eine Auswahl der neuesten Computergrafiken des Autors. Er berechnete unter anderem Fraktale auf der Grundlage von komplexen Geometrien und simulierte dreidimensionale Lavaströme mit Hilfe mathematischer Flüssigkeitsmodelle.

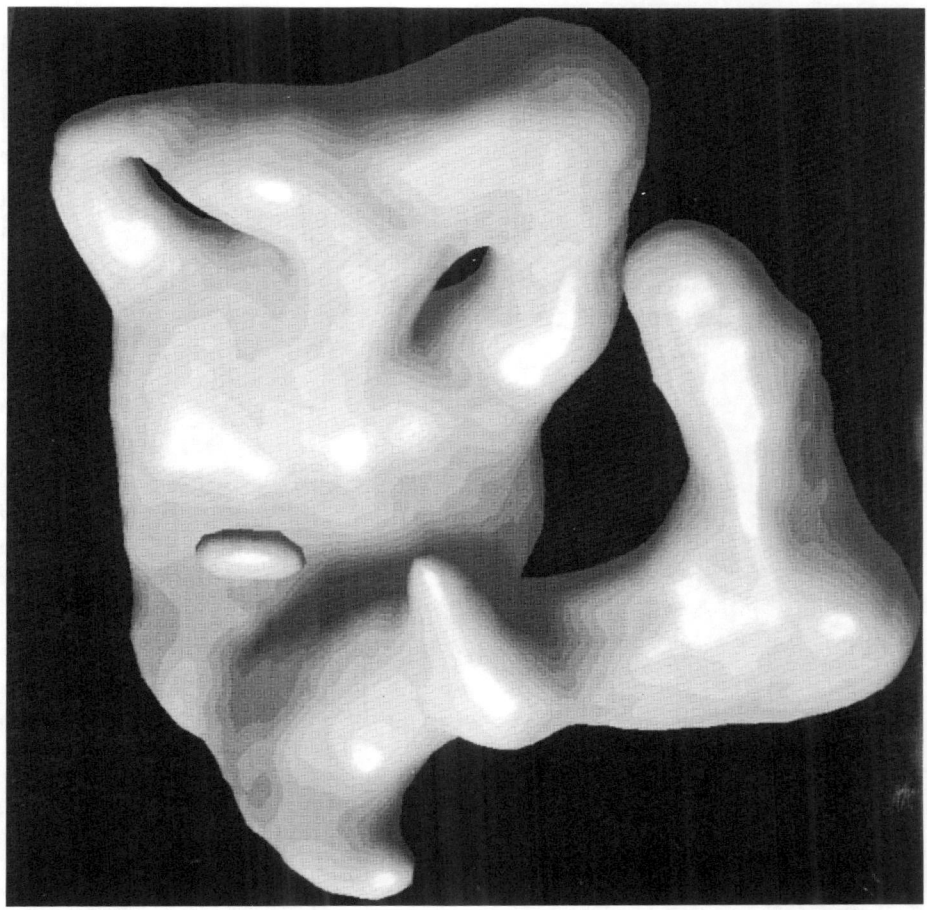

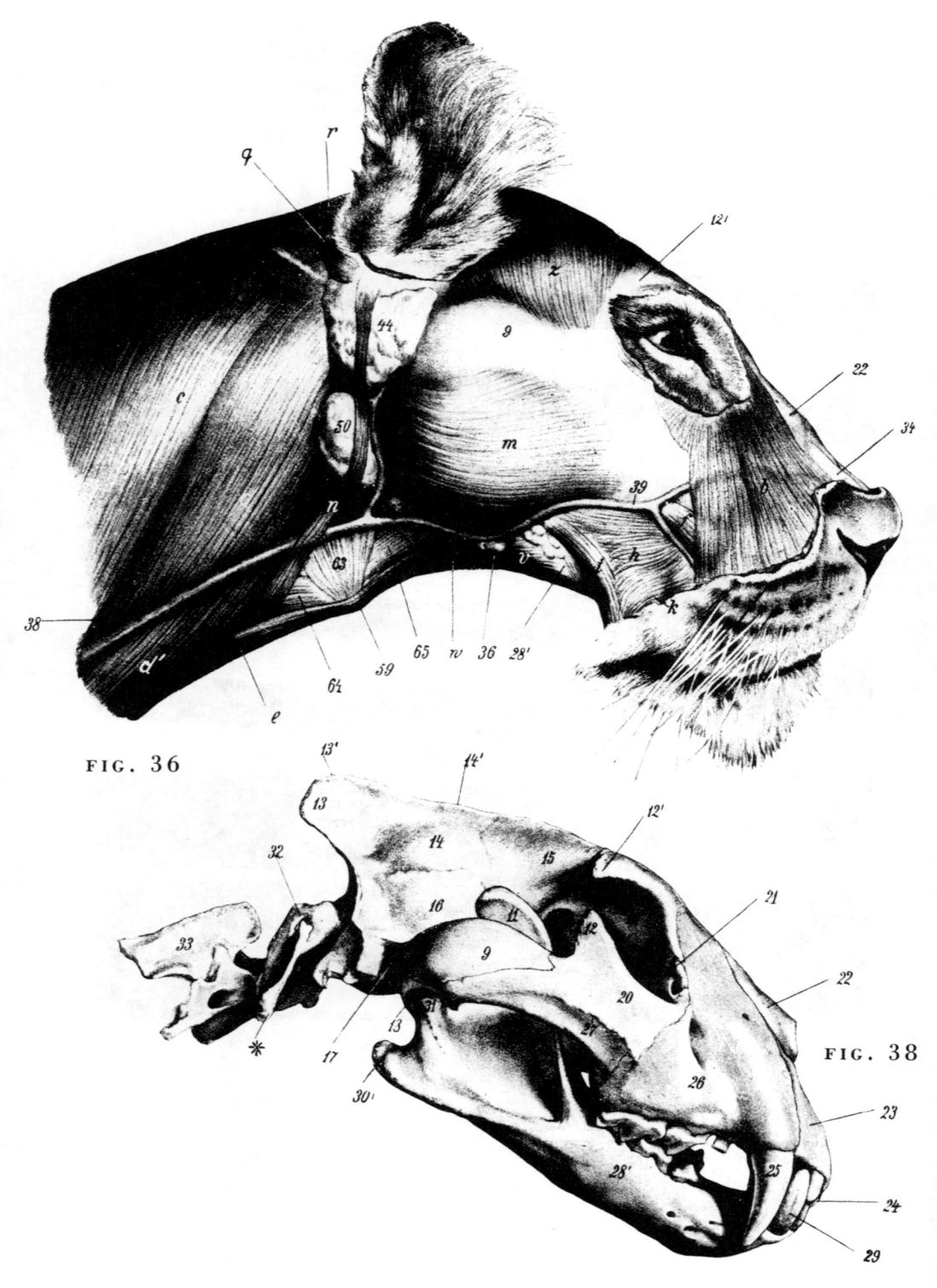

FIG. 36

FIG. 38

Stichwortverzeichnis

Pascal 28
Pascaline 28
Pascalsche Pyramide 285
Pascalsches Dreieck 285
Paßwort 345
Pçm 245
Pendel 151
Persien 128
Personalcomputer 117 ff.
Peterson 32
Pflanzen 165
Phi 235
Phidias 235
Philippinen 127
Phoenix 152
Pi 94 ff.
Pixar 136
Platonische Vielflächner 195
Poesie 351
Polyeder 195
Polynom 395
Primzahl-Karos 245 f.
Primzahlen 245
Prismen 196
Prosa 355
Protonen 240
Pseudofareymorphe ganze Zahlen 295
Pythagoras 233

Q

quadratisch-pyramorphe Zahlen 251
Quadratzahlen 310
Quadratzahlenpaare 310

R

RACTER 351
Rapp 25
Rationale Zahl 329
Raumfüllende Kurven 396
Rausch-Sphären 167 ff.
Regelmäßig umlaufende Zahlen 296
Rekursive Fibonacci-Zahlen 259
Religion 121, 123
Rescher 389

Ringkrapfenmorphe ganze Zahlen 252
Rivlin, R. 166
Robert Pirsig 7
Robinson 31
Roboter 90, 96
Runge-Kutta-Verfahren 154
Rußland 29
Russel 128

S

Sagan 112
Satelliten 98
Schach-Zahl 240
Schädelspiel 392
Scherksche Fläche 399
Schimpanse-Mensch-Chimäre 283
Schintoismus 128
Schmerzerregende Muster 141 ff.
Schmetterlingskurven 41ff.
Schönberg-Kurve 396
Schöpfungstheorie 121
Schriftarten 49, 339
Schriftzeichen 49 ff.
Schröder, M. 234
Schwarze Löcher 92
Schweizer Käse 156
Science-fiction 355
Seemuscheln 162
Seestern 305
Sehr große Zahl 239
Seltsamer Attraktor 145
Shakespeare 240
Shaw, A. 156
Shaw, C. 156
Sieb von Eratosthenes 246
Sierpinski-Kurve 396
Silicon Graphics 136
Simulation 35
Skewessche Zahl 241
Skorpion-Geometrie 392
Smith 112
Sonar 101
Soroban 29
Spannungspotentiale 148
Spekulation 83

Michelangelo's design of a continuous pathway in quadrangle of the Capitol, Rome, from an engraving by Du Pérac in 1569.